MånPocket

D1724623

BJÖRN RANELID

MIN SON FÄKTAS MOT VÄRLDEN

MånPocket

Omslag av John Eyre
Omslagsfoto av Lars Grönwall
© Björn Ranelid 2000

www.manpocket.com

Denna MånPocket är utgiven enligt överenskommelse
med Albert Bonniers Förlag AB, Stockholm

Tryckt i Danmark hos
Nørhaven Paperback A/S 2003

ISBN 91-7643-777-9

Till min dotter Agnes

Förord

Innan ljuset lindades av lille Gilbert låg han och modern som två skedblad i varandra. När han sov vakade hjärtat över honom och han sydde familjens brandsegel. Han kände av skalven som lämnade de vuxna oberörda och emellanåt satt han och många andra barn som fåglar på gamla telefontrådar och lyssnade av allvarliga samtal och sedan lyfte de och flög mot solen eller störtade brända mot jorden.

Byn sov lugnt och stilla men under ytan bar den kniv. Gilbert Häger satt på en tunn tråd som sträckte sig till människorna i byn. Han kunde gå hur långt som helst över kohagarna och ängarna ända till havet och förnimma deras själar. Han var öppen och han såg ljus och mörker, sorg och glädje. När pappan vandrade i världens största brännvinsflaska och inte hittade ut igen, steg Gilbert in och gjorde honom sällskap och lyssnade och pratade. Han blev en tröstare trots sin ringa ålder.

Gilbert levde som soldat i världens största armé och han gick ut i krig med sitt hjärta som vapen. Inga kulor och bomber kunde förgöra honom. Tjuvens och fyllbultens barn var syskon överallt på jorden.

När gossar och flickor har det alltför svårt och de är trötta av sorg vill en del av kroppen sova. Slagna, ledsna och övergivna ligger de långt in på natten och blundar medan hjärtats öga är vidöppet i skarpt ljus. De samlar sig till ett oändligt stort knivblad som skrapar över världen och lämnar fåror efter sig som en såningsmaskin och där släpper de sina frön som växer och sedan får de stora människorna skörda vad de sått.

Om ljuset bedrar morgonen är det allvarligt och likaså om fågel och ål inte kan lita på sina kompasser. Tiden är en stor mästare som råder över människans kropp, men den besegrar inte kärleken. Många irrar efter den som ättiksblinda fjärilar.

Den elake läraren drog en av eleverna i örat från klassrummet till korridoren och slog hårt med öppen hand mot kinden. Då reste Gilbert sig och gick ut till dem. Han skrek inte men han sade med bestämd röst som han hämtade från det yttersta av den lilla människans mod: Slå inte Artur. Han är oskyldig. Det var jag som kastade suddgummit mot svarta tavlan.

Artur hade redan börjat gråta utan att släppa fram tårarna och den sortens smärta och gråt är värre än den fullt synliga, därför att den hotar att slita en liten kropp i stycken och sedan kan ingenting laga den igen.

Gilbert talade inte sanning i den stunden. Han hade nämligen inte kastat suddgummit. Den skyldige var just Artur och han skulle aldrig i sitt liv förstå varför den andre pojken tog på sig hans skuld.

Händelsen fick kyrkklockan och uret på byskolan och alla andra små och stora visare i riket Sverige att stanna utan att det märktes i människornas arbeten och affärer. Fysiker, biologer och läkare hade ingenting att säga om den. Den saknade namn och man kunde inte läsa om den i böcker och tidningar. Gilbert själv reflekterade aldrig över den, men ändå var stämtonen i honom lika verklig som blodet och hjärtat i hans kropp.

I en svindlande tanke som samtidigt befann sig i absolut stillhet levde denne pojke så att han gjorde vad han kunde för att ingen i hans närhet skulle vara riktigt ensam och övergiven. Om någon hade börjat tala med honom och söka en förklaring till vad han menade, riskerade han att mista förmågan.

Vore denna omsorg och kärlek till människan allmän och

satt i praktik skulle allt levande på jorden förvandlas och inga lagar och påbud från en diktator eller påve, president eller riksdag behövas. Starkare än ett världskrig och ofantligt mycket mera tjänlig för människorna, djuren och växterna levde denna kraft i Gilbert Häger och han hade inte lärt sig den i söndagsskolan eller läxboken.

Om de vuxna ställdes inför en sådan handling, hade även de svårt att begripa den. Gilbert visste att Artur var skörare än de andra och dessutom svag i alla ämnen. Han var strykrädd och försökte hävda sig genom att busa och hitta på olika pojkstreck.

Gilberts avsikt var inte att framstå som ädel och han hade ingen skuld att gottgöra till Artur. Han handlade så här av skäl som inte syntes utanpå honom och det var svårare att förstå bland jämnåriga och stora människor än nästan allting annat.

Gilbert hade hört pappan berätta om prins Bertil som körde en Chrysler en dag i september 1928 utan körkort och bilen välte. Det fanns sex personer i fordonet och en av dem dog. Tidningsurklippen låg i en särskild låda och de gulnade en aning med åren trots att dagsljuset nådde dem endast medan man läste orden.

Varje gång någon av eleverna på skolan antydde att vaktmästaren och slöjdläraren Rafael Häger hade vållat en annan människas död, tänkte Gilbert på prinsen av Sverige som gick på Lundsbergs privatskola. Ynglingen av kunglig börd fortsatte att leva och han roade sig och kallades motorprinsen.

När Rafael Häger var femtionio år vandrade han hela vägen från byn till Kungliga Djurgården i Stockholm för att tala med prinsen av Sverige. Sonen Gilbert försökte avstyra men han fann ingen annan råd än gå bredvid fadern fem mil om dagen och sova på enkla härbärgen och vandrarhem.

Det var skillnad på människa och människa. Om prins Bertil hade mött samma hårda och fördömande sinnelag som Gilberts far, hade han säkert inte stannat kvar i Sverige och hyllat riket och fosterlandet och tjänat dem.

Även Artur fann en möjlighet att plåga Gilbert med denna anklagelse och dom över familjen Häger. Han vände sig mot Gilbert en gång i korridoren och sade så att alla hörde det: Din far körde ihjäl Alfred Dahl. Så synd att han dö.

Då var Gilbert nära att rätta honom och skrika att han borde lära sig tala svenska innan han öppnade munnen, men han besinnade sig eftersom han hade åldrats och mognat av sorgen. Ljuset kom i honom och lyste upp mörkret och han gav inte igen med samma mynt. Han avstod.

Gilbert kände slagen när andra fick stryk och han tog emot de hårda orden om kamraterna bannades av lärarna. När pappan Rafael drack och gjorde hustrun ledsen satt han på den tunna tråden mellan dem och kände skalven i sina fötter, men han flydde inte som kräldjur och vissa fåglar inför jordbävningar utan han stannade kvar och blev vis och åldrades i förtid.

Han blev också modig och djärv därav. Han ingrep och talade och visade sitt hjärta och det gjorde att många tvangs att lära sig ett nytt språk och ansikte inför honom. De kunde inte hämta de gamla vanliga recepten i den stora örtaboken när det var dags att ge medicinerna som skulle bota medkänsla och omsorg.

Gilbert blev klok och förståndig på många sätt, men han insåg inte att hans beteende hotade själva systemet i människornas möten med varandra. De gängse uppfattningarna om skuld och straff sattes ur spel och följderna var inte möjliga att överblicka. Även gränserna mellan individerna utplånades och därigenom var det i en mening sant att Gilbert kastade suddgummit den gången i klassrummet och fångade det själv och strök bort skiljelinjen mellan honom och Artur.

Barnen håller heliga rådslag och en dag skriver de ner vår

skuld med vacker handstil. Deras första yrke är skärsliparens. Med vassa klingor klyver de vårt dagliga bröd och i de små ansiktena pågår oerhörda samtal utan att de säger ett ord. De sysslar med det största och minsta såsom himlen och nässlan eller stekelns ägg under den fuktiga stenen.

Gud tillredde ett stort apotek och en väldig örtabok, fullkomligt underbar i sin rikedom på fingerborgsblomman eller som den också kallades hjärtstillan, vidare tidlösan, vildhumlen, röllikan och flädern. Nog tänkte han sig också att de stora människorna skulle stärka sig och bli lyckliga och friska av att se och höra barnen, men då finge vi inte skada eller slå mynt av dem.

Du hämtar ditt vatten i deras brunn och den sinar aldrig. Barnen tvinnar sorgen från Rio de Janeiro till Sarajevo och Somalias högland och snart fångar de oss i näten. Ingen kan skära tystnaden så vackert som de döva och de lyssnar genom skallbenet.

Vi plundrar barnen på skönheten och skruvar fast deras drömmar. När vi svälter dem till döds och torkar huden i solen, gör vi framtidens brandsegel. De präntar namnen på mördarna med osynligt bläck och du läser dem om du håller papperet mot ljuset. Du hittar den sista sanningen i deras blick.

Dödens klocka har självlysande punkter och visare som lyser i mörkret på natten och den saktar sig aldrig. På dagen vandrar den genom människans kropp och i särskilda stunder slår den ut som en sällsynt blomma i bärarens ögon. Ett förfluget ord, ett ting av något slag eller långväga signaler som färdas hundratals mil mellan släktingar och vänner tills de åter vilar hos urmakaren som inte vill ha det yrket och allra minst på livstid.

Lägg örat mot Sergels torg, Himmelska fridens och det Röda torget och alla städer, byar och gudsförgätna hålor. Lyssna till blodet som rinner i världens längsta åder från Bronx,

Brooklyn och Harlems getton till din fingerblomma. Pulsen tickar som en fågelunge och vill ut. Människans själ och hjärta är statslösa och ingen kan stänga in dem i en nation och bestämma deras gränser.

Timmermannen Jesus byggde ett litet kapell på Sergels torg i Stockholm, men nu är det borta. Min yngste son döptes där utanför kyrkboken. Det första namnet som vi ger barnet räknas inte i evigheten. Hade ärkebiskopen och konungen sina ögon och hjärtan i det lilla templet av norrländsk fura?

Det tar ett långt liv att få moderns visdom. Låt barnen dröja vid de äldsta människorna så att de når hjärtat. Efter det mördar och rånar de inte. Fråga nobelpristagarna i fysik och kemi om de förmår skilja skrattet från gråten.

I den vackraste parken i Zürich sticker ynglingar och brådmogna flickor sprutspetsen direkt i halsen och låret. På torget i Rinkeby står en ängel av stål. En dag hoppar en havande kvinna från tredje våningen och sorgen tränger genom hornhinnan, när prästen ger henne sista smörjelsen.

Hatets ljuspilar når långt. På lördagskvällen träffar de hjärtat i det inre av London, Paris och Washington. De svarta, bruna och urblekta stryker som vargflockar runt närmsta hörn. En zigenerska går på torget i Tomelilla. Hennes kjolar har lånat färgen av regnbågen och de är morgonens första kvastar på gatstenen.

Barnen gör sina nät precis som spindlarna och spänner trådarna till en liten värld där de går, står och springer och sover. Ibland ligger de på rygg och tittar mot solen medan daggen dunstar i morgonens värme. Litet i taget spinner de linorna från sina hem och utåt sidorna mot det okända. Där är en ny människa utan namn och där en fin bil och ett hus som når nästan till himlen. Flygplan flyttar sig bland molnen och det är konstigt att de inte faller ner så mycket större som de är än fåglarna.

Mammor och pappor hjälper dem att tänja trådarna men de tål inte hur mycket påfrestning som helst. Egentligen är dessa små människor världens främsta uppfinnare och ingenjörer, men vi tänker inte på det eller så förlorar vi förmågan att se det. De är vart och ett exempel på mirakler och det är synd och skam att vi inte vårdar dessa gåvor tillsammans.

Augusts farfarsfar hade samma förnamn med tillägget Carl. Han var stuckatör i Malmö. Inte ens i sina vildaste fantasier kunde han väl drömma om att hans säd skulle bli till ett barnbarnsbarn som nu bor i Stockholm och att hans namn kom att stå här inför era ögon.

August har gått i lilla Adolf Fredrik på Dalagatan och Storkyrkoskolan i Gamla stan. Hösten år 2000 börjar han i L'Estradska. Det blir ännu en av Vittra skolor och den ligger vackert på höjden nära Katarina kyrka och Ersta sjukhus med utsikt över Saltsjön.

Han är mitt yngsta barn och förmodligen mitt sista i livet. Vi talar och promenerar och skojar tillsammans. Vi närmar oss stora och små ämnen. Jag följer honom ibland till Zinkensdamm när han spelar fotboll och han fäktas sedan tre år tillbaka i Djurgårdens Idrottsförening. Han tycker om att leva och bo i Stockholm, men varje sommar åker han med familjen till Österlen.

Så spinner han nätet och vandrar mellan människorna. Han har sett Kavalla i Grekland, Antibes, New York, Köpenhamn, Phuket i Thailand och flera andra platser på jorden. Nu spänner han och jag trådarna och fäster dem en stund i den ömtåliga friden men också i det grymma och obarmhärtiga livet i en liten by nära Östersjön och Hanöbukten där inlandsisens skrapa och havets oro gett form åt kusten.

Vackra sommardagar ligger vi på rygg i nätet och lyssnar till kvinnans andedräkt. Hon är mamman och utan henne hade vi saknat flera av kärlekens trådar. Vi vilar en stund och njuter av stillheten. Kyrkklockornas klang fortplantas till vaggans fästen och vi gungas i lätt sömn.

I det yttersta och innersta finner vi människornas svek mot de ursprungliga miraklerna. Vandrar jag i mörker förlorar jag balansen, men ordet är min ledstång. Du lindar ditt barn i löften och lögner. Med en droppe vatten späder du hela mänskligheten och du kan lära dig att hata men aldrig älska, ty kärleken är en nåd.

Lägg örat mot och lyssna när det lilla livet rör sig på de tunna trådarna.

I

1

Till slut blev människan bara tiden i sin egen kropp och dröm-
marna som långsamt slocknade. Det fanns en sammanbiten
envishet i byn som påminde om en byrackas käft när den fått
tag i ett ben att tugga på, men Rafael Häger vandrade utanför
gränserna.

Gilbert fortsatte att arbeta på Lunnarps mejeri och fadern
tvangs att ta tillfälliga anställningar på byggen och gårdar.
Han var inte rädd för att lyfta och bära och han var stark i
kroppen och händig.

Gilbert hjälpte honom med pengar emellanåt och förvissade
sig om att de inte gick till brännvin. Fadern var stolt och ville
inte ligga sonen till last. Han täljde sina figurer och sålde flera
av dem genom att ryktet spred sig, men han släppte inte en
enda av människorna som bodde i byn eller trakten däromk-
ring. Den samlingen förblev intakt och för varje år tillkom en
och annan varelse med särskilda egenskaper och eget namn.
Han satte kniven i ett stycke ene och formade långsamt sina
plågoandar.

När fadern var femtionio år gammal började han den långa
vandringen från byn till Kungliga Djurgården i Stockholm.
Den sträckan mätte drygt sextiosju mil och han tog de första
stegen den 28 maj 1960.

Hans mål var villa Solbacken på Djurgårdsbrunnsvägen 66-
67. Där hade prins Bertil och hans käresta Lilian en bostad
sedan 1949. Det hade Rafael läst i Hemmets Veckotidning och
han hade sparat och lagt den bland urklippen från Svenska

Dagbladet och Dagens Nyheter från den 10 och 11 september 1928. I dem kunde han läsa om bilolyckan vid Lindåsbacken när den unge Karl Edvard Thermænius omkom.

Fadern var inte tokig och han kändes inte vid rättshaverister som tuggade och idisslade gamla oförrätter år efter år utan att komma vidare och få upprättelse. Hustrun Elise var död och sonen Gilbert gjorde vad han kunde för att hindra fadern och han sade att den långa och krävande vandringen skulle te sig underlig och svår att förstå för andra människor. Han sade inte vansinnig eller omöjlig, ty de orden passade inte ihop med fadern.

Rafael ville inte åka tåg och inte cykla. Han hade bestämt sig för att gå åtminstone fem mil om dagen och han skulle vila, äta och dricka när det var lägligt längs vägen. I ryggsäcken låg ombyten av kläder, ett par extra skor som hustrun köpt åt honom i affären där hon själv var expedit fram till det att kräftan i bröstet och dottersvulsterna tog hennes liv. Då var hon trettionio år.

Fadern var uthållig, stark och seg i benen och resten av kroppen. I många år hade han vandrat utmed havet och på stigarna i landskapet. Andra körde bil och motorcykel eller satt stilla på en stol och tänkte eller bara vilade sig, men han rörde sig flera timmar om dagen. Han tog inte plats för andra och inkräktade inte på deras frihet genom att bete sig så här.

Fadern hade lagt undan pengar och försakat både det ena och det andra för att få ihop en kassa som borde räcka till de här veckorna. Han hade lovat Gilbert att överväga möjligheten att ta tåget tillbaka när han uträttat sitt ärende.

Sonen var över trettio år och klarade sig själv. Cheferna och förmännen på Lunnarps mejeri insåg att företaget drog nytta av hans kunskaper. Ledningen visste att de kunde lita på honom och han hade arbetat övertid utan att knota, när de bett om det.

Gilbert tänkte att ingenting mer än döden kunde hindra fadern. Han bad honom dock att besinna sig. En prins av Sverige tog säkert inte emot en okänd man från en liten by på Österlen som kom för att berätta historien om en bilolycka som låg trettiotvå år tillbaka i tiden. Det måste finnas vakter utanför villan och en mur som skyddade trädgården och bostaden från inkräktare och nyfikna.

Gilbert sade till fadern: Du kan inte bara knacka på dörren som om du stod vid förstukvisten hos smeden eller närmsta bonden. Prinsen har inte svarat på dina brev och det hjälper inte om du sätter dig invid muren eller staketet och ropar hans namn eller ditt ärende. Han är som du vet av kunglig börd och ska det överhuvudtaget vara möjligt för någon vanlig dödlig att träffa honom måste ansökan gå genom en ståthållare eller adjutant som sköter kontakterna med prinsen. Dessutom är jag säker på att han minst av allt är beredd att röra vid den tragiska olyckan vid Lindåsbacken när han var sexton år och elev på privatskolan Lundsberg.

Fadern lovade att vara nykter hela tiden när han vandrade och han tänkte inte svälja en droppe brännvin medan han väntade på att prinsen skulle ta emot honom och lyssna. Gilbert vädjade till honom och sade att de kunde gå några dagar och prata om saken och sedan vända om, men det hjälpte inte.

Om inte prinsen svarade på hövliga brev och det inte gick att nå honom per telefon, så måste en människa av kunglig börd som var satt att tjäna folket och riket ta emot en fredlig man som kom för att lätta sitt hjärta och berätta en sann historia ur livet.

Till sist frågade sonen: Kan jag följa och göra dig sällskap under vandringen? Jag tar min semester och några veckor till och sen går vi tillsammans. Det kan bli fina och vackra veckor framöver och vi sover på vandrarhem eller hyr tält längs vägen.

Gilbert trodde nog inte att fadern skulle acceptera och säga ja till förslaget men så blev det. Sonen fick ledigt från Lunnarp utöver semestern och han lovade att ta igen den förlorade tiden senare. Han hade redan löst många problem vid olika tillverkningsprocesser med mejerivaror och skänkt företaget nya uppfinningar och förslag.

Gilbert var inte otränad men trots att han var betydligt yngre och varken rökte eller missbrukade sprit hade han inte faderns styrka och uthållighet i att vandra och flytta kroppen långa sträckor till fots. Han förberedde själen på utmaningen och packade oömma skor, plåster, salvor och liniment till musklerna som Ingrid Lans rekommenderat honom.

De möttes klockan sju på morgonen den 28 maj utanför Gilberts hem. Han hade talat ingående med fästmön Ingrid och sagt att det inte stod i hans makt att hindra fadern från att ge sig av från byn till Stockholm. Inte ville han ringa till en läkare eller söka hjälp hos prästen och polisen hade inga befogenheter att ingripa i ett sådant fall. Fadern ämnade inte hota prinsen på något sätt och inte använda våld eller vapen.

Det var en vacker morgon när de gav sig av. De gick förbi kyrkan, möllan och handelsboden och de hade gemensamt tagit ut riktningen på kartan och överlagt om olika vägval som gällde de första milen. Gilbert visste att fadern ogärna passerade byskolan där så mycket smärta i honom hade sin upprinnelse.

De gick tysta sida vid sida eller den ene bakom den andre om vägen var smal och bilarna rullade nära dem. De ämnade följa kusten i öster förbi Yngsjö och Åhus och vidare mot Sölvesborg och Karlshamn. Den sträckan skulle nog ta nästan tre dagar om de rastade och åt och drack sammanlagt några timmar i fyra pass under den ljusa delen av dygnet.

Fadern bar grova kängor och sådana hade han inte när han gick längs havet hemmavid. Gilbert valde ett par rejäla gångskor som modern köpte i present åt honom sista året hon levde. När han tog på dem och knöt snörena tänkte han på henne och såg kvinnan som stod vid kassaapparaten i affären och slog in priserna och vevade så att lådan med facken för mynt och sedlar sköt ut med en ljus och vass ton.

De hade mycket att tala om, men sonen förivrade sig inte och han visste mer än väl att vägen var längre än alla andra sträckor som han gått i sitt liv. Gilbert hade pengar i plånboken och han tänkte att det fick kosta att sova två personer på vandrarhem eller enkla hotell och de skulle dela rum och äta billigt.

Fadern sjöng inte som den gången när skolbarnen hade utflykt till Brösarps backar och den elake Arvid Berg blev arg och förlorade besinningen inför hundratals vittnen. De prövade inte varandras krafter och fadern visade inga tecken på att vilja trötta ut sonen i långa etapper utan mat, dryck och vila.

De talade inte om vandringens egentliga syfte och de sade inte ett ord om den tragiska bilolyckan den 16 mars 1928 när svågern Alfred Dahl dog och fadern överlevde med svåra skador men saknade minnet som skulle bringa klarhet i händelseförloppet.

De nämnde ingenting om vad som var förnuftigt och rimligt i människans beteenden och handlingar. Hela tiden svävade de ovanför de gränserna och bedömningarna i det vanliga livet på jorden. Solen sken och det regnade lätt några timmar innan de nådde Sölvesborg, men då sökte de skydd och de hade regnkläder i ryggsäckarna. Luften var mild och behaglig.

De åt smörgåsar och drack kall mjölk vid små matställen första och andra dagen. Gilbert hade på förhand tagit reda på var vandrarhem och enkla hospits fanns längs vägen. Dessutom hade han ringt dit en vecka innan de gav sig av från byn.

De vandrade, vilade, åt och sov. På fjortonde dagen hade de nått Södermanland och således hade sträckan tagit längre tid än fadern beräknade från början, men han klagade inte alls över detta. Tvärtom sjöng han och visslade medan de gick under moln och sol. De smorde fötterna åt varandra och skojade som de inte hade gjort sedan Gilbert var liten. De hade badat vid Fyrudden, Finnö och Femörehuvud i Norrköpingsbukten och skrattat, dykt och simmat som när Gilbert var liten.

De tordes till och med nämna Elises namn och flytta henne som ett spädbarn mellan sig och då blev båda rörda och de grät en stund och torkade tårarna utan att skämmas eller dölja sina ansikten. Inte en enda gång drog de in den skitförnäme chefen och tillika ägaren av Sandbergs skoaffär i Kivik. De motade bort honom om han visade sitt lömska tryne och fylldes i stället av ljuvliga minnen när fadern var nykter och läste sagor för pojken och snidade gubbar och gummor av ene på kammaren.

De var båda överens om att Elise var solen i deras liv; hon var möllan, vattenskoveln och forsen, navet i deras cyklar och vardagar och högtider. Hon var en fröjd att skåda och hade inte den satans Felix Andersson smugit på henne förtäckta hot och falska ömhetsbetygelser och omsorger som han påstod gällde familjen Häger, hade det mesta varit gott och riktigt. Då hade fadern nog inte gett efter så ofta för flaskan och svurit osant att sluta och bli nykter för gott.

Emellanåt brände solen genom brännvinsflaskan och de gungade på vägen och tyget klibbade mot rygg och ben. Då var de trots allt inte ensamma. Där vandrade också ynkryggar, svikare och svaga själar från alla länder på jorden och de flesta var män. Ja, sanningen att säga skruvade stora, starka karlar av korken på flaskan som om den vore kvinnans lilla bröstknopp som de snart skulle suga, slicka och smaka på. I smyg och hemlighet smusslade de med varje centiliter och drack som av fingerborg världens dyrbaraste droppar och de bytte dem inte mot guld och fagraste löften.

Älska mig, bad och bönade kvinnan. Håll om mig och kyss min nakna, mjuka hud den är bara för dig min kära, men mannen hörde ingenting. Det var alldeles tyst på hela jorden, bara korkens ljuva viskning och det lät som om den rullade och gled över några förargliga korn innan den släppte helt från glaset och blottade mynningen.

Där låg kvinnan med skötet, brösten, munnen och ömma själen och väntade, men djävulen släppte honom inte. Läpparna var för en annan hals av glas och varje droppe var helig och räknades som två i öknen.

Elise hade varit Rafaels enda kvinna och han rös av vällust och sorg när han tänkte på att de lekte och skojade när de älskade. Hans penis kikade med ett öga innan den gled in och den släppte en liten tår av glädje och fröjd och blinkade och sedan ropade han hennes namn och tackade för stunden.

Gilbert var inte barn längre men skärsliparens yrke sträckte sig till evigheten, när det var tid att dela det dagliga brödet. Då hade de skoskav och ordentlig värk i anklar, vrister och fotknölar. De tvättade strumpor, skjortor, kalsonger och vita linnen som de bar närmast huden, om de inte gick med bar överkropp i solen mitt på dagen.

Fadern sjöng både Lyckan, Blomman och sången om den franske kungens kompani. Han drack inte brännvin i smyg och de behövde inte säga ett enda ord mellan sig om att just den bedriften blåste bort själva vandringen och strapatserna som värkte och skavde i dem. Backarna i Blekinge, Småland och Östergötland frestade visserligen deras lår och vader och nog vägde ryggsäckarna mer i slutet av dagen, men ännu så länge hade de bara rent och klart vatten i flaskan.

Elise svävade över dem och hon knuffade dem mot krönen av stigningar invid Västervik och likaså nära Tystberga. Hon släppte ner stora läderremsor av kalv, get och chevreau som doftade ljuvligt i kvällningen. De såg henne gå i skoaffären och hon öppnade fina kartonger och strök bort silkespapperet, innan hon visade stövletter, lågskor och kängor för kunderna i Kivik. Dörrklockan plingade i ett lille julafton och annandagen och skådespelarens röst ljungade från tratten på väggen utanför så att häst och människa lystrade till de senaste lockpriserna och erbjudandena i sortimentet. Säljarna kom från Johannes Olsson, Oscaria, och Örnen i Örebro, Vrigstad, Malmö och Hälsingborg. Kriget hade börjat och den lilla knölen i hennes vänstra bröst spred sig i små trupper. Den fienden rådde inga strålkanoner på. Det var rusning till butikerna och människor skulle hamstra och lagren tömdes.

Någon kväll gick de så att mörkret föll och plötsligt hade Elise klistrat guldstjärnor på mannens himmel. Där hängde de högt ovan honom som i välskrivningsboken när fröken i småskolan berömde pojken och nu var det Elises tur att förgylla det sista av dagen innan de drog den blåsvarta sammetsduken över sig och sov. Den natten var mild i luften och de låg på en bädd av granris. De hade lånat filtar av en snäll kvinna i Tunaberg i närheten av Oxelösund.

Fadern fick en stjärna av Elise för varje dag som han höll sig undan flaskan. Du har varit duktig i dag, sade hon. Fortsätt så och tänk på Gilbert.

Fadern sade inte högt att han smekte Elise när han gick i eftermiddagens svalka efter en varm dag den fjortonde juni. Då såg de skylten med kungliga huvudstadens namn och de läste Stockholm från långt håll som en hägring. Hon släppte ut sitt långa hår i tizianrött och fräknarna på henne näsa vandrade inte som hotfulla insekter, ty nu var han nykter och flaggskeppet låg i flaskan med fulla segel.

Gilbert hade klättrat som matros till toppen och han siktade det yttersta av Södermalm. Först då kom en försiktig tanke på prins Bertil och vandringens egentliga syfte och mål, men de hade segrat tillsammans och hedrat minnet av hustrun och modern hela vägen. Hon hade räckt gott och väl från den lilla byn till huvudstaden.

Utan att de ansträngde sig hade de vandrat i minnena av Elise och lyssnat till hennes skratt och förmaningar. Faderns fingerblommor hade övat sig på hennes kropp och skänkt honom de känsliga snitten med täljkniven i ene och al. De skulle finnas hos honom resten av livet.

De hittade ett enkelt hotell vid Mariatorget natten mellan den fjortonde och femtonde juni. Fadern lånade två hinkar av receptionisten och sedan spolade de hett vatten däri och satt med nakna ben i den läkande källan med tvålflingor som långsamt upplöstes.

De sov djupt och länge. Kläderna hängde på tork längs en lina som fadern spände mellan gardinstängerna. Vem hade rätt att säga att de gått förgäves vad än prinsen av Sverige kom sig för att göra när och om han blev varse att han hade besök av en frände som legat bredvid en död kamrat i en bil det olycksaliga året 1928?

Kung, kronprins eller undersåte borde dela lika på skulden och sorgen.

2

Paradiset hade tunna blad och man måste bläddra med nål i handen, men se där kom den evige vandraren Rafael Häger i något av sina sista år och han liknade en eremit som just stigit ner från drömmen och han gick med spänstiga steg som bet i sanden på botten av världens största brännvinsflaska. Den låg med mynningen i helvetet eller just paradiset. Solskenet var svart när skogssnigeln bar kring det och ljuset mäktigare än klockan över jorden och han skar av det med vass täljkniv ända tills att bara smala strimmor återstod.

Hur han än lidit av människans grymhet och ondska så sjöng hans kropp av parningsleken med hustrun och tusen och en stunder av lust och åtrå. Elises ansikte syntes i hans ögon, när man kom riktigt nära, men han bar också facklor av sorg i dem. När dagen plågade honom blev han som nattljuset och öppnade sina blommor först framåt kvällen.

Rafaels händer övade sig nästan ett helt liv att smeka kvinnans kropp med fingerblomman på bröst och blygd, även till att efterkänna en mjuk och jämn yta av sandslipat trä, varsamt för att skilja varmt från kallt på järnet, men slutligen i enda syftet att smyga av korken på flaskan så att inte barnet och hustrun hörde det om dagen och natten.

Hustrun Elise och sonen knackade på flaskan, men han hörde dem inte. Han var ett skepp som brutit sina master i stormen. Ömka inte den mannen utan följ honom ända till slutet med nål i handen och bläddra i de tunna bladen, så ser du din egen sorg och smärta. Kanske hade han vandrat längre än någon annan människa på jorden. När han sov några timmar fortsatte kroppen att gå och den mindes inte längre vilan.

Elise försökte trötta hans kropp genom att ligga länge hos honom och hon satt på mannen och gungade och talade lugnande. Han tömde sin säd i henne, men hon manade äggen att sluta sig och glida undan, ty hon tordes inte bli havande så länge han var törstig och hade begär efter flaskan.

Hon använde sin list och hon ville berusa honom med smek och lust i stället för den djävulska drycken. Han stod emot fram till fredagskvällen och när han böjde sig ner för att gripa om glaskroppen, satte hon kniven i handen och lade fram ett stycke mjukt träslag som enen och sade att Gilbert ville se honom tälja och snida. Inte sant, min pojke?

Hon tittade på sonen men inte strängt utan bara så att han hoppade upp på den tunna tråden mellan honom och föräldrarnas hjärtan och sedan hade han den avgörande frågan i tassarna resten av veckoslutet: Skulle fadern skruva av korken och hälla i sig fyrti femti centiliter starkt?

Gilbert hade kunnat bli fördärvad och vild av sorg och förtvivlan av denna balansgång, men han växte av den och gjorde en ögla av den tunna nervtråden mellan sig och föräldrarna och kastade den mot framtiden så att han skulle få gagn och kraft av den.

Rafael gick längs Sandhammaren och Kyl och ända bort mot Haväng. Där betade fåren lugnt på heden ovanför och hästarna skrittade och makade sig i flock och lärde sig litet mer om människan ett ögonblick i sänder. Stenarna samlade ljus som skulle räcka in i mörkret och natten. Tusenårig kåda stelnade till bärnsten och han tänkte att så sörjde trädet för sin framtid. Nu blev de vackra smycken kring kvinnans finger och hals. En kort stund liknade han en herde som sprungit bort från sina lamm.

Havet gjorde egna skålar i sanden och fyllde dem med vatten så att han tvangs vada över ena dagen och nästa gick han torrskodd. Tångruskor, klungor av strandråg, sodaört och marviol hindrade sanden när vinden tog den och där formades små kullar och ringar. Vattnet dunstade i sina sänkor på hällarna och lämnade efter sig tunna saltskorpor. Svarta och vita fläckar och mera sällan röda hos korna som gick på krönet över stranden brände sig fast i hans minne som en fotografiplåt. Viporna ropade och vaktade sina ungar. Gulkämpar och salttåg växte tillsammans och de var tappra i höststormen. Astrar, baldersbrå och strandkål sökte lä i en tillfällig grop.

Han bar på en skuld och lögn som sträckte sig till evigheten och efter alla dessa år levde han i den nya tideräkningen, före och efter den ödesdigra dagen den 16 mars 1928. Nu var han över åttio och han var knappt trettio år den gången.

Det hände på den tiden innan älgstammen kom till Österlen, men jägarna sökte och sköt hjort, fasan, rådjur och hare. Rafael hade kvinnan och han älskade henne en tro högre än livet. Han arbetade i byskolan som vaktmästare och handen övade sig på hustruns mjuka skinn och han snidade med kniven så skickligt att de ville ha honom som slöjdlärare därtill.

Han var försiktig med spriten och sonen Gilbert var två år och levde i hans hjärta vart han gick. En söndag bjöd svågern honom med till Brösarp och den lilla inhägnade skogen där en av vännerna hade jakträtt på egen mark. De skulle vara sammanlagt fyra med bössor och skott. Rådjur och hjort i rätt ålder hade varit synliga en längre tid på området.

Det hände i mitten av mars det året. Nysnö hade legat en dag och en natt och det var ovanligt för trakten och årstiden. Spår av människofot och klövar bar skarpa konturer. Rafael ägde egen bössa och hade licens sedan tre år tillbaka, men jakten lockade honom inte mer än doften av hyvlat trä och splintved som torkade långsamt i sol.

Den 20 februari 1928 öppnades den kommersiella telefontrafiken mellan Sverige och Förenta Staterna via transatlantiska förbindelsen London och New York. Kronprins Gustaf Adolf samtalade med utrikesminister Kellogg. De fyra jägarna hörde den nyheten i radion och tidningarna skrev om händelsen, men nu sökte de osynliga länkar mellan villebråd och människa. Tre engelska drevhundar av rasen beagle var övade i att få vittring på hjort, hare och rådjur.

Männen hade mat i ryggsäcken. Svågern hette Alfred Dahl och de umgicks mest när de jagade tillsammans några gånger om året. Endast svågern ägde bil och Rafael kom på cykeln ty han älskade att trampa längs vägarna i det vackra landskapet. Bössan hängde på ryggen och maten låg i väskan tillsammans med ombyte av skjorta och strumpor på pakethållaren.

En man som hette Verner Nilsson var äldst och läste reglerna innan de började. Han sköt en kronhjort efter knappt två timmar. Då blåste han hornet och de övriga samlades vid bytet och granskade och kände på den ångande kroppen. Den blålila tungan hade fallit ut i det sista av livet. Skottet tog i halsen. Basthuden var borta. Djuret hade säkert gnidit bort den torkade huden med sina blodkärl på hornen. Hjorten gnuggade dem mot buskar och trädstammar och jägarna brukade säga att kronan var fejad och grann. Ingen hind och inga ungar hade synts till i närheten av hannen.

Äldsten Verner pekade på den nedre delen av hornet som var ringformig och ansvälld och sade att den kallades rosenkransen. Det visste inte de andra. Först bildades de enkla och ogrenade hornen hos de unga djuren och sedan kom de flergrenade. Så fick de olika namn efter ålder och blev spetshjort, gaffel, sextaggare och till och med tio och flera.

Efter sex timmar hade Alfred fällt en hare och Rafael en fasanhona i vacker dräkt. Då samlades männen hos markägaren på en given plats invid en träkoja i skogen. Där fanns tak och tre bänkar. De pratade och skojade en stund och sedan fortsatte de till Albin Linds fyrlängade gård som låg knappt tusen meter bort.

Kvinnorna fanns inte där. De fyra männen satt vid öppna eldstaden och de drack och åt. Rafael och Alfred fick lov att behålla sina byten för sig själva, men Verner Nilsson tänkte flå och stycka kronhjorten så att den räckte åt alla i laget. Det var en oskriven regel bland dem att skytten tog den största delen.

Alfred Dahl drack whisky utan is. De åt kalla revbensspjäll och vitt bröd som de doppade i svampstuvning. Där fanns öl och brännvin också. Rafael satt länge med gammeldansk och njöt av elden och maten. Lågorna råmade i skorstenspipan och den sprakade och spratt av torr björkved. Om de ändå hade vetat att denna stund skulle finnas som en brasa i dem resten av livet. Gud varför övervakade du allt utan att ingripa i tid?

Rafael sade inte mycket, men efter halvannan timme undrade han i tysthet om svågern skulle ta bilen hem eller ordna skjuts på annat sätt. Det var inga avstånd till bostaden att tala om för någon av dem.

Det var den 16 mars 1928. När klockan var halv nio på kvällen gjorde de ansatser att bryta upp och Rafael längtade hem till hustrun Elise och den lille sonen. Svågern hade lindat fasanen i en gammal filt och bar den på ostadiga ben till den svarta Forden som stod på tomten.

Rafael tänkte ta fasanen som den var i ett grovt snöre om benen och låta den hänga på ryggen över bössan. Det var en förhållandevis lätt packning för honom, ty han cyklade ofta med tungt och skrymmande gods från lanthandeln till hemmet.

Rafael hade inget körkort. I hela byn bodde två män som ägde licens att köra bil, buss eller motorcykel på den tiden. Så var det säkert också på fiskelägena omkring, men möjligen fanns det några flera med laglig rätt att framföra fordon bland dem som tillhörde Kivik och Simrishamn.

Svågern slog ifrån sig med händerna när Rafael bad honom att avstå från bilen den kvällen och stanna över natten hos markägaren såsom Verner Nilsson gjorde. Nej, aldrig. Jag ska hem till käringen och upp tidigt i morron bitti. Du får låta cykeln stå här och sitta bredvid mig i framsätet så kör jag långsamt och nätt som en ängel. Jag har inte sett en polis på vägarna sen jag gifte mig och det var nittonhundranitton i augusti. Det vet väl du som själv var med på bröllopet.

De andra männen hörde varje ord, men först följande morgon skulle de bli varse vikten av att minnas olika händelser och delar av samtalen under föregående dag och afton. Deras syn och hörsel skärptes som hos drevhundarna när bytena var nära och doftstråken låg färska.

Rafael blev villrådig. Han hade inte druckit mer än tio tolv centiliter starkt på hela dagen och ätit ordentligt. Han försökte övertala svågern men det gick inte. Antingen följer du med i framsätet eller så kör jag ändå, sade Alfred.

Rafael visste att svågern brukade vara envis. Kvällen var mörk och snön hade nästan töat bort från vägarna. Varje lördag och söndag året om körde fler än en av de fåtaliga bilisterna med sprit i kroppen efter gillen och fester. De åkte till vänner och bekanta och prövade maten på gästgiverierna i bygden.

Svågern tvingade inte Rafael att följa med i bilen. Han steg in och satte sig av egen vilja och Alfred samlade sig och startade motorn och höll i ratten och trampade på gaspedalen medan Forden rullade bort från den fyrlängade gården och ut på allmän väg mellan Brösarp och byarna och de små städerna omkring.

Elise var övertygad om att Alfred hade suttit vid ratten, ty maken skulle aldrig under några som helst omständigheter ha gjort sin jungfrufärd som förare en mörk kväll på en snöblöt väg efter det att han druckit brännvin. Hon visste att han inte var förtjust i bilar och han drogs inte till motorer och teknik.

Tio eller femton minuter senare skrevs en ny tideräkning för all framtid i två familjer. Gränsen mellan lögn och sanning och en tillrättalagd verklighet upplöstes. Bilen for av vägen i hög hastighet efter en nerförsbacke och rammade med full kraft ett grovt och gammalt träd som stod tre meter in på en avtagsstig.

Det var en bland flera versioner. Alfred Dahl dog där och han låg så att mer än halva kroppen böjde sig bort från fordonet. Högra framdörren hängde i sitt ena fäste. Ingen av dem mindes eller såg att en ensam man kom strax efteråt som försynen eller ett sändebud från evigheten. Fasanen och haren låg stilla på en tjock filt i kofferten.

Rafael hade slungats över på förarsidan och han sov djupt och snarkade enligt vittnet. Det blödde ur öron och näsa och ena benet låg i en vinkel som ingen ville se eller röra vid. Från den stunden sökte den ensamma mannen hjälp och telefon i en av de närmaste gårdarna. Han gjorde det utan att egentligen orka och töras.

Det dröjde femtiofem minuter innan ambulansen kom till platsen. Alfred Dahls sista ord i livet måste ha varit något om fasanen, haren eller hans förmåga att framföra Forden i alla situationer. Bössorna låg i baksätet och sov inte de andra männen i jaktlaget redan så fortsatte de att dricka och äta invid den öppna eldstaden.

Rafael vaknade sju timmar senare på lasarettet i Lund. Ambulansmännen hade kört honom direkt dit sedan de inspekterat en del av skadorna på olycksplatsen. Han låg på neurokirurgiska kliniken. Läkarna sade ingenting i det läget om att han var allvarligt skadad och hade inre blödningar, skallfrakturer och brutna ben.

Elise och alla andra släktingar, bekanta och vänner som besökte honom fick stränga förmaningar att inte yppa eller antyda ett ord om att svågern Alfred var död. Patienten behövde all vila som han kunde få och det vore direkt livshotande för organismen om någon meddelade honom att han kört bilen med sprit i kroppen och rammat ett träd så att vännen dog i framsätet.

Elise sade direkt till poliserna och läkarna att Rafael inte hade körkort och att han aldrig körde bil. Han cyklade och promenerade eller tog bussen. Hon hade inte en enda gång sett honom sitta vid en ratt i framsätet och han talade inte om att skaffa licens och köpa fordon.

Rafael svarade inte när hon satt bredvid sängen och talade till honom. Hon skulle aldrig glömma svägerskans blick när de hastigt möttes i lasarettets korridor. Barnen var inte där och de hade olika vägar, ty den ena var änka och ensam moder till två minderåriga söner och den andra vakade över sin man som hade domen över sig att han kört bil i berusat tillstånd och orsakat svågerns död.

Det året 1928 var denna olycka den enda i sitt slag på hela Österlen med dödlig utgång och inte ens på de stora stråken omkring Malmö, Lund och Trelleborg avled någon förare eller passagerare i bil. Om man räknade i riket Sverige dog sammanlagt tjugosju människor till följd av missöden på allmän väg.

Han mindes inte olyckan och han låg med vak och läkarna var ovissa om prognosen. Från denna stund skulle sonen Gilbert inte få veta vad som hände efter det att fyra jägare lade ner sina bössor för kvällen och två av dem fortsatte hemåt i bil, medan Verner Nilsson och markägaren stannade i den fyrlängade gården.

Svägerskan sade till sina barn och vänner att Rafael Häger hade supit under dagen och kvällen och kört bilen med hennes make vid sidan om sig i framsätet. Alfred var visserligen berusad enligt äldsten och markägaren men dessa kunde inte säga vem av de två som hade suttit vid ratten.

Ingen talade om fasanen och haren. Verner behövde inte läsa någon regel som anbefallde honom att gräva ner hjorten hel och hållen i marken. Så gjorde han ändå och det fanns ingen tvekan om saken.

Elise tänkte sig utan svårighet alla hårda ord och antydningar från svägerskans familj som fyllde ut hennes frånvaro. Tidningen skrev tre artiklar på en vecka om den tragiska olyckan och de invigda läste in frågan om skuld och offer i ett särskilt avsnitt av texten.

Hon våndades och tvekade dagar och nätter. Maken var svårt skadad och låg på lasarettet, medan den andra kvinnan förberedde begravningen av Alfred. Kanske var han den enda människan på jorden som i det ögonblicket var både levande och död, ty Rafael hade ännu inte fått höra den verkliga utgången av olyckan.

Elise samlade sig tillräckligt för att komma till kyrkan. Den lille Gilbert gick vid hennes sida. De var båda klädda i svart och hon hade beställt en krans till kistan. De flesta hade redan gått in när hon kom med sonen. Änkan och de två minderåriga barnen satt på ena sidan om altaret tillsammans med den avlidnes föräldrar. De var gamla och böjda. Tre syskon till Alfred fanns där också.

Kantorn spelade på orgeln. Den svarta kistan var nästan täckt med blommor. Kransarna låg omkring den. Prästen nickade och hälsade på de närmast sörjande. Plötsligt utan förvarning reste änkan sig från stolen och skrek Elises namn och slungade den hårda och obarmhärtiga domen över Rafael Häger: Mördarens kvinna och barn är inte välkomna här. Försvinn genast!

Sedan gick hon direkt bort mot kistan och lyfte en av kransarna och hon måste ha hittat den i förväg eftersom hon inte letade efter den i mängden. Hon höll ringen av blommor och blad som en sköld framför sig och stegade hela gången från altarringen till vapenrummet och den stora, tunga dörren av ek med järnbeslag.

Gilbert tittade ömsom på mamman och ömsom på den svartklädda kvinnan med slöjan som försvann med blomsterkransen och han frågade varför hon gjorde så, men han fick inget svar. Elise hade inga ord att ge. I den stunden var hon endast mörker och tystnad. Hon grep om Gilberts hand och han skulle resten av sitt liv minnas att den var kall.

Han var inte mer än två år när detta hände, men tio, trettio och sjuttio år senare kunde han återkalla den gälla och hårda rösten hos änkan som skrek namnet på Gilberts pappa och som bar den fina kransen från kistan genom kyrkan. Prästen och de övriga satt tysta och till synes paralyserade. I varje fall ingrep ingen av dem. Kantorn fortsatte att spela psalmen vars nummer stod på den svarta sammetsduken och även det mindes den lille pojken.

Så kom det sig att pappan låg svårt skadad på lasarettet i Lund och ansträngde sig intensivt för att mana eller locka fram den ödesdigra olyckan i bilen den där kvällen i mars månad 1928, men han lyckades inte. Han trodde att Alfred Dahl var i livet, men i själva verket låg svågern i den svarta kistan och änkan förbannade familjen Häger och anklagade Rafael för mord eller åtminstone dråp.

Elise lyfte sonen till famnen och lämnade kyrkan. När hon kom till stentrappan utanför såg hon att änkan slängde kransen på avfallshögen borta vid förrådet och toaletten. Hon bestämde sig för att aldrig någonsin inviga maken i denna skymf mot familjen Häger, men pojken bar minnet och det visste inte modern.

Rafael återvände långsamt till livet. De inre skadorna läkte och det högra benet som var av på tre ställen spikades och lades i gips under åtta veckor. Han hade svårt för att tala och den vänstra armen lydde honom inte när han ville lyfta och röra den. Elise åkte med tåget den långa vägen till Lund och några gånger tog hon bussen med byten på tre ställen.

Minnena före olyckan flöt som mjölk och Rafael kom inte närmre än att han såg en kronhjort med åtta taggar som ångade på marken och blödde från ett ljusrött mynt på buken framtill.

Elise skrev brev till honom och gladdes i hjärtat efter minsta framsteg. Den lille Gilbert följde henne vid ett tillfälle och långt efteråt skulle han anstränga sig lika hårt som fadern för att minnas den enda stunden i livet.

Det blev ingen riktig rättegång efter olyckan, men en poliskonstapel och åklagare från tingsrätten i Simrishamn besökte Rafael flera gånger vid sjuksängen och ställde frågor och väntade på svar som aldrig kom, ty den misstänkte eller anklagade mindes inte vad som hade hänt strax före olyckan och inte heller timmarna som föregick döden, smärtan och den obotliga sorgen.

Ett halvt år efter det att Alfred dog dömdes Rafael villkorligt till dryga dagsböter och han överklagade inte. Åklagaren och rätten tog hänsyn till den tragiska utgången och kanske också till att skuldfrågan inte var helt klarlagd. Den överlevande kunde inte säga att det ena eller andra hade hänt och vad skulle han bestrida i den stund hans medvetande var fullkomligt blankt och tomt bortsett från att han såg kronhjorten ligga död på marken.

Hustrun Elise lämnade över beskedet att svågern hade omkommit, men hon sade inte att det hade skett vid olyckan. En poliskonstapel hade gjort en skiss som beskrev hur kropparna låg i framsätet av bilen och där framgick att Rafaels överkropp var vriden mot ratten och ena benet och foten tryckte mot dörren på förarsidan.

Den döde vilade på rygg med ansiktet, halsen och axlarna utanför fordonet på passagerarsidan. Förmodligen göt han en ögonblicklig död när bilen rammade det kraftiga trädet.

Överläraren och magistern Arvid Berg besökte inte Rafael på sjukhuset och de skickade inga hälsningar med lärarinnorna Gerda Larsson och Matilda Nord. Han låg länge fjättrad i sängen och när han kom på fötter började en tålmodig kamp så att han åter skulle lära sig att gå. Som ett litet barn måste han erövra talförmågan och språket ännu en gång. Emellanåt drabbades han av yrselattacker och svår huvudvärk.

Han bad Elise ta med täljknivar, liten klubba och stämjärn i tio storlekar. Hon sade till läkarna att maken älskade att snida och arbeta med trä och han fick tillstånd att sitta i en verkstad några timmar om dagen. Där slant han med knivbladet och fumlade i otaliga försök, men för varje dag blev han litet säkrare i finmotoriken och muskler och händer började lyda honom.

Han karvade i envirket och talade till det och bönade och bad att kniven skulle följa viljan, men den slant gång på gång när han satt med hustruns ansikte och överkropp och resten av henne i ett enda stycke trä. Han skar direkt ur sorgen och smärtan och Elise vakade och manade honom att stanna kvar i livet. Pojken behövde sin pappa i många år.

Det första Rafael tänkte på när han vaknade ur koman var kronprinsen Gustaf Adolf som ringde till den amerikanske utrikesministern i Washington. Så lustigt och oberäkneligt svingade sig människan i minnet. Han bar hustrun, sonen och otaliga händelser från sin barndom i själen, men just när han öppnade ögonen och långsamt orienterade sig i salen med de vita väggarna såg han kronprinsen sitta med en telefonlur i handen och på andra sidan Atlanten svarade mister Kellogg.

Han grät över svågerns död och han blev förtvivlad medan hjärnan letade febrilt efter de rätta minnena i samband med olyckan och stunden dessförinnan när de satte sig i Forden för att åka från vännerna i jaktlaget. Bytena var utplånade. Fasanen, haren och kronhjorten levde i skog och mark och de föll inte för några skott den dagen.

Ett halvår efter den tragiska olyckan gick han långsamt med två kryckor i sjukhuskorridoren på väg till den dagliga träningen hos sjukgymnasten. Då mötte han en av patienterna som han pratade med ibland. Mannen hette Kristian Gyllen och han var långliggare precis som Rafael. Han hade fallit från en stege i sin trädgård på gamla väster i Lund och brutit högerbenet på två ställen.

Han var läroverksadjunkt på Katedralskolan och satt med Svenska Dagbladet i händerna och läste. Det var andra dagen som han bar på den tidningen, ty han ville visa en märklig artikel för sin vän och han viftade och blev högljudd och ivrig.

Titta och läs, sade han. Det är knappt att jag tror att det är sant. Jag har ju hört din historia och här har du nästan ett äkta syskon till den. Ställ kryckorna och slå dig ner. Nu ska du få höra.

Sedan berättade han och läste innantill, medan Rafael lyssnade: Bil med sex lundsbergare kullbytterar i Lindåsbacken. En av ynglingarna dödad. Den omkomne var son till direktör Thermænius i Hallsberg. De övriga oskadda. Prins Bertil vid ratten. Det hände på söndagsmiddagen söder om Filipstad i den så kallade Lindåsbacken på vägen till Kungsskogen.

Kristian tittade på vännen och strök tidningssidan med ena handen som om han smekte den. Nu ska du få höra, sade han och fortsatte: I en femsitsig bil tillhörande aktiebolaget Thermænius i Hallsberg satt två bröder Thermænius och tre andra ynglingar som passagerare medan prins Bertil körde. Det fanns således sammanlagt sex personer i bilen. De välte i den steniga och branta backen utför vägslänten och bilen blev liggande med hjulen upp. Två av passagerarna slungades ett tiotal meter bort från fordonet under det att de övriga fyra fastnade under bilen. De två som slungats ut lyckades med sina yttersta krafter lyfta bilen så pass att de kunde frigöra sina kamrater. Det visade sig, emellertid, att sjuttonårige Karl Edvard Thermænius ådragit sig svåra skador i bröstet, medan de övriga undkommit oskadda. I en anskaffad bil fördes den skadade till Filipstads lasarett, men han avled på vägen dit. Lasarettsläkaren Fredga kunde blott konstatera att döden redan inträtt.

Rafael satt alldeles tyst och han bad vännen att läsa om några rader. Kryckorna stod övergivna och bortglömda vid ena sidan av träbänken. Doktorer och sjuksköterskor i fina dräkter passerade och nickade åt dem, men nu var de två männen indragna i en virvel av ord. En Chrysler rullade i sjukhuskorridoren på första våningen. Föraren var prins av Sverige och elev på Lundsbergs privatskola. Han var blott sexton år och saknade körkort.

Den oskadade brodern Thermænius hade tidigare varit elev på Lundsberg. Nu studerade han vid Örebros tekniska gymnasium och han hade kommit i bilen på söndagen för att besöka brodern Karl Edvard på sin gamla skola och några av vännerna där. De sex ungdomarna blev då överens om att de skulle göra en utflykt med bilen i de vackra trakterna kring Lundsbergs skola. Olyckan inträffade mellan klockan tolv och ett på middagen. Bilen blev svårt ramponerad. Utredningen av olyckan sköttes av landsfiskalen Edgard Löfdal i Storfors distrikt. Kronprins Gustaf Adolf begav sig omedelbart efter det att han blivit underrättad om olyckan från sitt sommarresidens i Sofiero utanför Helsingborg till Lundsberg dit han anlände följande dag.

Kristian Gyllen var lektor i latin och kristendomskunskap och han hade lätt för att tala med Rafael. Det var nästan tjugo år mellan dem. De hade promenerat korta sträckor i sjukhusparken tillsammans och diskuterat skolan och mycket annat som kom för dem i stunden.

Rafael hade aldrig läst Svenska Dagbladet eller Dagens Nyheter i sitt liv, men nu ville han ha båda tidningarna och spara artiklarna om prinsen och olyckan vid Lindåsbacken. Plötsligt var han inte ensam om att ha suttit bredvid en död vän i framsätet på en bil. Den avgörande skillnaden var dock att Rafael inte mindes någonting efteråt. Han började och slutade sin dag med att försöka återkalla den ödesdigra händelsen och däremellan ville han tänka på allting annat.

Kristian lät den vidöppna tidningen ligga i knät och sedan visade han handflatorna, medan han vägde orsak och verkan. Han påstod att en hund låg begraven i historien från Lundsberg. Det var inte sannolikt och rimligt att olyckan hade gått till på det sättet som vittnena i bilen lade fram förloppet för landsfiskalen Löfdal.

Eleverna hade kommit överens om att skiftas om vid ratten. Det framkom uppgifter på skolan om att prins Bertil skulle ha utövat påtryckningar på sina kamrater för att få köra bilen, men de visade sig vara oriktiga. Han var givetvis förkrossad över det inträffade. Kronprinsen framförde personligen sitt varma deltagande till direktör Thermænius och dennes hustru och beklagade att deras son dött.

Kronprinsen besökte olycksplatsen och lade jämte prins Bertil ner blommor vid Karl Edvard Thermænius bår på lasarettet i Filipstad. Kronprinsen stannade ytterligare en dag på Lundsberg.

Polisutredningen gav vid handen att inga omständigheter vid olyckan förelåg som påkallade ett åtal mot prins Bertil för vållande till annans död. Däremot skulle det bli rättsliga följder eftersom han framfört bilen utan att inneha körkort. Det framkom att den döde till stor del orsakat manövern som gjorde att bilen slog runt. Väglaget var besvärligt efter en längre tids ihållande regn och stora stenar i Lindåsbacken hade blottlagts.

Bilen framfördes med en hastighet av ungefär fyrtiofem kilometer i timmen i nerförsbacken enligt passagerarna. Prins Bertil hade Karl Edvard Thermænius vid sin högra sida och närmast dörren i framsätet satt den äldre brodern Sven. Allt gick bra tills de kom i backens nedersta del där vägen bildade en s-formad kurva. Stora stenar låg till vänster om bilen i färdriktningen.

Fordonet kom över på högra sidan av vägbanan mot dikeskanten. Högerhjulen visade en tendens att gå ner i diket och prinsen försökte därför få vagnen mera ut mot mitten. I samma stund grep Karl Edvard med sin högra arm tag i prinsens vänstra och gjorde med den andra ett ryck i ratten. Bilen for därvid över vägen mot vänster sida och ögonblicket därefter skedde olyckan.

Kristian hade lagt sammanlagt tre tidningar i knät från den 10 och 11 september det året 1928. Han hade dragit lodräta streck med rödpenna i marginalen och skrivit utrops- och frågetecken bredvid vissa rader. Det var som i skolbarnens uppsatshäften och stavningsövningar.

Jag har tänkt mycket på din döde svåger och bördan som du har att bära efter olyckan i bilen, sade han till Rafael. Det är märkligt att en av rikets prinsar drabbas av något liknande knappt sex månader senare.

Kristian dröjde vid ett stycke och kommenterade innehållet och ansåg att både det ena och det andra i historien tedde sig underligt och mystiskt. Prinsen märkte inte själv att kamraten försökte ingripa vid manövreringen. Han kände konstiga ryck i bilen, men fick uppfattningen att ratten hade låst sig. De övriga hade emellertid sett att Karl Edvard snabbt ingrep tydligen i tron att därmed hjälpa föraren.

Under transporten till den närliggande gården varifrån den svårt skadade Karl Edvard fördes till lasarettet i Filipstad påstods han ha sagt: Hälsa prinsen att det var mitt fel. Jag tog i ratten. Även den äldre brodern Thermænius hörde detta. Han och de övriga passagerarna bortsett från den sextonårige prinsen hade körkort för bil.

Jag kan aldrig tro att de andra i bilen hann uppfatta att Karl Edvard grep om prinsens arm just när bilen krängde och välte. Det måste ha skett på några sekunder och i en sådan situation tittar ingen människa på armarna hos någon som sitter bredvid föraren. Dessutom måste det ha varit oerhört trångt i framsätet eftersom tre personer delade på utrymmet. I ett sådant fall finns inget svängrum för snabba handrörelser. Under alla omständigheter satt prinsen vid ratten och han hade inget körkort. Jag är nästan säker på att de kom överens om att säga så här med tanke på att en prins av Sverige olagligen framförde fordonet. Kanske hade han tvingat sig till att få köra. Om du eller jag hade gjort detsamma hade vi blivit dömda för att ha vållat en annan människas död, sade Kristian Gyllen och han var upprörd och ivrig i rösten. Här våndas du och är förmodligen helt oskyldig. Jag tror dig när du säger att du aldrig skulle ha satt dig vid ratten den där kvällen när din svåger dog. Varför mätte inte landsfiskalen utrymmet för tre personer i framsätet på Chryslern och lät någon av dem röra armarna och gripa om förarens hand och ratten? Det går inte ihop. Passagerarna vittnade falskt för att rädda prinsen från en mycket besvärande knipa. Rolf Ahlsell, Erik Adelswärd och Ferdinand Grumme hette de andra eleverna från Lundsberg.

Rafael var tagen och bad att få läsa en av artiklarna medan han satt där. Han ville låna tidningarna och sedan köpa lösnumren från den 10 och 11 september. Därefter skulle han visa dem för Elise.

Han tänkte att minnet av olyckan låg inom honom och sov som ett djur i vinterdvala. En dag borde det vakna och skaka liv i sig och lämna grottan och gå ut i världen med sanningen och uppenbarelsen.

Eftersom han aldrig lagt händerna på en bilratt, borde fingrarna och armarna minnas rörelsen om de fick hjälp av själen och hjärnan. Han åkte till en firma i Malmö och bad att få sitta på förarplatsen. Försäljaren trodde att han var kund och spekulant på en Ford, men Rafael ville bara lägga händerna på ratten och blunda och försöka återkalla den ödesdigra stunden när han och svågern lämnade den fyrlängade gården efter jakten. Sedan bytte han plats och gick över på andra sidan som om han vore passagerare, men ingenting annat hände än att han tyckte om doften av klädseln på sätena.

Efter tio månader var han tillbaka på skolan som vaktmästare och slöjdlärare. Lärarinnorna hälsade honom välkommen tillbaka, men magister Berg mumlade och visade öppet att han inte tyckte om den andre mannen i kollegiet.

När varubussen kom första gången efter det att Rafael lämnade sjuksängen, ville Elise att han skulle gå dit och visa sig och köpa av handlaren, men då tvekade han. Han hade ingenting för att han gömde sig och skyggade för människorna i byn, sade hon.

Lille Gilbert älskade de stunderna och han brukade få sötsaker i brun pappersstrut som handlaren formade. Pojken kunde aldrig se tillräckligt länge på lådan som hastigt sköt ut med ett plingeling och alla siffrorna på tangenterna och mynten och sedlarna i facken.

Var Rafael dråpare eller oskyldigt dömd? Han väntade på en blick från handlaren som hette Fredriksson, men denne undvek att möta Rafaels ögon. Sonen hade sin egen värld just då och den fylldes med ägg i kartonger, mjöl- och sockerpaket, veckotidningar, chokladkakor, mörka rågbröd, säckar med potatis längst ner i en särskild trälår, diverse verktyg som glänste utan rost, konservburkar, till och med en högaffel som såg högfärdig ut i sin ensamhet, knivar som dolde sina blad i slidor av läder, omalda kaffebönor i brun jutesäck, Tomteskur, grönsåpa, tvålar, rakborstar, sopkvastar, stövlar av gummi och stickade mössor och vantar.

Gilbert gick fram och tillbaka i den smala mittgången och tittade på hyllorna medan fadern läste i handlarens ansikte om han kunde se dråparen eller den oskyldige mannen där. Pojken fick en salmiakstång i brunt papper och fadern köpte ägg, strö- socker, Kungsörnens mjöl och grovt snus.

Åren gick och sonen Gilbert växte och började i första klassen i byskolan. Svågern Alfred Dahl var borta och änkan förlät aldrig Rafael, trots att hon egentligen inte visste vem av dem som körde bilen från den fyrlängade gården på kvällen den 16 mars 1928.

Den lille Gilbert hölls länge undan historien om släktingen som dog i en bilolycka. Män och kvinnor i bygden hämtade näring och ondska i förtal och skvaller och en dag stod pojken på grusvägen och såg traktorn som drog en harv på åkern.

Grannens söner var några år äldre än han och de mötte honom där och de flinade illmarigt och plötsligt sade den ene utan barmhärtighet: Din far är en mördare. Han körde ihjäl Alfred Dahl och det vet alla i byn. Håll dig undan och visa dig inte i närheten av oss igen.

De hade lika gärna kunnat spetsa honom på högaffeln och han blev skrämd från vettet och sprang därifrån. Han hade aldrig hört de orden förut och han trodde att de ljög. När han kom hem grät han och modern försökte trösta och undrade vad som stod på.

Sixten och Karl-Erik skrek att far är en mördare, snyftade han. Sedan orkade han inte säga mera och han gömde ansiktet i moderns kjolfåll.

Det är inte sant, sade Elise. Vi vet inte hur det gick till den gången. Din far blev allvarligt skadad och han kunde ha dött. Han mindes ingenting av olyckan när han vaknade och vi tordes inte berätta att Alfred var borta. Det hade han aldrig orkat höra.

Det blev Gilberts första läsebok. I inledningen stod följande rader: Jag är son till skolvaktmästaren och slöjdläraren Rafael Häger och skobutiksbiträdet Elise. Vi bor i en liten by nära Kivik och nästan allting hade varit gott och bra om inte de stygga hade talat illa om far.

Han ljudade elegant och självmant och han behövde ingen läxa för att lära sig orden utantill. Alla barn på jorden känner inledningen till en sådan läsebok och den hämtar de aldrig i skolan. Den ligger på köksbordet och bredvid sängen.

Gilbert fortsatte att skriva i den och han tänkte att orden och meningarna lades samman i en följd till kusten och stranden där fadern vandrade mil efter mil i nästan sextio år. Havet skummade och låg stilla och när stormen slet i det spolades vattnet över bokstäverna och sköljde dem rena. Sedan torkade de i solen. Tång och oljefläckar från båtar och skepp doftade när han höll papperet nära näsan.

Gilbert och fadern cyklade till den lilla järnvägsstationen i Brösarp. Pojken ville se tågen komma och gå. Dessa rullade mellan Gärsnäs och Kristianstad. Stinsen stod på perrongen och viftade med spaden. Fadern doftade inte sprit denna stund och sonen var stolt och glad. Loket puffade rök och vagnshjulen gnisslade.

Gilbert läste faderns ögon och såg andra människor i dem. De åkte aldrig bort så att de kunde gömma sig ett slag. Det sades att svågerns barn hade slungat fruktansvärda anklagelser mot Rafael Häger. Familjerna bodde några kilometer ifrån varandra, men i hjärtat förvandlades alla avstånd till ingenting.

Elise gick ensam till åhörardagarna och skolavslutningen. På vårterminens sista dag hissade vaktmästaren flaggan på hel stång och klädde sig fin. Hon köpte sina skor med omsorg och valde bland det bästa sortimentet i butiken. Som anställd hade hon rabatt. Där kom hon i dräkt och tjusig kappa och maken stod på skolgården vid vårterminens slut i början av juni. Han var ensam i hela länet och kanske till och med riket Sverige om att vara anställd både som vaktmästare och slöjdlärare.

Rafael märkte att flera av barnen ändrade blick och ton mot honom efter det att han återvände till skolan efter olyckan i bilen och den långa konvalescensen. Pojkar och flickor som tidigare tydligt visat att de uppskattade honom blev återhållsamma och flackade med blicken när han befann sig i närheten.

Två män och fyra kvinnor på skolan utgjorde kollegiet. Arvid Berg stod främst i ledet och höll den svenska flaggan i högra handen när det var tid för utflykt. De vandrade i samlad trupp på grusvägarna från byn till Brösarps backar.

Arvid gick i täten. Han bar ryggsäck, långstrumpor och byxor som slutade några centimeter nedanför knäna i tweed till kavaj i samma tyg. Den 6 juni 1937 var en ovanligt varm dag även för årstiden. Sträckan mätte nästan tolv kilometer och magistern hade grova skor på fötterna och han hade bestämt sig för att hålla flaggan med ena handen hela vägen. Stången vilade i ett särskilt hål med avpassad diameter i en bred rem kring Arvids korpulenta midja. En sadelmakare i Vitaby hade gjort den anordningen åt honom och skolan för att användas vid högtidliga tillfällen, men aldrig tidigare hade någon burit den så lång väg.

Det var Gilbert Hägers första år hos Arvid och han gick i fjärde klassen. Eleverna visslade och sjöng visor som de hade lärt sig under musiklektionerna hos Gerda Larsson. Flera hundra meter vandrade de över gärden och ängar. Kor och hästar stod i klungor och tittade på dem. Visst hade magister Berg sagt ifrån att de skulle öva särskilt på "Sveriges flagga" dagen till ära.

Alla som hade hört honom ta ton i avsikt att efterlikna en melodi och stämma var överens om att det inte lät vackert, men det bekom honom inte alls. Huvudsaken var att han ledde sången. Gerda, Matilda och de andra kvinnorna tillsammans med flickorna i kören gjorde så gott de kunde för att överrösta missljuden från ledaren.

Han brast ut mot himlen, träden och boskapen och började. Flamma stolt mot dunkla skyar likt en glimt av sommarns sol över Sveriges skogar, berg och byar, över vatten av viol. Du, som sjunger, när du bredes som vår gamla lyckas tolk: Solen lyser! Solen lyser! Ingen vredes åska slog vårt tappra folk!

Rafael Häger gick sist av alla och sonen i sjätte ledet räknat framifrån. Gilbert kunde urskilja faderns röst bland alla, eftersom han bar den i sitt hjärta. Han tyckte mycket om att höra den. Även modern och andra som lyssnat ansåg att faderns omfång och höjd blev till en vacker och mjuk tenorstämma. Om han hade skolat den och övat metodiskt skulle den säkert ha berett honom plats i en fin kör.

Vaktmästaren och slöjdläraren var nykter och glad denna dag. Minnet av bilolyckan och svågerns död sov djupt inom honom och det väcktes inte av fjorton led med flickor och pojkar i de olika årskurserna. Han släppte loss sina lungor och lyckades jämka på gångtakten och stödet i mellangärdet, men han hade aldrig självmant valt att sjunga "Sveriges flagga" av Hugo Alfvén. Som en lång och bred sky av toner höll han melodin till de rätta orden: Gud är med oss, Gud är med oss. Han skall bära stark vårt fria svenska folk.

Gilbert tog in faderns skönsång i knäna, vaderna och låren. De sviktade gott och mjukt under skosulorna, när de gick över gräs och ljung. Tänk att fadern förmådde hålla tonen och svinga sig över flickornas höjder. Vilken fröjd för sonen och han sporrades och tog emot stunden i ögonen så att den levde av härligheten.

Arvid Berg i täten måste ha hört det i sin egen tordönsstämma. I så fall steg gallan i honom i stället för sången. Trettiofem meter torde avståndet ha varit mellan honom och sistemannen Rafael. Värmen gjorde sitt till. Solen gassade och fanstången vilade visserligen i sin lilla håla i remmen och mot hans högra axel, men han höll hela tiden en hand kring den.

Det var bestämt att de skulle vila och äta av matsäcken efter halva sträckan på ett gärde som passade för ändamålet. Rafael var stark i benen och uthållig, ty han hade börjat vandra mot svaret på en fråga som han hade ställt sig efter olyckan med svågern. Den sträckan mätte tusenfalt längre än denna utflykt.

Han hade blivit varm och öppen i strupe och hals. Lungorna tog in luft för en liten kammarkör och utan att han ville retas med Arvid började han sjunga balladen om franske kungens spelmän. Den hade han själv satt melodi till, men han skrev inga noter. När han läst den långa dikten första gången förstod han direkt att den skulle bli vacker med musik till.

Arvid och alla de andra fortsatte att gå och det återstod mer än en kilometer innan de nådde gärdet där de skulle vila och äta. Plötsligt var slöjdläraren och vaktmästaren i en och samma person ensam om sången i hela truppen av människor. Det bara föll sig så av solen, blåa himlen, korna, hästarna och det svaga surret av insekter i heta luften.

Ur gömslet i djupet av honom steg tonerna och den klara stämman som inte kände av några lektioner och skalövningar. Ingen annan kunde orden och melodin som han själv satt till spelmännen kring den franske kungen.

Vi har kommit från Burgund och från Guienne, från Brabant och från det gröna Normandie. Vi har aldrig sett de länderna igen, sen vi trummade för Kungens kompani. Högt där Alpen lyfte kammen klang det: Kom!.

Arvid svettades över hela kroppen och skjortan klibbade mot ryggen och det tjocka tyget stack och kliade mot vad och lår. En våt gördel låg kring fanstången där handen höll. I sista stund hade han lagt baskern i ryggsäcken, men skorna och strumporna hörde inte samman med en het sommardag i juni. Kavajen blev en styggelse och han längtade redan efter att ta av den. Det ångade om skrev och länd, men han hade etthundraarton hjärtan och dubbelt så många ögon och minnen att strida mot. De marscherade bakom hans rygg och lyssnade förnöjsamt och häpet till sistemannens rena och ljuvliga röst.

Så många verser och Rafael var nykter och helt klar i skallen. En meter och fyrtio och magistern i täten led svårt och sökte en utväg. Suputen och fyllehunden djävlas med mig. Svågermördaren tar ton och försöker håna och göra mig till åtlöje. Nittio meter och hundranio. Då var sångaren framme vid tredje versens slut och den löd: Vi ha rim om Blanchefleur och herr Floris och refrängerna om Sieur de la Palice. Och där påven fromt höll av kurtisanernas konklav, sjöngo vi Ballade des Dames du Temps Jadis.

Rafael kunde knappt ett ord franska, men i sången flöt det språket fint och eleverna lystrade och vände sig om emellanåt och log och njöt, medan svettdropparna rann på tätmannens kropp. Stången vägde plötsligt dubbelt sin egentliga vikt och han brydde sig inte om hur långt de hade kommit och vad som blev bestämt i förväg.

Han var inte så tondöv att han inte hörde skönsången bakom sig och den slog honom som blöta tygtrasor om kinderna. Vad i helvete gör karlen! Är han full mitt på ljusa dan och inför hela skolan på utflykt i Guds natur?

Plötsligt såg han dungen mellan träden en bit från grusvägen och beordrade att alla skulle stanna för att vila och äta av matsäcken. Det var varmt och människan måste dricka, när hon svettas. Rafael Häger hade då nått slutet på fjärde versen: Mellan äreportar, lansar eller bloss, där man stiftar fred och dansar eller slåss, gå vi än som fordom med, med baretten käckt på sned och begravningsinstrumenten i vår tross.

Nu räcker det! skrek han över alla leden och det var mera

ursinne än omsorg i den rösten. Vem har sagt att vaktmästaren ska sjunga egna slagdängor som ingen annan kan? Är han inte riktigt klok? Va!

Gilbert kände direkt att en het stråle klöv sig själv och nådde alla skrymslen i kroppen. Han höll andan och vågade inte vända sig om eller ta ett steg åt sidan för att få syn på fadern. De andra barnen stod stilla och tysta och väntade på urladdningen hos ledaren.

Arvid var pionröd, blöt och blank i ansiktet. Han glömde av sig och lossade fanstången från lilla hålet i remmen och stötte den i gruset på vägen: Har vi fått en lallande fåne i truppen? Hur ska vi kunna lära de unga vett om en vuxen karl fjantar sig som en glytt?

Rafael svarade inte och sonen blundade och tyckte att han svävade över alla bort till en rastplats där ingenting av detta hade hänt. Lärarinnorna teg och den ursinnige mannen vacklade. Han hade för länge sedan glömt bort leken, lusten och glädjen och blev han inte älskad så måtte han bli fruktad.

Arvid höll inte stången som en herde. Knogarna vitnade och plötsligt blev han varse ett våtvarmt omslag från halsen ner till tårna. Han hade kunnat spetsa sin fiende på det yttersta av Sveriges flagga. Bröstkorgen hävde och sänkte sig och allt detta för den vackra sångens skull och för vreden, avunden och mannens svagaste punkt: jag lät mig besegras av sistemannen i ledet. Jag gick främst och fick ett slag i nacken som kom av glädjen och den plötsliga lusten.

Under resten av utflykten sjöng Rafael Häger till sin egen melodi, trots att han knappt öppnade munnen. Vers efter vers plågade den andre och förstörde hans stora dag. Några sekunder synade Arvid sin antagonist och även han tyckte att sången ljöd, men slöjdläraren och vaktmästaren rörde inte läpparna.

Gilbert tänkte långt senare att fadern tog några skopor av havet med sig i kistan. I varje fall lämnade han aldrig Forden

den där kvällen den 16 mars 1928. Fasanen och haren låg stilla i kofferten.

Fyrtio och nästan sextio år senare vandrade Rafael mil efter mil längs havet på Österlen. Han såg stranden ätas av höststormarnas vågor och vattnet låg stilla och tämjt av olja en sensommardag. Vrakgods och döda sjöfåglar flöt i land och han dröjde vid dem och tänkte på liv och död. Hanöbukten mjuknade och böjde av och rätade ut sig norr om Stenshuvud.

Han gick på botten av jordens största brännvinsflaska och den sträckte sig från hemlandet ända till Sargassohavet och om hösten i mörkret simmade långa stim av ål under månen och han var lika instängd som de i en evig dröm om lusten och leken fram till döden. Han var förblindad av längtan och sorg och en skuld som han bar oförskyllt.

Han täljde och snidade människorna i byn och sonen Gilbert ärvde kniven och den känsliga handen som övade sig på kvinnans kropp. De höll nålen i handen och bläddrade bland de tunna bladen i paradiset.

Gilbert skrev några av dem och bjöd in andra att läsa. Fadern Rafael blev åttio och nittio år och hemsamariterna förstod att han fortsatte att vandra även sedan han föll och blev liggande av en hjärnblödning.

När August Ranelid var tre år såg han den gamle mannen komma längs stranden på Sandhammaren och människorna viskade och pekade försynt. Han höll vandringsstaven i högra handen och solen hade bakat värme i den under fyra timmar ända från Knäbäck och Kivik. Titta, titta, där är han. Då var Rafael klädd i ljusa linnebyxor och vit skjorta som han kavlat i ärmarna och på fötterna bar han mockasiner och han blev en indian som sökte hemliga stigar mellan helvete och paradis. Han hade varit på båda platserna och minnena därifrån förvarade han i en osynlig packning på ryggen.

Rafael var brynt av solen. Ensamma och övergivna sökte sig

till trängseln på badstränderna, men han gick helst för sig själv på senhösten och vintern när endast sjöfåglarna och en och annan människa med hund kom i hans blick. Om någon talade vänligt till honom, svarade han artigt. De bofasta men också turisterna som återkom år efter år förknippade honom med havet och en särskild gångart som rättade sig efter sandens beskaffenhet.

Ibland kom han i sällskap med Gilbert. Så fick fadern och sonen lära sig att samsas om tystnaden och korta samtal längs vattnet. Stormar slet deras ord i stycken och tårade och pinade deras ögon och nakna ansikten. När den ene var några år över åttio och den andre sextio påminde de om varandra i takt och stil.

Vandringen blev i stället för döden och dårhuset. Rafael var aldrig berusad när han gick där vid kusten, men han visste att han rörde sig längs den liggande flaskan och han hade själv fällt den på sidan så att han kunde ta ut riktningen mellan botten och korken. Emellanåt smekte han glaset från insidan och sade att han besegrat ännu en timme.

Vore Rafael prins av Sverige skulle han inte ha blivit dömd på en grund som gungade mer än myrmarken eller den blöta sanden när havet tömde sina små skålar längs kusten. I sextio år hade han grubblat på den ödesdigra kvällen den 16 mars 1928.

När han låg på sin dödsbädd var han förvissad om att han inte körde Forden, men han kunde inte bevisa det. Svågern dog den gången och Rafael dömdes och i protokollet stod att han framfört bilen i onyktert tillstånd med alkohol i blodet.

Den sjuttonårige Karl Edvard Thermænius satt bredvid prins Bertil och sin äldre bror Sven i framsätet av fordonet och han sades ha gripit tag i ratten medan den andre körde. Det var en konstig historia och den skänkte en fadd eftersmak hos alla i Sverige som mindes händelsen. Tre människor i framsätet gav inget utrymme för yviga handrörelser. När bilen började vingla och kränga hade väl ingen av dem sinnesnärvaro och tid att hålla reda på vad Karl Edvard gjorde med sina händer i det ögonblicket.

Om barnen i Sverige, Tyskland, England och Amerika skall växa upp och bygga nationer och överleva måste de lägga örat mot och lyssna till de gamlas hjärtan. Rafael Häger vandrade i en brännvinsflaska som miljoner människor hjälptes åt att blåsa i ett bälte som låg kring jordklotet. Det finns själar som bär skuld och sorg ett helt liv utan att någon kan trösta dem.

I begynnelsen vaggade den lille gossen i ett varmt innanhav hos modern och han hängde i sin livlina. Två hjärtan slog i ett tempel. En dag låg han vid kvinnans bröst och drack för livet. I Afrika sinade modersmjölken och de små svällde av hunger och törst. Rafael vandrade ända dit och lindade sig i sorgen och smärtan innan han återvände och sade att vi hade mycket att lära av dem som ingenting ägde.

Vi kan inte rätt ta tillvara alla storslagna uppfinningar och vetenskapliga framsteg innan vi lärt oss att upptäcka barndomens ömtålighet. Mänsklighetens största bedrift är att finna ett stycke av paradiset i varje liten pojke och flicka. Därav kommer kärlekens blick och hand och de kan inte ersättas.

Det blev aldrig avgjort i livet för prins Bertil och Rafael Häger vem som höll i ratten när två människor dog i bilolyckor på svensk väg samma år. Det ena fallet tystades ner, men här följer den långa berättelsen som började just den dagen.

3

Plötsligt ekade den modellerade rösten mellan de små husen på Storgatan i Kivik och ljuden kom ur en stor tratt som var fästad på väggen: Tro inte att vi endast har dyrbara och fina skor för näpna kvinnofötter. Här kan ni få mästerliga råd inför kyliga dagar och värma häl och tå i prima kängor, stövletter och grova svartskor med skinn av kalv eller chevreau. Så heter nämligen geten på franska. I dag har vi ett extra erbjudande på ett parti vårskor i brunt och svart för både herrar och damer från Drott i Kumla. Här finns också sortiment från Oscaria i Örebro och Tre Torn i Helsingborg och Malmö Läderfabrik.

Ägaren Felix Andersson hade låtit en riktig skådespelare från Malmö stadsteater läsa in reklamen på grammofonskiva. Flera gånger om dagen och framför allt i samband med realisationen i januari och augusti och inför julhelgen ljöd stämman på gatan. Det fanns sammanlagt sex olika versioner på skivspåren och ingen hörande människa som gick och stod inom hundra meters radie från Sandbergs efterträdare kunde undgå rösten som hade alla scenkonstens och vältalighetens kvaliteter.

Polismästaren i Simrishamn var inte nådig i sin uppfattning om spektaklet. Hästar med kärror blev skrämda av att plötsligt möta den skolade stämman som så avgjort skilde sig från kuskens förmaningar och kommandon. Små barn och oborstade ynglingar försökte härma Mannen i tratten. Så kallades han allmänt bland människorna i Kivik och trakterna där omkring. Flera anmälningar från förtretade hästägare och medborgare kom på polismästarens bord. De tyckte nog att Felix Andersson gjorde sig märkvärdig och ville överglänsa de andra butiksägarna och näringsidkarna.

Elise Häger bar finstrukna blusar, kjol eller dräkt när hon betjänade kunderna i skoaffären. Hon var ren och prydlig och ingen kunde med rätta säga att hon var ohövlig och slarvig på något sätt i sitt arbete, men hon lismade inte och ställde sig inte in hos de förnämsta damerna och herrarna. Hon försökte vara rättvis och behandla människorna med respekt.

Innan Gilbert började första klassen följde han med och lekte i det lilla förrådet och på gården bakom. Han svepte och förfinade sitt doftsinne för läder, skokräm och skinn så tidigt i livet att han när som helst kunde frammana kalv, get och den grova sorten som benämndes björnläder utan att komma från det djurets kropp.

Han satt vid det lilla bordet och klippte i silkespappret som han fått från en skokartong. Ibland ritade han träd, hus och människor på en hel rektangel i olika färger som han bredde ut framför sig och strök jämn med händerna. Ägaren var snäll mot honom och han hade fått stränga förmaningar av modern att uppföra sig väl och vara artig och hälsa och bocka och inte störa när kunderna provade skor och såg sig om i den fina och rymliga butiken.

Dörrklockan plingade och Gilbert lystrade och försökte gissa sig till om damen eller herrn tänkte köpa ett par kängor eller finskor i svart. Flera röster lärde han sig att känna igen och några tillhörde människor från hans egen by. Bankkamrerns hustru, borgmästaren själv, prästinnan och storbondens bortskämda döttrar hade särskilda maner när de satt på pallen och lät sig betjänas.

Gilbert härmade dem genom att röra på läpparna utan att ge ljud ifrån sig och han krympte sig själv så att han fick plats i moderns bröstkorg. Där blev han hjärta och lungor när kunderna var snorkiga och rentav oförskämda mot den vänliga expediten som tänjde sitt tålamod till bristningsgränsen emellanåt. Då ville Gilbert klippa av den snälla och vänliga strängen och ge karlen eller fruntimret ett rapp med samma ton.

Vackra vårdagar och på sommaren lekte han på baksidan av huset. Där gränsade små täppor och trädgårdar till varandra och han gav löfte åt modern att inte trampa i rabatter och ställa till oreda. Fadern arbetade på skolan i byn och det passade nog inte att sonen tillbringade dagen där. Den stränge Arvid Berg höll allting under uppsikt och Rafael Hägers son hade inte lov att bilda en egen barnkrubba i förrådsutrymmena eller korridorerna. Tids nog skulle han komma dit och börja i första klassen för Gerda Larsson eller någon av de andra fröknarna.

Pojken lärde sig också att tolka och känna av Felix Anderssons sinnelag i stunden. En dag i veckan eller åtminstone var fjortonde dag kom handelsresande i skor från Kumla, Örebro, Helsingborg och Malmö. Gilbert hörde alla namnen och lade dem på minnet.

God dag, god dag! Hur står det till? Nu är jag här igen. Härliga tider och nya varor. Nu ska vi se herr Andersson och fru Häger. Vilka överraskningar. Vårens kollektion slår alla rekord i kvalitet och pris. Sedan följde timslånga haranger från försäljarna som åkte för Bröderna Lindells skofabrik i Örebro, fyra, fem vändmakerier från samma stad, Almqvists sko och nåtlingsfabrik, Kronan, Bååths toffelfabrik och den roligaste av alla att höra talas om: Skofabriken Dvärgen. P. A. Boström.

Det finaste ordet för de resande försäljarna var representanter. De berättade att priserna steg på såväl hudar som skinn trots att det fanns stora lager i Amerikas Förenta Stater. Flera fabriker i Skåne gjorde konkurser och de bytte namn och fick ny organisation och ledning. Aktiebolaget Carl Alms skomanufaktur i Göteborg inställde sina betalningar. Skofabriken och fyrtionio affärer blev till salu. En direktör i Malmö vid namn Carl Henningsson dömdes för trolöshet mot huvudman, konkursbedrägeri, falsk och bristande bokföring och förskingring till straffarbete i tre år och sex månader samt att utge skadestånd med över två miljoner kronor. Domen fastställdes i Högsta domstolen.

Chefen stod mitt i affären och läste högt ur ett protokoll som representanten burit med sig. Gilbert satt i förrådet och lyssnade. Han höll tumme och pekfinger i saxens hål och glömde bort att klippa. Det var tydligen farligt och märkvärdigt att syssla med skor. Själv gick han helst barfota från maj till oktober.

Nog hade han sett att gummorna kom med finskorna i händerna när de var på väg till söndagens gudstjänst. Det gällde att spara sulan och lädret så länge som möjligt. Modern brukade säga att kängorna och lågskorna var familjens tyngsta utgift varje år. Syskon ärvde av varandra.

Elise använde en speciell krok när hon hjälpte damerna att snöra kängorna i affären. Hon låg på knä invid kundens fötter och drog änden i snöret genom de förstärkta hålen från vristen och upp på smalbenet. Några gånger visade hon på sig själv när Gilbert bad om det.

Försäljarna bar kostym, vit skjorta och slips och de kunde ju inte komma till affärerna och visa sig för chefer och expediter utan att först ha blankat skorna med Bostons eller Vikings bästa kräm i brunt eller svart. De berättade om garverier som brann i Kumla och Malmö. Gamla trotjänare och direktörer dog och tog livet av sig efter svåra konkurser.

Efter det att fadern och svågern krockade med bilen och en av dem dog förvandlades ansikten, röster och möten mellan någon i familjen Häger och andra människor som hört talas om olyckan. Även Gilbert blev varse blickarna och tonfallen som kunde komma i vilken situation som helst. Ägaren till skoaffären tycktes alltid uppträda vänligt mot Elise. I varje fall när pojken befann sig i närheten.

Gilbert tyckte att chefen ibland var överdrivet rar mot Elise. Han köpte kakor, färskt bröd och bakelser en måndag eller fredag och bjöd mor och son på det goda. Då fick pojken lemonad, medan de drack kaffe som ångade av värme och blandade sin doft med skinn och läder i förrådet.

En gång lekte Gilbert i solskenet på bakgården och han blev törstig och skulle gå in för att dricka. Dörren stod på glänt och han gick barfota och hördes väl inte. Först kom han till den lilla förhallen och sedan kokvrån. Han skulle just ta ett glas och vrida på det kalla vattnet när han hörde chefens röst och den var inte lik sig alls.

Herr Felix Andersson som ägde flera butiker i större städer och kom några timmar då och då talade till modern som om hon vore ett barn och skulle bannas eller bevekas. Gilbert tystnade och stod stilla och lyssnade. Han hörde konstiga ord som påminde om faderns när Elise och han vänslades.

Du har inte haft det lätt, lilla Elise, sade chefen. Din man är baktalad och det är bekymmersamt för både dig och mig, men jag håller av dig och mer än så. Du kan alltid komma till mig när du har det svårt och är ledsen. Jag tänker mycket på dig.

Gilbert var nästan sex år och han skulle aldrig glömma de orden. En annan gång sade han åt modern att han skulle leka på granngården, men han smög in igen och gömde sig i ett skåp. Då var chefen på besök i affären. Felix Andersson besiktigade och synade sortimentet och frågade Elise om allt mellan himmel och jord som gällde försäljning och beställning av nya skor. Hon hade fått en del förtroenden av honom att på egen hand bedöma och ta beslut som gällde sortimentet.

Stella Skotte arbetade knappt halvtid och ryckte in vid realisation och jul. Hon var inte i tjänst den dagen. Pojken stod tyst och rörde sig inte i skåpet. Emellanåt hörde han moderns och chefens röster. De skrattade och skojade. Plötsligt kom de ut i förrådet och då tänkte Gilbert att det inte fanns någon kund i affären.

Han stelnade och höll andan. Det kunde inte vara sant men han hörde orden och tog inte miste. Felix Andersson sade att han ville kyssa henne. Han hade längtat och trånat så länge och han stod inte ut längre om hon nekade honom. Hon var hans bästa expedit och han prisade allt som hon gjort i affären. De skulle tillsammans stå emot de elaka människornas skvaller och förtal. Han tänkte också på lille Gilbert som fick lida för domen över fadern.

Gilbert var nära att brista i gråt, men hans själ och kropp visste inte om det kom sig av ilska eller sorg. Dörren var inte helt stängd och modern hade ytterst sällan ärenden dit. Där förvarades utdömda ting som förmodligen skulle slängas. Han tittade i springan och de stod på golvet och hon bar fina, vita blusen med brosch till kjolen och han hade kostym och slips. Så gick ägaren klädd till vardags och pojken jämförde med faderns garderob. Det var stor skillnad.

Felix Andersson kysste Elise Häger. Hon lutade sig en aning bakåt och det kastanjefärgade håret hängde fritt över de vita axlarna. Rafaels kvinna höll om den andre mannen och de släppte inte varandra på en lång stund.

Därmed flyttades Gilbert från första till fjärde eller femte klassen i livets skola och han var ännu inte sju år. Han förstod direkt att här började en lång hemlighet och tystnad som skulle tära och härda honom.

Han sade inte ett ord till modern om vad han hade sett. När chefen och Elise hade lämnat förrådet, smög han ut på granngården och resten av dagen försökte han tänka bort bilderna av de två som kysste varandra men han lyckades inte.

En torsdag i juli kring klockan två hörde Gilbert en hög och bullrig stämma i affären. Modern och Stella var båda i tjänst.

De försökte tysta mannen som klev in och beordrade fram de finaste stövlarna av äkta läder med höga skaft i svart färg innan dörren slog igen bakom honom. Han nästan skrek att han minsann hade plånboken full av sedlar och här skulle inte knusslas och prutas.

Den 2 juli, dagen före den här händelsen, brann skofabriken Sture i Kumla ner till grunden. Nyheten gick ut i radion och den stod i tidningen. Modern och Stella hade pratat om skadorna som skulle kosta mer än två miljoner att reparera. Två hundra personer blev arbetslösa. Nu öppnade Busen dörren med ett plingeling som inte passade hans gestalt och stämma och klampade in i ruinen efter den nerbrunna fabriken, men han hade säkert ingenting hört om olyckan. Han levde i sin egen värld sedan långt tillbaka.

Gilbert kände direkt igen rösten. Den tillhörde Sjömannen eller Busen som han allmänt kallades i Kivik med omnejd. Solen sken från en klar himmel och alla svettades på gator och torg och inomhus. Turisterna låg på stränderna vid Haväng, Sandhammaren och Vitemölla och havet var varmare än det brukade vara. Det betydde nitton tjugo grader och allra högst tjugofem men för den temperaturen krävdes en speciell vind och minst två veckors sammanhängande hetta.

Gilbert gick fram till öppningen mellan förrådet och affären och han tänkte att modern och Stella hade nog av att hålla reda på Sjömannen eller Busen. Mannen var naken på överkroppen och båda armarna var täckta av tatueringar i olika färger. Även bröstkorgen bar en stor teckning som på Gilberts avstånd påminde om ett skepp med hissade segel. Han var skäggig och håret var långt och hängde ner på axlarna.

Busen var farlig och oberäknelig, sade alla utom han själv. Nu beordrade han fram de finaste stövlarna av läder som fanns i affären och Elise tog kommandot och sade åt honom att lugna ner sig litet grand. Annars måste han lämna butiken.

Här tar man sig inte ton, svarade hon och pekade på en stol där han skulle sitta ner och lugnt vänta tills hon tagit ner varan som han var intresserad av.

Busen var berusad och han vinglade emellanåt och svepte yvigt med armar och händer. Snuset färgade läppar och mungipor. Så gjorde aldrig fadern fastän han druckit och han raglade inte omkring inför allmänhetens ögon.

Elise kom med ett par högskaftade stövlar i blankt läder. De doftade flera meter och Gilbert sniffade och njöt mitt i rädslan att Busen plötsligt skulle bli aggressiv och hota modern eller Stella om han inte fick som han ville. Mannen lugnade sig när han fick syn på de praktfulla stövlarna och tog emot dem i famnen som vuxna ofta gjorde med små barn.

Busen snusade och synade dem. Han smekte och drog dem nära näsan och låtsade nog att han speglade sitt ansikte i dem. När han böjde sig framåt för att prova dem föll han raklång men mjukt med så mycket läder i famnen. Då var Gilbert nära att skratta högt men han bet i tungan och läpparna och höll för munnen utan att någon såg det.

Stella och modern tittade på varandra och de var säkert också nära att brista ut i skratt. De höll sig och hjälptes åt att lyfta Busen. Sedan tog de resolut var sin stövel och drog av de grova och smutsiga kängorna. Gilbert gick närmre så att han såg vad de gjorde.

Busen gungade där han satt på stolen och kisade åt pojkens håll. Gilbert visste inte om han såg honom eller inte. I varje fall tycktes han vara nöjd med att två kvinnor föll på knä för honom och det borde ha varit första och enda gången i hans liv. Sjömannens ålder var inte lätt att bestämma. Skäggstubb, långt hår och den rödbrusiga färgen i ansiktet trollade bort de vanliga kännetecknen på tiden som gått i människans anletsdrag.

De lyckades få på honom stövlarna och han böjde sig framåt igen, men den här gången höll de i hans axlar så att han inte föll. Han började vissla gällt och orent och nästan joddla. Sedan skulle han på fötterna och börja dansa med någon av de två expediterna, men det fick han inte. De log och undrade om han var nöjd.

Han klappade händer och slog sig mot bakfickan. Efter tre försök kom plånboken fram och han gungade och stack fingrarna djupt i facken och drog fram de stora sedlarna som visade att han talat sanning i begynnelsen. Två föll på golvet och den här gången ryckte Gilbert in och tog upp dem.

Då fick han syn på pojken och började famla efter hans huvud. Gilbert lät honom lägga händerna där och säga några ord som knappt höll ihop, medan modern räknade rätt och upprepade summan högt och tydligt för honom. Dessutom höll hon sedlarna framför hans ögon och lovade att inte lura honom på ett enda öre.

Hon vevade i kassaapparaten och rörde så där vackert bland facken som bara hon kunde göra i sonens blick. Busen gjorde glada grimaser och ville stanna för att göra piruetter på golvet, men det klarade han inte. Kvinnorna bannade honom inte. De prisade hans stövlar och sade att de klädde honom mer än nog.

Sedan ledde de honom mot trottoaren och värmen och upphetsningen över det lyckade köpet gjorde sitt till hos Busen och när han kom i solen som gassade och tog några snedsteg övervägde Stella och Elise vad som var klokast att göra med honom. De ville inte kalla på poliskonstapel från Simrishamn.

Kanske märkte han att de var villrådiga. Därför stapplade han över den smala kullerstensgatan och vinglade mot en husvägg och vände långsamt kroppen medan han gled ner och satte sig på rumpan. Han sträckte ut benen med de blanka och fina stövlarna och satt så i solen.

Elise tyckte att han kunde få sitta tills han klarnade i skallen och blev redig nog att gå hemåt. Visserligen täckte han en del av trottoaren men människorna hade annat att göra denna heta dag i juli det året när modern kysste chefen Felix Andersson och skrev början till en ny berättelse i sonens medvetande. Den glänste redan i solen och den var av äkta läder i svart precis som sorgen och lydnaden.

Skådespelaren ropade inte sina locktoner i den stora tratten på väggen, men Gilbert hade en egen skiva med lågt varvtal i sin själ. Där talade modern och fadern till varandra och mellan orden fanns en tystnad med vass nål som skar i pojken.

Här och där klöv människan världen i behändiga och olustiga delar. I en solskärva satt Busen eller Sjömannen och njöt och höll hov med sina blanka stövlar. I skoaffären levde kvinnan med en hemlighet som hon trodde att hon var ensam om, men sonen Gilbert hörde den inom sig när som helst på dagen.

Inte bara ljud i tratten till en lånad röst utan mannen och kvinnan som stod på golvet i förrådet och kysste varandra. De var gifta på var sitt håll och till den fjärde klassen i livets skola hörde visdomen att i sådana omständigheter räknades alltid åtminstone två andra människor som bedragna.

Ingen förhörde honom på den läxan.

4

Lille August klättrar på en stege av skratt och det största undret är att han inte finns innan han föds och mina armar växer av kärlek och jag är beredd att skänka honom min ena njure och en del av levern, men hjärtat har han redan fått.

Vi borde som näckrosen leva i tre världar och få litet vila och frid emellanåt, i luften, under vattenytan och i vår egen doft och förträfflighet. Livet är en uppfinning av byfånar i New York, London, Rom och Stockholm och de främsta snillena försöker reparera det överallt där människan bor och lever.

Jag bär sonen som den sista droppen vatten i öknen och när solen bränner som värst lägger jag en kupa över och den är gjord av miljarder fäder på jorden. Han skall inte ärva männens skuld genom tiderna, inte krigarnas, mördarnas och skändarnas brott. Om Adolf Hitler skrattat och älskat kvinnor och barn, hade världen sett annorlunda ut än den gör idag.

Skulle alla kvinnor på jorden sky mannens säd och avstå från den i etthundratjugofem år, utplånades mänskligheten utan atombomber, krig, hungersnöd och dödliga farsoter. Vår art föds och består genom passion och kärlek, men många försöker förneka det.

Hur långt ut i rymden når ett barns födelse? Tänk om det var ett skri av fasa som August brast ut i när han tvangs att lämna det varma innanhavet hos modern. I varje fall hade han bråttom att komma ut, ty han föddes nästan sex veckor före den beräknade dagen. Kejsarsnitt, ett så vackert namn för fara och tidsnöd. Han var fyrtioen centimeter lång och han vägde litet mindre än ett paket strösocker.

Hans röst har ännu inga sprickor där ljusa toner tränger genom och världen tar sig in i honom utan att han tycks råda över det. Om jag legat i rännstenen hade han hämtat och burit mig som ett lamm på sina axlar. Samlade mänskligheten all sin kärlek till barnen skulle det bli en glödande massa och en stjärna starkare än den som nu värmer vår jord.

När de små och riktigt unga sover, vakar hjärtat över dem. I barndomen ligger världen nästan stilla och vilar sig och när människan blir gammal kröker den sig som en vithårig spiral och blir en ögla runt hennes hals. Det första ljuset fanns långt före solen och månen, före jorden och havet.

August har nu levat i tretton år och åtta månader. Till slut blir vi bara tiden i våra egna kroppar och drömmarna som långsamt slocknar. Han har bott nästan hela sitt liv i Stockholm men varje sommarlov och påsk åker vi till den lilla stugan på Österlen.

Jag upptäcker August långsamt som ett varsel och avläser hans inre som en blindkarta, litet i taget försiktigt och på känn. Direkt efter frukosten svingar han sig på den nya cykeln, en lindgrön Cheyenne med senapsgula bårder, smal sadel, svarta handtag, grova dubbdäck och tjugoen växlar och trampar två kilometer till den gamle mejeristen och långfararen Gilbert Häger. Snart sitter de bredvid varandra på en bänk av ek som strukits med hemkokt linolja och äter jordgubbar.

Gilbert har lovat min son att laga växlarna på cykeln, ty han behärskar även den konsten. Jag förmanar pojken och ber honom att akta sig för sopåkarnas vidunder, bussar och tankbilar. Han sätter den tuffa hjälmen på skallen och far iväg.

Gilbert säger att den stora frågan för människan inte är varifrån ljuset kommer utan var mörkret har sitt ursprung. Fråga nobelpristagare i fysik och medicin: Vem blåser livsanden i oss från första början? Av kött och ben hörs plötsligt ett skrik och sedan är blicken där och den oerhörda resan fram tills denna människa avskiljer sig från miljarder andra och blir ensam om att vara just den som hon är.

Försiktigt som om det gällde att trä en tunn tråd genom minsta nålsögat talar August och jag om flickor och den första kyssen. I sinom tid kommer andra frågor: Vad är en kvinnas bröst och sedan den blyga fantasin som glider in genom springan?

Han har inga aktier på börsen och inga egna pengar på banken, men han kan hålla en hemlighet längre än en månad utan löfte om belöning. Hyenors ögon blänker runt närmsta hörn och det är bättre att en sköka vilar i hans famn om några år än skräcken för livet och den ljuvliga lusten.

Plötsligt bär August mig på sina späda axlar när livet lutar och blir till en hög backe eller ett berg som vi måste bestiga om vi vill fortsätta att andas. Det kallas den omvända styrkan men borde nog hellre heta ett av skapelsens under. Kärleken väger ingenting och ändå är ingen kraft på jorden starkare.

Jag hör nu havet långt bortifrån som gamla ånglok på väg från min barndom till denna skrift och där på ängen springer August, en postiljon under solen. Denna dag är livet ett stort glas kallt och klart vatten som August pumpar direkt från brunnen och han är törstig. Solen bränner redan kring åtta på morgonen och korna och hästarna i hagen har varit på benen sedan fem. Han är utsövd och stark i kroppen och ögonen missar ingenting.

Trädet fruktar yxan och hönan handen som vrider nacken av den och luften pilen från bågen. Jag vill inte att min son skall bäva för sjukdomar och olyckor, men själv räds jag varje dag att han faller under en bil eller misshandlas av en dåre. Jag har flera barn men han är yngst.

Vatten blir till is, elden sväljer hela skogar och fröet i jorden spricker ut i undersköna blommor och groddar. Människan vill erövra himlen och solen och stjärnorna och hon känner månen bättre än sitt eget inre. Inför kärleken är hon som en lallande fåne.

En gång när August var knappt tre lyfte den store och barnlöse trädgårdsarbetaren honom mot sin famn och det var första gången han gjorde så i sitt femtiosjuåriga liv. Vi såg det och kunde inte ta miste: Vissa människor på jorden dör av ensamhet och brist på kärlek.

Trädgårdsarbetaren hette Arvid Skotte och han blev aldrig mästare. Tala kunde han knappt, men tralla och mumla med blommor och grödor. Han klarade inte körkortet. Så kom han vart han skulle på sin moped och han bar störtkruka på skallen som var fästad med en bred rem under hakan. Han tyngde ner däcken rejält och mopeden orkade nätt och jämt uppför minsta backe i landskapet.

Arvid dog vid sitt köksbord och han hade jord under naglarna och små dockor som var klädda i kjol och huckle och de stod på fönsterbänken. Han ärvde dem efter den elaka modern och ingen fick lyfta och röra vid dem utan hans tillåtelse.

Då är det skillnad med Gilbert Häger. Fastän han saknar barn andas han lätt och släpper loss kroppen i ormdans när han kommer nära en liten. Än hit och än dit med armar och ben. Lyfta och kramas, gå på händer, slå en frivolt och lägga sig i brygga så att gossar och flickor kan stå på hans bröstkorg och spana ut över fälten efter katter och harar.

Gilberts blick är vänlig även när han bara tittar på klockan, men det sägs att han kan bli riktigt arg om han har skäl till det. Hans gode vän Dalai lama blir aldrig vred och det skiljer honom från de flesta andra människor på jorden.

Gilbert och hans käresta Ingrid Lans har just kommit hem från en resa till Indien. De bodde och levde där i sex månader och de var nära att gå vilse i tiggarnas ögon. Det var hans tredje långa besök i det väldiga landet. Nu har han lärt sig att flyga över byarna på Österlen bara genom att sitta alldeles stilla och begrunda ett träd i landskapet, en blomma eller en stor sten.

Sedan ser han människorna här som myror. Några kämpar med tunga bördor på sina ryggar, medan andra vilar och dåsar i stacken och solen värmer gott i söderläge. Det är så lätt för den vite och rike mannen att sätta ner foten i myllret av indiska arbetsmyror. Tusen eller miljoner färre kan kvitta lika om det finns miljarder av dem.

Även här bland bönderna och småfolket kan någon jätte komma och trampa ihjäl oss, säger Gilbert.

August blir alltmer förtrogen med sorg och smärta. Dårar och svagsinta har kommit i hans närhet och han har inte hånat dem. Han har sett lamm som brutit ena benet och kor som slutat idissla, men också en yngling som drunknade och lades på stranden i Phuket i Thailand vid jultid i fjol.

På samma sätt som kroppen minns ett ben eller en arm som amputerats, saknar människan allt som var henne kärt och nära, om det plötsligt rycks bort från henne. Den drunknade pojkens mamma och pappa låg över hans ben och skrek efter moder Maria och grät, medan en läkare förgäves försökte blåsa liv i honom.

Jag och August gick sedan längs stranden och vi sade inte många ord och glada kvinnor och män och små barn stojade och lekte där ingen död och sorg fanns. Jag höll om hans axlar och ingen vind hade kunnat pressa sig mellan oss. Det här var ett ögonblick som aldrig skulle blekna och mattas i våra liv.

Det finns stunder för en son och en fader som liknar fostret i modern. Ingen kan säga dem i ord men hjärtat minns. Det är en nåd att mannen och kvinnan delar på förlossningen och att barnet föds mer än en gång i livet.

Nu vaknar August med morgonsolen och han har själv satt

68

klockan på ringning och avtalat med Gilbert att han kommer med cykeln. Det är mer än sextio år mellan dem, men den skillnaden flyger lätt som en citronfjäril i sommaren. Gilbert har ny spade med blankt blad och spritpennan i smala byxfickan och ett måttband i den breda.

Trots att klockan är knappt åtta på morgonen har han redan arbetat två timmar i trädgården och solen står snett över bondens stora damm. Han ser August och hälsar med högra handen och håller kvar den i luften tillräckligt lång tid för att påminna om en människa som svär eden i en domstol eller en president i Amerika som avger löftet för nationen och folket och kanske ljuger.

Gilbert rensar ogräs i jordgubbslandet och August upptäcker att han måste ha smakat eftersom han är röd kring mungiporna. Pojken bär svarta kortbyxor, vitt linne och inga strumpor i gymnastikskorna. Det står en träbänk mellan två av landen och där brukar Gilbert sitta och vila och tänka och titta på landskapet omkring.

Han stödjer sig med båda händerna på spaden och påminner August om att det är en vacker morgon med sol och vindstilla luft: Här ska du få smaka på himmelska bär. Vi sätter oss på bänken och njuter.

Gilbert och Ingrid är inte gifta men han är inte som ungkarlarna i byn. De blir styva i kroppen och får något ängsligt i ögonen när små flickor och pojkar kommer nära dem. August och Gilbert har skojat med bollen vid sina fötter flera gånger. Han lägger två tröjor som stolpar och sedan skjuter August mot målet. Då tjoar, skriker och kastar han sig vilt på gräsmattan och ingen som ser mannen i de stunderna kan för en sekund tro att han är sjuttiotre år.

Jag är också med ibland och då far barndomen ut i min kropp och spänner musklerna och pumpar runt blodet. Vi är vilda och galna. August får en annan blick när han ser mig springa med bollen tätt invid fötterna och finta och dribbla mot honom på allvar och lek.

Gilbert har vaktat målet i Kiviks Bollklubb sammanlagt åtta säsonger men egentligen aldrig varit speciellt intresserad av fotboll. Gemenkapen och samvaron i klubbhuset efter träningarna och matcherna betydde mer för honom. Han var dessutom betrodd kassör i föreningen och kamraterna tvistade en tid om vilket av smeknamnen som passade bäst på Gilbert: "Smöret" eller "Filmjölken". De blev nästan ense om det förstnämnda, men flera varianter återkom genom åren eftersom det var särskilt tacksamt att hitta alternativ i mejeriets stora sortiment i Lunnarp.

Så sitter August och han på den oljade bänken av ek och äter av de goda jordgubbarna som mognade i tid före midsommar i år också. Då dansade Gilbert kring stången vid Backåkra där Dag Hammarskjöld hade sin gård och han höll om midjan på sin käresta Ingrid Lans. På heden gick korna och hästarna och från krönet sluttade marken milt ner mot havet. En av bygdens spelemän höll i dragspelet och sjöng tillsammans med en kvinna: Små grodorna, små grodorna är lustiga att se. Ej öron, ej öron, ej svansar hava de.

Gilbert har rejäla kängor på fötterna och blåställ, trots att det redan är över tjugo grader varmt. Annars har han ingenting emot att gå lättklädd i solen, men när han arbetar i jorden vill han ha oömma byxor och tyg på ovankroppen.

August biter av en gång på de större bären och tar in de små som de är hela i munnen. Han och Gilbert är goda vänner sedan nästan tio år tillbaka, när vi köpte sommarstugan i byn. Gilbert har varit mejerist i Lunnarp och han har lärt pojken en hel del om filmjölk, yoghurt och ost. De pratar om allt mellan himmel och jord när de ses. Ingen i byn och hela länet har rest tillnärmelsevis så mycket i världen som Gilbert.

Gilbert vet att August älskar historier från fjärran land och därför tar han fram spritpennan i rött från den smala byxfickan och börjar rita en karta över Tibet på det blanka spadskaftet, men först torkar han av det litet med ena skjortärmen. Han brukar använda den pennan när han skriver på papperspåsarna där han lägger äggen. Gilbert har nämligen värphöns och människor kör långa sträckor för att köpa av honom, ty de vet att han säljer prima varor.

Sedan berättar han om de väldiga bergskedjorna Kunlun Shan i norr, Himalaya och Transhimalaya i söder. De vandrar tillsammans i ökenområden och når saltvattensjöar och boskapsskötare. August känner till att självaste Dalai lama besökt sin vän Gilbert Häger här i huset bakom dem och de två männen har vandrat vid Havängs stränder i gryningen, medan säkerhetsvakterna sovit i Viks hotell.

Gilbert och Ingrid red på kameler från Peshawar i Pakistan ner till Lahore och vidare mot Indiens sydspets. Kamelförarna grät när de skildes åt och det svenska paret lovade att återkomma ännu en gång i livet.

Det går inte att tömma Gilbert på spännande historier från Indien, Kina, Nya Zeeland och just Tibet. Han har suttit som en vis munk i sitt kök och i trädgården om sommaren och tröstat vettskrämda och förtvivlade människor från byn, ty där har krig rått och väpnat stillestånd mellan människor alltsedan den dagen Tomas Anker gjorde sig själv och många andra olyckliga för resten av livet.

August har hört en del av historien. Rykten och ont förtal har nått honom under sommarlovet som en bris från havet eller hårda kastvindar. Han har lyssnat till elaka tungor som fördömt mördaren eller dråparen och han har inte förmått bära det och vi har inte kunnat skydda honom.

Gilbert suddar bort kartan på det blanka spadbladet. Sedan pekar han mot himlen och det glödande klotet som värmer dem på jorden och säger: Fyra miljoner ton solmateria förvandlas till energi varje sekund. Ändå kommer solen att brinna i miljarder år. En gång, långt efter människans tid, skall den växa och förbränna jorden.

Gilbert och Ingrid badar varje sommar i dammen som ligger vid betet där korna går. Han äger marken och en bonde i trakten arrenderar den av honom. Han sätter ut kräftor där. Ingrid och han är nakna när de simmar och dyker och några av grannarna står på långt håll och ser dem.

Sedan börjar kvarnarna i trakten att mala: Gilbert Häger bjuder in vänner och bekanta som också badar utan en tråd på kroppen. Det är svineri, säger kärringar och gubbar som aldrig tar kläderna av sig utanför stugknuten.

Även August har hört den historien och han har själv badat i dammen och fångat kräftor med bara händerna. Det är härligt att ligga på de stora, varma stenarna och långsamt torka i solgasset. Korna glor och tuggar och glador och vipor seglar i skyn.

August lyssnar och njuter av de fina bären. Han tror inte att Gilbert har svar på allt och han drar sig för att fråga om det som bör vara skamligt och nästan hemligt hos de vuxna människorna. Hästarna är helt ogenerade på ängen och hingsten klättrar när som helst på stona. Tjurarna är skilda från kvigorna och mjölkkorna.

När Gilbert var fyrtio hade han ännu inte fått några barn. Ingrid och han hade väntat i tolv år. Han gick igenom flera undersökningar på sjukhuset och fick veta att spermierna var dåliga och att han troligen inte skulle kunna bli pappa. De hittade inga fel på Ingrid.

En lång stund sitter de så gott som tysta och tittar över ängarna och bondens stora damm och smakar de saftiga och röda bären. Solen värmer dem och snart tar Gilbert fram kryssspårmejseln, konnyckeln och nitutdragaren och börjar laga växlarna på pojkens cykel. Han har på egen hand lärt sig det mesta om utväxlingen på en racer eller mountainbike och håller reda på hjulens diameter, drev och kransar.

Ingrid och jag fick inga barn, säger han. Jag hade gärna bytt allt som jag äger och har mot en liten parvel. I juni 1967 fick vi beskedet. Det året slog naturen till med två oförglömliga stormar här omkring. Den ena skövlade skog och lyfte tak och bilar och den andra härjade inom mig. Ingrid grät och jag också.

Sommaren var fin och varm och vi cyklade från stugan här till färjan i Ystad. Sedan fortsatte vi att trampa runt hela Bornholm och veckan efter tog vi Ven. Ingrid och jag avverkade mil efter mil och vi sov på vandrarhem och under bar himmel. Vi ältade inte saken, men inom oss fanns en katedral av frågor som sökte svar.

Vi tänkte adoptera eller skaffa fosterbarn, säger Gilbert och August lyssnar. Jag vet inte riktigt vad som gjorde att det aldrig blev så. Ingen man eller kvinna kan cykla bort ifrån en barnlös framtid.

Tyst energi verkar i August och sätter honom i rörelse och en dag släpps den fri och då får vi stå till svars eller bara tiga och kanske förneka. Han är passaren som håller ett ben i den oskuldsfulla världen och ett i den hårda och kalla som skapats av de vuxna.

Barnen har egna vågskålar och där läggs små och stora vikter. Svek, hat och ondska jämkas mot kärlek, glädje och trohet. Det är intet mindre än ett mirakel att så många leker och skrattar och spänner en båge som siktar mot framtiden.

Små barn känner av skalv som lämnar de vuxna människorna oberörda. De sitter som fåglar på gamla telefontrådar och avlyssnar hemliga och allvarliga samtal och sedan lyfter de och flyger mot ljuset eller störtar brända mot jorden.

Det var hemska stormar i Amerika, sade Gilbert. Stormen som kom hösten 1967 klöv både tall och ek som tändstickor. Takpannorna flög som spelkort från husen och lastbilar välte och gamla mänskor lyfte från marken. Ett av mina förråd landade på åkern tretti meter bort.

Våldsamma virvelstormar drog fram i Oklahoma och Kansas i början av maj i år. Bilar slungades hundratals meter, hundratals hus låg i ruiner och träd rycktes upp med rötterna. Många människor dog.

August kommer att minnas detta och likaså att sommaren är ovanligt varm och fin. Skolan och höstterminen närmar sig dock och då åker han och mamma till Stockholm igen. Jag stannar kvar och skriver om människorna i grannbyn och frågar och forskar om kriget och det väpnade stilleståndet mellan människorna där.

August sitter tyst och tuggar och sväljer. Tummen och pekfingret på högerhanden har blivit en aning röda av bären. Han har en själ och den vandrar tusentals mil utan att han rör sig ur fläcken. Varje dag läser han i tidningen om krig, olyckor och tragiska händelser. På sommaren har familjen både Dagens Nyheter och Ystads Allehanda.

Två unga män avrättar tolv elever och en lärare vid en högskola i Littleton utanför Denver i Colorado. Gärningsmännen tar sedan sina egna liv. De hette Eric Harris och Dylan Klebold. Det hände den 20 april. En månad senare öppnade en femtonårig elev eld och skadade sex elever i en gymnasieskola i Atlantaförstaden Conyers innan han greps.

Pappa ska cykla till Preben Anker idag, men han vill inte att jag följer med, säger August. De ska prata om skinnskallarna som försöker skrämma livet ur Preben. Det är grymt att de gamla föräldrarna inte får vara i fred. Nästa gång tar Preben en tur med mig på sin Harley-Davidson och jag får sitta på bönpallen. Jag har redan åkt från byn till Kivik och tillbaka igen. När jag blir stor ska jag ha en likadan.

Gilbert Häger är den bästa lärare som August mött i sitt liv. En pensionerad mejerist och långfarare kan tala om tusen och en ting och lysa som en sol över olika ämnen. Den mannen borde resa omkring bland skolorna och visa att kunskap lever av lust och nyfikenhet, men också av kärlek till människan och allt som bor på jorden.

Inte förrän Gilbert blev vuxen lärde han sig riktig matematik och att tala och förstå engelska och tyska. Genom praktisk kemi och lång erfarenhet parat med en sällsynt envishet i yrket kom denne man att bli en guldklimp på Lunnarps mejeri och forskningsavdelning. Den verkställande direktören och cheferna skar vardera ett märke av den ädla metallen när företaget tog emot priser inom och utom Sverige och satte på sina kavajslag. Mycket av detta var Gilberts förtjänst.

Jag trivdes inte med skolan och det var ömsesidigt, säger Gilbert. Jag ville gå mina egna vägar och hämta kunskaper direkt i naturen och undersöka bäckar, åkrar, djur och träd. Fröken rabblade psalmverser och multiplikationstabeller och läste sagor, men jag lånade böcker på biblioteket. De handlade om stjärnorna i rymden, upptäcktsresor och modern fysik. Mina betyg var skrala och ingen av lärarna trodde att det skulle bli något av mig.

Vi lär oss inga psalmverser, men vi räknar och skriver och läser engelska. Jag tycker om att vandra i naturen och vara nyfiken. Mamma och jag såg en älgtjur med sju taggar i går, säger August. Vi stod blickstilla och den bet av löv och kvistar och tuggade. Jag trodde inte att det fanns älg i skogen vid Sandhammaren.

Åjo, säger Gilbert. Vi fick hit en stam i början av 70-talet. Nu har de funnit sig tillrätta vid Löderups strandbad och Hagestad och just Sandhammaren. I Sverige skjuts fler älgar varje år än i något annat land. Ungefär hälften av två hundra fäller vi på en vecka i oktober. Den jakten är lika helig som amen i kyrkan och supen till midsommar.

Vet du hur många mänskor som bor i Indien? frågar Gilbert.

Omkring en miljard, svarar August.

Det är riktigt. Mer än hälften av alla barn är undernärda och en av två i den vuxna befolkningen kan varken skriva eller läsa. De är analfabeter. Jag har levt och rest där i sammanlagt sju månader. Tänk att var och en av dessa män och kvinnor och små barn är olika alla andra i det väldiga riket. Små eller stora skillnader. Det är ett under. I Korea och Kina var det ibland stört omöjligt för mig att skilja en individ från en annan, men de själva hade inga som helst problem när de skulle hålla isär den ena från den andra. Har ni läst om slavarna i skolan?

Nej, säger August. Vi har inte kommit dit än. Vet farbror Gilbert hur många som bor i hela Stockholm?

Nja, det bör vara runt miljonen om man räknar in förstäderna.

Det stämmer gott, säger August, och jag bor i Sveriges största stadsdel Södermalm. Det är en riktig ö fastän många inte tror det och där bor nittitre tusen mänskor.

August åker med Slottet, riksdagshuset, Grand hotel, Mariaberget och Sergels torg i Stockholm till tretti hus i den lilla byn. Kivik, Simrishamn och Skillinge är som städer för människorna på den riktiga landsbygden.

Gilbert har ett eget uppslagsverk i skallen och det lever av blod och hjärta och sunt förnuft. Han kunde ha skrivit en liten uppsats med spritpennan på en brun papperspåse och lagt i tre ägg till vår frukost utan att ta betalt. Han nöjer sig med ett par vänliga ögon i kontanter.

Under fyra sekler, från mitten av 1400-talet till mitten av 1800-talet, beräknas nio miljoner afrikaner ha fraktats från sina hemländer över Atlanten till en tillvaro som slavarbetare i Amerika. Den ojämförligt största andelen, över en tredjedel, hamnar i Västindien, medan endast cirka 40 000 i nuvarande USA. Det är holländare som efter erövringen av Brasilien 1630 börjar importera slavar i stor och organiserad skala för arbete i sockerproduktion. De franska, engelska och spanska kolonierna i Västindien hade ett omättligt behov av arbetskraft som inte kostade något i takt med att efterfrågan på socker stiger i Europa. Vid seklets slut har slavhandeln ökat till 50 000 människor per år – oräknat alla de som dör under överfarten, vilket i genomsnitt uppgår till en fjärdedel.

August har naturligtvis lov att säga du till Gilbert trots att det skiljer mer än sextio år mellan dem, men han tvekar emellanåt och säger farbror Gilbert. Det låter bra i hans egna öron och Gilbert blir inte besvärad av sådana bagateller.

Farbror Gilbert, hör här: Om det nu är som prästerna säger att lidandet skulle vara borta när himmelriket är färdigt, vad tjänade då koleran och världskrigen och spetälskan till? Små barn som dör av vitaminbrist och uttorkning? Oskyldiga som burit olika lyten hela livet?

Gilbert behåller en jordgubbe mellan tänderna utan att bita i den som om han ville smaka på frågan hel och hållen utan att först tugga. Sedan säger han att Gud och Jesus borde komma hit och besöka människorna i byn. Då finge de se ett och annat av ondska och hat och säkert måste de svalka sig efteråt och ta en tur på Preben Ankers Harley-Davidson. Gud kunde köra och sonen sitta där bak på bönpallen.

Plötsligt kommer Bertil Lindberg på grusvägen och han stödjer sig på rollatorn. Det har han gjort alltsedan han drabbades av hjärnblödning. Nu ämnar han hämta tidningen i postlådan. Den inbitne ungkarlen ofredar sköterskor och de kvinnliga samariterna vågar sig knappt hem till honom. Därför satte de Preben Anker på honom och nu måste han vakta sin tunga.

Han sluddrar och dreglar av saliv men det hindrar honom inte från att ta igen alla år av skenhelig fromhet och prydligt språk, säger Gilbert. En elak och lömsk gubbe är vad han är

77

och han vinglar omkring men ändå ska han hålla fingret i vädret och göra fula tecken åt vem som helst. Han tål inte mig och det har han aldrig gjort. Först nu avslöjar han sig och det kvittar mig lika. Han pratar skit om Ingrid och mig och han har jagat familjen Anker länge nog.

Han glor surt på mig också, säger August, och jag vågar inte skjuta fotbollen åt det hållet. Hunden skäller bara jag kommer i närheten och den bajsar och kissar i trädgården och springer in till oss ibland.

Håll dig undan. Det är bäst så, säger Gilbert.

Han undrar om hans vän har ätit frukost och August säger att han njöt av tre skivor kavring från Mellbybagaren med äkta honung och till den drack han varm choklad med en klick vispad grädde.

Då skrattar Gilbert och drar handen genom Augusts solblekta hår. I denna stund råder fred och något som kan liknas vid lycka i själen på en smal bänk av ek mellan jordgubbslandet och jorden för potatis, kål, persilja och dill.

Jag såg Dalai lama i Globen när jag var tie år, säger August. Många skolor i Stockholm kom för att lyssna till honom och han satt på en snurrstol och pratade lustig engelska. Vad hände när han kom hit till farbror Gilbert och hälsade på?

Inte så mycket. Vi hade en hel del att säga varandra och jag bar på många frågor. Vi promenerade vid havet och det tar aldrig slut när Dalai lama betraktar mänskligheten och allt som styr den.

August har med egna öron hört att gubben Lundberg vill ha det till att Gilbert försöker göra sig märkvärdig för att han kände Dag Hammarskjöld och träffade honom här. Det räcker inte med det. Plötsligt sitter Dalai lama i trädgården och äter filmjölk och yoghurt som Gilbert själv blandat och smaksatt.

August tror inte alls att Gilbert försöker göra sig viktig med de namnen och personerna. Tvärtom är han blygsam och talar försynt om mötena. Det är bara det att här tillåts ingen växt skjuta skott åt sidorna och blomma vackert året om.

Orden rinner ur Gilberts mun och August kupar händerna och dricker det klara och friska vattnet: Fiskebodarna låg nergrävda i sanden och sadeltaken var täckta av vass och hade en rygg av halm. Över nocken red halvmeterlånga trän av ek. Det var vackert att skåda vill jag lova. När hårda vindar piskade havet hade bönderna tång att bärga som gödsel för jorden men då tvangs fiskarna stanna i land. Den fina sanden åt upp allt som slogs ner i den och havet kunde inte riktigt bestämma sig för vad som skulle bli till kust. Ålhommorna hängde till tork på tjärade störar och genom deras maskor såg man i norr en grönskande ås som sluttade mot Stenshuvuds silhuett långt ute i Östersjön. Havet låg som bärnsten följande dag och det var opålitligt som en nasare och hästhandlare på Kiviks marknad. Malörten växte högt kring strandbodarna. Måsarna grät, men annars var det tyst som i graven. Ett par tappra fiskare la ut sina nät. En gumma gick långsamt på bygatan och ljudet av träskorna kom männen att vrida sina ansikten åt det hållet. Från stranden svepte doften av tång och tjära och sill genom byn. Då hjälpte det inte att den fina damen från Stockholm kom på besök på sommaren och doftade parfym. Kring husen blommade stockrosor och många väggar var täckta av äkta vin. Heden låg brunbränt gyllene och den nådde Havängs bokar någon mil norrut. På sommaren doftade den som ingen annan mark. Här hittade man den ljuvliga sandnejlikan med sina fransade blad och gula evighetsblomstret och blåelden och fetknoppen i gula sjok och den spröda Sankte Pers nycklar och många andra arter. Längre tillbaka rodde man ut timmer till danska och tyska skutor. Det hände att fem sex skutor låg på redden och väntade på lastning, men havets makter var som sagt nyckfulla, August, och det visste alla skeppare som levde nära Hanöbukten. Slog vinden över på ost var det till att sätta segel och lätta ankar så fort som möjligt med kurs på Åhus eller Kivik.

Förr slängde man mänskan i vattengropen och bäckar och åar rann till medan hästar och oxar trampade och ältade henne. Sen torkades och styckades hon och användes till bränsle när skogen skövlades och det blev ont om ved. Torvältan låg kvar. Män och kvinnor blev till värme och stoft för andra genom århundradena. De vände jorden och först i sista stund eller aldrig märkte de att de grävde sina egna gravar. Kostigarna upplöstes i sly och krattskog. Mjölkborden blev vackrare än silver när ingen ville ha dem och ingen såg dem. Betet minskade och slåttern försvann och åkrarna övergavs men gärdesgårdarna låg där de låg. Det här är mina gränser sa den ena mänskan till den andra och så är det än i dag. Det är tungt att hjälpa mänskan, säger Gilbert och August lyssnar och förstår vagt att han fått en förtätad lektion i landsbygdens, fiskarnas och böndernas historia utan en enda siffra eller procentsats, inga kunganamn och inga riksdagsbeslut.

Vad sjunger ni på skolavslutningar i kyrkan? undrar Gilbert och kisar mot solen.

August letar i minnet och sedan säger han: Den blomstertid nu kommer.

Vet du vem som skrev den sången och melodien?

Nej.

Det gjorde biskopen i Visby, Israel Kolmodin, när han var på väg till en av sina kyrkor i Lärbo på norra Gotland där han skulle predika i högmässan. Det var en dag på försommaren när solen brände och fälten blommade. Biskopen var tidigt ute och slog sig därför ner en stund vid Hångers källa, omgiven av just fagra blomsterängar och en lund av gröna träd. Han njöt med alla sinnen. Vad han såg och kände inspirerade honom till en liten sommarvisa som han kallade den. Så föddes denna söndagsmorgon på Gotland, vid en källa som ännu i dag porlar lika muntert som då, psalmen nummer etthundranittinie och den heter "Den blomstertid nu kommer".

August lyssnar och nickar och tänker att Gilbert Häger kan så mycket om det mesta. Det blir aldrig tråkigt att höra honom berätta. Tänk om det hade funnits många sådana lärare i skolorna. I så fall hade eleverna inte busat och slagit dövörat till som farmor brukade säga. Han tycker om alla dessa lustiga uttryck: Slå dövörat till. Att vara torr bakom öronen. En räv bakom örat. Även små grytlock har öron.

Oj, så mycket människan kan göra med örat, om hon bara vill. De sitter tysta och tuggar jordgubbar och tittar över ängarna och åkrarna. Snart är sommaren slut och då blir August ledsen och längtar redan efter nästa. Det går in genom ena örat och ut genom det andra, tänker han, men så är det inte när Gilbert talar. Då stannar det mesta i huvudet och sedan kan han ta fram det igen när han behöver det. Vid varje skolavslutning kommer han att minnas denna stund och då kan han sitta i Storkyrkan i Stockholm, i Adolf Fredriks kyrka eller Maria Magdalena och framkalla ljudet av Gilberts röst och dessa ängar där korna betar och hästarna skuttar och plötsligt stillnar för att se sig omkring.

Har du någon hjälte eller hjältinna i livet, frågar Gilbert.

August slutar att tugga och utan att han märker det ligger jordgubben kvar på tungan. Den frågan är inte lätt att besvara. Kanske mamma. Jo, hon är nog min hjältinna. Hon är snällast och finast av alla. August sneglar på Gilbert från sidan. Plötsligt har den kloke mannen lirkat sig in i hjärtat och då syns det direkt om man ljuger och spelar karsk och stöddig. Han kan inte påminna sig att någon i skolan räddat livet på någon som gått ner sig i en vak eller sprungit genom lågor för att rädda en människa eller hund från att dö i elden.

Har farbror Gilbert några hjältar och hjältinnor?

Gilbert tittar ner på spadbladet som till hälften är dolt i jorden och blänker i solen. Sedan säger han: Nelson Mandela och Moder Teresa och kanske Dalai lama för att han har tålamod och fördragsamhet med mänskans dumhet och avslöjar ondska och hat. Prinsessan Diana dog samma dag som moder Teresa och hon tog nästan all uppmärksamhet från den gamla nunnan och slumsystern som kämpat och stridit för de fattigaste och lägsta mänskorna så länge. Jag tror att det var så hon ville ha slutet. Den tjusiga prinsessan som var gift med prins Charles var mera lik en filmstjärna och alla jordens skvallertidningar hade frossat i hennes liv och olycka så länge att de bara fortsatte av bara farten, men moder Teresa hade sin värld i hjärtat och den tog inte mera plats än en liten kastrull eller påse mjöl.

August har hört alla namnen och han såg prinsessan Dianas begravning i televisionen och Elton John satt där med sin frack vid pianot och sjöng "Like a candle in the wind" och alla människorna i kyrkan grät och alla som stod utanför och lyssnade från stora högtalare. Även August grät.

Jag vill se mänskorna i byn som är snidade av virke från enen och läsa på stenarna igen, säger August och byter ämne. Gilbert förstår direkt vad han menar och blinkar åt honom och lägger armen om hans axlar och börjar gå mot baksidan av huset.

Innan dess får han receptet på Gilberts goda yoghurt. Redan i Femte Moseboken står att läsa om ko- och fårmjölk och i den första nämns kamelmjölken och getens gåva följer i Ordspråksboken.

Mjölk betraktades som en andlig och fysisk förlängning av moderdjuret, säger Gilbert och August lyssnar som om han stode inför prästen vid konfirmationen. Målningar från det gamla Egypten visar en ko som gråter när hennes mjölk tas ifrån henne medan den törstiga kalven ser på. Hedniska religioner vördar förbindelsen mellan födelse, mjölk och moderskap genom fruktbarhetsriter där kalvar kokas i modersmjölk.

Här får du Gilberts härliga yoghurtdryck som passar utmärkt till att släcka törsten en varm sommardag:

Späd en del yoghurt med två delar vatten. Vispa blandningen och tillsätt sex kvistar färsk mynta som är hackade eller mosade och därtill en halv tesked salt eller två matskedar honung. Själv föredrar jag det sistnämnda.

Eller vad säger August om pressade granatäpplen som ger underbar saft? Blanda den i utspädd yoghurt. Söta med honung om det behövs. Du kan också tillsätta sex färska eller torkade dadlar utan kärnor. Färska druvor är ett utmärkt alternativ.

*

August hade stått inför dem flera gånger men det var som om han inte riktigt trodde sina ögon när han följde bokstäverna som var vackert huggna och förgyllda i de två blocken av granit. De gick till det yttre av den stora tomten och där stod med knappt två meters avstånd från varandra byns märkligaste läsebok och skrivna historia.

Så här löd orden: De första jordpäron i Skåne man fick kommo från Pommern år 1761 men här i byn har man först år 1773 en potatoes sedt.

Det är engelsk stavning på potatisen, sade August.

Javisst, svarade Gilbert. Potatisen hade lång väg hit. Den kom från Amerika till Sverige i samband med de stora upptäcktsresorna på femtonhundratalet, men det dröjde innan den blev allmän och spreds bland människorna. De första sorterna var anpassade till ett tropiskt klimat och de odlades endast i frostfria områden av Sverige. Jonas Alströmer införde det engelska namnet potatoes och han började odla den i Alingsås år sjuttonhundratjugofyra. De första sorterna måste ha varit mycket beska. Vet du vad man kunde använda potatisen till på den tiden?

Nja, sade August och tänkte efter. Var det inte brännvin?

Jo, men också till stärkelse och puder, sade Gilbert. Soldaterna som kom hem från pommerska kriget kring sjuttonhundrafemtisju och senare hade ätit potatis i Tyskland tog med sig sättpotatisar till Sverige. Från början visste man inte hur man skulle tillreda den och därför åt man den rå. I Kajsa Wargs kokbok från sjuttonhundranitti finns många recept med potatis och jag har provat några med fint resultat.

Jag tycker om potatis, sade August. Både kokta och stekta, men klyftpotatis och gratäng är mina favoriter. Sedan började han läsa på den andra stenen. Han hade grubblat många gånger på den och berättat för kamraterna och fröken på Storkyrkoskolan i Stockholm. Den var nog ännu märkligare än den första.

Gilberts farfars far hade huggit in upplysningen om den första potatisen i byn. Han hette Pehr Filemon Häger. Bokstäverna var noggrant och vackert formade och det måste ha tagit tid att pränta dem i den hårda graniten med hjälp av hammare och spett.

Gilbert putsade med en liten borste och hårda strån varje vår och han förgyllde bokstäverna vartannat år. Nu lyste de i solen och August mindes inskriptionen på den fina teaterbyggnaden i Stockholm på Nybroplan: Kungliga Dramatiska Teatern.

Så läste han tyst för sig själv medan Gilbert stod bredvid: Författarinnan Selma Lagerlöf och den andlige ledaren Dalai lama har vandrat på byvägen här och besökt familjen Häger. Det gjorde även generalsekreteraren i Förenta Nationerna, nämligen Dag Hammarskjöld.

Var det svårt att hugga i sten?

Det tog sin tid men det var lustfyllt att arbeta med hammare och spett, sade Gilbert.

August trodde inte alls att Gilbert ville göra sig märkvärdig. I framtiden kunde människor läsa på stenarna och tänka att denna lilla by i Skåne och Sverige hade besök av dessa världsberömda personer.

Sedan gick de in i boningslängan. I ett av de största rummen fanns en skatt som inte vem som helst fick se. På stora bänkar med bockar under stod ett par hundra figurer som Gilberts far och han själv snidat av ene. Storbonden, smeden, brevbäraren Johan Tilly, handlaren, skolfröknarna, magister Arvid Berg, överläraren från Kivik och alla andra i byn hade fått sina proportioner och färger i förhållande till sädesfälten, rapsen, boskapen och den vitkalkade kyrkan på höjden.

August dröjde vid flera av dem och han hade lov att ta i gubbarna och gummorna och lyfta dem. De hade var och en sina särdrag och karaktärer. Skolvaktmästaren och tillika slöjdläraren Rafael Häger skapade med små snitt och knivstick dessa människor i miniatyr. Sonen Gilbert satt ofta bredvid fadern och följde arbetet och lekte med flisorna på golvet.

När gula fläcken i faderns ögon blev grumlig, släcktes färgerna och detaljerna. Då hade sonen övat tillräckligt länge för att ta vid. Därigenom föddes bröderna Anker på nytt och nybyggaren John Haber från Virginia i Amerika stod i sin trädgård och väntade på en sångerska från Hongkong. Hon kom snart runt hörnet, ty snidaren hade börjat med ett stycke av ene och hon skulle öppna munnen och släppa ut vackra toner över grusvägarna och ängarna.

På backkrönet syntes en mörk människa på moped. Den ende negern i trakten åkte från folkhögskolan i Tomelilla eller Bollerups lantbruksgymnasium som gästelev från Senegal. De vita tänderna lyste i ansiktet. Han bar körsbärsröd störtkruka på skallen. På pakethållaren låg ett knippe med sagoböcker, almanackor och små akvareller som föreställde stränder och hav, rapsfält och enkla bondgårdar under ljus himmel. Växelkassan höll han i ena byxfickan, men den syntes inte. De som kände människorna i trakten anade att han inte fått sälja.

Nu var negern på väg till den pensionerade mejeristen och långfararen Gilbert Häger och där skulle han möta ett par ögon och händer som var redo att köpa av honom och sedan snida och föreviga honom.

De döda blev gengångare i Gilberts samling som han ärvde efter fadern. Där fanns snälla och onda, gamla och unga, fattiga och rika. Alla var lika mycket värda och ingen tog större plats än någon annan.

Nu är det tid att jag lagar växlarna på din fina cykel, säger Gilbert, och sen kan du åka med mamma och pappa till havet och sola och bada. Det kommer att bli en fin dag. En sådan himmel ljuger aldrig.

5

När August cyklat iväg med växlar som kuggade i enligt mekanikens lagar och tackat för hjälpen, kom en egendomlig frid över Gilbert. Han satte sig åter på bänken i solskenet och tänkte på vad Preben Anker berättat för honom tre dagar tidigare.

Josefina Kvist hade börjat tala med Preben och det vore väl inte så konstigt under andra omständigheter. Nu var det emellertid på det viset att hon var död sedan ett halvår tillbaka. Gravstenar sjönk långsamt ner i jorden och benknotorna förmultnade så småningom, men Josefina hade talat till Preben med en klar och vacker stämma som inte alls var ansatt av sjukdom och ålder.

Hon skrattade, bannade och rådslog med honom långa stunder och han blev nog litet förskräckt första gången, ty han hade aldrig i sitt liv trott att människor kunde gå igen. När han läste om andeväsen eller änglar blev han närmast förtretad och dömde ut det som inbillning.

Josefina kom inte tillbaka på befallning. Vad än Preben tänkte eller sade högt för sig själv så höll hon sig undan. Han lyckades inte beveka eller mana fram henne. Hon visade sig inte för honom som en gestalt i ljus och han hörde inte rösten när han drömde på natten.

Gilbert var den ende i byn som fått höra om Josefinas återkomst och han hade mött och sett så mycket bortom rimlighet i Indien, Afrika och Tibet att han slutat att förvåna sig över någonting som rörde människan.

Preben tänkte inte berätta det för någon annan än Gilbert. Han visste att han skulle bli hånad och betraktad som galen om han förde saken på tal i byn. Förresten hade han högst en handfull vänner kvar som han överhuvudtaget kunde öppna sig det minsta inför.

Riktiga förtroenden gav han möjligen till Gilbert efter det att fadern och modern hade stängt om sig och nästan tystnat. Han hade inte känt Laura Wiik tillräckligt lång tid för att lämna ut sig på det sättet.

Här i den lilla byn på landsbygden och kanske i hela Sverige var det nästan i lag förbjudet att tala om ett sådant möte mellan en död och en levande människa.

Gilbert såg långt därifrån han satt. I det yttre av Lars Tillys markområde för lagårdar, förråd, stall och maskinhallar stod något som på det här avståndet påminde om en stor sockerbit eller en fyrkantig snögrotta som trotsade solen och årstiden.

Det var Josefs container som förvandlats till hem och bostad för mannen som allmänt kallades Polacken rätt och slätt i bygden. Han hade kommit en dag till betkampanjen och frågat i den ena gården efter den andra om det möjligen fanns arbete för honom. Några ord på dålig och knagglig engelska: Work me, strong. Now tomorrow.

Många av bönderna var inte mycket bättre på engelska och alla sade nej utom just Lars Tilly som ägde mycket mark och dessutom höll på med att riva, renovera och bygga nya hus på en stor tomt som han köpt en halv kilometer ifrån sin egen boningslänga. Det arbetet hade pågått i åtta år och han hade lejt arbetare och hantverkare som kommit och gått.

Lastbilar körde fram tegel till fasader och tak och virke för väggar och golv. Murare, snickare, plåtslagare och elektriker avlöste varandra och människorna omkring förundrades och frågade sig vad han skulle göra med fem nya hus, damm och något som måste vara tänkt som en swimmingpool.

Lars Tilly var frånskild men han tycktes aldrig sakna kvinnor i sin närhet. De avlöste varandra och stannade en månad eller längre. En del sågs endast en helg och sedan aldrig mera. Grannarna lade märke till mycket av det som skedde på sträckan mellan den allmänna vägen och Tillys privata område.

Lars var yngre bror till mannen som skötte postutdelningen i många år. Han hette Johan Tilly och han sprang och cyklade med en stor väska över ängar och hedar när han inte tog vägen som alla andra. På vintern satt han i den gula bilen och lämnade över brev och kvitterade ut pensioner, paket och försändelser som innebar kontanta pengar för mottagaren. Så slapp de äldre att ta sig in till postkontoret i Kivik.

Än i dag sköttes utbetalningar och försändelser på det sättet, men Johan Tilly var borta sedan flera år. Han dog av cancer i skelettet som börjat i prostatakörteln. Ingen annan brevbärare eller postiljon hade kommit i närheten av Johans ryktbarhet. Vad man än tyckte om honom så måste man tillstå att han var säregen och plikttrogen. Bygdens människor bar på många historier om honom och några av dem var inte särskilt smickrande om man var pryd och struntförnäm.

Lars Tilly gick också sina egna vägar i många avseenden. Han brydde sig inte om att andra knorrade när han lät Josef bo intill maskinhallen. Bland sina papper som han förvarade i ett slitet skinnfodral plockade Josef fram betyg och intyg som styrkte att han var utbildad snickare från Gdansk.

Lars behövde en duktig timmerman och Josef var nyfiken och läraktig och tittade på de andra hantverkarna i arbete. Dessutom drog han sig inte för att hjälpa till på åkrarna och i lagården. Djurbeståndet var stort och där fanns grisar, kor och tjurkalvar.

I början fick han bo i kammaren i ena flygeln till boningslängan, men en dag kom Josef med en stor container på ett lastbilsflak. Han hade redan lagt ut sliprar som han köpt billigt på ett överskottslager i Grevlunda. På de längderna ställde han den stora järnlådan och några timmar senare började han såga i båda kortändarna, i en långsida och i taket. Han hade hyrt ett diamantborr och betalat kontant med egna pengar.

Så fick han ett större hål för dörren och tre fönster. Ett av dem placerade han i taket och han hade inte ord på svenska för det, men Lars Tilly förstod direkt att Josef ville se himlen från sitt enda rum på jorden. Lars erbjöd honom att bo i kammaren i den stora boningslängan, men Josef ville skapa ett hem av egen vilja och kraft.

Polacken köpte fönsterglas och han kittade och hängde de tjocka skivorna. Dörren var av trä. Därefter målade han hela lådan med mönja i tre lager och lät det torka mellan strykningarna. Slutligen strök han på den vita färgen så att den täckte ordentligt.

Han hade lagt ut sliprarna för att undvika fukt från jorden under lådan. På väggarnas insidor reglade han för isoleringsdynor och klädde dem med spånskivor och tapetserade. Han lade pappskivor på golvet och sedan mattor som täckte hela ytan.

Lars Tilly nickade och lade armen över Josefs axlar och menade att denne hade gjort ett gott arbete och att det säkert skulle bli ett fint litet hem. Polacken ägde inte pengar som räckte till att köpa hus eller en stuga och han ville inte hyra lägenhet i Kivik eller någon annanstans i närheten. Här rådde han sig själv och värden bestämde över marken och hade inga invändningar.

Han hängde gardiner för två av fönstren, dock inte i taket. Han fick tillstånd av Lars Tilly att dra en elektrisk kabel från maskinhallen och därigenom fick han ström till två element, en radioapparat, en liten televisionsapparat, två golvlampor och en spisplatta.

Josef söp inte mer än de flesta andra men han rökte mellan

fyrtio och sextio cigaretter om dagen och det hördes när han talade. Varje timme lärde han sig några nya svenska ord och efter fyra månader behövde han inte peka och gestikulera när han talade om vardagliga och nära ting.

Lars betalade riktig lön till honom för utfört arbete och Josef mockade i lagården och utfodrade djuren. Han körde traktor och lärde sig att sköta spakar och reglage på skördetröska och såningsmaskin. De andra hjälparna på gården blev litet avundsamma och gnydde en del så att Lars hörde det men då fick de bara veta att passade inte galoscherna kunde de säga upp sig och hämta ut slutlönen.

En natt fick Josef ytterligare ett namn i bygden. Han sov efter hårt arbete och hörde ingenting. När han steg ut från lådan vid sextiden på morgonen upptäckte han när han gått några meter åt ena hållet vad som stod på ena långväggen med stora svarta bokstäver och det var knappt att orden fick plats.

Josef förstod inledningen men inte resten, när han försökte läsa och ljuda högt för sig själv i den mörka novembermorgonen, den sista dagen i månaden, den trettionde: Polackajävel. Blatte. Försvinn.

Han kände obehaget direkt och det satte sig i hjärtat och huvudet. Han såg sig omkring, men där fanns inga människor. Lars Tilly brukade komma ut vid halv sju och hjälparna en halv timme senare. Utan att han visste om det i ögonblicket så var Josef och än mer Polacken inskriven i en svart bok som fördes av några personer i trakten.

Där fanns också bröderna Anker på en av sidorna och förmodligen också Lars Tilly och Gilbert Häger.

Gilbert satt på bänken i sin trädgård mellan landen och han torkade av händerna med en trasa som han doppat i avfettningsmedel. Smörjoljan från kedjan och kugghjulen på Augusts cykel doftade inte alls illa bland jordgubbarna och grönsakerna i jorden.

Han såg den vita klossen en halv kilometer bort åt väster och han tänkte på Josef och Lars Tilly och den gode vännen Preben Anker. Solen värmde och himlen var nästan molnfri och ingen vind rörde bladen i trädkronorna och buskarna.

Det blir en fin dag, tänkte han och reste sig för att åter greppa den nya spaden och fortsätta arbetet med grödorna. Han sjöng en snutt och visslade. I dag skulle han och Ingrid promenera till dammen för att bada och sedan skulle de bara vila och njuta tillsammans. Kanske cyklade de till Haväng och den vackra stranden där.

Om inte ordet och tillståndet vore så utmanande och förlöjligat skulle nog även en klok och sansad kännare av denne man säga att han var nära det som ibland kallades lycka bland människorna.

6

Liten myrsång från Gilbert Häger till August

Tusen miljoner kineser och lika många indier sjunger och dansar. De älskar och längtar, väntar och sörjer. Så kommer den vite mannen och lyckas inte skilja det ena ansiktet från det andra, ty nyanserna i ögonbryn, näsrot, mun, haka, hår och kindknotor ter sig små eller nästan obefintliga för det otränade ögat.

Indierna springer och går, de sover, vaknar i gryningen och sitter direkt på marken eller en sten som slipats jämn genom årmiljonerna. De badar och renar sig i Ganges. Den vite mannen ser dem som myror i en stor stack som bär stickor och strån på stigarna till hemmet, över kullar och stubbar. Stort och flitigt arbete pågår i det inre av stacken men det syns inte utåt.

I Calcutta och Bombay skyndar cykelordonnanserna fram och tillbaka på de leriga vägarna. Försäljarna på torget håller kycklingarna i benen och tappar dem på blod. I bropelarnas skugga vilar tiggarna och de är så tunna att revbenen lyser genom skinnet när de går vidare till nästa stråk för turisterna.

Om du tar ett steg över dem och låtsas att de inte finns till, så visar du tydligare än någonsin vem du är som människa. De små myrorna kryper in genom dina örgångar och näshålor och sedan blir du inte kvitt dem.

Innan du förstår vad som skett har de byggt en stack i dig och du är tvingad att föra dem över haven och kontinenterna tills du åter är hemma i Flen, Stockholm, Haparanda eller den lilla byn här på Österlen. Där en säger en svart människa ligger begravd och det skedde nästan av misstag.

Gästeleverna från Senegal, Ghana och Etiopien cyklar på grusvägarna med små lådor på pakethållaren. Där ligger böcker, almanackor och små handmålade landskap som de vill sälja till bönderna, brunnsborrarna och fiskarna.

Några av dem kommer på moped med ceriseröda och kromgula störtkrukor på det krulliga håret och dammet från vägen bleker dem en aning i nacke och hals. Sedan knackar de på framdörren eller den där bak och då händer det att mor i huset hänger tvätt på lina eller står på stegen och tvättar fönsterglasen rena och blanka i högsommaren.

Äldsta dottern ligger på en filt och bryner skinnet. Hon bär endast en remsa av tyg kring blygd och bål och brösten är nakna som vid födseln. Studenten från Senegal har studerat knappt tre veckor vid Tomelilla folkhögskola och två vid Bollerups lantbruksgymnasium och han har möjligen sett något liknande i en broschyr på vandrarhemmet.

Han bugar och bockar och håller lådan som en oöppnad present i famnen: Godd da, mitt nam ere Imal. Here is some books and small paintings that you may buy from me and the money is for my studies in Tomelilla folkhogskoola.

Han ler medan han talar och de vita tänderna är som en vitkalkad vägg som delar sig och sluts. Flickan är arton år och hon råkar vara hemma med modern ty hon är trött och har varit på dans och fest kvällen före ända bort i Svinaberget hos trettiofem kamrater och vänner. Om hon inte varit tung i huvudet och dåsig i resten av kroppen hade hon åkt till havet och de långa sandstränderna vid Kyl, Haväng eller Sandhammaren.

Hon kisar lojt mot solen och ser en svart gengångare från en skolbok något år. Han är längre än den längsta drömmen om en man som hon någonsin haft. Den ceriseröda störtkrukan ligger på locket till den bruna lådan ty han har redan lärt att en människa kan bli bestulen i Sverige om hon lämnar vackra och dyrbara men också skäligen enkla ting utan tillsyn.

Flickan tror några sekunder att hon drömmer i slagget av ruset från kvällen före. Han når ända upp till himlen och han är smal och vit och svart, ty skjortan är utav bomull och hör söndagen och helgen till när han vill vara fin. Därför kommer hon sig inte direkt för att skyla de unga brösten för den främmande mannen som stigit fram från en boksida i det förflutna. Skolan lärde ut så mycket utan värde och eleverna skulle aldrig ha praktisk nytta av stoffet och läxorna, tänkte flickan.

Good da, mitt nam er Imal from Senegal. I am a student and guest in Tomelilla folkhogskoola. I'm seeling books and the money is for my studies in Sweden.

Nu reser hon sig sakteliga så att hon sitter som rödbrynt fällkniv på filten och Imal från Senegal har redan sett flera tusen nakna kvinnobröst i sitt liv men aldrig ett par som tillhör en vit kvinna på Österlen. Han är tjugo år och två meter och fyra centimeter lång och svart som lydnaden.

Hon sätter händerna sedesamt över de unga och friska brösten, men det gör hon aldrig på stranden när främlingar och bekanta kommer nära. Imal har redan besökt fyra hus och lika många familjer men ingen av dem har köpt någon bok, almanacka eller liten akvarell till ett pris mellan fyrtio och hundra svenska kronor.

Hon svettas under armhålorna och just där stjärten delar sig och vid blygden men det kan inte den svarte mannen se och om han hade sett hade det varit som tio droppar bland miljarder i hembyn och vid randen till öknen.

I samma stund kommer modern genom dörrhålet och hon stannar där och undrar vad som står på ty hon har hört rösten från trädgården medan hon brett smörgåsar och lagt på leverpastej, spickekorv och ost: Va va de om? De e prevat mark. Vi ska nokk ente hau nårra sauker idau. Man ska vel komma framefrå hused nor man ente bor här eller känner voss.

Dottern vänder bort framsidan av kroppen så att hon slipper skyla brösten. Hon vrider halsen som en svan därför att hon vill fortsätta att titta på den långe svarte mannen. Om hon i lugn och ro tänkt efter hade han varit den förste mannen från Afrika som stått där i trädgården. Frågade hon fadern och han i sin tur sina egna föräldrar skulle det minsann visa sig att Imal från Senegal var den första människan från denna världsdel som överhuvudtaget satt sina fötter på deras mark.

Han fortsätter att le och visar de vitkalkade tänderna i det svarta ansiktet. Sedan bugar och bockar han igen och säger: I am sorry that I disturbed you. Have a nice day.

Varpå han sätter ner den bruna lådan och tar på sig den ceriseröda störtkrukan och knäpper den under mörka hakan. Vita skjortan har korta ärmar. Han bär prydliga och rena byxor av bomull och skor med remmar som påminner om sandaler.

Modern tittar på dottern och brister ut i högsommarens sol: Såmliga haur ente vett mellan örona. Komma här på bagsian udan å knacka och skrämma voss. Så du att han glodde po dina brost? Sicken jävel.

Imal sätter sig på mopeden och kickar igång maskinen. Lådan har han klämt på pakethållaren. Dammet yr omkring honom på den smala gårdsvägen innan han når asfalten och den allmänna leden.

Han är inte ledsen över att han inte sålt några målningar, almanackor eller böcker. Mopeden har han fått låna av en svensk elev på folkhögskolan. Han har inte lyssnat till människorna på torget i Tomelilla och han vet inte att en handlare från Turkiet har tvingats bort från huvudgatan sedan några ligister kastat sten genom skyltfönstren åtskilliga gånger och skrivit okvädingsord på glasrutan.

Imal har aldrig varit i Borrby där några av byborna tände eld på ett hus. Där hyrde en man som påstods ha hotat människor i bygden och han fanns i straffregistret och det sades att han missbrukade narkotika och sprit. Värden var dansk och sålde antikviteter och målade tavlor.

Han sade att han var nära att bli lynchad av pöbeln som samlats utanför huset. De skrek att den andre mannen skulle komma ut för att de ville göra upp med honom, men han var inte hemma.

Jag talade med antikvitetshandlaren och August stod bredvid och lyssnade. Då var han elva år. Han såg med egna ögon huset som hade satts i brand och han var tyst och tänkte inom sig. Medborgargardet hade lyckats i sitt uppsåt.

Antikvitetshandlaren flyttade med sin familj från Borrby efter fjorton år och återvände till Danmark. Den jagade mannen lämnade också byn och flera misstänkta gärningsmän ställdes senare inför rätta och dömdes till dagsböter och korta fängelsestraff.

7

Skolvaktmästaren Rafael Häger slöjdade alla människorna som bodde i byn till små figurer av trä som han ställde i ett särskilt rum och ingen utanför familjen hade lov att betrakta denna samling som aldrig blev riktigt färdig.

De döda stod där blickstilla som gengångare och bar sina särdrag i ansikten och klädsel så att ingen som sett dem i levande livet kunde ta miste. Där fanns den gamle klockaren, kyrkogårdsarbetaren, tre präster, spettkaksbagerskan Hanna Dike, fyra skolfröknar och överläraren från Kivik, byfånen Bror Persson som aldrig blev äldre än fyrtitvå år när man än frågade honom och det var han redan i tolv års ålder, den elake gubben Bertil Lindberg, postiljonen och legenden Johan Tilly som var svag för fruntimmer men sprang som en gasell över ängarna sommar och vår med brev och räkningar i en väska på ryggen, men eljest kom han i postverkets gula bil, Moa Berlin, storbonden Lars Tilly och många flera.

Rafaels far hade sett det osvenska namnet i ett uppslagsverk och det råkade vara den store italienska målaren från Urbino som var verksam i Florens några år, men som egentligen hette Raffaello Santi.

När sedan sonen föddes och denne fick namnet Gilbert tyckte många i byn att de ansvariga borde skämmas: Är de inte kloka? Nu går skam på torra land och somliga tror att de är märkvärdiga fastän de har skit under naglarna och dynga under skorna. De andra bar bönders namn och aktade sig för att pråla med bokstäver och konstiga uttal som ingen kunde vara riktigt säker på i munnen.

Rafael låg på lasarettet i Lund många månader efter en allvarlig bilolycka, men det talade han och hustrun sällan om efteråt. Tidningsurklippen från den 10 och 11 september 1928 med prins Bertil och den tragiska händelsen i Lindåsbacken låg i en särskild byrålåda. Sonen var för liten att förstå, men fadern och modern kunde inte ta miste på att många i byn och trakten däromkring kände till historien och de ändrade blick på Elise men framför allt på mannen efter den tragiska händelsen.

Rafael hissade och halade flaggan på skolgården vid skolavslutningar, konungens födelse- och namnsdag, drottningens födelsedag, midsommardagen, Svenska flaggans dag den 6 juni, nyårsdagen den 1 januari, Gustav Adolfsdagen, Pingstdagen, Påskdagen, Juldagen och Första maj.

Ingen hade skäl att klaga på honom i det avseendet och han plockade skräp på skolgården och skötte alla rabatterna så att fröknarna berömde honom. Dessutom höll han efter de värsta busfröna bland eleverna, men luggade ingen och delade aldrig ut en örfil ens till de riktigt förtjänta.

Ej heller bar han någonsin hand på sonen Gilbert trots att denne narrades ibland och hittade på hyss var och varannan dag. Hustrun Elise var på många sätt stolt över sin man, men i tysthet led hon av att han var opasslig under många lov och helger.

När barnen var lediga från skolan hade även vaktmästaren fridagar, ty då fanns inga meningsfulla uppgifter för honom i skolan. Två veckor efter sista dagen på vårterminen utförde han målningsarbeten i korridorer och lektionssalar och han renoverade trasiga bänkar och stolar, ty han var händig som få och noggrann. Ingen målarmästare kunde klaga på resultatet.

Han rensade avlopp och bytte packningar i kranarna och såg över elementen och de elektriska ledningarna och endast i undantagsfall var de nödsakade att kalla på yrkesmännen som hade diplom och gesällbrev. Han utförde inga sysslor och arbeten som han inte klarade av och innebar risker för säkerheten.

Han klädde sig prydligt i kostym med vit skjorta och slips till avslutningarna i kyrkan. Som en extra tjänst på skolan utnämndes han till slöjdlärare, men ingen bland fröknarna fick veta att han snidade varje person som bodde i byn och några av de döda också. Han studerade fotografier från deras tid i livet och lyssnade till historier om dem som fyllde ut karaktärerna och anletsdragen.

En dag var han klar med hustrun Elise och sig själv eller rättare sagt han tänkte att han möjligen lagt sista handen vid dem och sedan började han på sonen Gilbert. Han snidade kor i olika färger och raser, hästar, grisar, gäss, katter, hundar och till och med stora och små fåglar. Gladan och vipan seglade över fälten och bevakade ängsligt bona med ungarna.

Skördetröskan vek undan säden och mörkröda traktorn av märket John Deere rullade på den smala grusvägen mellan lada och stall. Där betade den holländska friesianrasen i svart och vitt och några av korna var så stinna att de bar bysthållare över juvren. Svensk röd och vit glodde på ängen mot piga och dräng och den hornlösa rödkullan hade just fastnat med käkarna kring klövern.

Bara han själv bestämde över vad som skulle få finnas där eller inte. Därför lät han en uroxe lugnt och stilla doppa mulen i det gröna gräset. Saltstoden liknade en sockertopp och det gamla uttjänta badkaret som korna drack ur antog rimliga proportioner i förhållande till djuren, träden, buskarna och byggnaderna omkring.

Rafael satt på kvällarna invid radion och tryckte tummen mot bredsidan på knivbladet och karvade i stycket av envirke. Gilbert var knappt ett år när han vaggade och gungade en aning ostadigt på benen och böjde sig efter spån och flisor som föll invid faderns fötter på golvet.

Så förvandlades en längd på trettio centimeter med femton i diagonalen till en gubbe eller gumma som övertog det riktiga namnet från bäraren i det verkliga livet. Träskor eller högskaftade stövlar på fötterna, hatt, väst och blåbyxor kom till genom de finaste snitten i träet och ibland behövdes bara en smekning med eggen. Kjol, huckle och förkläde hade sina färger och fasoner.

Sist av allt målade Rafael kläder, skor, bar hud, hår och läppar på människorna. De rödbrusiga blev trogna sina förebilder och likaså de bleksiktiga, magra, feta, krumbenta, långa och korta. Innan Gilbert var två år identifierade han lekande lätt prästen, klockaren, möllaren och föräldrarna i sexton familjer, däribland Stina och Nils Anker.

Den lille pojken älskade att sitta hos fadern och beskåda denna underliga konst som kom sig av människohandens och den vassa knivens möte med trästycket. Även när fadern var litet påverkad av de starka dryckerna på loven och helgerna klarade han att hantera verktygen, men Gilbert hade inte lärt sig att urskilja Rafaels olika stadier i ruset.

Elise, däremot, lade märke till minsta nyans och avvikelse från det nyktra tillståndet som kom av flaskan. När sonen sov, tiggde hon och bad att mannen skulle sluta, ty hon befarade att skolfröknarna och överläraren från Kivik en dag avslöjade vaktmästaren och slöjdläraren och skickade ut honom i evig skam och vanära i den trånga byn. Det räckte om han luktade starkt ur munnen när barnen eller någon av de vuxna kom nära honom. Varken pastiller eller rå lök tog bort de ångorna ur en människas inre.

Jag tar aldrig en droppe innan jag går i tjänst, sade han. Kära Elise, inte heller medan jag arbetar bland barnen och de kommer aldrig att få se mig onykter och oredlig. Så hade de hållit på i sex år och vridit och vänt på det farliga och han lovade dyrt och heligt att hålla sitt löfte, men han orkade inte avhålla sig när han var ledig.

Vad gör vi när Gilbert är stor nog att se och förstå? sade hon. En dag glömmer du av dig i ruset och visar dig i byn och gör oss olyckliga. Du vet att folk pratar om oss efter olyckan med Alfred. De har dömt dig en gång för alla. Om du älskar mig, måste du sluta. Vi är inte fattiga och inte olyckliga.

Jag vet inte, sade han. Jag är lessen att jag sårar dig och jag försöker så gott jag kan. Det är en grym och obarmhärtig kraft som törstar inom mig. Djävulen själv tar över. Flaskan står där i skåpet och den är full och jag har smekt och förbannat den hundratals gånger och bestämt mig för att låta bli. Likväl kan jag inte avstå.

En måndag lagade han en trasig kateder i skolans källare och han stod ensam där och sågade och måttade för en ny rygg på möbeln. Vid tolvtiden kom han in på lärarrummet och där satt de tre lärarinnorna och magistern Arvid Berg. Det var i slutet av maj och de fyra i det lilla kollegiet dryftade betygen för eleverna i årskurs tre.

Han brukade dricka kaffe och äta sina smörgåsar i en del av materialrummet. Som ensam vaktmästare och slöjdlärare bildade han en egen kategori av personal på skolan, men han var uppskattad av de andra för sitt arbete.

Han visste att särskilt en av lärarinnorna hade talat väl för honom hos överläraren och berättat för skolnämnden att Rafael Häger snidade små djur och människors ansikten i naturlig storlek. Han kunde väl passa som slöjdlärare och han kände många av barnen till namn och utseende och så slapp de att annonsera, sade Gerda Larsson den gången till herrarna i nämnden. Majoriteten i den tyckte att det var en god idé och ville att Rafael skulle visa sina konstverk. Ingen hade skäl att klaga på vaktmästarens arbete.

Nu satt Gerda bland de andra i lärarrummet och där kom Rafael vid middagstid i slutet av maj. De drack kaffe och åt bullar och smörgåsar medan de avhandlade betygen och barnens prestationer från årskurs ett till och med tre. Så gjorde de emellanåt i stället för att samlas i ett formellt möte med protokoll och underskrifter.

Sonen Gilbert gick då vårterminen i tredje årskursen. Fröken hade berättat för föräldrarna att pojken var sen med läsningen, men duktig i matematik. Då hade fadern lyssnat och lagt varje ord på minnet, men inte gjort några invändningar eller sagt emot.

Det var varmt i källaren och Rafael sågade och hyvlade ryggen till katedern. Han var svettig på ryggen när han klev in. Inte ens under hot om våld skulle han ha erkänt att han druckit en kvarting brännvin medan han arbetade en våning under markytan.

Han knackade inte på dörren innan han gick in. Han var klädd i blåa hängselbyxor och grov skjorta. Gerda hälsade direkt, men Arvid Berg tyckte inte om den andre mannen och undvek blicken. Han räknade inte slöjdläraren och vaktmästaren som jämbördig i kollegiet.

Utan att varsla dem ställde Rafael sig en meter från bordet där de satt och började prata ur hjärtat. Han hade burit orden länge, kanske ända från sin egen skolgång och nu var de varma och rusiga. Måhända hörde han själv att brännvinet blandade sig i språket, men det avhöll honom inte från att fortsätta.

Jag var också sen med läsningen, sade han, och jag tror att det går i arv. En vaktmästare och slöjdlärare är inte mindre värd än överläraren eller magister Berg som nu sitter framför mig. Jag vet att du inte gillar mig och det har du aldrig gjort. Det ser jag i dina ögon och de ljuger sällan. Min son blir nervös när han ska läsa högt inför klassen och det är bättre om han slipper det och får gå fram i sin egen takt. Han är händig och duktig i matematik. Han kan mycket om djur och natur.

Magister Berg kommer att ta över Gilbert nästa år och då vill jag att läraren ska vara snäll och rättvis mot honom. Jag vet att magistern både hotat och örfilat flera av pojkarna i fyran och det tolererar inte jag. Om det fortsätter anmäler jag dig till skolnämnden och överläraren, sanna mina ord.

Han slirade en aning på vissa ord och de måste ha hört att han inte var nykter, men det var första gången Rafael Häger framträdde i det skicket inför någon av dem. Han svor inte och han var inte oförskämd eller aggressiv utan han talade från hjärtat. Vissa människor klarade inte av att ta emot det språket och magister Berg var en av dem.

I tysthet tyckte varken Gerda Larsson eller Matilda Nord om magister Berg, men de hade inte modet att öppet säga så. Nu kom slöjdläraren och vaktmästaren i en och samma person och talade för dem efter många år i det lilla kollegiet i byskolan.

Kvinnorna förstod direkt allvaret i denna stund. Rafael var onykter under arbetstid och barnen hade middagsrast och väntade på att få komma in i salarna till lektionerna. Slöjdläraren hade ännu inte snickrat någon kista, men Arvid Berg försatte inte möjligheten att ställa fram en fin av riktig ek på golvet alldeles intill där antagonisten stod. Sedan slog Rafael med höger hand den första eller andra spiken i trälådan som skulle sänkas i hans egen grav.

Ingen av de närvarande kunde ta miste på Arvids ansikte. Han var skymfad inför vittnen och ursinnig samtidigt och den kombinationen borgade för hämnd och obarmhärtigt genmäle. En halv minut reste han hela sitt liv som ett svärd inför dem och placerade ett heligt löfte ytterst på spetsen. Det sade att han inte tänkte förlåta kränkningen eller överse med den i framtiden.

En karl som slår barn är svag och ynklig, sade Rafael. Nu har jag sagt vad jag hade på hjärtat och jag har grubblat länge på det innan jag gick hit och öppnade munnen.

Från den stunden hade han en given fiende i Arvid Berg och han anade på goda grunder att sonen skulle få lida för detta.

Sedan återvände Rafael till källaren och katedern. En kvarting brännvin hade han druckit och han rörde inte en droppe mera den dagen, men hela tiden medan han arbetade malde tankarna i hans huvud och han insåg att han utmanat en farlig och oberäknelig människa.

Efter den följande lektionen kom Gerda Larsson ner till honom och stängde dörren efter sig. Han såg att hon var ledsen och allvarlig. Han lade ifrån sig hyveln och torkade svetten i pannan. Innan hon sade första ordet, tog han fram en stol och bjöd henne att sitta ner.

Hon ville stå och hon släppte honom inte med blicken. De hade känt varandra i många år men aldrig umgåtts som ogifta eller i familjerna. Han uppskattade att hon var ärlig och varm. Många av barnen sade att en bättre lärarinna kunde de inte få. Hon sjöng vackert och spelade orgel och piano.

Jag ber dig att gå hem för dagen. Om jag inte misstar mig, ringer Arvid Berg efter överläraren eller någon i skolnämnden och berättar vad som har hänt på lärarrummet. Jag säger att du inte kände dig kry och det är sant, sade Gerda.

Jag är klar inom en halv timme, sade han. Sen går jag hem och vilar mig. Det tar på krafterna att ställa en mänska som Arvid Berg mot väggen.

Han avslutade arbetet med katedern och därefter cyklade han hemåt. Gerda hade rätt. Magister Berg ringde och sökte överläraren, men fick inte tag i honom förrän vid halv tre och då var skoldagen nästan slut. Han berättade vad som hänt och menade att vaktmästaren som var lika med slöjdläraren uppträtt berusad under tjänstgöringstid. De var fyra vittnen.

Rafael och Elise låg nära varandra på kvällarna och han höll om henne och kysste och smekte hennes kropp. Han släppte sin säd i kvinnan men hon blev inte havande och i hemlighet var hon tacksam över att det blev så, ty hon tordes inte föda flera barn så länge han envisades med att dricka.

Hon visste att supande karlar slog sina barn och kvinnor, domderade och blev som vansinniga och förbytta men Rafael var glad och på sin höjd gråtmild när han hade druckit. Det hände några gånger att han blev nästan sanslös i hemmet. Då greps hon av skräck och vakade över honom. När han långsamt återvände till redlighet mindes han inte mycket av det som skett. I sin förtvivlan var hon tacksam över att han inte raglade omkring utomhus. Hon visste vad som sades om fylltrattarna i bygden och ingen kunde tvätta bort den skammen och domen.

Han fortsatte att hala och hissa flaggan på skolgården och att sköta de andra sysslorna som han blev ålagd eller själv tog initiativet till. Elise tänkte att han hade två hemligheter som han undanhöll byn. I kammaren rådde en miniatyr av denna gudsförgätna plats på jorden. Den vitkalkade kyrkan med torn, skepp och vapenhus stod i öster på höjden. Möllan höll sina vingar stilla och två gummor möttes på trappan till handelsboden.

Naturligtvis snidade han även skolan, församlingshemmet och alla ladugårdar och stall. Med en särskild teknik gjorde han sädesslag, klöver, gräs, raps och åkrar. Gärdesgårdar, telefonstolpar och bäckar fick sina utrymmen i det hela.

Utan att Gilbert bad om det fullbordade fadern sin son och frågade var han ville stå. Då var pojken fyra år och svarade att han gärna kom nära de röd och vita korna på ängen, men det visade sig att han ångrade sig senare samma dag och bad om förflyttning och det gick för sig, ty han var inte fast i marken.

Gilbert grep om sig själv och flög över hus, stenar och människor och landade på nocken till boningslängan med halmtak och där satt han sedan och tittade ut över byn. Svarta hingsten hade vackert sto och två föl. Gässen gick i flock och kattan jagade möss på höskullen. Gödselstacken stod under bar himmel på behörigt avstånd från finingången.

När Gilbert var tio och började lära sig faderns vanor med flaskan förvandlade sonen sig till överläraren från Kivik som länge hade övervägt att tala med den duktige och plikttrogne vaktmästaren som tillika skötte tjänsten som slöjdlärare med bravur och åtnjöt barnens aktning och respekt.

Gilbert viskade till självaste prästen efter högmässan: Jo, herr Roslin, jag vill prata lite med er och berätta en hemlighet som inte får spridas ens till prästfrun. Jag har provat länge i sängen och mörkret när jag legat ensam och jag har tjuvlyssnat och skämts en hel del därför att far är snäll och fin på alla sätt. Vi har roligt tillsammans. Han låter mig hålla vassa kniven och tälja i träet. Lova att inte skvallra och herr prästen har väl sådan där tystnad sa mor en gång när de pratade om en tjuv i bygden. Far dricker och mor blir lessen och gråter, men inte så farligt och inte så värst mycket men jag vill inte se det. Jag blir riktigt arg på far då och tar ton och tjurar och visar att jag inte tycker om att han dricker brännvin. Än så länge vågar jag bara säga det till trägubbarna i kammaren, men far slår mig aldrig. Han är snäll överallt utom i munnen när han tar till flaskan.

Prästen hade lång svart rock och vit krage där han stod på kyrkbacken och höll fram händerna med spaden och jorden som han skulle strö över kistan i den öppna graven. Det var en riktig begravning som Rafael själv var med om när en av fröknarna hade dött. Kräftan tog henne innan hon blev femtiosex.

Gilbert läste på stenen av envirke med bokstäverna och årtalen: Lärarinnan Anna Westin 1898-1952. Han förundrade sig över att fadern kunde få fram siffrorna så att de gick att läsa och en gång kom han med en grov gren som han hittat i den lilla skogen och bad om en båt med master som han sett i Skillinge hamn och Brantevik.

Det är tall, sade fadern. Den är inte bra när man täljer. Enen är kungen bland träslagen om man ska snida med kniv. Den växer på magra backar och hedar i hela norra halvklotets skogsbälte. Barren sticks och den kan bli ända upp till femton meter hög men de flesta fullvuxna enarna i Skåne är ungefär tre meter. Den blommar under försommaren. Mor och du och jag ska åka en dag till landets största enskog. Den finns i Anderstorp. Träden kan bli gamla och stammen tjock. Veden har en ljuvlig doft av harts. Man kan använda enris när man röker kött och korv. Enen är släkt med cypressen.

Gilbert tyckte om att lyssna när fadern berättade och han lärde sig många ord och uttryck på det sättet. Barnen på skolan satt tysta på hyvelbänkarna, medan läraren visade olika träslag och beskrev deras egenskaper. Han talade om ådring och årsringar, bark, splintved och plankor som långsamt torkade av sol och vind.

Det var litet konstigt för Gilbert att arbeta i slöjden från och med årskurs tre, ty då hade han sin egen far som lärare. Ibland hände det att någon retades med honom för den sakens skull men han svarade för sig och det räckte gott.

Ungefär i den åldern ängslades sonen för att någon utanför hemmet skulle få veta att fadern drack brännvin. Han visste inte då att Rafael uppträtt berusad och råkat i delo med magister Berg på skolans lärarrum.

Gilbert tvekade länge innan han gick till modern och sade: Jag vill inte att far dricker. Om det kommer ut på skolan, går jag inte dit.

Hon tittade allvarligt på honom och hon var tyst en lång stund och flackade med blicken och sedan kramade hon Gilbert och började skaka i hela kroppen. Det var första gången som han var med om det.

Din pappa är snäll och duktig, sade hon. Jag har försökt få honom att söka hjälp i Lund eller Malmö, men han vill inte.

Jag är lessen och gör vad jag kan. Han har lovat att sluta många gånger och det håller några månader. Sen börjar han igen. Det var inte så farligt innan vi gifte oss och inte de första åren heller. Han säger att han älskar oss.

Då grät även Gilbert och fadern var ute i ett ärende i Simrishamn för att köpa färger. Från och med den stunden var de två om sorgen och smärtan. Sonen blev en aning modigare och öppnare av att dela med sig och sade: Brukar det inte bli värre. Jag har sett gubbar i Kivik och på marknaderna som raglar omkring och skriker och gormar. Nisse Blads morfar har jag sett flera gånger när jag gått på torget. Han sitter där på bänken om fredan och lördan och skämmer ut sig. Det märks på Nisse i skolan. Om han gör sig märkvärdig, får han höra vad morfar gör inför allas ögon.

Gilbert gick till kammaren och lyfte prästen och möllaren och tittade noggrant på dem. Han hade aldrig sett något så fint i sitt liv och då förstod han inte att fadern kunde göra dessa gubbar och gummor och allt annat i byn med samma händer som grep om brännvinsflaskan och fick honom och modern så ledsna.

Rafael stod på skolgården och höll om linorna. Flaggtyget buktade en aning nästan vid mitten av stången. Det läget betydde sorg och begravning och Gilbert tänkte mycket på detta. Inte var det en slump. Fadern kunde lika gärna ha valt högtiden och glädjen: midsommar, påsk, pingst eller konungens födelsedag.

Han frågade fadern en gång: Varför är flaggan på halv stång?

Jasså, du har lagt märke till det. Mänskor ser nästan aldrig när den är högst upp. Sorgen och saknaden efter en död och den halva stången undgår ingen. Vi har svårare att upptäcka den enkla glädjen och lyckan. Jag blir säll när jag snidar med kniven i träet och när jag är nära dig och Elise.

Då blev Gilbert litet modigare och fortsatte: Är far aldrig olycklig och lessen?

Då tittade fadern på sonen och bytte blick på en sekund. Det var som om han satte den vassa kniven i den gråaktiga ytan och skar fram den friska splintveden med ett enda snitt.

Jo, jag är lessen ibland. Det är nog alla mänskor mer eller mindre. Emellanåt vill jag att vi flyttar härifrån. Jag trivs inte riktigt med de vuxna här. Barnen på skolan är fina och charmiga, men när jag ser och hör flera av karlarna och kvinnorna i byn blir jag trött och nästan rädd. Är detta vad vi längtar efter och kämpar för?

Då såg Gilbert att faderns ögon blev blanka och han påminde sig genast stunden när modern började gråta och skaka och sedan han själv och det ville han inte uppleva med fadern. Han var inte redo för den stora frågan: Varför dricker far brännvin så att vi blir lessna och besvikna?

Jag vill också lära mig att tälja fint med kniven i ene. Jag ger mig inte förrän jag lyckas göra en ko eller häst och människa som liknar de verkliga, sade sonen.

Nu hade Gilbert tagit de första stegen fram till faderns mörka rum där brännvinsflaskorna låg. Nästan varje rast fick sonen syn på vaktmästaren och han försökte hålla undan familjebanden de stunderna, men det var inte lätt. På våren hjälptes flera elever åt att lyfta fram de stora fotbollsmålen från ett förråd som låg intill skolan.

Rafael klippte gräsmattan och kritade linjerna på planen. Han sådde frön i såren efter vintern och spred litet kalk. Vartannat år målade han bänkarna som stod på skolgården och vart fjärde flaggstången. Inför varje avslutning på våren bjöds föräldrarna in för att se vad barnen åstadkommit i träslöjden.

Gilbert åldrades fortare än många av kamraterna. Så var det alltid med söner och döttrar till fäder som drack. På måndagens morgon var han ängslig att fadern inte slutat att dricka kvällen före. Han övade luktsinnet och kände av spritångorna på fem meters avstånd.

Han avlyssnade minsta nyans i orden och hörde direkt om fadern åkte gunga i ljuden eller snubblade en aning mellan två stavelser. Sådant kunde man inte läsa om i böckerna och det fanns inga andra lektioner i ämnet än det verkliga livet.

Gilbert ville gärna läsa med fadern på söndagarna och sitta riktigt nära på en stol i stora rummet. Han tänkte att det skulle avhålla fadern från att dricka kvällen före. Sonen hade lärt sig att andedräkten avslöjade den som drack brännvin. Ångorna kom ur munnen och ingen kunde dölja dem med halspastiller, gul lök eller tandkräm.

Gilbert hämtade boken på hyllan och lämnade över till fadern. De satt bekvämt i var sin fåtölj och golvlampan stod mitt emellan dem. Modern gjorde sitt i köket och hon hörde rösten genom väggarna och dörrhålen. Då tänkte sonen att även hon var nöjd och lugn i den stunden.

Fadern läste ett kapitel och sedan tog sonen vid och läste nästa. Så flyttade de boken och orden mellan sig. Gilbert ville inte byta de ögonblicken mot något annat på jorden: "– Carmen står inte ut mer än ett par dagar till. Mason spottade ut en isbit och betraktade med bedrövad uppsyn det stackars djuret, sedan stack han dess ena tass i sin mun för att bita bort isen, som så obarmhärtigt satt sig fast mellan hundens tår."

Gilbert missade inte en stavelse och fadern läste med nerv och inlevelse. "– Jag har då heller aldrig sett att en hund med högtravande namn dugt till nånting, sade han, då han slutat, och sköt hunden åt sidan. Det är som om de skulle tvina bort och dö under bördan av sitt ansvar. Och har man nånsin sett, att det har gått galet med dem som ha förnuftiga namn – till exempel Cassiar, Sivach eller Husky? Nej, då! Se bara på Shookum här. Han är..."

Fadern läste ur Jack Londons bok "Vargens son". Sonen ville höra hur det gick för Vargens söner som sökte sin arvedel och fann sin död bland polcirkelns skuggor. Om Gilbert var hård kunde han tänka att fadern valde mellan brännvinet och stunderna då de läste tillsammans på lördagskvällen eller söndagen efter frukosten.

Vaktmästaren hade ansvar för materialrummet och där hängde alla kartorna. I glasskåpen stod uppstoppade fåglar på små träplattor. Någon hade i det förflutna skänkt samlingar med skalbaggar och fjärilar till skolan. Det hände att sonen följde fadern dit en söndag och då kände båda att de var iakttagna på långt håll i byn, ty vem som helst hade inte nycklar till skolan.

Fadern var noggrann med att inte ge sonen några favörer under skoltiden. Om några barn bråkade på skolgården, hände det att vaktmästaren gick emellan och försökte lugna och förmana dem. Var sonen en av dem, avstod fadern från att gripa in och överlät åt dem själva eller en av fröknarna att skilja stridstupparna åt.

De flesta familjerna i byn bar på hemliga och öppna sår och alla och envar samlade på dessa och de kunde glömma bemärkelsedagar och stunder av triumfer hos grannar och bekanta men inte brister, svagheter och tillkortakommanden.

Byfånar och fyllbultar hade funnits i bygden genom århundradena. Rafael täljde deras kroppar och ansikten och nog syntes det vilka som led och var ringaktade. Ögonen var mindre än risgryn i träet och likväl lyckades fadern få fram sorg och smärta i dem. Figurerna var inte mer än trettio centimeter höga och den kortaste karlen nådde den längste till bröstkorgen. Barnen fick egna mått.

Fadern höll inte på proportionerna när han snidade möllan, kyrkan, skolan och lanthandeln. Han gjorde dem mindre än de borde vara i förhållande till människorna och så ville han ha skalorna. Hustrun Elise stod under ett äppelträd och betraktade frukterna. Hon böjde huvudet en aning bakåt och det vackra håret hängde fritt över axlarna.

Så mötte sonen föräldrarna när han stod i kammaren. Fadern höll om linan och flaggan var hissad på halv stång. Modern övervägde om hon skulle plocka ner de första äpplena eller vänta några dagar. Gilbert befann sig mellan skörden och döden.

Eleverna berömde vaktmästaren och slöjdläraren som var en och samma person, men Gilbert letade efter faderns gömställen. Där stod brännvinsflaskorna. Han gjorde så av kärlek och omsorg och han var barnet och den åldrade människan samtidigt.

Långt innan Gilbert reste till fjärran länder hade han besökt Gud och mannen från Nasaret och bett om råd och hjälp. Han bad att fadern skulle bli nykter, men han fick inget svar från dem.

Kanske borde han ha talat med modern först. Han grubblade länge och en dag gick han till pastorsexpeditionen och sökte prästen Jonatan Roslin. En vänlig kvinna som han kände till namnet undrade vad han hade på hjärtat. Om det gällde konfirmationen, borde han vänta tills han blev fjorton eller femton, och hon kunde inte påminna sig att pojken tillhörde den lilla skaran i söndagsskolan.

Nej, jag är bara elva och går i fjärde klassen hos magister Berg. Jag vill beställa tid för ett samtal med prästen och jag måste vara ensam då. Mor och far kommer inte med och vi sitter inte i kyrkan på högmässan, men vi har varit i julottan två gånger sen jag föddes.

Jag ska tala med prästen, sade hon och log. Kom hit på torsdag vid den här tiden så får vi se. Han har mycket att stå i. Pastoratet är stort och det är barndop och vigslar och konfirmationer och begravningar, förutom alla gudstjänster och predikningar som han måste förbereda.

Ja, tack så mycket. Lova att fråga för det är viktigt. Glöm nu inte namnet: Gilbert Häger. Släkten på fars sida har funnits i byn många generationer. Min mormor kände Selma Lagerlöf från Landskrona och hon besökte oss här i byn. Även mor träffade henne och har berättat. Jag har läst "Nils Holgerssons underbara resa genom Sverige", men jag tyckte inte att den var så märkvärdig, om jag ska vara ärlig. Den var tråkig. Jag föredrar att se städerna och landskapen i Sverige med egna ögon.

Jaså, sade Ingrid Nelson som hade samma efternamn som den berömde engelska amiralen och sjöfararen. Gilbert höll reda på det lilla som var märkvärdigt i bygden. Därför nämnde han författarinnan som fick nobelpriset. Dessutom ville han skryta en aning. Om inte mor hade träffat Selma och visat vägen där hon gick och stolen där hon satt under sina besök i byn, hade Gilbert inte läst en rad av henne, trots att fröken blev lyrisk och kvittrade om pågen Nils som flög på en gås över Sveriges land. Han bodde visst i Västra Vemmenhögs socken och där hade Gilbert varit, men det var bara en saga.

Han nämnde inte besöket på pastorsexpeditionen för modern och han hade både hört och läst att prästerna hade tystnadsplikt. Det var ett utmärkt ord som Gilbert lärt sig, ty även han hade en plikt att hålla tyst om faderns supande.

Senaste helgen låg Rafael i kammaren från fredagskvällen till söndagens morgon och hustrun gick in med mat till honom. Dammen frös under sträng och ovanlig kyla som varade nästan tre veckor från julen till andra veckan i januari in på det nya året. Nästan hela tiden tänkte han på familjen och det hjälpte inte att isen var blank och fin och att han fått nya skridskor i ett av paketen.

På julaftonen och de följande två dagarna var fadern nästan nykter och sonen och modern hjälptes åt att hålla honom undan flaskan. De åt skinka, sylta, brunkål, köttbullar och allt det andra som hörde julen till. Gilbert tog mycket av risgrynsgröten och han fick knäck och marsipangrisar doppade i blockchoklad. Modern hämtade must och svagdricka från källaren och dadlar, nötter, apelsiner och äpplen låg i skålarna. Granen stod pyntad och fin med spira i toppen.

Fadern svalde två supar vid bordet, men inte flera och sedan var han tomte och delade ut julklapparna till sonen och hustrun och den frånvarande Rafael Häger som plötsligt försvann från hemmet och inte kom tillbaka igen.

Jag har hört att den där Rafael är vaktmästare och slöjdlärare på skolan i byn. Han har alltid användning för verktyg, sade tomten och höll ett avlångt paket i handen. Nog sliter han skor och behöver ett par när han ska vara fin. Om mor i huset står i skoaffär i Kivik har hon säkert valt ett par som passar åt honom.

Rafael bar vitt skägg och luva och dräkt i rött, stora svarta träskor. Den rösten hördes endast en gång om året i hemmet hade sonen lärt sig, och han var redan långt förbi sagan eftersom han åldrades snabbt.

I tystnaden mellan flaskan och de tre människorna lade Gilbert en del av det som han tänkte säga till prästen: Jag älskar far men inte när han dricker. Jag vill kasta flaskorna i soptunnan och svära och skrika att jag flyttar om han inte slutar.

En av mostrarna med make och barn kom på annandagen och på juldagen åkte de till farmor och farfar som var gamla och svaga. De bytte julklappar och alla var snälla och nöjda. Fadern tog ett par snapsar till maten och konjak till kaffet. Sonen ville inte räkna och låtsas om det men han kunde inte låta bli och det måste ha synts i hans ögon när fadern och modern tittade på honom.

Efter julhelgen gick fadern in i kammaren till sina figurer av trä och det var meningen att han skulle snida och tälja. Pojken åkte skridskor med klasskamraterna på den frusna dammen och det återstod nio dagar av jullovet. Modern var inte ledig från skoaffären i Kivik, men Gilbert klarade sig själv hemma och följde inte med dit under dagen.

Vaktmästaren på skolan hade också lov, men började arbetet fyra dagar innan eleverna och fröknarna återvände. Den tiden skulle han använda till att reparera och se över bänkar, stolar och materiel i salar och förråd.

Gilbert gick till pastorsexpeditionen såsom han avtalat med Ingrid Nelson. Han var ängslig och nervös och hade inte släppt tankarna långt bort från den farliga hemligheten. Nu stod han med luvan, öronlapparna och de tjocka vantarna i händerna. I nästan tre dagar hade han övat på vad han skulle säga till prästen och han hade försökt gissa hur orden skulle falla mellan dem.

God dag Gilbert, sade hon. Jag har talat med prästen och han tar emot dig om en kvart. Nu är han upptagen, men sitt ner och vänta. Vill du ha en karamell?

Ja tack, sade Gilbert.

Ingrid Nelson satt vid ett stort skrivbord och bakom henne täcktes hela väggen av hyllor med pärmar och böcker. Hon doppade pennan i bläckhorn och så gjorde även han och de andra eleverna i skolan när klassen hade välskrivning på schemat. Det var svårt att hålla stiftet med skaftet rätt i handen för att undvika plumpar.

Gilbert hörde stegen från andra sidan dörren och där stod prästen Jonatan Roslin i sin svarta prästkappa och vita krage. Pojken hade inte tillhört den lilla skaran av barn i söndagsskolan och han hade redan tänkt att han inte skulle konfirmera sig, eftersom varken Gud eller Jesus Kristus svarade på hans böner.

God dag min lille pojke. Du ville visst prata med mig i enrum. Kom in. Du är hjärtligt välkommen, sade prästen.

Gilbert nickade och sträckte fram handen och hälsade med sitt namn som mor och far hade lärt honom att han skulle göra när han träffade äldre människor. Prästen kunde vara sextio år eller mera. Gilbert visste att prästfamiljen var stor. Fem barn hade Jonatan och hustrun Viola och de bodde i den vackra prästgården som omgavs av en hög häck. En lång gång av småsten sträckte sig från grinden fram till trappan.

Gilbert hade hört om fladdermössen som hade en egen familj och bodde under taket i kyrkan. Ingen kom åt dem, men församlingen, prästen och framför alla andra klockaren blev varse ljuden av dem varje dag. De satt tysta och orörliga, medan Viktor Andersson ringde i klockorna så att det dånade i tornet och skeppet. De höll inte på dag och natt. Prästen läste bön eller predikade och plötsligt släppte hela flocken greppet från taket och kastade sig ner mot församlingen. Sedan flög de lågt över bänkarna i högmässan. Gubbar och gummor hukade sig och pep och jämrade sig av rädsla och obehag. De minsta barnen gapade och konfirmanderna hoade som ugglor och visste inte riktigt om de skulle bli förskrämda eller glada över att levande varelser äntligen överraskade dem i den heliga salen.

Knappt tio år senare skulle Jonatan Roslin efterträdas av den unge Gustaf Uhrström som var sträng mot barnen och hustrun. Gilbert skulle tillsammans med de andra i bygden bära minnet av de människorna resten av sina liv.

Prästen lade armen om pojkens axlar och bjöd in honom till en liten kammare. Han log och undrade vilken klass Gilbert gick i. Snart var jullovet slut och en ny termin började. Han visste att fadern var vaktmästare och slöjdlärare på skolan. Konfirmanderna hade talat väl om honom och prisat hans lektioner.

Han har lärt mig att tälja med kniv i trä av ene. Det är mjukt och smidigt. Jag övar en liten stund varje dag, men far är en mästare när han snidar, sade Gilbert.

Vad har du på hjärtat?

Pojken hade föreställt sig mötet hundratals gånger och han

var ängslig och hade gruvat sig länge. Nu var han framme vid prästens ansikte och första fråga och han visste inte vad han skulle svara.

Far och mor vet inte om att jag är här och prästen måste lova att inte skvallra att jag varit här, men alla som arbetar i kyrkan har väl tystnadsplikt. Mor berättade om en tjuv som biktat sig och berättat sanningen för en prost och det stod i tidningen att poliserna inte fick veta vad som hade hänt. Jag vill göra likadant. Det här blir mellan prästen och mig. Jag älskar far och mor, men vi har en hemlighet, sade Gilbert. Jag har tjuvrökt och pallat äpplen och retat några av kamraterna i klassen men det här är mycket värre. Det gör ont i själen som mor brukar säga när hon är lessen.

Du kan lita på mig, sade prästen. Jag för ingenting som jag hör i förtroende vidare. Om det trycker dig bör du lätta på bördan och dela den med någon annan. Kan du inte berätta för din mor först?

Vi har pratat om det, men hon vet inte att jag sitter här nu. Hon skulle nog inte ha velat att jag gick hit. Det är så här att far dricker brännvin och han är berusad på helgerna och loven. Mor ser till så att han stannar inomhus men hon är livrädd att han ska visa sig i byn eller på skolan och i handelsbon. När jag ser fyllgubbarna på torget i Kivik och Simrishamn tänker jag på far, men han är vaktmästare och slöjdlärare och en mästare på att tälja och snida figurer.

Orden rann ur honom och han öppnade den hemliga dörren i familjen och hemmet och släppte in prästen som han aldrig talat med förut. Det var nära att han började gråta men han höll sig.

Jag förstår att det är svårt, sade prästen. Många unga mänskor har mycket att bära. Spriten är en hård motståndare som raserat tusentals familjer. Jag kanske skulle prata med far din. Det kan lätta hos honom.

De satt mitt emot varandra med ett litet bord mellan sig. Där stod en vas med blommor som var röda och gula. Det skulle Gilbert aldrig glömma. Prästen hade tjockt och vågigt hår som grånat vid tinningarna. Han hade stor mun, men smal näsa och frisk färg i ansiktet. Några hårstrån låg på de svarta axlarna. Han höll händerna i fläta på bordsskivan.

Hälsa din far att han är välkommen hit, sade prästen. Allting som han säger stannar här hos mig. Han har inte haft det lätt efter den svåra bilolyckan. Det måste ha varit 1928 eller 29 och då var du väl inte mer än dryga året. Mänskor är så snara att döma. Så tragiskt att svågern dog eller var det en annan bland hans bekanta, men jag måste vara ärlig mot dig min lille vän och säga att ingenting blir bättre för att man dricker starkt och försöker fly. Jag begravde Alfred Dahl och han var en duktig murare i livet. Två små barn och änkan som fick bära allt. Din mor Elise och du som var liten. Gå nu hem och tänk över vad jag sagt.

Gilbert kände att luften tog slut i rummet och han blev yr som när barnen skojade på skolgården och höll andan in i det längsta tills de nästan svimmade. Prästen tittade på honom och sträckte sig fram och strök honom på huvudet, men pojken märkte det knappt, ty han upprepade orden. De sög kraften ur honom och pressade fram tårar i ögonen. Han hade hört dem av de elaka pojkarna på skolan och de kunde lika väl ha kommit från underjorden. Vad sade prästen? En allvarlig bilolycka och svågern som dog.

Gilbert reste sig frånvarande och hjärtat slog hårt i bröstkorgen och han bugade och tog i hand. Sedan följde prästen honom till dörren och Ingrid Nelson satt kvar vid det stora skrivbordet. Hon log åt pojken och bad honom hälsa till föräldrarna, men han hörde inte. Han svävade över bilolyckan och den döde mannen.

När han steg ut på trappan och andades in den kalla luften,

hörde han hjärtat slå i bröstkorgen som om han sprungit långt och snabbt eller åkt över isen flera minuter utan att vila.

Det var första jullovet på många år som snön låg. Han hade förvandlats på något sätt. Nu hade han släppt ifrån sig hemligheten och därmed existerade den inte längre. Från och med denna stund delade åtminstone tre människor på den, men vad skulle han säga om fadern och bilolyckan?

Han visste inte om han var lättad. Prästen var en främling för honom. Nu hade han precis som tjuven delat på bördan och förlitat sig på tystnadsplikten. Tjuvens och fyllbultens barn var syskon överallt på jorden. De skämdes och ängslades över att bli upptäckta.

Han provade att vissla och en tunn rökslinga lämnade hans mun. Han hade lämnat cykeln hemma, ty modern tyckte inte om att han trampade omkring på de snöklädda vägarna. Plogbilarna hade kört flera gånger i veckan den senaste tiden och efter dem kom grusspridaren.

Gilbert åt smörgåsar och drack mjölk. Modern stannade i skoaffären till halv sju på kvällen och fadern läste tidningen och snidade i trä och lyssnade på radion. Det återstod några dagar av jullovet även för honom. Nu var han inte jultomten längre. Han hade fått fina stämjärn och speciella verktyg.

Gilbert sade ingenting om besöket hos prästen och Ingrid Nelson. Fadern hade legat på kammaren den natten och inte kommit ut till frukosten med hustrun vid sjutiden på morgonen. Sonen lyssnade efter ljud och röster från sängen i sitt rum.

Gilbert hörde på rösten att fadern hade druckit och han såg det på gången och kroppens rörelser. Den dagen täljde ingen av dem i trä och de talade inte om döda och levande i byn som stod på borden i kammaren. Det började bli trångt om utrymmet och modern hade föreslagit att hela samlingen borde flyttas till ett av de större rummen i boningslängan, ty den lilla familjen hade gott om plats.

Gilbert tog mod till sig och berättade för modern att han besökt prästen och talat om fadern. Hon stod tyst och tittade på honom som om han vore en främling. Sedan grep hon hårt om hans arm och började tala om skam och svek.

Sonen blev rädd och kände inte igen henne. Det var sista dagen av jullovet och fadern arbetade på skolan. Modern var ledig från skoaffären. Hon värmde mjölk på spisen och vispade i kastrullen när han tog sats och började.

Han såg att mjölken kokte över, men hon var långt bortom den heta spisplattan. Burken med ögonkakao stod på diskbänken. Hon hade dukat för två på köksbordet och ställt fram smör, bröd och ost.

Hon nästan skrek åt honom: Vad har du gjort, Gilbert? Har du förlorat sans och vett? Vi vill inte ha att göra med prästen och kyrkan. Du har gått bakom ryggen på oss.

Jag vet mer än mor, sade han. Nisse Hjort och Ebba Klarin retade mig sista skoldagen när fröken hade berömt mig. De hånade mig och låssades att de frågade varandra om det var sant att vaktmästaren och slöjdläraren på skolan söp som ett svin. Han hissade flaggan och hyvlade och filade bräder, men han drack brännvin i smyg och det visste alla i byn.

Han sköter arbetet på skolan. Ingen kan säga annat, sade hon.

Är det sant att han var berusad i lärarrummet och bannade magister Berg?

Modern granskade honom och tvekade några sekunder. Sedan sade hon: Det har hänt en gång och det var inte mer än den där Berg förtjänade. Han örfilar och hotar barnen så fort han möter motstånd. Nästan alla pojkar busar emellanåt och hittar på hyss, men en del vuxna förstår sig inte på barn och borde inte arbeta med dem.

Jag berättar inte för far att du varit hos prästen. Du borde veta att han inte tycker om kyrkan. Han var ensam i sin årskull om att inte bli konfirmerad och det ville inte säga lite på den tiden i den här byn, sade modern.

Gilbert lyssnade och nickade. Sedan hämtade han de nya skridskorna och klädde sig varmt med raggsockor, långkalsonger, tre tröjor, vantar och mössa med öronlappar. Isen låg blank på den stora dammen och varje dag på jullovet var helig och dyrbar.

Vi får hjälpas åt med far, sade hon. Han är snäll och duktig men lessen och olycklig emellanåt. En del mänskor kan inte förklara var smärtan och sorgen sitter.

Magister Berg är inte snäll mot mig, sade pojken. Han är strängare mot mig än mot andra och jag tror att han hämnas på far. När de råkar mötas på skolgården går magistern undan och han varken hälsar eller nickar.

Gilberts själ var äldre än de andra barnens. Han vakade över fadern och prisade och tackade högre makter när varje arbetsvecka för skolpojken och vaktmästaren var slut. I hans hjärta låg en liten flaska brännvin med korken på.

Sonen var ett av bevisen på jorden som ingen naturvetenskapsman kunde säga emot. Det löd så här ännu en gång: När barnen sov, vakade hjärtat över dem. På morgonen tänjde de sina kroppar som katter och hundar och bar familjens bördor på axlarna. Egentligen rymde de inte de farligaste hemligheterna och ibland måste de dela med sig till andra.

Så kom det sig att elvaårige Gilbert Häger bad om ännu ett möte med prästen bakom ryggen på modern och sade i förtroende och mot löfte om tystnadsplikt att fadern drack alldeles för mycket. Det kan ta en ände med förskräckelse och jag orkar inte gå kvar på skolan, om olyckan är framme en gång till. Magister Berg har ett ont öga till far min och han väntar bara på att få hämnas. Är det sant att en mänska kan sluta att dricka om hon blir frälst?

Prästen öppnade ögonen än mer så att hela pojken kom in

och han hade inte väntat sig den frågan. Han bad om betänketid utan att visa det och sedan sade han: Vi kan alla få ro och frid i själen om vi kommer till tro och överlämnar oss i Guds händer.

I så fall vill jag bli frälst, sade Gilbert, men jag har inte gått i söndagsskolan och jag måste vara ärlig och säga att jag inte hade tänkt att låta konfirmera mig. Jag vill inte baktala kamraterna, men många gör det säkert för klockans skull och jag har redan ett riktigt armbandsur som jag ärvde efter farfar. Om det hjälper ber jag gärna aftonbön varje kväll och slutar att svära och palla äpplen och ljuga. Fast det har inte varit så farligt på heder och samvete.

Jag ska be för er, sade prästen. Gå nu hem och knäpp dina händer på kammaren och ta in din fader och moder i bönen.

På kvällen låg Gilbert i sängen och tänkte på vad prästen hade sagt. Han kunde inte minnas när han senast knäppte händerna och riktade sina ord till Gud Fader själv, men nu hade han lovat en av de himmelska tjänarna.

Han hade för sig att bedjande människor låg på knä. Därför steg han ur sängen och lade sig nära långsidan. Han visste inte hur han skulle börja, men det gjorde väl inte skada om han prövade sig fram.

Gode Gud, gör så att far slutar att dricka brännvin. Mor och jag är rädda att han ska komma onykter till skolan. En gång drack han i källaren när han lagade ryggen till en kateder och sen gick han in på lärarrummet och sa att han tog tid på sig innan han lärde sig att läsa. Så var det med mig också men nu flyter det fint utom när fröken ber mig läsa högt. Jag har Arvid Berg som lärare i skolan och han är inte snäll och nådig mot mig. Far och han drar inte jämnt. Många vet att magistern luggar och örfilar och hotar om man inte gör som han säger. Viktigast av allt är att far slutar att dricka brännvin på loven och helgerna. Han slår mig aldrig och jag vet att han älskar både mor och mig. Varför har de inte berättat hela sanningen om bilolyckan? Gode Gud hör min bön. Amen.

Han nästan viskade så att inte fadern och modern skulle höra honom. Efteråt hade han svårt att somna. Han knäppte händerna en gång till och tog om de flesta orden som han mindes dem. Sedan låg han och kände efter i hjärtat och kroppen, men han märkte ingen större skillnad mot andra kvällar.

Kanske hade prästen rätt i att Guds vägar var outgrundliga och att miraklerna skedde när människorna minst anade och väntade sig dem. Varje dag tänkte han på prästens ord men han tordes inte fråga modern en gång till om mannen som dog i en bilolycka. Hur mycket gömde de vuxna för de små?

Tio dagar senare satt han ensam på kvällen med modern i köket. Han drack varm mjölk med kakao och litet socker och åt smörgåsar. När han svalde följde prästens ord med ner i magen men de kom upp igen och lade sig på tungan.

Han hade provat dem hundratals gånger i ensamhet. På kvällarna sade han dem tyst för sig själv. När han var ensam utomhus släppte han dem i luften och låtsades vara modern som tog emot dem.

Nu provar jag på riktigt, tänkte han. Hon stod vid diskbänken och skalade äpplen och apelsiner. De brukade njuta av frukt som hon tärnat och blandat i en skål. Han fick ingen ro och plötsligt blundade han och sade: Prästen berättade om svågern som dog i en bilolycka när far var med. Är det sant mor? Jag måste få veta och bli inte arg på mig. Jag säger inget till andra.

Hon stod kvar med ansiktet bortvänt från honom, men han öppnade ögonen och läste hennes skuldror och rygg. Långsamt som om hon hade värk vände hon sig om och sade: Lille Gilbert. Du var två år då och din far blev allvarligt skadad och låg länge på lasarettet i Lund. Han kunde ha dött, men han var stark och seg och ville leva. Det har varit mer än tillräckligt efteråt. I tie månader kämpade han sig tillbaka innan han kunde börja på skolan igen. Alfred Dahl dog vid ratten och de hade varit på jakt med bössor och skjutit harar och fasaner och en hjort, tror jag. Han var svåger till Rafael. Det tjänar ingen att anklaga och söka en syndabock. Din far har lidit i alla år sen dess och det är inte över än. Lova att aldrig prata med honom om det här. Vi kan ta det tillsammans, men nu får det räcka. Äpplena är söta och goda och apelsinerna saftiga.

De satt tysta mitt emot varandra vid bordet och åt av den goda frukten. Fadern fanns inte där, men i varje tugga smakade de på honom och svalde så att han kom i magen. Där låg han redan hos båda, men de älskande kunde aldrig tömma och förtära sina kära.

Kanske grät de båda inombords men de var också lindade i kärlek och Rafael täljde dem så vackert och slipade dem lena och mjuka. Han övade handen och fingerblomman på kvinnan och smekte bröst och blygd, men höll inte mindre av allt det andra hos henne.

8

Gilbert tar in hela världen i sin boningslänga. Någon timme varje dag arbetar han vid sin dator. Han har skrivit in den långa krönikan om denna by i maskinens minne och när som helst kan han trycka fram den på vita pappersark eller disketter. Mer än två tusen sidor väntar på läsare.

Originalet har han skrivit med flytande bläck i oxblodsfärg. Den lille pojken Gilbert växer nästan tjugo centimeter mellan elfte och trettonde året, men även sorgen och smärtan breder ut sig i honom. En dag buktar hornhinnan i ögat. Tårarna är små genomskinliga maneter som faller över avgrunden, när han sitter med modern en lördagsmorgon. Fadern sover över frukosten.

Flera skolkamrater retar honom och magister Berg går med triumf i blicken och hämnas på två generationer Häger. I denna livets skarv börjar Gilbert med krönikan över människorna i byn, men då har han ingen avsikt att släppa orden och meningarna in i framtiden.

Plötsligt ligger fadern som ett skepp i brännvinsflaskan och sonen håller i trådarna som är fästade i masterna. Om Gilbert drar i dem står de stolta som flaggstänger, men när som helst kan fadern sänka tyget till halv stång och då råder sorgen i familjen.

En tisdag föser magister Berg ut en av eleverna från lektionen. Det är Gilberts klass i fyran på våren. Pojken spänner en gummisnodd på linjalen och släpper den mot stora kartan över världen. På rasten har han slagit vad med Gilbert och några av de andra ynglingarna att han skall lyckas med konststycket att träffa en av staterna i Amerika, när inte magistern ser det.

Nu är den rätta stunden inne. Berg står med ryggen mot klassen och pekar med pinnen på länderna i sydöstra Asien. Lars Moberg sitter närmast väggen som vetter mot korridoren och magistern kan inte se honom från sin position.

Lars siktar tio sekunder och de invigda tittar spänt på honom och håller andan. Sedan far gummisnodden genom luften och tycks träffa någon av staterna i Amerika. Hur det var med den saken kommer aldrig att bli riktigt klarlagt av de fyra pojkarna, men alla i klassen hör magisterns vrål. Det är som om det legat i munnen och väntat på att få komma ut.

Han svär och vänder sig ilsnabbt om och får in hela salen i blicken. Gilbert sitter i fönsterraden i andra bänkparet räknat framifrån. Magistern skriker sin fråga: Vem i helvete sköt iväg gummibandet? Ingen slipper ut från salen innan jag fått fram den skyldige.

Evert Nilsson och Frans-Oskar tittar ner i bänklocken och törs inte möta magisterns blick. Det enda som hörs i salen är ljudet av skorna mot golvet, men Lars Moberg kan räkna slagen i sitt hjärta.

Ingen av flickorna svarar, när Arvid Berg upprepar sin fråga: Vem i helvete sköt med gummibandet mot tavlan?

Ni får två minuter på er. Sen tar jag ut er en och en i korridoren, säger magistern.

Han tittar på klockan och ställer sig intill katedern. Där står han och glor stint mot eleverna medan han uppmanar dem att möta ögonen. När tiden är ute, börjar han med Frans-Oskar som är rädd av sig. De går ut i korridoren och tillräckligt långt bort för att ingenting skall höras in till de andra i salen.

Han behöver inte ta ut flera, ty han känner svagheterna hos vissa av pojkarna så väl att han kan förutsäga ett och annat.

Magistern pressar Frans-Oskar en stund och pratar om föräldrarna och de stundande betygen efter vårterminen. Då darrar gossen som plötsligt blivit liten och än mer rädd än annars i skolan.

Frans-Oskar vill gärna vara med de karska och modiga i klassen, men han blir aldrig mer än en av dem som betraktar från sidan och låtsas deltaga. Han börjar gråta, när magistern vrider lätt i hans örsnibb och samtidigt säger han namnet på den skyldige: Det var Lars Moberg, men jag trodde inte att det skulle vara så farligt. Han slog vad att han skulle träffa en av staterna i Amerika med gummibandet. Han sköt med linjalen.

Arvid Berg lovar att inte peka ut Frans-Oskar som angivare och sedan leker han och fortsätter att ta ut sju andra elever i korridoren. Han frågar återigen efter namnet på den som är skyldig och ingen av dem säger sig veta. Då är magistern framme vid Lars Moberg.

De går längre bort i korridoren till materialrummet. I en liten kammare står de uppstoppade fåglarna. Magistern är nu säker och börjar försåtligt och till synes vänligt att tala om vikten och betydelsen av att en människa håller sig till sanningen och inte låter oskyldiga lida.

Lars lyssnar och försöker undvika blicken, men då hårdnar tonen och frågan kommer tillbaka. Han ser den stora svarta korpen och kråkan som överträffar verkligheten. Ögonen måste vara av mörkt glas, men fjädrarna, benen och tårna är riktiga.

Svara nu, väser magistern genom spända läppar: Vem sköt iväg gummibandet?

Jag vet inte, säger Lars. Jag såg ingenting.

Om jag vrider lite i ditt öra, minns du bättre då?

Han fattar med tummen och pekfingret om pojkens vänstra öra och sedan börjar han långsamt vrida snäckan medsols, ty han vet att det ger större smärta än åt det andra hållet. I fem, tio och tjugo sekunder, men pojken säger ingenting. Han blundar på ena ögat och biter ihop tänderna allt som han förmår.

Magistern släpper inte greppet och fattar om det högra örat också och gör om proceduren med hård och bestämd hand som tjänar sanningen. Nå, vem sköt med gummibandet? Var det inte du, min gode vän. Nekar du din lille jävel? Du får sämsta betyget och underkänt i ordning och uppförande. Vad säger far och mor då? Du blir inte ens lagårdsdräng med de vitsorden.

Då jämrar pojken sig och sedan gråter han och stammar fram sanningen. Smärtan och plågan tvingar fram den. Det vackraste på jorden enligt magister Berg manas fram med aga och våld och han håller sanningen högre än kärleken och förlåtelsen. Han sträcker ut armarna och benen och lägger sig som ett kors över Sveriges karta och hela världen. Där offrar han lögnen.

Det är sanningens och bekännelsens brödraskap som segrar ännu en gång i skolan, men Lars Moberg springer därifrån just som magistern skall till att stryka honom över håret som tack för hjälpen.

Pojken springer gråtande genom materialrummet och lämnar korpen, kråkan och magistern bakom sig. Han skriker så att det hörs ner till Rafael Häger som står i källaren och limmar ett stolsben.

Då har pojken just nått nedersta trappsteget och vaktmästaren hör tjutet och släpper det han har för händerna och rusar uppför. Där ser han Lars Moberg som just öppnar stora skoldörren och han hinner i kapp honom tio meter ut på gården.

Pojken är bortom sig och slår vilt med armarna och tror väl först att magistern hunnit i kapp. Ta det lugnt, säger vaktmästaren och håller om honom. Det är jag, Rafael Häger, slöjdläraren. Vad har hänt? Varför gråter du?

I det ögonblicket öppnar magister Berg stora dörren och ser

pojken i sin fiendes famn. Då rinner sinnet på honom och alla väggar och vallar faller i honom. Han skyndar fram till de två och försöker skilja dem åt. Han har kvar bekännelsen i sin själ och skriker därefter: Vad gör du, din satans fyllbult! Släpp genast lymmeln! Du körde ihjäl din egen svåger i bilen och då var du stupfull. Det vet alla fastän de håller käften.

Fönstren på andra våningen öppnas och där trängs eleverna som ser och hör vad som händer på skolgården nedanför dem. Magister Berg är vred och förnärmad och märker inte barnen.

Han springer fram till pojken och mannen och sliter i deras kläder och skriker. Då handlar Rafael Häger på ett sätt som han aldrig gjort dessförinnan i sitt liv. Han frigör högra handen och knyter den och slår.

Arvid Berg svimmar och faller på sidan. Det tar knappt två sekunder att pressa samman femtio år till en dom över familjen i evinnerlig tid. Från denna stund förvandlas vaktmästaren och slöjdläraren Rafael Häger till mannen som slog bortom sans och vett.

Arvid ligger kvar som om han sover på marken. Pojken skriker och gråter och Rafael blir rädd och faller på knä och lutar sig över den orörliga kroppen. Han hinner tänka att magister Berg kan vara död. Barnen trängs i fönsterhålen och det finns säkert trettio vittnen till händelsen.

Då vaknar Arvid och ser sin fiendes ansikte och därmed den första människan i den nya tideräkningen. Pojkens öron är fortfarande varma. Rafaels knoge värker. På en meter i kvadrat skriver byn sin egen historia och det sker en gång och aldrig mer i denna form och gestalt.

Arvid Berg ligger stilla på sidan och vaknar långsamt till den nya världen och han skriver redan första meningen till skolrådet och överläraren i Kivik med omnejd. Pojken har ju bekänt och sagt sanningen och snart är det Rafael Hägers tur.

Nu kommer en av lärarinnorna fram till dem och klockan

ringer för rast. Kanske tror Arvid att han drömmer i paradiset eller helvetet. Barnen flockas kring dem och Rafaels ben vägrar att lyda honom. Vaktmästaren växer ur stunden och de unga människorna omkring plockar frukterna direkt från grenarna och smakar.

Arvid Berg är den utslagne segraren, sanningens och bekännelsens apostel på jorden. Nu är han framme vid de avgörande raderna i brevet till skolrådet och överläraren och han har flera hundra formuleringar att välja mellan men han ligger så vackert i solen och gör sig ingen brådska, ty aldrig mer kommer han att vara så omsvärmad av barnen och han njuter av värmen.

Han skriver under med sitt namn och kräver att vaktmästaren och den oförtjänt tillsatte slöjdläraren i en och samma person måste lämna sin tjänst på skolan. Det är med smärtsam uppriktighet han dessutom har att påminna om att nämnde Rafael Häger missbrukat sprit och druckit under arbetstid i skolan.

Sonen Gilbert rinner i angivarens bläckpenna och fastnar på det vita papperet, ty sanningens apostel tar inga särskilda hänsyn till barnen. Han vill helst ha stämpel i rött och beständigt lack under sin dom och anklagelse.

Fyra dagar senare kallades Rafael Häger till skolrådet som för dagen var krönt eller förstärkt med överläraren. De hade fått in ett brev från magistern Arvid Berg och det var styrkt med vittnesmål från sex elever som framträdde i egna namn.

Skolrådets ordförande Sven Tillberg läste alla orden och ville nu höra en förklaring eller ett så kallat genmäle från Rafaels mun: Vad har du att säga till ditt försvar? Är det sant att du slog magister Berg med knytnäven så att han svimmade där på skolgården inför så många vittnen? Fröken Klarin körde honom till lasarettet i Simrishamn, men hon och de andra lärarinnorna övervägde att ringa efter ambulans. Skallskador är inget att leka med. Han röntgades i skallen och fick ligga kvar ett dygn för observation. Läkaren sa att han drabbats av hjärnskakning. Nu klagar han på huvudvärk och yrselattacker. Han är sjukskriven och du ska kanske vara glad att han inte polisanmälde saken.

Rafael lyssnade. Han bar kostym, vit skjorta med slips dagen till ära. Elise hade släpat sig iväg till skoaffären och Gilbert tvingades att möta allas blickar redan innan klockan ringde in till första lektionen. Ingen hade undgått att höra vad som hänt och flera av dem hade dessutom sett med egna ögon.

Rafael övervägde första ordet och sedan sade han: Magister Berg har slagit, örfilat och hotat elever på skolan i många år. Det är en skam att inga föräldrar eller kollegor anmält honom. Han hade luggat och vridit om öronen på Lars Moberg och pojken var förtvivlad och vettskrämd när han sprang ut på skolgården. Där fick jag fatt i honom och det var nästan stört omöjligt att lugna honom. Han skrek som en stucken gris och skakade i hela kroppen. Sen kom Arvid Berg och började slita och dra i oss och då rann sinnet på mig men jag ville inte slå och skada honom. Det bara blev så i stundens hetta. Jag är lessen att slaget träffade så illa och jag kan inte minnas att jag någonsin burit hand på någon i mitt liv dessförinnan.

Överläraren tittade på rådets ordförande och en efter en vid bordet iakttog mannen som stod upp på golvet. Ett par av dem drog i stunden när de reserverade sig mot att en vaktmästare utan riktig utbildning och behörighet för tjänsten fick anställningen som slöjdlärare på skolan. Nu var han anklagad för alkoholmissbruk under arbetstid och misshandel av en magister. Det var allvarligt och de kunde inte bara släta över. I värsta fall måste de se sig nödsakade att föra saken vidare till högre ort, nämligen Skolöverstyrelsen i Stockholm.

Har Häger något annat att tillägga? frågade ordföranden.

Jag är lessen och ber om ursäkt, men jag vill också säga att magister Berg varit otrevlig mot min son Gilbert och sett honom som en förevändning att skada mig. Han är inte rättvis och han tycker inte om sina elever och det är en lärares dödssynd. Jag vet att han inte är ensam om det i länet och riket.

Det påståendet lades honom i fatet, när skolrådet och överläraren senare diskuterade hans fall. De nickade åt honom och lovade att skriftligen meddela honom vad de kommit fram till.

Fram till dess var han avstängd från sin tjänst på skolan. Hustrun Elise befarade att han skulle dricka sig redlös de dagarna och sonen Gilbert knäppte händerna och låg på knä vid sängen och bad till Gud Fader i himlen om hjälp och nåd.

Han rörde inte en droppe brännvin, men han promenerade på grusvägarna och i markerna. En hel dag vandrade han från arla morgon till sena kvällen och han lugnade Elise och sonen och sade åt dem att bege sig till skolan och skoaffären. Var inte oroliga för mig, sade han. Jag kommer tillbaka, men jag måste röra mig och gå under bar himmel och det är vackert väder. Jag har de rätta kläderna och skorna.

Han åt på kvällen i köket och han var lågmäld och sade inte många ord, men hustrun och Gilbert tyckte båda var för sig att han fått en annorlunda klang i orden. Han släppte dem långsammare än vanligt och han hämtade många av meningarna i liknelser och ovanliga vändningar som de aldrig tidigare hört från honom. De tvangs att skärpa sina sinnen, medan de lyssnade, ty han doppade och lindade stavelserna i sällsynta färger och dofter.

I sex dagar vandrade han längs havet vid Haväng, Stenshuvud och förbi Baskemölla och Simrishamn ända bort mot Skillinge. Emellanåt vek han av mot skogsdungar och gick på smala stigar mellan barrträd och späda björkar. Han drog in dofterna av kåda, ljung och torr bark. Han släpade skuggan av magister Berg efter sig.

Gilbert knäppte sina händer och fadern vandrade tryggt inuti kupan. Så bytte far och son storlek på sina kroppar och dimensioner. Stranden, havet och sanddynerna kom in i fadern och lämnade honom inte igen. Det hände innan Preben Anker simmade längs kusten under månljuset i begynnelsen av den långa färden till honan och leken i Sargassohavet.

Så spreds ryktet om slöjdläraren och vaktmästaren som slog ner magister Berg och ställdes inför skolrådet och överläraren. Nu sågs han vandra längs havet och på skogsstigarna och det var som om han inte lade märke till människorna som han råkade.

Sent på kvällen låg sonen Gilbert i sin säng och tänkte på fadern. Världen var så stor och ond och oberäknelig. Ena dagen höll fadern kniven i sin hand och eggen skar av ljusa virket och formade gubbar och gummor i byn och det var som en lek av lust och glädje, men nästa brännmärktes hans namn och alla på skolan visste det.

Det sades att Rafael Häger hade blivit galen av sorg och smärta. En dag låg beskedet från skolrådet i postlådan. Elise fick i uppdrag av maken att läsa det, ty själv hade han ingen lust. Han var redan förbi de vanliga orden och betydelserna bland människorna. Han hade vandrat nästan ända till Sargassohavet, om man såg till motsvarande sträcka på fastlandet, men han sökte sig inte dit för att leka av lust med en hona.

Rafael kom dit för att dö bort från de onda och elaka människorna. Han hade redan upplevt kärleken och lidelsen och lämnat över sin skrift av trä och blod åt sonen. Nu stod han på skolgården och halade flaggan till halva stången och magister Berg gick sträng och sluten bland barnen och vaktade dem.

En dag stod Gilbert vid de snidade människorna i byn och lade magistern på sidan som om denne sov eller var död. Han flyttade även fadern och lät honom stå i kretsen av eleverna. Vaktmästaren hängde näten på stolparna och ribban och barnen hade väntat i sju långa månader på att åter få se dem. De brukade jubla och klappa händerna och fadern fick äran att skjuta vårens första mål i maskorna.

En kväll slutade Gilbert att be till Gud i himlen. Fadern ville vara ensam när han vandrade dagarna genom längs havet och på skogsstigarna. Han hade skilts från tjänsten på skolan, men magister Berg fortsatte att vakta över sanningar och bekännelser.

Elise var förtvivlad och hon grät ofta. Hon fick inte iväg maken till läkare och sjukhus. Han åt inte mycket och tog inte med sig matsäck när han gav sig av på morgonen. Hon fortsatte att arbeta i skoaffären och det hände att kunderna frågade hur det var med mannen och då svarade hon osäkert och ängsligt.

Gilbert åldrades fortare än de andra barnen och han blev stark ty han bar sin fader på axlarna. Han blev en liten soldat i världens största armé och de gick ut i krig med sina hjärtan som vapen. Inga kulor och bomber kunde förgöra dem.

Den insikten hade Gilbert i sina händer när han täljde de små människorna senare i livet och började skriva den långa berättelsen om en by i världen.

9

Plötsligt hade familjen endast en lön att leva på. Elise var betrodd i skoaffären och ägaren var nöjd med henne. Vissa avtal mellan förstaexpediten och chefen syntes inte i några papper, men hon betalade ett pris för dem utan att någonsin klaga eller tala bredvid mun.

Rafael fick inte krypa ner till henne i sängen om han luktade sprit. Ändå sökte han hennes famn många nätter när han inte var helt nykter och då avvisade hon honom, trots att han tiggde och bad. Han drog täcket av hennes fötter och började kyssa dem. Hon kunde inte förneka att han var öm även de stunderna och han skyndade inte med händer och läppar. Några gånger stod hon inte emot.

Han hade tvättat sig noggrant innan han steg in i sovrummet, men andedräkten förrådde honom vad än han gjorde för att dölja och förvandla den. Rafael var en av miljoner män på jordklotet som kom till kvinnan och försökte beveka och ge löften. Hon skämdes i tysthet för att hon gett sig åt Felix Andersson.

Han och Rafael hade inte många likheter. Direktören var förmögen och välklädd alla dagar i veckan och han talade som en försäljare med litet guldglans i kanterna. Han köpte dyrbara kläder åt hustrun och bjöd flott när de åt på restaurang i Malmö, Köpenhamn eller Lund. Vartannat år bytte han bil och han lät bygga en av de största villorna längs kusten.

Elise var rädd att någon i byn eller staden skulle misstänka att hon var älskarinna åt chefen som ägde affären. Stella Skotte visade inga som helst tecken på att vara medveten om förhållandet, men Elise anade inte att lille Gilbert såg och hörde och drog slutsatser som blev till sorg och smärta.

När fadern hade tvingats lämna tjänsterna i byskolan, fruktade sonen att han skulle söka sig till fyllbultarna på torget i Kivik. Från mitten av mars till oktober höll de också till i hamnen. Vid denna tid spann pojken en tunn tråd som sträckte sig mellan hans egen själ och faderns så att han hade kontakt med honom fastän de var långt från varandra i geografin.

Fadern orkade inte närma sig byskolan. Han led svårt av att tänka på alla barnen som han kände mer än till namnen. Två av lärarinnorna levde i hans hjärta och han saknade lektionerna i träslöjden och de enklaste sysslorna som vaktmästare. Tre veckor efter det att han lämnade över nycklarna till salen, redskapsboden och förrådet i källaren anställdes två karlar som var för sig tog hand om de tjänsterna som han ensam hade skött.

När Elise hade gett sig av till skoaffären i Kivik och Gilbert till skolan, satt fadern med kniven i handen och täljde eller så började han vandra. Det fanns inget namn på hans sjukdom och ingen läkare eller psykolog kunde förklara hans beteende. Han sökte olika arbeten men han blev förbigången vid varje tillfälle.

Han blev hantlangare på byggen i Simrishamn och trakten omkring, men detta arbete var bara tillfälligt och gav låg lön utan någon som helst trygghet. Bilolyckan tio år tillbaka och skolnämndens dom flyttade sig från den ena människan till den andra och han väntade sig inte att möta förlåtelse och storsinthet.

Några månader fick han bära tegel på bruket i den vackra Fyledalen. Där hade den lilla familjen njutit av sol och god mat några gånger och Gilbert mindes skogen och den märkliga grytan i landskapet som förvandlade hans rop till ekon. Nu gick fadern där med fjorton tegelstenar från ugnen åt gången och han bar dem i remmar som han själv format till att passa hans rygg och skuldror och ändamålet.

Gilbert ville överraska fadern. Det var lördag och han arbetade övertid till sex på kvällen ty bruket hade fått en fin beställning och order från ett storbygge i Ystad. Pojken cyklade från byn till Fyledalen med matsäcken på pakethållaren i slutet av augusti det året. Han visslade och tittade emellanåt bakåt för att se så att inte väskan släppte.

Den stunden trampade och rullade han i en frihet som ingen annan än han själv rådde över. När han hade slutat att be till Gud och hoppas på nåd och hjälp från den store skaparen öppnade världen sig för honom som en möjlighet med stora och svåra hinder och begränsningar av tusentals slag men den var också till stora delar mottaglig för handling och mänsklig vilja.

Nu till exempel cyklade han och ingen annan på hela jorden till mannen som hette Rafael Häger. Fadern bar tegel på bruket och tjänade pengar till hushållet, inte stora, men likväl ett gott bidrag till Elises lön. Så gjorde föräldrarna och mycket i detta var kärlek till det enda barnet i familjen.

Pengarna till hans kläder, mat och annan nödtorft kom således från skoaffären och tegelbruket de månaderna. Elise hade hjälpt pojken att ställa mjölkflaskan med kapsylen i väskan så att den inte skulle falla när han cyklade på de ojämna grusvägarna mellan byn och Fyledalen. Hon hade bakat sockerkaka och brett fem smörgåsar åt mannen och det hade hon gjort på morgonen innan hon själv gav sig av till skoaffären.

När Gilbert tänkte på den omsorgen, förstod han att modern älskade fadern trots allt som varit mellan dem. Sådan kunskap och insikt lärde inte fröknarna och den elake Arvid Berg honom och de andra barnen i skolan. Inte heller stod en rad i böckerna om känslan i kroppen när han närmade sig målet utan att flaskan stjälpt.

Fadern brukade säga att han älskade kall mjölk och då lade Gilbert de orden intill brännvinsflaskan. Varför i hela friden och världen kunde inte karlen nöja sig med gott och rent vatten från brunnen och den ljuvliga gåvan från ko till människa? Elise hade sagt åt Gilbert att blöta en handduk i kallt vatten och vira den kring flaskan det sista som han gjorde innan han cyklade iväg till tegelbruket.

Dessutom visste pojken var bäcken med det klara och friska vattnet rann i dalen. Därför tog han av vid den lilla stigen som ringlade sig en bit in i skogen några hundra meter innan han nådde avtagsvägen mot bruket och brännugnen. Han lindade av handduken och kände på glasflaskan med båda händerna.

Den var ännu en aning sval, men värmen i väskan och solen hade fått den ljummen. Nu skulle fadern få mjölken kall till smörgåsen och sockerkakan och han visste inte att Gilbert skulle komma. Den osynliga tråden från hans hjärta sträckte sig fram till dalen och tegelbruket och han kände värmen från ugnen på en halv mils avstånd.

Han höll flaskan en lång stund under vattenytan och vattnet var kallt och klart i skuggan bland träden. Bäckens källa sades vara inlandsisen en gång i tiden. Han kupade händerna och fyllde dem och drack. Det smakade gott och friskt.

Han hade förberett sin första mening till fadern och kom någon av förmännen eller arbetskamraterna emellan hade han en mening och fråga till dem också: Jag är Rafaels son och jag kommer med hans matsäck. Det tar på krafterna att arbeta övertid i det här vädret och det är tungt att bära tegelstenarna från ugnen till upplagsplatsen sexti meter bort.

Fadern hade beskrivit och berättat för honom på kvällarna. På så sätt blev han själv delaktig i slitet för brödfödan. Nästan två kilo vägde varje sten och sju i vardera halvan av remöglorna på rygg och axlar gjorde sammanlagt tjugoåtta kilo. Om han gick hundra gånger om dagen med samma vikt blev det två tusen åtta hundra kilo och därmed nästan tre ton.

Far måste vara trött och hungrig nu, tänkte Gilbert. Klockan är halv två och han har fyra och en halv timme kvar att arbeta innan dagspasset är över.

Det var första gången som han cyklade till tegelbruket med matsäck, men han hade överraskat fadern tidigare vid byggena och då hade han sett glädjen och värmen i ansiktet. Nu rullade han sakta den sista biten fram till ugnen och han såg flera arbetare som böjde sig och lyfte, staplade och vred och vände på kropparna och tingen.

Några av dem bar vegamössor, förkläden av galon eller läder och grova handskar trots värmen i luften och närheten till hettan från ugnarna. Han steg av cykeln och ledde den fram mot karlarna. Sedan bockade han och hälsade och presenterade sig.

Jag heter Gilbert Häger och jag söker min far för att lämna över en matsäck som mor och jag ordnat åt honom. Var är han nu?

De tittade först på pojken och sedan på varandra och det dröjde kanske tjugo sekunder innan den längste och tunnaste av dem sade med skrovlig röst: Ska du ge han föa kan du leta i skoven. Han ligger väl under ett trä och snarkar. Vi har inte sitt han sen tie i tolv när han sa att han skulle eda och gå unnan ett slag. Han sa att han inte mådde bra men de tror vi va vi vill om. Jag känner hans sort. Han har väl sypit sig full och gett fan i oss och teglet.

Gilbert räknade inte orden men det hade räckt mer än väl med hälften. Han hade redan fått hela kroppen full och de tryckte på i svalget som om han ville kräkas direkt på stället där han stod. Varje föresats och allt som han övat på att säga medan han cyklade och sedan kylde mjölkflaskan försvann på en halv sekund.

Han ville springa till ekodalen och ställa sig mitt i grytan och skrika ett heligt löfte att aldrig aldrig i livet bli som fadern. En fyllehund och svikare som påstod att han älskade kall mjölk och slöjden och hustrun och sonen och likväl kastade dem i ugnen så att de brann upp. Elise som var mjuk och fin lera brändes till hård sten som fadern kunde resa ett sorgehus av räckte inte till för att avhålla mannen från brännvinsflaskan.

Kanske skämdes de andra över den långes grymma harang utan förbarmande och nåd. Nog förstod de att sonen kom med en överraskning och var fylld av förväntan inför mötet med fadern. Det var ännu en läxa som inte stod att finna i skolböckerna och den brändes i tusentals grader och den vägde långt mer än den sammanlagda vikten och bördan som fadern hade burit om han arbetat hela dagen ut.

Gilbert vände sig om och satte sig på cykeln och började trampa. Han tvekade om han skulle leta efter fadern i den stora skogen eller bege sig direkt hem. Det var knappast troligt att han skulle hitta vad han sökte om han ropade namnet och gick på måfå bland träden.

Han cyklade långsamt utan att se de vackra ängarna och sädesfälten vid sidan om vägen. Inga fåglar sjöng och drillade för honom och inga vipor segelflög oroligt över honom för att skydda sina ungar. Om han mötte en bil i ovanlig färg, lade han inte märke till det.

Han grät i den milda vinden som var varm klockan två och hela sträckan till hemmet. Modern arbetade i skoaffären till tre på lördagen och hon borde vara hos honom vid fyra. Vad skulle han säga till henne? Borde han ljuga och äta smörgåsarna och sockerkaksbitarna själv och dricka mjölken och gömma väskan?

Han var inte det minsta hungrig. I stället gick han ut och kastade smörgåsarna på ängen bakom huset. Han öppnade kapsylen av porslin och tömde flaskan. Jorden svalde mjölken och lämnade kvar en gråsvart fläck. En kort stund övervägde han om han skulle äta sockerkaksbitarna men även dem slängde han.

Han läste ingen bok och han hade ingen lust att leka eller gå till en kamrat. Trots att han minst av allt önskade det såg han långa stunder fadern för sin inre syn. Rafael Häger låg på rygg i skogen och sov av ruset eller plågade sig själv med den grymmaste formen av ånger och samvetskval som existerade bland människorna på jorden.

Aldrig aldrig skall jag bli sådan.

10

Elise var stark i själen. När mannen våndades och längtade efter supen och ruset på fredagskvällen efter en veckas avhållsamhet, gick hon emellan honom och brännvinsflaskan. Hon lade en trasa i hans hand och sade frankt att det var tid att tvätta och putsa fönstren i huset. Eller så skurade de brädgolven. En vägg var bräckt av solljus och märken och då fanns alltid färg och pensel att ta till.

Var han så orolig att han behövde rasta sig följde hon honom på våren och hösten till havet och sedan vandrade de tillsammans. De cyklade dit. Knappast någon väderlek var olämplig vid de tillfällena, ty det gällde resten av helgen för familjen. Pojken tänkte själv och drog egna slutsatser.

En sådan kväll i början av juni 1938 gick de vid havet och solen var ett gulrött klot som snart skulle dala under horisonten. Han hade druckit en halv liter brännvin och Gilbert lekte hos en kamrat i byn. Elise och han var således ensamma där.

Han var inte ostadig och han slant inte med orden. Emellanåt böjde han sig och tog upp en vacker och ovanlig sten eller liten snäcka. Några människor hade dröjt sig kvar på stranden och i närheten av Vitemölla såg de en eld och fyra ungdomar som satt omkring lågorna.

Han hade burit våndan och plågan några år utan att släppa fram den, men plötsligt vred han ansiktet och stannade tvärt. Han höll en arm om hennes midja. Hon följde med av rörelsen och han kysste hennes mun och hals. Ända från begynnelsen av deras liv tillsammans hade han talat vackert om Elises

143

kastanjeröda hår och de tjocka lockarna som nådde ner till axlarna.

Han tyckte om när hon målade läpparna i en mild färg, men hon behövde inte pudra kinderna och svärta ögonhåren. På somrarna låg fräknarna på näsan och han pussade dem morgon och kväll. När han var i det tyngsta ruset fick de små plättarna liv och började vandra från kvinnan till hans ögon. De hotade att släcka hans blick för gott och barmen som han älskade att kyssa och smeka kunde när som helst lämna honom och flytta till Felix Anderssons lömska tryne. Där fanns penningen och övertaget.

Han hade kysst skötet och gråtit där och svurit tyst över mannen som ägde fina skoaffärer i tre städer. Själv var han utan fast arbete och före detta slöjdlärare och vaktmästare i byskolan. Vad hade han att sätta emot och komma med? Elise var vacker i sina bästa år och hon skötte tjänsten i skoaffären så att kunderna och chefen berömde henne.

Nu höll Rafael sin hustru i famnen och de hade passerat elden på stranden och de unga människorna. Han kysste henne och hon gjorde inte motstånd trots att han var en aning drucken. Hon tyckte illa om spritångorna ur hans kropp, men denna gång lät hon honom vara och utan ord gick de till dynerna längre bort på stranden.

Han tog av sin kavaj och skjorta och stod i bar överkropp och han var brynt av solen efter det vackra vädret i en månad. När han bar gods och tegel vid byggena fick han färgen på den nakna huden.

Han var muskulös och stark i kroppen. Inga människor syntes till där. Hon tog av skorna och hon hade inga strumpor. Sedan skuttade de mot havet och innan de nådde vattnet tog de av kläderna och sprang i. Han skrattade högt och rent och hon blev glad och tänkte inte på det andra ruset hos honom.

Han dök och försvann under vattenytan. Några sekunder

blev han som fisken och strök kring hennes ben och drog ner henne. Han kysste och grep om kroppen och hon kände igen honom från de första åren när han inte kunde vänta tills de kom hem. Hon var inte pryd och elden och ungdomarna blev som en hägring långt bort på stranden.

De simmade buk mot buk och han mellan hennes särade ben och han slöt läpparna kring ena bröstet och sög sig fast. Trettio centiliter brännvin mot hela havet och lusten och kropparna som redan visste att de skulle vänta tills de kom till sanddynen. Tiden var bara en liten manet som brändes en kort stund, men mannen och kvinnan bar viljan och kyssen och könen som spolades av salt och vatten.

De tog kläderna och sprang som vilda barn mot höjden av strandråg och sand. Han bredde ut kavajen och skjortan under henne och sedan började han smeka och kyssa den blöta huden som smakade hav. Långt efteråt skulle han tänka att denna stund var deras sista under bar himmel av lust och otämjd glädje.

Felix Andersson var långt borta och mannen ville se och höra henne njuta. Hon ropade mot himlen medan vågorna klöv varandra. Han orkade länge och sparade säden och när tiden hade vuxit ur den lilla maneten och besegrat både himlen och havet tänkte han att hon kanske dog som en havande kvinna.

Utan att han bad om det ropade hon hans namn mot den väldiga kupan över dem: Rafael, Rafael. Lova mig.

Han mindes de orden. Hon spände sin fjäder under honom och lyfte hela tyngden. Lusten och åtrån behövde inga fullständiga meningar. Vinden och ljudet från havet blev ett kuvert från den dagen och där lade han den sista uppmaningen från hustrun: Lova mig.

Långsamt och i den tömda kraften klädde de sig och han sade ingenting om misstanken att Elise tog emot Felix Andersson i sin famn. Ändå hade han föresatt sig att just den dagen tala med henne om det farligaste av allt i ett äktenskap som gungade i brännvinsflaskan medan sonen läste deras ansikten och såg de bleka händerna som försökte klamra sig fast mot glaset från insidan.

Inte var det försynen eller Gud som hade en ännu större händelse och olycka i beredskap åt dem. Om inte denna stund vid stranden och havet varit fullkomligt sann, hade jag inte skrivit och lagt över den till min yngste son.

August, så grymt och obarmhärtigt kan livet vara hos människorna från en dag till en annan.

11

Han smekte och kysste brösten när han var nykter och hon tyckte om det och bjöd honom långa stunder vid barmen. Hon var trettionio år och han strök fingrarna som han gjorde när han kände på det finaste träslaget sedan han finputsat en sista gång. Han tröttnade inte och kunde inte se tillräckligt länge på Elise.

Han kom bakifrån när hon stod vid spegeln i sovrummet och lade händerna över nattlinnet och höll om brösten. Då andades han nära hennes kinder. Hon blundade och böjde huvudet bakåt mot hans ena axel och det hände att han lyfte linnet till midjan. Han var djärv och tålmodig.

Hon var hans enda kvinna och kärlek efter det att de gifte sig. Det visste hon utan att fråga. Han skrek aldrig åt henne och lyfte inte handen för att slå eller hota, men han sårade och kränkte henne genom flaskan och brännvinet. Den insikten delade båda.

Han sade ingenting när han kom åt den lilla knölen i det vänstra bröstet, men han hade lärt sig huden och vävnadens språk. Vid nästa tillfälle dröjde han vid den och han kunde inte påminna sig att den hade funnits där tidigare.

Han tyckte om att kyssa henne och han var stolt och säker när han inte ångade av spriten och då ville han riktigt visa att han var klar i hjärnan och herre över nerverna från ögonbrynen till tånaglarna. Då sparade han säden och lät Elise gunga och vagga länge så att hon först fick fröjden och lusten tills hon nästan skrek.

Han var stark i armar och ben och nu låg vandraren med muskler som kom av mil vid havet och sanden. Den sög kraft och must ur honom, men lungorna drog in luften och han orkade långa sträckor. Då tänkte han på Elise och Gilbert och ibland grät han till vågornas kast mot stranden vid Haväng och Knäbäckshusen.

Kom fram och fräls mig, ropade han medan han gick och han var ensam i höststormen och inte ens den modigaste fiskaren vågade sig ut med båt och nät. Känseln försvann i kinderna och han tog vinden som en trotsare och spejare från dårarnas rike. Jag älskar Elise och pojken och ändå super jag och skadar oss. Det är vansinnigt. Så här vandrar inte prins Bertil och han sitter på bilderna i tidningarna och ler och han fortsätter att köra snabba bilar. Han kallas Motorprinsen och har alla glömt och stoppat undan att han höll i ratten när den unge mannen dog den gången vid Lindåsbacken? Det är inte rättvist. Jag vill vara nykter och försörja familjen. Är det djävulen själv som regerar i min kropp? Förbarma dig över alla stackare på jorden. Fräls fyllhundarna och suptrattarna som härjar och förstör sina liv och äktenskap. De finns överallt. I alla städer, byar och nationer. Låt mig få en dags vila från helvetet och gör mig värdig att leva hos Elise och pojken.

Nu låg han med starka lungor och ett friskt hjärta som pumpade blodet till händer och fötter. Han visste inte i den stunden att han rörde vid döden och kysste den. Fingerblomman strök över en obetydlig skillnad i det ena bröstet i förhållande till det andra, men han hade övat känseln länge.

Han blev omedelbart rädd och den kvällen behöll han säden och kanske märkte hon att han flyttade sinnena bortom henne. De hade anpassat sina nervsystem efter minsta skalv och varning och den här signalen kände hon inte igen.

Hon låg naken i hans famn och han sade utan att ha mod till det att han hade rört vid en liten kula eller ärta i det vänstra bröstet. Mannen som var kasserad på byskolan och dömd av människorna hittade minsta avvikelse mellan hälsa och sjukdom.

Han tog Elises hand och höll om pekfingret och förde det till det rätta stället på bröstet och hon blev själv viss om knölen. Hon hade läst och hört talas om kräftan men hon var inte mer än trettionio år och hon hade inga symptom som antydde att kroppen var i olag på något sätt.

Hon hade aptit att äta och hon var inte onormalt trött och hon arbetade sex dagar i veckan i skoaffären. Kanske i genomsnitt en dag om året stannade hon hemma för sjukdom. Om hon var förkyld och krasslig gick hon ändå och det skulle mycket till för att hon skulle ligga kvar i sängen på morgonen. Hon blödde kraftigt när hon hade menstruationen och då värkte magen men det räckte inte för att avhålla henne från tjänsten och plikten.

Hon väntade arton dagar innan hon besökte provinsialläkaren i Kivik och han undersökte henne och gav inga besked men skrev remiss till lasarettet i Lund. Han lugnade henne och sade att hon var ung och att de flesta svulsterna i brösten som inte var större än denna var ofarliga fettknutor.

Hon talade förtroligt med Stella Skotte och hennes man ägde bil och han erbjöd sig att köra henne till Lund. Rafael följde med. Han rörde inte en droppe sprit från det att han kände knölen i bröstet och framöver läkarnas dom. De tog prover och röntgade och klinikchefen kallade in dem båda och sade att hon måste stanna några dagar på lasarettet innan de kunde ge säker diagnos.

Hon grät inte då. Rafael höll hennes hand och han satt vid sängen tills hon somnade den kvällen i salen och sedan hyrde han ett enkelt rum på hotell över natten. Martin Skotte hade kört hem igen och lovat att hämta dem när hon blev utskriven.

Gilbert gick i skolan de dagarna och han sov hos Stella och

Martin. De var snälla och vänliga. Pojken anade oråd. Han hade åldrats och blivit vis av sorgen och smärtan i familjen, men det fanns inget riktigt namn för hans svulst och obehag.

Den tredje mars 1940 började läkarna bestråla Elises bröst och hon hade inga som helst kunskaper om skeendet i kroppen. Behandlingsmetoden var nästan ny och oprövad i Sverige. Överläkaren och professorn kunde inte lära henne det minsta lilla om det gemensamma hjärtat för hustrun, mannen och sonen som var fjorton år.

Rafael tog hem pojken redan när han återvände till byn på tredje dygnet efter beskedet från klinikchefen. Han rörde inte flaskan men han grät när han låg i sängen. På morgonen satt han och Gilbert vid köksbordet och åt brödet och talade om små ting och då förstod fadern att sonen som inte var mycket äldre än barnet var en av skärsliparna på jorden.

Gilbert klöv deras dagliga bröd och bredde smör och honung på skivan. De såg varandras ansikten och på lördagen åkte de i Martin Skottes bil till lasarettet och Stella följde med och de hade bestämt att stanna till söndagen. Ingen av dem anade då att tiden var på kräftans sida och den kröp snabbt och obarmhärtigt vidare från lymfkörteln till lungan och levern.

Professorn talade om en särskilt allvarlig och aggressiv art av kräftan. Då fick även Gilbert veta sanningen och han lade den till det övriga i livet. Han kramade modern och höll om henne och han skämdes inte när sköterskorna och läkarna såg dem, ty han var förbi den sortens enfald hos människan. Han var redan en prövad tröstare.

Nu såg han sjukdomen i Elises ögon och ansikte och han skulle aldrig glömma. Rafael böjde sig över henne och bad om förlåtelse och lovade att ta hand om sonen vad som än hände men han hade ännu hoppet och försökte skratta och förvandla hoten till läkedom.

Det gick två månader och då var hon mager och tärd. I ett enskilt samtal sade professorn till Rafael att han sällan sett ett så hastigt förlopp hos någon patient med bröstkräftan. Ingen av dem behövde säga mera.

Han erbjöds att sova i ett litet rum på nätterna så att han slapp att åka tillbaka och lämna Elise. Gilbert kom på lördagen efter skolan och stannade över natten. Martin Skotte körde honom mellan byn och lasarettet.

Läkarna ville inte att pojken skulle finnas vid Elises säng när hon närmade sig slutet, men fadern lyssnade till sonen och förstod att det skulle vara till mera skada för honom i framtiden om han motades bort. Då skulle de inte ha ett gemensamt minne av de sista orden och ögonen som talade mer än munnen i den avgörande stunden.

Rafael fuktade hennes läppar med en liten tyglapp och hon ville att han skulle sjunga. De var ensamma i salen och Gilbert nickade och tänkte på utflykten när den elake och avundsamme Arvid Berg inte tålde höra den vackra och klara stämman i sista ledet på väg mot Brösarps backar.

Han tvekade en stund men sedan sjöng han visan om blomman på ängen. Den hade han lärt sig av en skeppare från Simrishamn och han kunde den redan när han friade till henne. Denna sång skapade lördagen i maj 1940 och korridoren och salen saknade färg och form utan den. Kanske hörde sköterskorna och någon läkare vad kräftan kunde göra med människan och familjen.

Elise såg deras ansikten och ägaren till skoaffären i Kivik fanns inte där. Hennes kropp och själ renades från hans famntag och lusta och hon sade inte att hon bedragit och svikit maken. Det behövdes inga andra ord än sångens. Gilbert grät utan att förta den ljusa och vackra stämman.

Blomman böjde sig en aning på sin stängel och sommarens äng bredde ut sig inför dem. Havet och stranden, rapsfälten och äppelblommen fick plats där. Väggarna i deras hem var vitkalkade och fina. Virket av ene doftade från kammaren till köket och sängarna där de sov.

De satt där fram i natten och sköterskan tassade och hon lyste i hättan och förklädet, men störde inte. Elise fick de mediciner som vetenskapen mäktade med, men kärleken hade egen sked och särskilda mått och doseringar.

Gilbert sov på stolen, men fadern var vaken och följde minsta tecken från Elise. Hon andades ojämnt och jämrade sig emellanåt. Då höll han handen och fuktade tyglappen och vätte läpparna och viskade till henne. Han sjöng inte mera och hon hade inte kraft att be om det.

Hans kropp glömde av att kräva spriten och han dövade inte sinnena. Om han skulle hålla stånd en enda gång till i livet så finge det bli fram till slutet för Elise. I det yttersta öppnade hon inte ögonen. Han försökte mata med mosad banan, men hon särade inte läpparna och svarade inte när han talade.

Gilbert grät och lutade huvudet mot moderns bröstkorg, men han hade inte rört vid kräftan. Han höll undan de värsta minnena av fadern som söp och tvingades att ta vilket arbete som helst. Nu sjöng Rafael Häger vackrare än fåglarna i parken och han var nykter och stor i kärleken.

Gilbert åkte inte till skolan den veckan. Fadern och han satt vid hennes sida när hon somnade in utan att de trodde att stunden var kommen. Hon låg med öppna ögon och det rödbruna håret hängde fritt över axlarna mot kudde och lakan. Så tunn och stilla. Inga skor som doftade läder och svart och brun kräm. Inte chefen och ägaren som höll om henne och kysste bredvid äktenskapet. Endast fadern och sonen och modern.

I tystnaden sjöng Rafael när sköterskan kom för att sluta den dödas ögon. Hon tände två ljus av stearin och lade en bibel på ena bordet. Den låg på samma sida som kräftan i bröstet. Osynligt lyfte Gilbert en liten nål som modern brukade ha i håret och petade på det sista eller första tunna bladet i paradiset.

Nu hade han sett döden.

*

Det var en svår tid för fadern och Gilbert fram till begravningen. Sorgen var odelbar och det gick inte att späda den. Felix Andersson kom till kyrkan, men han mötte inte Rafaels blick.

Gilbert hörde att Martin Skotte och en morbror till Elise skulle vara två av de sex karlar som bar kistan och då sade Gilbert att även han ville lyfta modern till den sista vilan i graven. Prästen låtsades att han inte hörde vad pojken sade, men fadern lyssnade och tänkte att sonen borde få vara med om att bestämma formerna för begravningsakten.

Så blev det. Kantorn spelade på orgeln och Rafael samlade sig och sjöng Lyckan med ord och musik av Martin Koch. Prästen hade ingen som helst vana av att den närmast sörjande sjöng på en begravning. Nu stod änklingen vid kistan och han såg Elises ansikte för sitt inre och han fylldes av lust och glädje. Inga lagar och regler styrde hans sorg och innersta.

Prästen Jonatan Roslin mindes samtalen med sonen Gilbert som berättade om fadern och brännvinet i förtroende och under tystnadsplikt. Nu stod mannen där och sjöng vackrare än kantorn och alla andra som släppt sina stämmor i kyrkan.

De sova ännu i jorden, de blommor som vi ska plocka, en gång ska de vakna med glädje, när solvindar leka och locka, när kärlekens gyllene solljus för dig, du kära upprunnit då står i sin fagraste blomning den lustgård vi själva oss vunnit. Så tar jag dig till brud i vår för långa, rika kärleksår, ty lyckan kommer, lyckan går, den som du älskar lyckan får.

Elise älskade den sången och allra helst när Rafael sjöng

den. Gilbert grät men sorgen och smärtan var inte ensamma om honom. När akten i kyrkan var över gick han i mitten på ena sidan av kistan bland de sex bärarna, men modern var tunn och mager när hon dog och det hade räckt med två karlar för att lyfta henne och trälådan.

Även denna stund gjorde att Gilbert åldrades i själen. Han var också en liten pojke och ett barn som låg i det varma innanhavet och sparkade och sov i modern. Nu var han ensam med fadern i familjen och han hade att göra sitt yttersta för att inte Rafael skulle ta till flaskan och brännvinet när plågan och begäret satte in.

Det var inte rättvist tänkte sonen att den unga och livfulla modern försvann från jorden medan så många gubbar och gummor led av ålderdom och sjukdomar och önskade sig bort från denna jämmerdal.

Han kunde inte föreställa sig då att fadern skulle överleva modern med nästan femtio år och vandra tusentals mil längs havet och kusten utan att någonsin hitta det avgörande minnet som befriade honom från skulden och människornas dom.

*

Den 15 juni 1960 stod Rafael och Gilbert invid muren på Djurgårdsbrunnsvägen 66. Fadern hade burit ett handskrivet brev i innerfickan och han tänkte lämna över det när brevbäraren kom till prinsens villa.

Gilbert promenerade längs vägen och tittade på de fina och stora villorna. Han sade till fadern att prinsen kanske var bortrest, men Rafael hade läst att prins Bertil och Lilian skulle vänta med att åka till Rivieran fram mot början av augusti därför att de ville befinna sig i Sverige några månader under sommaren. Vädret hade varit fint flera veckor i sträck.

Gilbert bannade inte fadern och han skrek inte åt honom,

men han tänkte att prinsen inte skulle komma ut till dem hur länge de än stod där. Det fanns ingen ringklocka vid muren och grinden var låst.

Fadern tänkte att prinsen och Lilian borde komma ut i trädgården eftersom solen sken från en nästan klar himmel. Kanske tog de en promenad i den vackra omgivningen. Det var mer än rimligt.

Fadern ropade ingenting och han bar inte en banderoll där han skrivit någon fråga eller uppmaning. Gilbert gick till en servering ganska långt bort och köpte smörgåsar och mjölk åt fadern. Rafael hade inte druckit en droppe sprit under sexton dagar och nätter och han hade fått lika många guldstjärnor av Elise.

Sonen tyckte inte synd om fadern och han led inte av att se honom stå där utanför prinsens ståtliga villa. Kanske var han en aning stolt över honom trots allt. De hade vandrat nästan sjuttio mil tillsammans från byn på Österlen till kungliga huvudstaden Stockholm och de hade fått många skratt och goda ögonblick gemensamt.

Vid klockan tre den dagen kom en herre till fadern som stod en bit ifrån grinden och muren. Gilbert befann sig just då femtio meter bort och han hörde inte vad som sades, men han gick långsamt fram till dem och lyssnade.

Gilbert presenterade sig och sade att han var son till Rafael Häger. Vi har inte kommit för att bråka eller vara till besvär. Min far vill bara i korthet berätta en historia för prins Bertil och höra vad han har att säga i saken. Han har funderat på det här i många år och nu är han redo att handla. Vi har vandrat nästan sjuttio mil, men vi beklagar oss inte. Det var mestadels härligt för både kropp och själ.

Ståthållaren eller adjutanten eller kanske rentav den civilklädde polismannen stod till synes lugnt bredvid dem och lyssnade, men efter Gilberts mening om kroppen och själen sade han att prins Bertil och Lilian packade och förberedde sig inför en längre resa i utlandet. De tog aldrig emot oanmälda besök och det fanns ingen möjlighet att någon kunde komma från gatan och begära audiens i ett särskilt ärende hur angeläget det än tedde sig för avsändaren.

Gilbert hade sällan hört ett sådant språk från en människa. Det lät som om den propert klädde mannen läste innantill från ett osynligt papper. Sonen tittade på fadern och väntade sig en omedelbar reaktion men den kom inte.

Rafael stod stilla och sedan började han gå bort från grinden och Gilbert följde honom. Fadern var tyst men han gick spänstigt och raskt. Sonen frågade en kvinna efter vägen och hon svarade vänligt. De kom fram till Skansen och Cirkus och där hade ingen av dem varit tidigare.

Resten av dagen promenerade de på Södermalm och i Gamla stan. Gilbert tittade på stadskartan, men det var inte hans första besök i Stockholm. Fadern hade däremot aldrig tidigare varit där.

Rafael kom en gång i sitt liv dit för att besöka en prins av Sverige utan att fullborda ärendet. Han lämnade villa Solbacken utan att ha sett en skymt av den kungliga människan och han visade inga tecken efteråt på att han skulle vara arg eller kränkt.

Han sade bara att han åtminstone hade försökt och att det var gott nog. Gilbert blev överraskad när fadern accepterade att åka tåget tillbaka. Under resan svalde han inte en droppe sprit och sonen tänkte att fadern ville hedra minnet av hustrun Elise.

Guldstjärnorna som hon fäste på mannens himmel kunde ingen ta ifrån honom.

12

Innan jag blev mördarens bror rullade jag August i vagnen på gatorna i Stockholm och han var nyss fyllda tre år och bar den lilla staden Ystad i sin själ. Jag hade aldrig lyft en riktig värja och gungat på vänsterbenet och sträckt bak det andra. Ingenting hos mig eller den lille pojken antydde att han skulle bli fäktare.

Jag hade långsamt men säkert samlat alla bokstäverna i alfabetet och alla jordens orättvisor, krig och människans sorg och smärta men också glädje och kärlek till ett vapen hos mig och gjort mig till en liten krigare.

Världen tog sig in i mig och blev till hjärtslag, ögon och ord. Jag förstod att en människa och fader som tänkte och påstod att paradiset fanns på jorden i små stycken och glimtar av ögonblick, tystnad, vila och väntan, tedde sig löjlig och kanske enfaldig och utan tvekan naiv för många andra.

August satt som en liten prins och jag handlade bullar i Stinas bageri på Frejgatan och det doftade kanel, vanilj, vete och kanske marsipan i affären. Han erövrade språket och sade namnen på ting, händelser och personer som han mötte och såg. Vi flyttade orden mellan oss och världen växte i honom och blev alltmer komplicerad.

Jag vill ha kanelbulle och wienerbröd, sade han och pekade mot glasrutan som täckte hyllorna på disken.

Han hade träffat Gilbert Häger i den lilla byn på sommaren, men vi hade inte sett bröderna Ankers uppvisning på motorcyklarna i stålburen. De åkte omkring på marknaderna och besökte Kivik, Sjöbo och andra nöjesfält i Sverige.

Det återstod ännu några år innan familjen Anker ohjälpligt förvandlades och människorna ritade gränserna mellan jag och du, vi och de.

II

II

13

Jag är ålen som simmar efter månljuset tusentals mil mot Sargassohavet, nära land under svarta natten och längre ut på dagen, men jag har lämnat flocken och jag varken äter eller sover under färden och jag är nästan förblindad av lusten att få leka med en hona där tills jag dör. Månen slavar över mig och med en lysande kniv öppnar den mina ögon, om jag slumrat en stund. När den är i nedan driver jag nära stranden. Jag blir muskulös och fast i köttet, trots att jag inte tar föda, medan honorna äter sig stora längre ut i havet. Inga nät och garn har så små öglor att jag fastnar. Tunn som en strimma ljus gör jag mig av åtrå och min kropp glömmer av tröttheten. Mellan en och två mil om dygnet förflyttar jag mig och mitt gåtfulla öde är att jag aldrig återvänder.

Jag överlistar varje ryssja som sträcker sina långa armar av nät efter mig. Strutar och säckar hålls på plats av ankare och kätting. Den fega och lata gulålen stannar vid kusten hela året och den blir lös och sladdrig i köttet. Den förtjänar ingen hona och avkomma.

Jag tål att man gör narr av mig och jag vet att till och med dårar, svagsinta och karlar med svåra lyten har legat med kvinnor utan förpliktelser och löften, men jag vill ha riktig kärlek och den kan inte skiljas från lusten och erotiken. Om jag tillhör ett litet släkte av mänskligheten, så må det vara hänt. Skulle jag berätta om de värsta exemplen av äktenskap som jag varit i närheten av i mitt arbete, borde jag göra det under bar himmel, ty de vittnar om instängdhet och unken luft, hat och leda.

Jag river tunna remsor av mina drömmar och då förvandlas jag till ål eller lättmatros som farfar i ett transatlantiskt skepp med kurs på Malackahalvön och Singapore. Där tänker jag köpa en vacker kamferkista med utskurna drakar, hängbroar och bärstolar och pagoder och föra hem den till min käresta som väntar på mig. Bonde eller sjöman har varit männens lott i vår by så långt tillbaka minnena finns.

Jag är mördarens eller dråparens bror och jag har varit fredlös länge. Snart är jag trettiofem år. Kärlekens händer må vara större än allt annat, men jag har fallit mellan fingrarna. Tusentals mil simmar jag för lusten och lidelsen.

Jag är betydligt mera ål än en lax som kastar sig i pärlemorfärgade bågar av ljus uppför fallet. Buken vitnar och mina ögon växer när jag simmar mot Atlanten och Bermuda. Jag vill komma hem efter ett halvår på havet till en kvinna och sedan berätta om äventyr och fantastiska händelser som långsamt framkallas i mitt ansikte likt en karta eller stillbilder som avlöser varandra allteftersom jag fortsätter. Tänk en hund som återvänder till matte eller husse efter en hel dag i markerna och skogen och den lägger tassarna i vädret och bjuder på dofterna av granbarr, staplat virke som soltorkat, svart jord och kåda från splintved.

Jag bor vid Östersjön just där kusten liknar en spänd båge och vore jag pil skulle jag be någon skjuta iväg mig långt mot Ven eller Bornholm, men jag tänker också att slätterna, ängarna och Brösarps backar och det styvnackade Stenshuvud lossnar och flyter på havet till fjärran land så att jag kommer bort från byn och människorna här, fast några hade jag nog tagit med mig.

Skytten siktar mot onda sjöfarare och pirater sedan hundratals år tillbaka. I fred och gamman håller han den rakt upp mot himlen och då förvandlas den till fyr och stjärna för skeppare och vänliga gäster som söker hamnen här. Jag bor i en by som påminner om en ålkista.

Jag blir lurad av en stor sökarlykta som någon drar längs kusten och jag tar den för månen. Snart spetsar de mig på ett ljuster trots att det är förbjudet att fånga ål på det sättet. Jag förlorar orienteringen av det falska ljuset. I trettio år levde jag utan direkta fiender, men nu vet jag att de vill ha bort mig och mor och far.

Någon målade ett svart boskapsmärke på min vitkalkade vägg och där stod med stora bokstäver AS innanför en cirkel. Först trodde jag att de menade att jag var ett dött djur och äckligt kadaver, men jag vaknade en natt och såg förklaringen. Långsamt hade brännmärket verkat i mitt inre och plötsligt slog det ut som en giftig blomma. Nu kan jag tyda skriften.

Det här handlar om liv eller död. Jag bjuder gärna hit kungen, statsministern och ärkebiskopen och berättar för dem om vad som försiggår här. Den gamle mejeristen och långfararen Gilbert Häger hjälper till, ty han är både vis och erfaren. De fina gästerna får bo i hans vackra Skånelänga eller hos mig eller på gården hos mor och far. Mina föräldrar är så tunna och skräckslagna att de ryms på ett brunnslock. Om inte de hade funnits hade jag flyttat långt bort och bytt namn och identitet.

Jag kan inte själv teckna ner den här historien så att den fängslar och håller men jag känner en riktig skrivare som är sommargäst i närheten av byn och han har lovat att försöka. Det är inte riskfritt för honom och hans familj.

Det svarta märket på väggen med bokstäverna A och S påminde mig plötsligt om min hundskräck. I nästan tjugo år rös jag varje gång jag såg en hund som sprang lös och den behövde inte vara stor och argsint. Det hjälpte inte att ägaren hade den kopplad och att jag sett den hundratals gånger tidigare i byn, ty nästan alla bönder höll sig med hund.

Långt inom mig levde ett minne som jag utplånat av självbevarelsedrift eller försyn, men en dag uppenbarades sanningen och den skrämde mig inte mindre än den största bästen som visade tänderna och morrade och reste ragg. På några sekunder lärde jag mig mer om den vuxna människan än miljoner ord och möten hade gjort.

Plötsligt stillnar havet och det häpnar och fryser. Då går jag från stranden till stenen som ligger på botten sjutti meter ut och visar sin blanka rygg. Jag vill känna och se med mina egna sinnen. På sommaren simmar jag dit och lovar att återkomma när den rätta kölden sätter in. Oktoberstormen 1902 och majstormen 1932 lyfte stora klippblock från havsbotten och ställde dem på högkant en bit ifrån. De fick namnen Predikstolen och Altaret.

Den varma årstidens vindar kommer i Sydskandinavien från väster och det ger soliga månader, men regnet skrapas bort från molnen efter vindens väg över Danmark och Skånes åsar. Västan driver undan det varma ytvattnet från kusten och endast någon vecka varje sommar råder pålandsvind som ger varmt vatten där.

Den värsta stormen slungade mig till en öken eller öde strand. Livbåten slets från surrningarna och kastades flera meter utåt havet. Far och mor klamrade sig fast vid lastrummet. Där hade de samlat sina minnen och drömmar och det blev deras sista luftficka. Deras yngste son spolades överbord. Den stormen fick inget särskilt namn i vår historia, men vi glömmer aldrig styrkan och kraften i den och den pågick i dagar och veckor och har ännu inte avtagit sju år senare.

Byn sover lugnt och stilla men under ytan bär den kniv, åtminstone i någon hand och vilja. På natten slipas värja och stilett och begravningsföljet vandrar tålmodigt från evigheten och hit. Här drar man sig inte för att stympa människa och vildmän som huggits i sten en gång i tiden.

Riksamiralen Jens Holgersen Ulfstand lät bygga den medeltida stenborgen Glimmingehus och konstnären Adam van

Düren eller någon i hans krets av rhenländska stenhuggare formade vildmannen som höll en knölpåk i sin vänstra hand och en klubbad hare i den andra, men mest måste de ha skrattat och skojat när den furstliga manslemmen på vildmannen var klar.

Någon högg senare av den och stympade den vid roten som med mycket annat här omkring. I dag står han på en trappavsats i borgen och blygs och sänker blicken. Så har det blivit med min far också. Den starke och reslige Nils Anker slogs för sin kvinna på gillen och skördefester och det sades att han var nära att mista den vackra Stina för en uppkomling från Skillinge med egen fiskeskuta och arv på fickan, men mannen som blev min far gav sig inte och visade vem som skulle ha henne.

Strandmalörten är besk som krydda i brännvin. Därför tar jag skotten i maj och låter dem ligga två dygn i kärlet. Jag plockar dem vid Haväng och Backåkra och just där måste Dag Hammarskjöld ha gått några gånger sedan han köpte den ensamma längan nära havet, men han gjorde nog inte brännvin och han var ingen ål som simmade till Sargassohavet för att leka och älska en kvinna.

Även Carl von Linné, Selma Lagerlöf och Dalai lama har vandrat längs byvägen här och jag har hört historien om Selma när hon åkte tåget från Landskrona till Brösarp via Kristianstad och Gärsnäs för att hälsa på Gilbert Hägers mormor. Jag har läst om det i Gilberts långa krönika och den spänner över mer än två tusen handskrivna sidor.

Tänk att Gilbert Häger var den drivande kraften på Lunnarps mejeri som blandade och experimenterade med olika smaker på filmjölk och yoghurt. Han var upphovsman till succéer som vanilj, honung, blåbär och svartvinbärssmak. Varje gång människor i Sverige ställde fram en Tetra Pak på bordet för att äta frukost och mellanmål borde de skänka en tanke åt Gilbert Häger. Han visste allt om näringsvärden, proteiner, kolhydrater och fetthalter och han vandrade och cyklade på byvägarna här omkring.

Han satt här i sin stuga och bjöd Dalai lama på den ena smaken efter den andra och de pratade om krig och fred, ondska och godhet. På söndagens morgon syntes inga säkerhetsvakter till, ty så ville gästen ha det, och Gilbert tog den försynte tibetanen till Havängs stränder och visade honom Dag Hammarskjölds gård där Turistföreningen och Svenska Akademien nu delar på utrymmet.

Vid Pax-stenen på den vackra ängen betade skånska kor och hästarna tittade och Dalai lama föll på knä i sin saffransfärgade mantel och hans fötter var nakna i sandalerna med remmar. Han gjorde ett tecken med handflatorna mot varandra och höll dem från näsan mot halsen.

När Gilbert en gång pekade för mig var det hände såg jag att den helige mannens händer hängde kvar i luften. Jag drog in andan och jag hörde havet och tänkte på min broder Tomas som satt på säkerhetsavdelningen i Halls bunker. Där hade han hamnat sedan han misshandlat en annan fånge och nu fruktade han hämnd.

Jag vet inte varifrån jag fick ingivelsen. Jag tror inte på Gud och jag går inte i kyrkan, men när Gilbert berättade att han skulle träffa Dalai lama ville jag att tibetanen skulle höra historien om min bror och kanske skänka honom en tanke eller en bön.

Det sades att säkerhetsvakterna sov den natten på det flotta Golfhotellet i Vik och att de spelade arton hål medan Dalai lama träffade sin gode vän Gilbert Häger i denna avkrok av världen.

Ja, det är inte som förr här. Människorna från Tyskland, Holland och till och med Japan och Amerika kommer hit och beundrar de milslånga stränderna och landskapet som inte alls är flackt och slätt utan kuperat med backar och stigningar.

Stenshuvud har i alla tider använts som riktmärke för sjöfarare. Nu är det nationalpark och markerna och växtligheten där är unika i hela Norden. Bäckar rinner genom hedarnas sandjord.

Kvinnorna är inte som i Köpenhamn, Göteborg eller Stockholm. De är egna i språk och vanor. Jag blev förtjust i Amanda Brodd som stod i armaturaffären i Kivik och jag uppvaktade henne så gott jag kunde och försökte visa att jag gärna ville träffa henne. I mer än ett år gjorde jag mig ärenden där, men till sist var det inte lätt att hitta på något att köpa som verkade trovärdigt.

Golvlampor, förlängningssladdar och belysning över ytterdörren, spisen och diskbänken handlade jag hos Amanda och det hände att den andra expediten betjänade mig. Då nickade jag åt Amanda och tackade för de goda råden som jag fick vid det senaste besöket i affären.

Amanda var frånskild och några år äldre än jag. Hon log vänligt åt mig och jag tyckte om att se henne i fina blusar och kjol. Modern hette Karna och fadern Torkel och han var fiskare och känd bland många i trakten.

Jag grubblade länge på om jag skulle skriva brev till Amanda eller ringa och bjuda på biograf eller middag på Svea i Simrishamn. Det vore kanske mer intimt om jag själv lagade en söndagsstek med kokt potatis, gräddsås och svartvinbärsgelé.

Jag ringde och undrade om hon ville gå på biografen i mitt sällskap och hon lät överraskad men tackade ja efter en stunds tystnad i luren. Jag hämtade henne i min bil. Innan vi gick in i salongen promenerade vi i Sjöfartsparken vid hamnen mellan hotell Svea och vattnet. Där hade ilandflutet vrakgods placerats på ängen. Hon hade sett bröderna Ankers show på marknaden i Kivik och hon tyckte att vi var modiga och skickliga.

Vi träffades några gånger och hon sade att hon gärna ville vara vän med mig. Jag förstod att jag höll mer av henne än hon av mig. Hon hade två barn som var fyra och sju år och de tog det mesta av hennes tid och kraft när hon inte arbetade i armaturaffären. Blotta tanken på henne gjorde mig galen och jag längtade och trånade så att jag skrämde mig själv.

Hon bodde i ett kärt hus i Vitaby och det stod ett piano i största rummet. Jag sade rent ut att hon var modig som umgicks med mig och hon svarade att hon inte brydde sig om att människorna pratade och skvallrade. Hon skötte sitt och älskade sina barn och tog väl hand om dem.

Jag vet att din bror sitter i fängelse, men det kan inte du lastas för, sade hon.

De orden bär jag med mig och söker tröst i emellanåt. Mor och far skulle också behöva höra dem, men det hade nog inte förändrat något för deras vidkommande. Det är som om de endast lyssnar inåt sig själva och där finns ingen nåd och försoning.

Nu har jag ställt undan den lätta motorcykeln som jag gjorde konster med i stålburen på Kiviks och Sjöbo marknad och många andra platser i Sverige. Min bror och jag framträdde tillsammans och vi kallade oss rätt och slätt bröderna Anker. Nu skakar han galler på säkerhetsanstalten Hall och där har han suttit i drygt sex år.

När jag vill komma bort ifrån mörkret och den instängda byn tar jag fram min Harley-Davidson, en Hydra Glide från 1951 med kåpor, stötdämpare, sadel och väskor som är en fröjd att skåda även för amatörer. Lackeringen är svart och lädret går i mörklila med nitar på väskorna och öronlapparna som viker av från sadeln. Störtbågarna är kromade. Vid ena väskan hänger en brandsläckare. Jag har tagit bensintanken från en gammal Indian och lagt på skivbromsar fram och bak. De fanns inte på originalet. Likaså har jag låtit göra åttioekrade hjul och gjutna fotplattor med namnet Harley-Davidson stansade i dem.

När jag kör på grusvägen genom byn klyver jag den i hat och avund och möjligen sitter Gilbert Häger och John Haber på kanten och dinglar med benen och säger att det är gott att jag kan njuta trots allt. Jag skadar ingen och jag har betalt varje skruv och mutter i den av egna pengar.

Det finns plats för en kvinna där bak. Amanda Brodd åkte med på ett par turer, men hon var litet rädd och ängslig och jag klandrade henne inte. Det är ingen lek att köra och sitta på en sådan maskin. Ingen annan samarit som jag känner äger en Harley. Sommar och vår rullar jag fint och nästan ljudlöst fram till de gamlas stugor och längor och tar av mig läderstället innan jag går in till. Jag är propert klädd därunder.

Första gången jag drog iväg på cykeln tårades mina ögon mera av lycka än av fartvinden. Rytmen är inbyggd i själva motorn och den kommer av kärlek till människans öra och hjärta. Tändföljden är ojämn eftersom vevstakarna sitter på samma vevtapp. I samma stund en Harleymotor tänder på främre cylindern roterar vevpartiet 315 grader tills den bakre cylindern kommer i tändläge. Det är 405 grader mellan den bakre cylinderns explosion och den främres. Denna ojämnhet i tändintervallerna ger maskinen dess unika ljud och rytm.

Jag stannar borta högst två veckor därför att far och mor behöver passning och hjälp. Den senaste semestern bad jag en av samariterna i patrullen att se till Stina och Nils. Jag körde från byn och följde kusten från Kivik mot Karlskrona och sedan vek jag av mot Lenhovda och Vetlanda vidare mot Vättern. Jag tycker om att åka på de små vägarna mellan skogar, stugor och åkrar.

Jag gjorde mig ingen brådska och jag sov en natt under bar himmel och låg under två filtar. Därefter fortsatte jag mot Linköping och Norrköping innan jag nådde Stockholm. Jag skulle träffa min bror i fängelset och hälsa på Olga Næss.

Jag hade kvar doften av raps, vete och pelarsalar av lövträd, när jag såg de höga kontorskomplexen och industribyggnaderna med sina magasin vid infarten söderifrån. Bilarna dånade på Essingeleden och jag tänkte på grusvägarna och stigarna där hemma. Så mötte jag Hornsgatan och följde den fram till Slussens labyrint. Kartorna över riket och Stockholm låg i ena sadelväskan och jag noterade sevärdheter under färden.

Jag ville inte försitta chansen att åka längs Sveavägen och Kungsgatan. Strandvägen var vacker med vattnet och båtarna på ena sidan och de stiliga husen på den andra. Den mäktiga Västerbron låg grant med Riddarfjärden under sig.

Min Harley liknar ingen annan, eftersom jag byggt om originalet och gjort förbättringar sedan jag köpte den begagnad. Jag har bytt till dubbla framgafflar som jag förlängt med 3,5 tum och vinklat i 38 grader. Det är en hederssak för mig att hålla rena linjer och inte överlasta cykeln med onödig utsmyckning.

Visst kan det vara en tjusning i att glida på lång linje längs vägarna och stanna vid en sjö eller skogsglänta och äta gott och prata och skratta, men jag kör för mig själv. Jag har aldrig följt med på utflykter till Spanien, Italien och Grekland och jag är inte medlem i någon klubb eller förening.

Jag är förmodligen ensam bland hemsamariterna om att vara fredlös. Den stora hemligheten bland människorna är att så många av dem går i takt och tycks njuta av det trots att de närmar sig stup och avgrunder.

Ingen ängel har förlagt mina papper i väntan på försynen. Jag vet exakt var de ligger och jag har gått igenom grundutbildningen och kursen som motsvarar underskötarskornas examen. Varje dag får jag en inblick i människornas liv. Trots att en hel del handlar om upprepning, upphör inte gummorna och gubbarna att överraska mig på tusen och ett sätt i stort och smått.

Moa Berlin kan inte gå längre av egen kraft och hon lider av sockersjuka, bensår och åderförkalkning till den grad att hon frågar vem det var som ringde på dörren när jag sekunden efteråt står där med matvarorna i handen och har öppnat med nyckeln som jag är betrodd med.

Ändå sker miraklet på våren och då måste Moa se äppelblomningen i Kivik och jag kör henne i en gammal Vauxhall från 1952. Jag rullar stolen och hon bär filt om veka livet. Sedan sitter hon där och luktar och tittar och landskapet, träden och deras vitrosa kjolar spelar i ansiktet.

Det är äppelblomningen och rapsen som håller henne kvar över maj och juni. Människorna susar förbi i sina bilar och de varken ser eller hör på väg till sina plikter och där kommer vi i en benvit Vauxhall med cinnoberröda gördlar. Jag håller högst trettio kilometer i timmen när vi glider förbi fälten i en färg som ingen levande varelse på jorden kan beskriva.

Gud gjorde rapsen för att visa att ingen mästare i världen kan blanda dess like. Rembrandt hade inte klarat det, säger Moa och så ber hon mig att stanna bilen vid en liten sidoväg lagd av grus mellan två rapsfält. Är detta medicinen och trösten mot sjukdom och ålderdom? tänker jag.

Jag har lärt mig så mycket om människans åldrar och kroppens förfall att jag fullkomligt förstår dem som inte finner någon mening i att leva när den stunden kommer.

14

Efter fem år, sju månader och fjorton dagar rymde Tomas när han hade sin tredje permission utan bevakning. Polisen ringde till mor och far och sade att deras hus skulle hållas under uppsikt på olika sätt med tanke på att sonen kanske tog sig dit och sökte skydd.

Vi hörde inte av honom, men vi inbillade oss att våra telefoner var avlyssnade. Jag undrade om han begav sig till Olga Næss i Stockholm. Hon hade nog inte avvisat honom. Tidningarna här skrev ingenting om att han hade rymt.

Tiden gick och in i den tredje månaden hade vi inte hört ett ord från honom. Vi väntade på minsta tecken i form av brev, samtal eller hälsning genom någon annan som hjälpte honom. Mor och far gick knappt utanför dörrarna. Jag städade och handlade åt dem och såg till så att de fick mat i sig.

Jag skötte mitt arbete enligt schemat och jag talade inte med någon om vad som hade hänt. Inte ens Josefina Kvist eller Gilbert Häger blev invigda. Mor och far gömde sig som skrämda och jagade djur.

Vissa dagar hade jag tjänst fram till sju, åtta på kvällen och jag var trött när jag kom hem. Det tog på krafterna att vara nära de gamla och sjuka och de behövde passning och stöd på tusen och ett sätt. Ibland stod jag rådvill och ledsen och bevittnade deras elände. Några var sängbundna och de led av liggsår och flyttades mellan lasarettet och bostaden. Make eller maka, barn och vänner fanns till hands i vissa fall, men många var ensamma.

En kväll satt jag med tidningen och jag hade just stängt av nyheterna på televisionen efter väderleksrapporten. Då hörde jag knackningar och ljudet kom inte från ytterdörren. Jag reste mig och gick genom köket och fram till det lilla rummet som låg närmast garaget och förrådsutrymmet.

Jag stannade och lyssnade en stund. Dörren mellan boningslängan och tillbyggnaden höll jag alltid stängd och låst med säkerhetskedja och en niotillhållare även när jag var hemma på dagen och kvällen. Inkräktarna hade tydligt visat att de tog till vilka medel som helst för att skrämma och hota mig.

Då hördes knackningarna igen. Jag frågade om någon stod på andra sidan: Vem är det? Den vägen är ingen välkommen hit.

Jag hade inte en tanke åt det hållet. Det var ingen tvekan om vem som nästan viskade bakom väggen eller dörren. Där stod min egen bror och vi hade inte setts på sju månader. Jag darrade i armarna och benen höll på att vika sig, när jag öppnade och möttes av en främling i ansiktet, ty han hade mörkt skägg och glasögon till det korta håret.

Så hade han aldrig sett ut tidigare i sitt liv. En period lät han mustasch och polisonger växa, men det klädde honom inte alls och det insåg han själv. Nu stod han där och hade jag inte hört hans röst och känt igen ögonen och näsan, kunde han ha varit vilken man som helst för mig.

Jag kom vid tvåtiden och ställde bilen i Kivik. Ingen kan ha sett mig när jag tog mig in från baksidan genom ett fönster i förrådet, sade han. Det var lätt att öppna, trots att det var stängt. Du vet att jag är på rymmen. I morgon kan du hämta bilen och köra den hit. Den har jag snott i Linköping och kört hit.

Promenerade du från Kivik? Det är en bra bit att gå, sade jag.

Då svarade han med ett snett leende och gjorde en rörelse

med båda händerna i luften som knappast kunde betyda något annat än att han cyklade. Jag lade armarna om honom och vi stod så i gott och väl en minut utan att säga något. Det kändes konstigt och ovant och han besvarade inte det jag gjorde. Han följde mig in genom närmsta kammaren och han skyndade förbi fönstren tills han satt så att han inte syntes utifrån. Det blev i ena hörnet av det största rummet.

Han drog huvudet bakåt och tittade mot taket flera gånger. Han pratade osammanhängande och hastigt och det draget kände jag inte igen hos honom. Skägget var välansat och korpsvart och likaså håret. Han tog av glasögonen och när jag frågade om han blivit närsynt den senaste tiden svarade han med ett gällt och utdraget skratt som kanske mera påminde om en hånfull kommentar: Det är fönsterglas, fattar du väl. Jag ser som en falk.

Då upptäckte jag att han inte hade strumpor i skorna och mindes plötsligt att han aldrig tyckt om att stänga in fötterna i tjockt eller tunt tyg någon tid på året. Även under den kalla vintern envisade han med att gå barfota i skorna och jag förstod aldrig riktigt hur det kom sig. Det lilla lytet i ena foten hade nog inte med den vanan att göra.

Han ville ha mat och något att dricka och jag bredde smörgåsar och stekte ägg, korv och små köttbullar. Jag stod ensam i köket. Han satt kvar och väntade och sedan åt han med tallriken i knät och ställde glaset på golvet.

Det syntes att han var hungrig. Han drack ett stort glas mjölk och två flaskor öl till tuggorna. Jag hade redan ätit, men tog en smörgås och några köttbullar för att hålla honom sällskap. Det var längesen jag såg min bror äta. Han drog högra handen genom skägget och rapade ljudligt.

Det sistnämnda kände jag igen hos honom. Mor och far brukade skälla på honom om de var i närheten och hörde. Efter ungefär en halv timme frågade han hur de hade det och jag ville inte ljuga och försköna så jag sade att de led svårt och att de knappt visade sig för folk. Det borde han förstå. Denna by höll sig med en egen domstol och kår av nämndemän.

Har snuten sökt mig? frågade han. De jävlarna ger sig inte förrän de sytt in mig, men de ska inte få mig den här gången. Hall är ett satans dårhus och jag hänger mig hellre än sätter mig där igen. Om de hittar mig tar de mig till bunkern och det är värre än döden. Jag väntade i tre månader innan jag stack hit så att det skulle lugna ner sig.

Hans ton var obehaglig och hård. Så hade han inte låtit när jag besökte honom och när han kom hit på första permissionen utan bevakning. Jag kände att jag inte behärskade denna stund och han fick vittring på det och utnyttjade övertaget. Han var inte lillebror längre och vi hade olika ingångar till verkligheten.

Knappt hundra meter bort bodde mor och far. Tomas berättade att han inte visat sig för dem. Kanske förstod han att det hade blivit övermäktigt för dem. Jag försökte hålla undan de värsta tankarna. Polisbilar rullade åtminstone ett par gånger i veckan längs grusvägarna här och det hände nästan aldrig annars. De började komma hit efter det att Tomas Anker hade rymt.

Han tog upp ett paket tobak och rullade cigaretten och drog tungan över papperet innan han stoppade den i munnen och tände. Sedan bad han om mera öl och jag hämtade en flaska till och ställde den bredvid honom.

Har de varit jävliga sen jag for?

Vilka?

Svansen efter Strandberg och Nordin, sade han och blåste stora rökringar.

Det har inte varit lätt, sade jag. Vännerna har säkert legat bakom det mesta eller allt. De har målat varningar på väggarna här och kastat in stora stenar genom fönstren. Det grymmaste hittills är väl att de välte och klöv Ingrids gravsten. De slutar aldrig och det har gått mer än fem år.

De svinen, sade han.

En kort stund glömde jag bort att jag satt tre meter från en man som rymt från fängelset och var efterlyst av polisen. Att han stulit en bil och en cykel var inte mycket att lägga till. Han var dömd för mord och grov misshandel. Jag lade märke till att han magrat sedan jag såg honom senast och han hade fått en annan blick som låg kvar medan han pratade och lyssnade. Den var bortom oss emellanåt, tyckte jag.

Jag vill sova här, sade han. De letar inte här i natt och du har ju en liten källare under köksgolvet. Ingen ser luckan, om du lägger en matta över och ställer bordet där. Det är bästa gömstället ifall de kommer och överraskar oss. Vi håller tyst. Mor och far får inte veta och ingen annan heller. Du åker till jobbet som vanligt och jag stannar här några dar, innan jag försvinner. I morron hämtar du bilen i Kivik. Du får beskrivning var den står. Har de varit och snokat sen jag stack?

Nej, ingen har ringt på dörren, men jag har sett polisbilar på vägen flera gånger. De brukar inte köra här så ofta. Det är märkligt och jag tror att de söker dig. Förr eller senare kommer du hem tänker de nog.

Jag var trött efter dagens arbete, men det oväntade mötet gjorde mig klarvaken. Plötsligt hade jag fått hem min lillebror men han var tjugoåtta år och efterlyst. Jag kände mera obehag än glädje och hittade polisen honom här så var jag medskyldig. Något sade mig att det vore utsiktslöst att försöka få honom att överlämna sig själv till polisen. Det hördes på den råa tonen och jag såg det i ögonen.

Jag måste ligga så att jag inte syns från något fönster i natt, sade han. Jag har inte sovit på tre dygn och jag har betalat dyrt för att hålla mig gömd, men jag klagar inte. Det här är bättre än kåken.

Jag bäddade åt honom i den minsta kammaren som helt saknade fönster och gluggar i väggarna. Den natten sov jag högst en timme. Jag tänkte på vad som hade hänt och jag såg mor och far för mitt inre när de drog ihop sin sorg och smärta i en enda kropp som levat tillsammans i femtio år.

Tomas tog in ytterligare två flaskor öl och han frågade inte om lov. Jag kände igen hans steg när han gick på golvet och han förnekade sig inte. Han var strumplös i skorna och lyssnade jag noggrant hörde jag från tjugo meters håll att han drog djupa halsbloss på cigaretten.

Jag hyste en människa som var dömd för mord i mitt hus och han var jagad av polisen och jag var hemsamariten som nästa dag skulle åka iväg och hämta den stulna bilen och tjäna hos de gamla och sjuka som om detta inte hade hänt.

Han hade snurrat flera varv med sin lätta motorcykel i stålburen och han skulle möta mig på den rätta punkten i vårt finalnummer, men jag var inte redo och jag var rädd och tvekade och det var konstryttarens största synd.

15

Budbärerskan Josefina Kvist vandrar genom evigheten till Stockholm, Vimmerby och den här lilla byn nära Kivik och säger att sanningen om en människa finns i hennes ansikte när ingen ser det. Hon ligger nu under en enkel sten av granit intill sin make på kyrkogården, men det är bara en del av hennes död och hädanfärd.

Här finns familjealbum där ansiktena samtalar med urmodiga kläder. Jag och min bror står så bredvid mor och far på ett fotografi som togs hos Leon Österberg i Simrishamn. När jag håller bilden mot ljuset ser jag lilla Ingrid mellan mor och mig. Våra kroppar förstår längre fram vad vi gör idag, men själarna kan vänta hur länge som helst.

Till synes obetydliga händelser i byn är ett koncentrat av hela mänsklighetens historia. Blinda och heta stjärnor kretsar över oss. Det kan också uttryckas som så att Artur Blad började med att hämta mjölkkannorna och sedan skolbarnen och nu kör han bort soporna och en och annan skittunna som stockholmarna håller i sina torrdass. Vissa av nybyggarna påminner om tropiska växter här som tappat balansen, palmer, dadlar och fikonträd. Andra sysslar med det största och minsta, såsom himlen och nässlor.

Innan mors hane gal för andra gången har jag tänkt på min bror och lyssnat till Josefinas röst. Här lever en gammal örn vars vingpennor knarrar både bittida och sent och han drar sig inte för att doppa dem i blod. Det är en rälig jävel som jag inte tål för min bleka död. Jag vet att han håller på Skinnskallarna.

Han har spelat bastrumma i Statens Järnvägars orkester så länge att inälvorna lärt sig att härma instrumentet. Den mannen heter Viktor Bork. Jag återkommer till honom.

Vi kan inte skaka av oss havet och det berättar för de fångna att fångenskapen inte behöver vara för evigt men också om en frihet som de förknippar med den yttre rymden. Några här har hela sina liv önskat att fiskeläget och grannbyn skulle släppa i sina fästen och segla i väg på oceanen med svenska och skånska flaggan till den eviga solen, den långa ledigheten och bekymmerslösa tillvaron bortom kravbrev och förpliktelser.

Vänder jag på en sten och tvingar ut steklar och baggar tål de inte ljuset och just så är det med en och annan i bygden. Duvan blinkar hastigt och det blir bara en skymt av pärlemor som torkar gång på gång, men jag försöker frysa ögonblicket. Dödgrävaren behöver bara nå en famn djupt på kyrkogården så finner han ett annat tidevarv, men skeletten ligger fortfarande med hålögonen vända åt öster så att de kan se solen gå upp.

Vi arbetar oändligt i hopp om att bli förtjänta av kärlek och vi reser våra master och segel och sedan fäller vi själva eller andra dem och lirkar in härligheten i död och glömska. Ett straff värre än korsfästelse och livstids fängelse är att du berövas ditt sista gömställe. Därnäst att inte få behålla en hemlighet.

Hästhandlaren Arvid Lindberg stod på Sjöbo marknad och bet i cigarren. Han hade som vanligt cowboyhatten med breda brättet på skallen som tog emot rökpuffarna och spred dem åt sidan. Ingen hade en sådan dragspelsplånbok som han, minst tjugeåtta fack och alla hundralapparna som han bläddrade med och de nyfikna gubbarna och kärringarna hängde kring honom och följde minsta blinkning i hans öga.

Så sade Arvid medan han blundade på ett rököga och synade en märr i käften: Vet ni vad som är den främsta skillnaden mellan en häst och en människa? En ostadig karl i fjärde led försökte med att den ena hade fyra ben och de andra två. Sedan blev det tyst ty alla förstod att det var ett sällsynt obegåvat svar, om man betänkte att just den berömde och knipsluge hästhandlarkungen frågat.

Arvid tog inte ut cigarren innan han själv gav lösningen. Han bara spände läpparna litet mer än vanligt som tunna rep och sade med hög och klar stämma på ädelskånska som han kunde ha lånat av baroner och grevar: Endast en av dem kan ljuga.

Jag var elva år och Tomas knappt fem när vi stod där med far och lyssnade och tittade. I skolan lärde jag mig nästan ingenting alls om människor. En dag på marknaden i Kivik eller Sjöbo var fina lektioner i vad vuxna kvinnor och män gjorde när de var lössläppta och rörde sig i flock och trängsel. Ensamma och förkomna tog sig dit bara för att någon skulle andas på dem.

Jag lär mig mer av människors tystnad och mellanrummet från den ena till den andra än vad jag gör av att lyssna till prästen, skolläraren eller någon av dem som håller föredrag i Kivik och Simrishamn. Några av oss samlar ihop kropparna som torra knippen av gamla kvistar. Vissa spricker i sömmarna när inte sorgen får plats och sedan rinner de som en bäck genom landskapet.

När gossar och flickor har det alltför svårt och de är trötta av sorg vill en del av kroppen sova men inte hela. Slagna, ledsna och övergivna barn kan ligga långt in på natten och blunda medan hjärtats öga är vidöppet i skarpt ljus.

Pir och vågbrytare sträcker sig ut i Östersjön som en glestandad mun och flinar åt inkräktare från andra kuster. Fiskare från Brantevik, Skillinge och Simrishamn har lagt ut stora nät som de lånat från himlen och de fångar främlingar där. Havet bleknar i knogarna och vågkammarna liknar den ondulerade manen hos bäckahästen när de flyr till större vatten.

Vi drar våra liv och skjuter dem framför oss. Inga andra varelser har den dubbla bördan. Det finns en sammanbiten envishet i byn som påminner om en byrackas käft när den fått tag i ett ben att gnaga.

Blommorna släckte sina färger mitt i sommaren. Det var så grymt. Hela tiden såg jag far och mor på baksidan av mina ögon, medan polishundarna högg efter mörkret och jagade min bror i skogarna. De döva lyssnade genom skallbenet och den äldste i bygden drog en gräns med sin käpp och sade att ingen borde förlåta dråparen.

Kärleken tar mått på oss när vi hatar och längtar. Så läste jag för de gamla och sjuka och jag visste inte vad jag skulle tro. Om det fanns lite glädje i byn förbyttes den över en natt och skrumpnade.

Varje dag hör jag människornas röster. Ingen äger dem. När jag har en stund över sitter jag vid köksbordet eller sängen hos gummor och gubbar. Ibland säger jag något som jag har på hjärtat eller så är vi bara tysta. Vissa är elaka, bångstyriga och gnälliga. De klagar på allt och alla. Jag vet att jag kan vägra men somliga är som barn och kissar och bajsar i byxan och sen vill de att jag ska spola dem rena och byta på dem.

Rudolf Hamrin har varit sjöman och han super som ett svin trots att han vinglar och yrar omkring utan att han druckit en droppe starkt. Han tar vad han haver och ligger med tummen i munnen och gnyr och gnäller och suktar efter något lättfotat fruntimmer eller en hora från Amsterdam, Barcelona eller Palermo.

Ibland har han pissat i byxan och på golvet. Då drar jag honom som en säck kol eller ved fram till duschen och tar av honom så att han är naken som en nyfödd fast fan så mycket fulare. Sedan spolar jag av honom medan han ligger kvar på golvet och undrar om det är syndafallet.

Egentligen skall jag inte behöva lyfta skrället på axlarna

men han är skinntorr och väger inte mer än just en säck kol eller ved. Kvinnorna i patrullen orkar ju inte bära honom när han är redlös. Emellanåt mumlar han och spinner i famnen på en skön dam i Marseille i ett riktigt luderhus.

Ja, det är ett förskräckligt språk August, men världen är nu så beskaffad att du kan få höra etter värre i Gislaved, Smygehuk eller Piteå. Elvaåriga flickor kallas fittor och om de inte passar sig blir de knullade i röven eller så får de titta på medan morsan blir våldtagen.

Josefina Kvist dog i fjol och hon blev åttionio år. Jag satt hos henne den sista aftonen och följande dag hittade distriktssköterskan henne i sängen. Kanske begick jag ett misstag enligt föreskrifterna. Nog borde jag ha tillkallat hjälp och ringt efter läkare eller ambulans, men hon förbjöd och bannade mig. Hon var trött och svag när jag lämnade henne vid nio på kvällen.

Josefina lovade att återkomma till mig när hon hade nått andra sidan och jag sade inte emot, men i ärlighetens namn måste jag säga att hon yrade på slutet och talade konstigt och osammanhängande. Hon hade varit svag länge och legat på lasarettet i Simrishamn, men hon led inte av någon livshotande sjukdom.

Josefina var änka sedan länge och hon hade två döttrar och en son och likväl ville hon inte att någon av dem skulle komma när det var tid för henne att träda över. Jag blev illa berörd av att höra det. Hon hade någon timme i veckan under två år berättat om sitt liv för mig och jag lyssnade säkert mer än jag hade lov till. Ofta försökte jag lägga henne sist i schemat för dagen eller kvällen så att jag kunde stanna en stund utöver den utsatta tiden.

Den mänskliga blicken har den egenskapen att den kan göra ting värdefulla och de levande varelserna sämre eller bättre än vad de är. Jag lyssnar till mycket som är tragiskt men också till fina stunder och kanske till och med något som kan liknas vid lycka.

En av döttrarna bodde i Umeå, en i Malmö och sonen i Köpenhamn. De hade familjer och fina jobb. Josefina påstod att de försummat henne de senaste femton åren. Jag tränger mig inte på, sade hon, och jag tigger inte om kärlek och omsorg.

Det är kusligt och jag berättar aldrig för någon vad som har hänt sedan hon dog. Ändå är det fullkomligt sant att hon kommer till mig när som helst. Det är hon ensam om. Plötsligt talar hon till mig. Jag hör hennes röst som om hon satt alldeles intill mig i rummet eller när jag cyklar och promenerar längs havet eller i skogen.

Jag har inte blivit tokig och jag inbillar mig inte. Ingen kan få mig att tro på övernaturliga fenomen. Jag håller fötterna på jorden och jag läser inte horoskop och besöker inte spågummorna på Kiviks marknad. Det är min övertygelse att människans själ har sitt säte i hjärnan och naturvetenskapen kommer att förklara alltmer av det som tidigare varit gåtor.

I ungefär ett halvår var jag och vände i helvetet och jag befarade att mor och far skulle sörja sig fördärvade. Vi grät tillsammans och var för sig och plötsligt började jag skriva ner sorgen och smärtan. Aldrig tidigare hade jag fattat pennan på det sättet och fört ner tankarna på papper.

Min bror flydde i gryningen och ville ha Olga Næss i sällskap men hittade inte henne. Så vandrade han ensam genom skogen och gömde sig där under natten. Han höll sig undan hus och människor i nästan två dagar, innan de grep honom i närheten av Hästveda.

Så fort jag hörde vad som hade hänt tog jag motorcykeln och körde till den täta granskogen där vi en gång tältade när han var sju år och jag tretton. Jag hoppades att han hade gömt sig där. Det var gott om lador med hö på loften och magasinsbyggnader i trakterna. Jag sökte honom som en glöd längs en ofantlig mila.

Han föddes plötsligt för andra gången i mitt liv. Jag miste lilla Ingrid och fick en broder och nu kom han till världen igen som dråpare, mördare eller ett oskyldigt offer för olyckliga omständigheter.

Jag hittade honom inte. Från tidiga morgonen fram till sena kvällen körde jag omkring på vägarna. Jag ställde motorcykeln här och var och vandrade till fots när jag kom till småskogar och ropade hans namn utan att skrika så att det hördes långt.

Jag är ensam man bland hemsamariterna. Alla vet att jag är bror till Tomas, dråparen, och en del säger mördaren. Jag har levat i drygt trettifem år och han är yngre. Det är min ende bror och vi har ingen syster. Far och mor är döda i en mening, trots att de går kvar bland oss.

Vi bor i en liten by några mil ifrån Kivik och Stenshuvud. Jag känner ingen vackrare plats på jorden. Här är jag född och här vill jag sluta mina dagar. Det är knappt tre hundra meter mellan föräldrarnas gård och min stuga. Jag är ungkarl men jag har kvinnor.

När jag hade flyttat hemifrån bodde jag en tid i lägenhet i Simrishamn och jag trivdes inte. Jag längtade hem. En dag hörde jag att Karin Lindes torp var till salu. Jag hade henne bland mina gummor och gubbar och hon var klen och led svårt. Distriktssköterskan kom två tre gånger i veckan och såg till henne. Karin klagade aldrig.

Om Tomas hade gjort sig olycklig dessförinnan, hade jag inte återvänt och köpt av Karin. Jag föddes i byn och gick i småskolan och blev konfirmerad där. Det fanns inte en människa som jag inte talat med och kände långt mer än till namnet. Sme-Johan, biodlaren, lärarinnan, tretton gårdar och lika många bönder, den störste och minste, hjälpare och kvinnor.

184

Lanthandeln är borta, kyrkan står kvar och möllan likaså. Hagestas byalag ordnar mölledagar och det sägs att Ale Jönssons gamla länga med kvarn köptes i förra veckan av en familj från Flen. Mäklarna glider omkring i flotta bilar och försöker överträffa varandra i annonserna.

Stockholmare, tyskar och människor från Lund och Malmö tar över gamla skolor, fallfärdiga gårdar och nästan vad som helst i bygden omkring. Priserna stiger hela tiden. Överallt trängs nu sommarbor. De rustar, renoverar, river och bygger nytt; de lägger halmtak och inreder stall, grisastior och hönshus. Tomterna längs havet på Österlen är inmutade med bladguld.

Vi har till och med en amerikan här. Han heter John Haber och han komponerar musik. Jag hörde honom en gång i Köpmanshuset i Skillinge och jag tyckte inte om styckena. Det lät konstigt och obegripligt. Han spelade på ett elektroniskt instrument som kallas synthesizer och det var långdraget och inte vackert alls.

Varje dag sitter han en stund vid datorn och gör affärer på börsen i Stockholm. Han säljer och köper och fattar snabba beslut. Jag har stått bredvid och tittat medan han handlat flera tusen andelar på små företag som står på väntelistor. Flera gånger har han sagt att han tjänat tio och tjugu tusen svenska kronor om dagen på vissa klipp.

Således är han både aktieägare, köpman och musiker. Oj, oj, säger han och hojtar och skrattar högt och bullrigt: Nu har Ericsson stigit fjorton kronor sen igår. Nokia ännu mera, men Volvo och Astra sjönk. Nu ska man visst satsa på informationsteknologin. IT-bolagen far upp som raketer, bara de inte dalar innan solen går ner nästa gång.

Jag har hört att han har gott om kvinnor. De kommer och går i hans hus. Han bor i korsvirke med halmtak, lider och en studio på gårdsplanet. Olga besökte honom ofta och jag tror att han uppmuntrade henne på olika sätt.

Nästan allt som sker på ytan här i bygden sprids mellan människorna och även det som man försöker dölja och smussla undan kommer nästan alltid fram. Jag är inte särskilt beläst eller bildad men jag gör så gott jag kan när jag tänker och reflekterar. Skvaller och förtal ligger inte särskilt för mig. Dock är jag nyfiken. En god hemsamarit måste kunna bära förtroenden och vara lyhörd.

John Haber kom från Virginia och vägen till Sverige gick genom en kvinnas hjärta. Jag har lärt mig att det ofta är så för mannen. Om jag hittat en käresta i Polen, Ryssland eller Afrika, hade jag inte tvekat. En man bör ha en kvinna vid sin sida.

Jag tycker inte om dansställena häromkring. Tre gånger har jag besökt Gislövs läge och jag har varit i Malmö, Lund och Ystad men det är inte min stil. Kvinnorna är nonchalanta och snobbiga och flera av dem tittade knappt på mig när jag artigt bjöd upp. Jag var nykter och välklädd och jag hade baddat kinderna med rakvatten. Slips, vit skjorta och mörk kostym bar jag, men jag tror inte att de lade märke till det.

Först bodde John i Lund och sedan i Malmö och Stockholm innan han köpte längan här. I begynnelsen var han mestadels ensam och gick man utanför hans tomt hördes tonerna och de underliga klangerna genom väggarna. Alla utom möjligen han själv undrade vad han försörjde sig på. Det gick rykten om att han spelat in skivor som såldes i stora upplagor i Japan och andra länder i Asien och därigenom försörjde han sig och blev rik.

Kanske lovade han Olga att hon skulle få sjunga till hans kompositioner. Jag ler när jag tänker på alla unga människor som drömmer om att bli berömda artister, idrottsmän och stjärnor i teven. Olga hade nog mer sansade planer och hon sjöng inte rock eller pop. Tomas sade att hon gillade jazz och irländsk folksång.

John sitter i trädgården och skrattar så att det hörs i hela byn. Salvorna rullar ur hans långa, seniga kropp uppför Åla-Jönssons backe, de tar gummorna i famn och visar karlarna att Virginia är här och inte i Stockholm eller Göteborg.

Flera gånger har han sagt att jag inte är möjlig. Det kan inte finnas sådana karlar i dag som renoverar och kör tunga motorcyklar och passar gummor och gubbar. Jag svarar ärligt när han frågar och ibland kiknar han av skratt men inte alls rått eller elakt utan det kommer direkt från hjärtat.

En gång sade jag att jag ännu inte hittat den rätta kvinnan: Hon finns någonstans i världen. Kanske finner jag henne i Abbekås, Madrid eller London. Man vet aldrig om jag kommer dit. Jag har varit på Kreta, Mallorca och Kanarieöarna.

John säger att jag är en munk utan kloster. Han lyssnade andäktigt när jag berättade om Tomas och han liknade en ledsen människa. Han ville veta allt som hände den ödesdigra natten när Anders Strandberg förblödde i havrefältet och den andre blev halvt ihjälslagen.

Innan jag fick anställning som hemsamarit provade jag på litet av varje. Jag följde en gammal murare från Brösarp och han lärde mig grunderna i yrket och mycket mera. På helgerna körde jag motorcykel i en glob av grov ståltråd och gjorde konster i loopar och volter. Sju år i sträck höll jag min show på Kiviks och Sjöbos marknad. Jag besökte städer i Småland, Halland och Blekinge.

När jag var fem år såg jag William Arne köra första gången och sedan var jag fast. Far tog med mig och jag ville inte lämna tältet. Ljudet av maskinerna, bensinångorna och mannen som gasade och snurrade i globen fängslade mig så att jag glömde allt annat. Jag grät och boxade på far när han ville att vi skulle gå.

Jag var tolv år när jag äntligen fick prova att sitta på en motorcykel och jag missade inte när mästaren framträdde på Kiviks marknad. Far och mor tyckte inte om att jag hade bestämt mig för att själv bli en konstförare. De tyckte bättre om att jag var en duktig simmare som segrade över jämnåriga i Malmö och Ystad.

Jag sparade och lånade pengar och köpte så småningom en begagnad anläggning av en norrlänning som åkte i Småland och Blekinge. Den hade jag i ladan där tröskan och de andra maskinerna stod. Tomas tittade när jag tränade och han var inte åtta år när han ville prova.

Han fick vänta tills han blev femton att göra sin första loop och ytterligare några år innan han började med de farligaste konsterna. Jag märkte snabbt att han hade både mod och talang och snart var han skickligare än jag. Det gladde mig och vi blev bröderna Anker på marknaderna.

Han hade inga problem att hantera cykeln och skadan i hans fot besvärade honom inte alls medan han åkte. Jag slutade när jag var tjugosex, men han fortsatte själv och lärde upp en kamrat från S:t Olof.

Visst hade jag kunnat göra en lång historia av vad som hände. Vi var riktigt goda kamrater och bröder när vi tränade och gjorde våra uppvisningar. Jag såg ingen konkurrens och avund hos någon av oss och det störde mig inte att min sex år yngre bror blev djärvare och skickligare än jag. Låt mig sammanfatta det i en enda mening: jag blev helt enkelt rädd och ängslig och en sådan förare bör sluta. Inom loppet av några veckor föll jag otäckt från cykeln, men jag ådrog mig bara skrubbsår och en stukad handled.

Jag ser inget som är konstigt eller märkligt alls i att jag började på kursen i Simrishamn. Tomas accepterade mitt beslut, men han ville gärna att jag skulle fortsätta. Då hade Olga börjat följa honom och kompanjonen till de flesta av framträdandena.

Nu åker jag i bilen till de gamla och sjuka och städar, handlar hem och lagar maten till dem. Så är det tänkt enligt föreskrifterna men jag gör mycket annat utanför papperna. Gode Gud vad jag får se och höra. Jag flyttar tunga mattor och möbler och ibland tar jag mig på att rensa avlopp i kök och badrum fastän jag vet att det inte är min uppgift.

Jag vet att fler än en av de behövande tackade nej till mig och bad om en annan i laget, när de hörde att det var dråparens bror som skulle komma. Det lät jag vara och jag bråkade inte. Så är en del människor och mera finns inte att säga. Tänk om jag hade fått på min lott att ta hand om Anders Strandbergs far eller mor. Brodern till sonens baneman vill de inte ha i huset och helst inte inom synhåll.

De bor knappt tre mil härifrån och det är jag tacksam för. Jag har inget ont att säga om dem. Vi hade råkat varandra några gånger innan blommorna släckte sina färger den sommaren. Jag älskar träden, åkrarna, backarna och havet.

Först tänkte jag sätta mor och far i bilen och köra långt bort när Anders Strandberg jordfästes av den skenhelige prästen och flera hundra människor från trakten följde honom till den sista vilan. Kyrkklockorna dånade och vi höll oss undan fönstren och gick inte ut den dagen och inte heller den följande. Var skulle vi gömma oss? Ansiktena och ljuden hade förföljt oss om vi så åkt till Lappland eller Danmark.

Låter det konstigt när jag säger att jag håller av snälla och trogna kvinnor? Hittills har jag inte träffat fler än ett par stycken. En gång undslapp sig den dumme krukmakaren att de gamla inte kan fördra en man bland hemsamariterna. Det är inget arbete för en riktig karl. Säger han som drar fingrarna genom lera och knådar med mjuka fingrar. Han heter Ebon Ax och det är väl inte namn på en människa.

Jag är trött på människors ondska och elakhet och varför skall jag inte återgälda och betala tillbaka med samma mynt? Ibland känns det som om jag bär på en tickande bomb och stubintråden ringlar sig som en orm i markerna här.

16

Tomas sitter på Hall några mil utanför Stockholm vid Öster-
tälje. Han har avtjänat nästan sju år nu och han dömdes till
nio. Min bror dräpte Anders och han slog halvt ihjäl Johan
Nordin. Så måste jag och alla andra som läste den tolka do-
men i tingsrätten. Advokaten rådde honom att överklaga, men
Tomas ville inte.

Jag hade inte tillstånd att besöka honom de första sex må-
naderna och han fick sin första permission efter tre år. Då åkte
han till oss och vi hade ansträngt oss så att ingen i byn skulle
få veta om det. Jag hämtade honom vid tåget i Malmö och
körde honom i bil till mor och far, men redan samma kväll
tycktes alla här omkring ha klart för sig att han var hemma på
ett kort besök.

Prästen, lärarinnan, trädgårdsmästaren, krukmakaren och
alla bönderna visste att han satt hos far och mor i köket och
pratade nästan oavbrutet i två dagar och en natt. Mor Stina
ville dra för alla gardinerna och hon steg inte över tröskeln fram
eller bak på stugan. Far hade övat sina händer i tre år och tung-
an likaså. Första ordet hade gått över tiden flera gånger om.

Olga satte sig gränsle över byn och hon lovade att berätta
mera. Prästen började läsa en förbön på söndagen men då res-
te sig många från bänkarna och lämnade kyrksalen. Jag gick
inte dit och det ångrade jag inte det minsta.

Far och mor slapp se eländet, men hyenorna åt sig fram till
dem och berättade med glädje att dråparen var dömd en gång
för alla utan nåd. De fromma och visa lutade sig över barm-

härtighetens brunn, men den hade sinat, och de troskyldiga belades med tyngder när de ville lyfta och söka hjälp i himlen.

Straffet förlängdes efter det att han rymde och han skötte sig inte som han borde i fängelset. Han kom ihop sig med andra fångar och de bråkade och stred om inbördes regler och vanor innanför murarna.

Olga hade sjungit för mig så att en stor dörr i världen öppnades och jag blev varse skönhet och frid som jag inte trodde fanns. En lång och vass klinga skar springor i mörkret bakom mig och när jag vände mig om bländades jag av det skarpa ljuset.

Olga skrek och bråkade i sitt hem och ville genast tala med mig, men vårt hus var bevakat och polisen trodde väl att brorsan skulle återvända. Prästen och alla skenheliga gubbar och kärringar hade svimmat och nästan dött på fläcken om de hört henne i den stunden.

Fingerblomman kallnade när någon pekade mot huset. Inte ens hund och katt tilläts känna doften av bror min och små barn och dårar var de enda som slapp undan, men de hade ingenting att föra vidare. Där kom krukmakaren, en postfröken, frisören, bagaren, nitton bönder och den pensionerade järnhandlaren från Kivik och alla var ense om att de själva tillhörde en annan ras av människan än dråparen. De hade mött honom så många gånger och plötsligt var han en främling för dem.

Olgas far blev hård i tonen och lovade att ta sin hand ifrån henne om hon inte besinnade sig. Plötsligt började han tala norska som han inte gjort på år och dar och hustrun tvangs gå emellan och lugna honom. Han var bonde och om allt var som det borde far till sex barn. Olga var näst äldst bland döttrarna.

Redan i småskolan klagade fröken på att Olga Næss uppförde sig självsvåldigt. Det sades att de små flickorna och pojkarna brukade sitta som levande ljus i klassrummet, men Olgas låga fladdrade och ibland blötte hon två fingrar och släckte den. Hon var duktig i gymnastik och hon sjöng vackrare än alla andra, men resten av ämnena lockade henne nästan inte alls. Ändå skrev, läste och räknade hon så att hon var mer än godkänd.

Nu fördes Tomas till ett eget släkte av mänskligheten som var så sällsynt och skamligt att ingen ville kännas vid det. Först skrev han till sig själv och sedan till mig och mormor och morfar. Han bad att få se ljuset och att han skulle fatta eld så att hela världen förvandlades i ett slag och aldrig mer blev sig lik igen, men ingenting av detta inträffade.

Han dömdes för mord och det bestred både han och advokaten. Det hände efter dansen på väg hem från Gislövs läge. Olga hade försvunnit redan efter ett par timmar och Tomas försökte få tag i en taxi när han upptäckte att hon var borta. De hade åkte dit i sällskap med några andra.

Anders och hans vänner kom för sig den kvällen. Han hade länge slängt ur sig att han och Olga var i lag och att Tomas skulle hålla sig borta från henne. Jag förnekade inte att min bror kunde vara hård i tonen och låta aggressiv, när han blev orättvist behandlad. Han menade uppenbarligen allvar med Olga och hon var kanske den första kvinnan för honom.

Jag lade märke till att Tomas var blyg och försiktig i umgänget med andra människor som han inte kände. Han var inte svag i skolämnena men han var mer intresserad av att arbeta praktiskt än att läsa böcker och studera vidare. Han snickrade på egen hand och hjälpte far med maskinerna redan innan han hade fyllt tretton. Då körde han motocross på Svampabanan i Tomelilla och han övade med mig i stålburen och gjorde sina första konster.

När han var sjutton började han i en bilverkstad och skötte ensam bensinmacken under lördagarna. Ägarna tycktes inte ha några skäl att klaga på honom och jag hörde med egna öron att de berömde honom. Ändå anställde de en annan yngling efter ett och ett halvt år. Då blev han arg och ledsen och mor sade att han grät. Han bodde hemma och klarade sig med egna pengar.

Jag delade med mig av det som jag fick när jag körde motorcykeln på marknaderna och nöjesfälten runt om i Skåne, Småland, Halland och Blekinge, trots att han i första hand var mekaniker åt mig på den tiden. När han var arton gjorde vi lika många nummer vardera i showen.

Jag kan inte med säkerhet säga vad som är sant eller falskt i historien om Tomas. Efter den ödesdigra natten har människor sagt både det ena och det andra och jag har mött en konstig tystnad i bygden som inte fanns där förut. För mig och mina föräldrar gäller utan tvivel tiden före och efter min brors gärning.

Olga hade rykte om sig att vara upprorisk och lätt på foten och det sades att hon gett sig åt en rik stropp från Stockholm som köpt och inrett en fyrlängad gård nära Gislövshammar. Hon hade lämnat skolan efter ett år i läroverket och arbetat kortare perioder med litet av varje i Kivik och Simrishamn, men hela tiden berättade hon för arbetsförmedling och myndigheter att hon helst av allt i livet ville sjunga.

Hon sjöng på bygdefester, bröllop och en kort tid i kyrkokören men där trivdes hon inte alls. Nog förstod hon att artister och musiker drogs till Stockholm eller åtminstone Göteborg och Malmö om de ville synas och höras. Jag inbillade mig att hon behövde en lång och svår utbildning för att nå framgångar och bli efterfrågad.

Olgas röst är starkare och vackrare än de stora stjärnornas i dag. När jag hör den ena sångerskan efter den andra på teven eller i radion som säljer skivor i miljonupplagor, tror jag knappt att det är sant. De far upp som bloss på himlen och slocknar i nästa ögonblick.

Vi bor på en oansenlig plats i Sverige, en håla och spottkopp för ungdomar i Ystad, Kivik och Simrishamn. Ett par korvstånd, en pizzeria, några restauranger och en nergången biograf och det räcker långt för dem som dömer över värdena i livet. Det finns inga mörkhyllta och svarta i vår by.

Kängorna och skinnskallarna jublade och höll fester när Sjöbo kommun hade folkomröstning och sade nej till främlingarna. Jag vet att de finns överallt här, i varje by, socken och liten stad. De skulle aldrig våga håna mig öga mot öga om jag sade att jag var hemsamarit, inte en och en. Svinen kommer med knivar, påkar och till och med pistoler.

Det gick rykten om att Tomas hölls med skallarna en tid innan Anders Strandberg förblödde i havrefältet. Han och den andre skulle ha stridit om posten som ledare och dessutom var de rivaler om Olga Næss.

Jag är stark i kroppen och över en och nitti lång. Tomas är kortare och mera spenslig. Även far är reslig fastän han krympt en aning de senaste tio åren. Jag lärde mig simma när jag var fyra år och jag tränade hårt och tävlade ända tills jag var tjugotvå. Motorcykeln och showerna tog också tid och kraft av mig.

Om jag inte hade arbetat med gamla och sjuka skulle jag gärna ha varit sjöman. Jag har mycket att berätta och hade jag talang till att bli författare skulle nog många ha velat läsa om människorna som jag mött. En av sommarborna är skrivare och han har hjälpt mig med papper och formulär till olika myndigheter som gällt Tomas. Han ville läsa hela utredningen och förhören inför rättegången och han tyckte att mycket var oklart och konstigt i de handlingarna.

Fem veckor innan Anders förblödde framträdde Olga på Kiviks marknad och jag, Tomas, mor och far var där. Det var en av mina vackraste stunder i livet. Jag tänkte då att gifte jag mig någon gång skulle jag be Olga sjunga på mitt bröllop.

Jag glömmer det aldrig. Hon stod på en scen av brädgolv och det var inte långt från lyftkranen och linorna som svingade våghalsar upp i luften och släppte dem som stora vattendroppar rakt ner från tretti meters höjd. Snett bakom henne höll stripteasedansöserna till och de var tillbaka efter några års frånvaro.

Jag hade ingen aning om vad hon sjöng. En sång på engelska och tre nummer på svenska. Klockan måtte ha varit fyra på eftermiddagen och det var kvavt och mörka moln gled sakta över fälten. Utroparen vid foten av lyftkranen störde två gånger och skrek ut att det inte blev några hopp om det började regna. Det var farligt med hala linor och vattentunga gördlar som fästes på hopparna.

Berusade och skräniga ynglingar försökte håna henne, men människor i publiken tystade dem och blängde med förakt i blicken. Jag hade besökt marknaden i Kivik och Sjöbo många år och när jag var yngre tyckte jag visserligen att det var spännande att snirkla mellan stånden och följa alla tokiga och sanslösa infall hos karlarna som handlade och gav bud och förkastade onödiga varor och märkliga ting. Hästhandeln i Sjöbo var osmaklig och ovärdig för djur och människa. Många kände igen mig som konstryttaren på motorcykeln och de hälsade och dunkade mig i ryggen.

Efteråt hörde jag att Tomas hade stått i mängden och lyssnat. Det var inte hans smak av sång och musik, men jag frågade och han tillstod att han älskade att höra Olgas röst. Hon klättrade uppför lyftkranen i ungefär fjorton minuter och hon stod en stund och tittade ner på oss medan vi höll andan och sedan svävade hon utan linor och gördel i luften.

Jag förstod inte hur det gick till. Stripteasedansöserna trippade omkring och gav slängkyssar och kastade ut löften om alla tiders show. Olga stod där i ljus långkjol, gul blus och en liten broderad väst över och det var vackert till det röda håret som hon satt upp i nacken till en kringla.

Jag hade kunnat omfamna Olga efteråt och pussat och kysst henne, om jag hade fått och hon hade brytt sig om mig men hon var min brors flicka och jag var sju år äldre och hade inte ens tagit henne i hand. Fram till dess hade vi växlat några meningar på gatan när vi råkades i början av maj det året i Simrishamn.

Tomas hade sin show i stålburen några timmar efter det att Olga sjöng. Jag såg honom och han var magnifik, säker och djärv men långt ifrån dumdristig. Jag vinkade och nickade åt honom. Far och mor höll nästan andan och emellanåt blundade mor och gapade en aning. Den andre åkaren hette Lars Nilsson och även han var skicklig utan att glänsa som Tomas.

Många av oss kallades till förhör, men far och mor slapp komma till rättssalen. Anders hade legat två meter in i ett havrefält och Johan irrade omkring och sökte hjälp innan han föll ihop på en gårdsväg. Båda var stungna med kniv. Anders förblödde där han låg och det var nära att även den andre dog.

I förhören upprepade Tomas att det var Anders som drog kniv först, men han lyckades sparka den ur handen på honom och sedan var hans minnen dunkla och vaga. Han bestred dock att han själv burit kniv den kvällen.

Tomas kunde styrka att han fått åka nästan en mil från Gislövs läge med några män som han kände flyktigt, innan de släppte av honom. De sade att han ville gå den sista biten och efteråt trodde de att han sökte Olga.

Fyra månader senare dömdes Tomas till nio års fängelsestraff. Han placerades på Hall bland livstidsfångar och alla i byn och i trakten omkring läste om det i tidningarna. Läkare, psykologer och psykiatriker var ense om att gärningsmannen inte borde spärras in bland dårar och psykopater.

Visserligen hade han enligt utlåtandena handlat i svår affekt och under påverkan av sprit, men det slogs fast att han burit kniv den kvällen och vittnen påstod att han långt tidigare hotat och varnat Anders.

I domen betonades speciellt att Tomas slagit och sparkat Johan Nordin upprepade gånger i huvud, rygg, bål och bröstkorg. Fotografier av kroppen och röntgenbilder styrkte skadorna. De tydde på rått och skoningslöst våld.

Jag fann det ytterst märkligt att Tomas var ensam mot de två och att han likväl skulle ha stuckit en av dem och hållit undan och sedan misshandlat den andre. Slog han Johan först och högg Anders därefter eller skedde det samtidigt?

Även offret och den svårt misshandlade kamraten hade varit berusade under kvällen på Gislövs stjärna. Flera vittnen intygade detta. De hade bråkat med andra och skrålat och skrikit och nämnt min brors namn och talat hånfullt om honom åtminstone ett par gånger.

Olga Næss försvann när domen var klar. Det sades att hon åkte till Stockholm utan att känna en enda människa där. Tomas kunde inte skriva till hennes föräldrar och fråga var hon fanns. Det hade stormat mellan dem under några år men de hade nog också fina stunder tillsammans. Så mycket förstod jag att gräl och försoning avlöste varandra. Jag hade mitt att tänka på.

Tomas visste att förlåtelsen var längre bort än den mest avlägsna stjärnan. Far och mor dömde honom inte. Långsamt men säkert släppte de greppet om boskap, grödor och åkrar. Jag hade min tjänst att sköta, men försökte hjälpa dem så gott jag kunde.

Länge hörde jag de utstöttas bjällror från underjorden innan min egen bror räknades till dem. Det var över på några minuter och efteråt mindes han inte riktigt vad han och Anders gjorde när de möttes på vägen. Johan måste ha gömt sig i närheten eftersom han inte syntes till från början.

Tomas hade absolut inte planerat att överfalla och dräpa en

människa. Han tillstod inför rätten och åklagaren att han tyckte illa om Anders och att denne försökte ta Olga ifrån honom. Liknande fall fanns säkert överallt där unga män och kvinnor förälskade sig i varandra och talade om kärlek och svek, svartsjuka och onda aningar.

Efteråt, när allting var för sent, tyckte många i byn att Tomas länge varit underlig och konstig, men ingen av dem hade någonsin haft ett inträngande samtal med honom. Varken lärare, grannar eller skolkamrater kunde påstå att de kände honom eller föräldrarna särskilt väl.

Olga började på läroverket och gick knappt ett år där och sedan hjälpte hon till litet på gården. Fadern hade grisar och tjurkalvar då men inga mjölkkor. Dessutom höll han sockerbetor, potatis, klöver, vete och havre. Den siste lanthandlaren anställde henne och där stannade hon i fem månader. Då var Tomas och hon ett par.

Senapstungorna i byn påstod att Olga smög med handlaren som var gift. Han hette Verner Larsson. På något sätt kom det fram till min bror och han blev först arg och sedan förtvivlad innan han frågade Olga efter sanningen. Hon skrattade och slog ifrån sig och försäkrade att hon aldrig så mycket som pussat honom på kinden. Det var trettio år mellan henne och handlaren och hon drogs inte till gubbar.

Olga var djärvare och mera frimodig än sina syskon. De äldre och försiktiga var inte vana vid att en ung kvinna betedde sig som hon. Det var som om hon redan övergivit byn trots att hon bodde kvar ännu en tid. Hon var inte vulgär eller ful i mun, men vi var inte flera än att svarta får och trotsare kunde räknas på ena handens fingrar. Stadsbor i gemen förstod inte vår värld.

Människorna i byn gav min bror ett nytt namn och prästen tordes inte säga det gamla om någon var i närheten. Vem skulle tvätta bort en sådan fläck från kyrkväggarna? Även Jesus borde stänga sin dörr.

Kyrkoherden hette Manfred Björk och jag ville hålla mig borta från honom resten av mitt liv. Han hade konfirmerat mig och min bror men han svek oss när vi verkligen behövde honom.

De vuxna försökte skona barnen och de svarade inte alls eller bara fåordigt när journalisterna kom för att snoka, ty de fruktade att svärtan och smutsen skulle drabba även dem som bott så nära och trampat samma stigar och ängar som min familj.

Ända från Stockholm, Malmö och Trelleborg kom flocken med pennor, bandspelare och kameror, men människor i byn insåg genast att varje lösmynt person och alla gissningar och sanningar skulle fläcka ortens släkter och familjer i framtiden.

Lokaltidningen i Ystad tog in fotografier på den döde ynglingen. Jag sparade alla artiklarna och bad till Gud att mor och far inte skulle läsa dem. Den unge konstryttaren på motorcykeln var känd sedan tidigare genom olika reportage från nöjesfält och marknader. Även hans äldre broder nämndes men utan namn.

Varje dag gick jag till mor och far och försökte trösta. Aldrig tidigare hade jag sett två människor förvandlas på det sättet. Jag blev ledsen och kände vanmakt. Båda satt stumma och hade förlorat de naturliga rörelserna i sina kroppar.

Helst ville grannarna slå ett järnband och gräva en vallgrav kring mina föräldrars gård och stänga in händelsen där. De fruktade direkt att tidningar och television kunde fästa vanära på byns namn i evinnerliga tider, om de ställde sig till förfogande och berättade.

Jag svalnade aldrig riktigt efteråt, men den verkliga temperaturen i en människas kropp avgjordes i hjärtat och själen och till dem fanns ingen metod att mäta gradtalet. En kylig furste, präst eller konung kunde få ett folk och en församling att försmäkta av värme och stor hetta.

Tomas hade sin gärning och historia som endast han själv

kunde vittna om. Han stod ensam i vad som var sant och falskt och just detta var kanske grymmare än alla jordiska straff. Han var knappt tjugotvå år när det hände och Anders ett par månader yngre.

Tomas kom i bråk med några av de andra fångarna och han fick avslag på permissionsansökan. Han skrev att det var hårt många gånger mellan de intagna. Fem dagar i veckan gick han till verkstaden och svarvade i trä och utförde andra sysslor. Han hade lärt sig att framkalla och kopiera fotografier och han tränade med tyngder och sprang i gymnastiksalen.

Olga bor nu i Stockholm. Jag har besökt henne flera gånger de senaste åren när jag åkt för att träffa Tomas. Hon skriver brev och hon håller hela tiden kontakten med honom och jag har fått sova i hennes lägenhet ett par veckor varje sommar och några helger när jag kommit för att möta min bror.

Mor och far orkar inte. De har ännu inte gått innanför grindarna på Hall sedan sonen togs in. Jag tror inte att de orkat se bunkern, betongmurarna och stängslen kring rastgårdar och byggnader inne på området. Förhållningsreglerna är stränga och obevekliga. Jag fick en lista och jag fyllde i två formulär innan de släppte in mig första gången.

Rastgården till den särskilda säkerhetsavdelningen och den så kallade bunkern är helt klädd i galler längs väggar och tak. Det är en stor rektangulär bur. Så blev det efter det att ormmänniskan tog sig ut genom en glugg som mätte femton centimeter på höjden och trettio på bredden. Alla tidningar skrev om honom. Han var visst från Rumänien och listig och intelligent. Nu är han utvisad till Tyskland.

Tomas sitter bland mördare, dråpare, narkotikalangare och våldsmän som gjort sig skyldiga till grov misshandel, människorov eller bankrån med vapen. Jag vet inte om någon i vaktstyrkan eller annan myndighetsperson läser breven som jag och Olga skriver till honom.

Mor har inte fått veta att Tomas slog ner en av de andra fångarna i ett obevakat ögonblick. Han berättade för mig att han länge känt sig hotad av den andre. Jag vet inte riktigt vad jag skall tro.

I varje fall tog de honom till isoleringen och kanske bad han själv om det. Det är ett hårt liv bakom murarna, men det kan vara grymt och obarmhärtigt även utanför. Ibland undrar jag om det inte finns många slags fängelser utan att murarna och vakterna syns. Medfångarna går omkring fritt på gator och torg och de är fint klädda och de visslar, sjunger och skrattar emellanåt.

17

En dag i veckan besöker jag kvinnan som bor i en herrgård. Den påminner mera om ett slott och jag vet inte varför jag fått henne på min lott, men jag är tacksam för det. De flesta som jag besöker är gamla och skröpliga och kanske vill de ansvariga att jag skall få göra något annat än att bära tunga varor från affärerna och lyfta och vända de svaga och sjuka.

Husfrun bor i tre rum och kök i ena flygeln och ägarinnan håller sig med gårdskarl och trädgårdsmästare. Jag har hört att hon tillhör en familj och släkt med de finaste av anor och däri finns alla de ståtliga namnen, men själv heter hon endast Kristina. I varje fall hör jag aldrig något annat. Nästan alla andra på min lista har varit bönder, hantverkare och arbetare i det förflutna.

Min chef säger att jag har fröken Kristina på tisdagarna och jag stryker ett prydligt streck under hennes namn och missar aldrig tiden. Hon bör vara kring femti år, men det är svårt att bedöma utifrån ansiktet och det som jag sett av kroppen. Så gott som varje gång jag kommer ligger hon i sängen som står i ena hörnet av en stor sal och man måste ha sett henne med egna ögon för att rätt göra sig en uppfattning om denna människa och tystnaden, klangerna och färgerna omkring henne.

Hon ser ut som om hon bara lagt sig att vila en stund innan hon tänker ge sig av på en bal eller stor fest i det förflutna. Jag har räknat till åtminstone fyrtio olika nyanser i färg och snitt på en klädsel som kanske bäst kan beskrivas som ständig nattdräkt eller en fantastisk pyjamas för en kvinna av klass och egensinne.

Håret är ljust och lockigt med en klämma vid sidan eller en konstfull knut i nacken eller mitt på hjässan. Läpparna är målade i passande färg till håret och tyget som faller tjusigt från axlarna och ner mot täcke och lakan.

Jag tackade ödet eller försynen att jag inte hade kavlat mina ärmar den varma dagen i juni när jag första gången steg in till henne. Om jag blottat huden där hade hon sett min tatuering på vänstra underarmen. Den är visserligen jämn och fin i färgerna, men jag tror inte att hon hade uppskattat den.

Jag gissar att husfrun tar hand om städningen. Det är rent och prydligt överallt där jag rör mig. Omkring tusen kvadratmeter bostadsyta torde rymmas i flyglarna och resten av den stora byggnaden. Flera gånger har jag sett hästar i hagen.

Rider fröken Kristina? frågade jag gårdskarlen när han råkade komma i närheten av mig på vägen mellan stallet och ena flygeln. Han bara skrattade och skakade på huvudet och sedan fortsatte han utan något annat svar. Han heter Ludvig Jönsson och han är kutryggig, smal och lång. Jag fick genast ett intryck av att han är obehaglig och lömsk.

Jag har lärt mig mycket om människor i mitt arbete med de gamla och sjuka. Många av dem är äkta par och de tycks ha tappat alla hämningar. De väser, skriker och knyter nävarna mot varandra, men det händer lika ofta att andra vänslas, pussas och kramas ogenerat och kärt när jag ställer fram mat åt dem eller ger mediciner.

Fröken Kristina har ingen karl och säkert inga barn. Föräldrarna måste vara döda och jag har varken sett eller hört talas om några syskon, men å andra sidan kommer jag endast på tisdagarna och då stannar jag knappt två timmar. Det är lång tid i jämförelse med andra besök. Jag har fått för mig att hon betalar enligt en egen taxa och lägger till utöver den vanliga kostnaden.

Jag vet inte om det är sant som det sägs att hon stannat

inomhus i trettio år sedan en karl lämnade henne och bröt förlovningen när hon var knappt tjugo. Läkare och vänner tvingades att besöka henne i den stora byggnaden och föräldrarna gömde flickan hellre än att flytta henne till dårhuset på S:t Lars i Lund. Kanske skämdes de. Till sist visste hela släkten och alla som de umgicks med att fröken Kristina levde och bodde där och vägrade att lämna huset ens under de vackraste sommardagarna. Hon badade aldrig i sjön eller havet och handlade inte i butiker och affärer.

Hon utförde inget arbete, men det behövdes inte eftersom föräldrarna hade gott om pengar och de höll sig med tjänstefolk. Tandläkaren åkte från praktiken i Kivik till herrgården och damfrisörskan kom och klippte och gjorde fröken fin i håret. Chefen för Eckerlunds i Tomelilla och första expediten på Wihléns damekipering i Ystad tog sig dit och visade blusar, kjolar, klänningar och dräkter för henne. Hon provgick skor på ekparketten med intarsia i stora salen.

En gång tittade Kristina på mig en lång stund och sedan frågade hon om jag tyckte att hon var ful. Jag var inte det minsta beredd och jag visste nästan ingenting alls om henne. Plötsligt påmindes jag om känslan som jag kunde få i hela kroppen när jag tog sats i stålburen för det sista och avgörande numret med motorcykeln och då liksom nu måste jag ta hänsyn till en annan människa. Här var min bror utbytt mot fröken Kristina. Hon väntade på min insats och mitt språng.

Jag hanterade en motorcykel bättre än ordet, men jag visste att många kvinnor var ytterst känsliga i fråga om utseendet. I det här fallet behövde jag inte hyckla och vara mild och snäll eftersom hon i mina ögon var söt. Hon hade näpna drag i ansiktet. Jag hade gärna velat kyssa hennes mun, men vi var inte förälskade och höll inte av varandra i kärlek.

Amerikanen John Haber retas ibland och skrattar och säger att jag är obotligt naiv när jag pratar om kvinnor. Han trodde

204

inte att det fanns en sådan man som jag i Sverige i slutet på detta årtusende. Själv tar han för sig så fort han kommer åt.

Nu har han engagerat en kvinna från Hongkong som sjunger opera och avgudas av hundratals miljoner i hemlandet och stora delar av Asien. Hon heter Victoria precis som huvudstaden i hemlandet. I våras gjorde de en turné i kyrkorna och kritikerna var lyriska. Mariakyrkan i Ystad och katedralen i Simrishamn var fyllda till sista plats.

Han påstår att de är förälskade i varandra och kanske flyttar de till New York. Varje gång jag möter honom berättar han om nya, djärva planer, men han säger att det går utmärkt att arbeta med musik i Sverige från en liten by som vår. Han har byggt en inspelningsstudio i sitt stora hus och han har fina kontakter i Stockholm och överallt i Europa.

Under tredje tisdagen bad fröken Kristina att jag skulle läsa högt för henne ur en bok. Jag blev överraskad och förlorade fästet, ty jag har aldrig tidigare i mitt liv läst högt för en människa. I skolan försökte jag komma undan de stunderna på olika sätt, men jag lyckades inte särskilt ofta.

Jag läser inte ens böcker om motorcyklar och bilar och jag har aldrig tagit mig igenom en roman och jag kan inte minnas att jag läst en dikt utanför skolan. Ibland hände det att vi fick i läxa att läsa noveller och det gjorde jag, men ingen av dem lämnade spår hos mig. Det var bara tvång och plikt och det gillade jag inte.

Kvinnorna i patrullen hade klarat det bättre än jag. Jag blev inte fiskare och inte bonde eller sjöman och jag hade redan slutat med konsterna på motorcykeln när Tomas dömdes till fängelse. Alla som hade följt oss genom åren förknippade oss med "Bröderna Ankers show" och det kändes inte rätt och riktigt att jag skulle fortsätta att åka när han var borta. Framför allt inte med tanke på att han var djärvare och skickligare än jag på slutet av vår bana.

Fröken Kristina låg i sängen med täcket upp till midjan och resten av henne kunde jag beskåda och det var en skön syn. Det var som om jag tittade på en film eller ett stycke teater. Bredvid sängen stod en flaska Ramlösa och ett glas och emellanåt drack hon några klunkar och den stunden påminde inte om när jag själv eller mor och far drack, inte heller i sällskap med de gamla och sjuka. Många av dem bär haklapp när de äter och de spiller, sörplar, fnyser och blir matade.

Hon dricker vackert. Fröken Kristina äter aldrig i sängen och hon tar inga mediciner så att jag ser det. I begynnelsen trodde jag att hon hade svårt för att gå eller att hon var förlamad i benen, men vid fjärde besöket skred hon från fönstret till sängen när jag kom och det klarade hon hur lätt och fint som helst.

Hon märkte att jag tvekade och sade bara att jag skulle ta det lugnt och sansat och läsa ord för ord. Jag tyckte om att höra henne säga mitt namn: Preben ska börja med första meningen i första kapitlet och sedan fortsätta och därefter sätter vi punkt tills nästa tisdag.

Jag satt vid ena sidan av sängen med ansiktet vänt så att vi kunde se varandra, men hon blundade långa stunder medan jag försökte läsa så gott jag förmådde. Det måste ha låtit hemskt om hon hade många andra röster att jämföra med.

Utan överdrift blev jag nervös och mina händer darrade och rösten slant på många ställen och jag betonade vissa ord felaktigt, fastän hon inte låtsades om det. Plötsligt hörde jag det i en mening och jag ville inte ta om den igen. Det var värre än de svåraste numren och finalen i stålburen, när jag och Tomas gjorde åttan eller evighetsmärket. Om det skulle utföras med elegans och bravur fick vi inte ha en större marginal än tre decimeter mellan framhjulen medan vi befann oss i rörelse.

Hon ställde frågor ibland, men inte om mitt privatliv. Ändå

fick jag en känsla av att hon visste en del om mig och min familj. Vissa tisdagar stickade hon mer än en timme innan hon bad mig läsa. Det hände också att hon ville att jag skulle berätta om byn där jag bodde och alla människorna. Då önskade jag att den gamla mejeristen Gilbert Häger funnits vid hennes sida, ty han hade fört bok och anteckningar över bygden sedan han var ung. Dessutom hade han obegränsat att förtälja om sina långväga resor i världen till fjärran platser.

Hon visade inga tecken på sjukdom, men varför låg en människa i hennes ålder i sängen i stället för att arbeta, resa eller bara vistas i den stora och vackra byggnaden? Det blev jag inte klok på. I varje fall var det inte normalt eller vanligt att någon betedde sig så. Kunde en människa verkligen bli sådan av kärlekssorg?

När jag frågade min chef en gång, svarade hon ganska vresigt att jag skulle sköta mitt arbete och att det fick räcka. Hemsamariter ska vara diskreta och till och med beakta tystnadsplikt i fråga om vad de ser och hör i tjänsten.

Jag tror att chefen föredrar kvinnorna i patrullen och jag är ensam man i distriktet. Likväl trivs jag gott med mitt arbete. Bönder, fiskare och sjömän har det inte lätt i dessa dagar och jag vill inte byta med dem. Jag har träffat flera stycken med de yrkena och min far är bonde.

Jag har ingen direkt nytta av att jag varit konstryttare på motorcykel när jag kommer till de gamla och svaga, men det är alltid en erfarenhet att ha framträtt inför publik och klarat av svåra nummer så att åskådarna klappat händerna och jublat ibland. Det är fina minnen som jag delar med min bror.

Vi slogs och bråkade som de flesta andra bröder, men jag gick in till honom med varm mjölk med en matsked honung när han låg i sängen och var febrig och dålig av influensan. Någon gång hjälpte jag honom att räkna och lösa problemen i geometri. Far och mor hade knappt sju år i folkskolan och de hade väl glömt det mesta av det lilla de lärde.

Det är konstigt. Åren går och plötsligt har tusentals dagar tvinnats till en tunn tråd som man kan dra genom synålens öga och mor lagar ett knapphål i sonens konfirmationskavaj. Den bär han på sista skolavslutningen och flaggan är hissad på skolgården och alla eleverna marscherar till den vitkalkade kyrkan på kullen och lyssnar till prästen och rektorn som lovar att hela livet ligger framför de unga och förhoppningsfulla ynglingarna och unga damerna.

Tomas sade en gång så att jag hörde det att han ville bli uppfinnare och bygga världens bästa bilmotor som skulle sitta i en Jaguar eller Mercedes-Benz. Han var tekniskt begåvad, men han saknade tålamod och han ville inte sitta i skolbänken. Vi liknade varandra på det sättet, men i övrigt var vi mycket olika.

Far och mor hade nog en tro på honom och det största lidandet som en son eller dotter kan åsamka sina föräldrar i livet är väl att denna tro kommer på skam. Det skrivs kontrakt mellan äkta makar men så är det inte mellan barnet och föräldrarna.

Tomas hade nog gett mycket eller vad som helst för att få vara i mitt ställe nu. Även om en gamling har kissat och bajsat i sängen, så kan man alltid tvätta människan och ta på henne torra och rena kläder igen. Jag känner på flera meters avstånd att fröken Kristina doftar gott.

Det är egentligen lustigt att en hemsamarit sitter hos någon och läser ur en bok eller lyssnar och kanske bara är tyst en halv timme, men jag klagar inte. Jag slipper stå vid en maskin eller att hunsas av styrman och kapten på en båt. Bönderna är nästan aldrig lediga, särskilt inte de som har djur.

Jag blir förundrad över att fröken Kristina vill höra mig läsa ur samma bok tio gånger och mera ändå. Då påminner hon om ett barn som inte tröttnar på en saga eller berättelse trots att pappa och mamma läser den kväll efter kväll i ett år.

Jag har inte träffat någon människa som hon tidigare i mitt liv och det finns inget facit till hur jag skall bete mig. Det växer fram medan jag befinner mig där. Jag tyckte inte om skolan och det viktigaste som jag lärt mig har jag erövrat direkt i möten med olika personer i verkligheten. Jag läser litet bättre högt nu än i början. Övning ger färdighet som far brukade säga när jag och Tomas nötte in hur vi skulle hantera motorcykeln i den runda buren av stål.

Han gav mig många råd, men nu vill han ingenting längre. Mor och han gömmer sig på gården. De har sett och hört tillräckligt och det enda som de väntar på är döden och graven. Deras tideräkning är före och efter den yngste sonens sista dag i frihet.

Jag har ingen makt att ändra på detta. Jag är hemsamarit och före detta konstryttare på motorcykel, men ingen kan lära mig något om ålens långa väg mot Atlanten och Sargassohavet och längtan efter en hona att älska.

Mogens Olsson i Skillinge är den främste kännaren i Sverige på den fisken. Han har berättat om hur man förr i tiden huttade hål i isvakar med hjälp av ett ljuster som bestod av grövre tenar utan hullingar och mellan dessa fanns tinnarna med hullingar. Man höll i ett långt skaft och stötte redskapet mot ålen som fastnade i ljustret.

Mogens hade också använt ålkistor i mindre men strida vattendrag där ålen vandrade medströms, men nu höll han sig enbart till hommorna som han själv lade ut och drog in. Han förvarade fångsten i stora tankar av aluminium som han fyllde med havsvatten på land.

Johannes Schmidt studerade ålens märkliga liv och han fann bland annat att den lämnade sötvatten och simmade på okända vägar till ett område i Sargassohavet vid Bermuda. Där lade den sin rom och larverna drev sedan med den varma Golfströmmen vidare mot Europa.

Mogens Olsson har sina egna teorier om ålen. Han vet att den kan leva på torra land utan vatten i flera veckor och den rör sig lika smidigt som en orm på gräs och fast mark, om det behövs.

Mogens har aldrig sagt ett ont ord om min familj fastän han vet att Tomas sitter på Hall och är dömd till ett långt straff. På sommaren tar jag min Harley-Davidson och kör ner till honom i Skillinge. Han har en liten fiskestuga några hundra meter från hamnen och där sitter han på en bänk och rensar och lagar nät flera timmar om dagen.

Han skulle aldrig håna mig för att jag är hemsamarit och han vet att jag hade kunnat vara skogshuggare eller grovarbetare, om jag velat. Jag har både kraft och ork till det, men jag trivs med att hjälpa de gamla och svaga. De är lika ömtåliga som barn och påminner rätt mycket om dessa.

Däremot skojar han med mig ibland och undrar om jag inte hittat en kvinna att gifta mig med. Han är sjuttifyra år och änkling. Hustrun dog av giftig struma och sockersjuka. Hon låg på lasarettet i Simrishamn och han satt hos henne ända in i det sista.

Han skrattade gott när jag liknade mig själv vid ålen som simmade mot Atlanten och Sargassohavet för att leka och älska och sedan dö. Jag har inte berättat för honom om fröken Kristina eftersom jag har tystnadsplikt, men jag har sagt att jag läser högt för en kvinna som ligger i en säng.

I förra veckan kom en neger cyklande på den smala grusvägen längs havet och han fick syn på Mogens och mig och stannade och hälsade glatt och visade stora, vita tänder i ett kolsvart ansikte. Han påstod att han var gästelev under sommaren på folkhögskolan i Tomelilla och att han intervjuade bönder och fiskare.

Han kom från Ghana och han var tjugotre år, men såg inte en dag äldre ut än sexton. En räkel som var nästan lika lång som jag och jag är över en och nitti. För tjugo trettio år sedan hade ingen här i trakten sett svarta eller färgade människor mer än på fotografier och i televisionen. En och annan hade kanske varit i Lund, Malmö eller Stockholm och mött afrikaner på gatorna, men de tillhörde i så fall undantagen.

Han tog oss i hand och var artig och frågvis. Mogens kan inte många ord engelska. Han har varit fiskare i närvattnen hela sitt vuxna liv och inte sjöman som rest till fjärran länder. Jag förde ordet av oss två och jag klarar mig hyggligt på det språket, fastän jag aldrig varit i England eller Amerika.

Negern sade att han hette Amar. Han undrade om jag också var fiskare, men då skulle jag försöka hitta det rätta ordet för hemsamarit och det var inte det lättaste. I stället började jag tala om min tid som konstryttare på motorcykel. Han hade inte hört talas om Harley-Davidson. Däremot visste han gott att det hade varit marknad i Kivik därför att han och några av de andra gästeleverna från folkhögskolan åkte dit i sällskap med två lärare.

Vi har inga svarta och inga färgade eller invandrare i byn där jag bor, men det finns ju en konstig amerikan och några med danskt och norskt påbrå. Nu har Olga Næss flyttat till Stockholm. Hon har släkt i Oslo och Telemark och min farfars far kom från Jylland en gång i tiden. Mitt för- och efternamn vittnar om det.

Människan har bestigit månen, men många i byn tycker att det är långt att ta sig till Ystad eller Malmö. Jag har en bror med fast adress långt utanför byn och jag har besökt honom många gånger i fängelset.

Jag vet att han hade velat vara här hos Mogens och mig vid fiskestugan och prata en stund och titta och lyssna på havet, fiskmåsarna och skutorna som tar sig in mot land efter morgonens arbete. Ja, till och med negern från Ghana hade varit långt bättre än mördarna, knarklangarna och psykopaterna på säkerhetsavdelningen.

Tomas sade ibland att han kunde tänka sig att bli fiskare, men han började i en bilverkstad efter skolan och det blev inte mycket mera innan den ödesdigra natten för drygt sex år sedan kom och drog honom i olycka.

Mogens hälsar till honom när han vet att jag skall åka iväg till Stockholm för ett besök. Jag kan räkna dem som ber mig lämna över några ord till Tomas på min ena hand de gångerna. Det gör ont i mig, men det har lärt mig mycket om människan. Ingen bok i världen hade kunnat undervisa mig bättre i det fallet.

Jag har svårt att förstå vad fröken Kristina får ut av att jag läser högt för henne ur samma bok varje tisdag. Hon är ju varken barn eller åldring. Emellanåt kommenterar hon ett ord eller avsnitt som jag just passerat och då låter hon så klok och förnuftig att jag känner mig dum och obildad.

Efter tjugo besök hade jag faktiskt börjat tycka om meningarna och handlingen i boken och det hade jag minst av allt väntat mig. Det var första gången i mitt liv några döda ord på ett vitt papper rört vid mig och nästan börjat leva i mig så att jag tänkte på dem efteråt och ville höra dem igen.

Jag lärde mig inte några psalmverser i småskolan och jag gick inte i söndagsskolan. Konfirmationsundervisningen gav mig ingenting. Det överraskade mig mycket att Tomas stod ut en termin hos prästens hjälpreda och han vill inte prata om det och blev arg om jag förde det på tal när han var sex och jag nästan tolv. Jag tror inte att far eller mor tvingade honom, ty de har aldrig varit särskilt kyrksamma eller religiösa av sig.

Det gick så långt att jag funderade på att åka till biblioteket i Kivik för att låna boken. En dag försökte jag men den fanns inte där. Kvinnan letade i registren, men hittade den inte och hon rekommenderade mig att pröva i Simrishamn.

Jag har kommit på mig själv med att jag kan vakna mitt i natten och mumla flera meningar i rad ur fröken Kristinas bok. Så tänker jag på den och jag bryr mig knappt om vad den heter och vem som skrivit den. Det räcker med att jag minns långa stycken utantill och för mig är det nästan ett mirakel och mer konstigt än att jag trivs med att vara hemsamarit, fastän jag är utbildad bilmekaniker och ledigt klarar av att plocka isär vilken motorcykel som helst och reparera och sätta ihop den igen vilket fel den än lider av.

Fröken Kristina lyssnar på klassisk musik. Jag hör symfonier och sång redan när jag kommer i trappan till andra våningen där salen finns. Hon kan namnen på alla tonsättarna och verken och jag lyssnar och har knappt hört talas om någon av dem förut.

Jag blir litet bildad av att vistas i hennes närhet på tisdagarna. Vi hade inte ens uppslagsverk i hemmet när jag växte upp och gick i skolan och långt mindre några skivor med Beethoven, Mozart och Bach. Tomas och jag fick klara oss ändå.

Det känns konstigt att åka från fröken Kristina till en tandlös gumma som försöker vissla eller sjunga en enkel slagdänga som hon inte kan orden till. Då har jag fortfarande kvar bilden av kvinnan i sängen med nattdräkten av siden och den gamla människan lösgör sig från skönheten och stirrar mot mig med insjunkna kinder.

I sådana stunder blir jag varse vad sjukdom och ålderdom kan göra med oss. Då tänker jag också på far och mor och bojorna som de fäst kring mina fötter utan att mena illa. Om de inte hade funnits hade jag lämnat byn och det onda förtalet och den obarmhärtiga domen som vilar över min ende bror och därmed skuggar resten av familjen.

Då blir jag ålen som simmar längs kusten mot Sargassohavet när månen står i nedan eller lättmatrosen som seglar långt bort i ett transatlantiskt skepp med kurs på Malackahalvön och Singapore. Där tänker jag köpa en vacker kista och förvandla den unkna lukten av byn till kamfer.

18

Käre August,

Din farfar var en komet av kärlek och han lyste på mörka him-
len, men han var också en flod som rann från snö och smal-
nade till bäck längs havrefält, raps och ömtålig vallmo. I be-
gynnelsen vilade vi nära varandra som två skedblad på sidan.
Ibland kunde vi tro att det var han som hade vingar i familjen
och lade dem över barnen när faror hotade.

Han vistades på jorden som på prov för en ny art av män
och det gjorde att vi efteråt tvangs hugga fram honom som en
ädelsten i det gamla berget av människor. Det osynliga hos ho-
nom kunde ingen vetenskapsman förklara och han lärde mig
att ondskan var en blind stekel som åt sina egna vingar, ben
och ägg.

Du har redan sett och hört mycket elände i televisionen och
på gator och torg i Stockholm, men nu skall jag låta dig möta
mördare eller dråpare och nidingsmän i en by på Österlen där
du själv har gått många gånger. Du har till och med suttit öga
mot öga med några av personerna.

De älskande skrämmer och hotar somliga mer än allt annat.
Hat och avund är stora dygder hos många på jorden. Våra
drömmar kan vara stingsliga och vilda som spanska bergshäs-
tar. Jag bär sår som aldrig läks och jag känner de skyldiga.

Kommer du riktigt nära de varma orden kan du gå in i dem
och söka läkedom, sova där likt en snigel i sitt hus och jag
skall skydda dig så gott jag förmår. Vi framkallar de döda när

vi talar om dem och ibland blir de mer levande så än om de går omkring och andas bland oss. Nu är även farmor borta och henne träffade du ofta.

Du tyckte om att jag rimmade på farfars namn. Han hette ju Sigvard och det blev Sigge Pigge rätt och slätt och vi täljde små stickor av bokstäverna och tände en brasa när det blev kallt och elakt. Han kunde joddla och han skrev vackrare än någon annan. Är han hos Gud och änglarna, kommer de att skratta åt hans konster och spex.

Nu hänger tavlor som han målade på väggarna i ditt rum. Kometen släpper färgerna från sin svans på natten och när du vaknar har de torkat och gått samman till landskap och människor, blommor och utsikter i staden. Han blev aldrig erkänd som konstnär och det smärtade honom utan att han talade om saken.

När vi såg "Kvarteret Korpen" tillsammans nämnde jag för dig att regissören Bo Widerberg och jag hade många likheter i våra liv. Hans pappa Arvid arbetade många år som kontorsvaktmästare och målade hela tiden utan att bli uppmärksammad. De bodde i Malmö liksom min familj. Ingmar Bergmans fader var hovpredikant och familjen hade hemhjälp och stor våning på Östermalm. De världarna var ljusår från varandra och deras planetbanor kunde aldrig mötas.

"Kvarteret Korpen" handlar om arbetarfamiljens drömmar och sorg, besvikelser och förödmjukelser i ett fattigt Malmö. Det kvarteret låg endast två hundra meter ifrån köttaffären där din farmor arbetade. Nu är husen rivna. Dassen på gården, lössen, fyllehundarna, gårdsmusikanterna och kärringarna med hucklen på skallen är borta. När Widerberg och jag tänkte på Ingmar Bergman insåg vi båda att hans inskränkta och högborgerliga värld stötte bort oss och vi vände oss mot honom i vrede och kamp.

Tror du att farfar fick ta med sig sitt namn med rimmet till himlen? I varje fall somnade han med doften av fransk terpentin på händerna, ty han hade stått vid staffliet den dagen. Jag minns berlinerblått, tizianrött, karmosin, kinolingult och titanvitt på hans målarrock.

Döden närmar sig människan från sidan, bakifrån eller rakt framifrån. Möjligen kan den också komma från ovan. Jag vet inte från vilket håll den tog din farfar, men jag tror att den hade suttit på hans bröstkorg som på prov flera gånger.

Konstigt nog är det samma hjärta som driver kometen av kärlek på den mörka himlen. Den finns där även på dagen men då syns den nästan inte alls. Han låg på rygg med slutna ögon som om han bara lagt sig för att vila en stund. Det hände innan du föddes och därför har jag hållit honom vid liv med korta och långa berättelser ur mitt minne.

Alla familjer förtiger något och ofta får barnen bära hemligheter och tystnader på sina späda axlar genom livet. En människas rätta namn står aldrig i dopböckerna, nej, det kommer långt bortifrån bergen, slätterna och dalarna som ett förebud om glädje eller onåd.

Biologer, genetiker och fysiker vet så litet om människan. Mannens spermie borrar sig alltid medsols när den tar sig in i ägget, medan ägget roterar motsols. Så är det också med himlakropparna. Det har ingen nobelpristagare lyckats förklara. Har ni läst om det i skolan?

På Södermalm eller i Vasastan är nästan inga söndagsmorgnar stilla och tysta som efter ett krig, men här på Österlen trevar mina sinnen en lång stund efter det att jag vaknat på helgen och söker ett ljud eller en klang av något slag som säger mig var jag är och vilken tid som gäller och så kan det vara ända fram till klockringningen i kyrkan.

I Stockholm är aldrig sensommarhimlen helt klar, men stjärnorna brinner stora och rena över Öresund och Östersjön. Vaktaren hetsar sina jakthundar mot Stora Björnen som lufsar i zenit. Jungfrun skrider stilla fram. Plötsligt skakar marken. Någonting får hästarna i hagen att springa i vild galopp mot den dungen av träd intill grannen. De för hemliga samtal som ingen människa förstår och står blickstilla vända åt samma håll när regn faller.

Här omkring mig står Stenshuvud tigande med sin styva nacke och blickar mot havet, men vi har också Brösarps och Hammars backar med alla korna betande och stretande för att hålla sig upprätta.

Ingen skall få linda ljuset av dig. Du kom till världen i förtid och jag tyckte att allt annat saktade av medan barnmorskan klippte navelsträngen. Tänk att en alldeles ny kroppsdoft och klang kommit till bland miljarder andra. Strandrågen och det ensamma, vindpinade trädet vid Haväng behövde ingen som talade för dem och så var det med dig också.

Tiden är en stor mästare som råder över människans kropp och längtan men den besegrar inte kärleken. Allt ljus i universum blir till knippen av små barn och paradiset har så tunna blad att du måste bläddra med nål i handen, men många på jorden irrar efter kärleken som ättiksblinda fjärilar. De minsta i Afrika hungrar sig fram till oss och de är skrynkligare än de äldsta i byn och magra nog att gå på vatten.

I år ville du börja boxas och du gick till Linnéa vid Mariatorget och bad att få börja. Sedan hoppade du rep och gjorde armhävningar och spände magmusklerna, innan du slog på sandsäcken. Var rädd om din hjärna. Den har tagit människan till månen och skapat telefonen, bilen, flygmaskinen och datorn. Utan den kan vi inte leka, sörja, sjunga, dansa och längta.

Det har inte funnits någon brottare och boxare i min familj och släkt och jag tvekade, men avrådde dig inte så länge du inte sparrade och gick ronder mot någon i ringen. Mohammad Ali valdes nyligen till århundradets idrottsman och nu darrar han av Parkinsons sjukdom och talar så långsamt att ingen kan tro att det är samma människa som Cassius Clay en gång i tiden.

När du var två och ett halvt år bodde vi på Hälsingegatan 8. Vi hyrde fyra rum och kök i andra hand av en dam som bodde på Kreta. Du hade ingen plats på daghem och vi hade just flyttat från Skåne. Varje dag drog jag dig i sittvagnen till Humlegården och det var vackert väder sex veckor i sträck. Det var sommaren 1989. Minns du?

Du lekte med små pojkar och flickor och mammorna satt och pratade på bänkarna i den fina och stora parken. Jag var ensam man där och jag lyssnade och hittade en kvinna som var språksam. Hon var barnbarn till den berömde filmregissören och skådespelaren Hasse Ekman. Hon berättade om deras möten.

Jag hade köpt bullar och små franska bröd hos Stinas bageri på Frejgatan innan vi kom till lekparken. Du drack saft och åt en glass varje dag. Det var vår första månad i Stockholm och jag tittade bort mot Kungliga biblioteket och vi vandrade på stigarna och jag visade Carl von Linné som staty.

På gatorna såg vi människor som var smutsiga och trasigt klädda. Tiggare sträckte ut händerna och bad om några kronor till härbärge eller mat och så många hade jag inte mött i Malmö, Lund eller Ystad.

Tänk sedan den sommaren när du kom till Vänsö i Sankt Annas skärgård. Du var knappt elva år och hade aldrig varit borta från oss mer än ett par dagar i sträck sedan du föddes. Flickorna svärmade omkring dig och berättade den ena sorgliga historien efter den andra. Du satt där som en biktfar och släppte en tår eller två.

Emmas styvfar slog mamman och den riktige pappan hade supit sig fördärvad. Det liknade inte alls din egen familj, men du öppnade sinnena och växte en tum och åldrades sex år på tre veckor. Äldre flickor sökte tröst hos dig och du förstod nog inte att de redan börjat blöda. Du måste ha sett att det putade under deras blusar och toppar.

När du steg av bussen vid Centralstationen i Stockholm trängdes du med unga kvinnor som bar ryggsäckar, läppstift och mascara. Du ville inte kramas direkt och jag höll inne med pussarna tills vi kom utom synhåll från de andra som hade varit med på sommarkolonien.

Vi hämtar inte hem någon mening från en avlägsen stjärna och varje morgon är världen ohjälpligt och för alltid förändrad och de som ser bakåt piskas av vind i ansiktet. Det är inte underligt att åtskilliga söker tröst från himlen och ber om ett stort juver med sötad mjölk och värme som hänger ner från skyn.

Miljoner barn åldras i förtid, när de försöker behaga och tjusa de vuxna människorna. Vi har nu kommit till Skapelsens baksida och där är marken som gungfly och de modigaste djuren blir rädda för sin egen andedräkt. Diamant och guld stelnar i sin egen självbeundran som furstar och behagsjuka härskare.

Om ljuset bedrar morgonen är det allvarligt och likaså om fågel och ål inte kan lita på sina kompasser. Vi har ju träffat Mogens Olsson i Skillinge. Minns du vad han berättade om ålen som simmade från kusten vid Österlen ända till Atlanten och Sargassohavet för att leka och dö där.

Du har sett blånaden på en kotunga och känt kalvens tunga som slickade din hand så att det kittlade i hela kroppen. Farfar älskade rapsens färg, men han såg den aldrig från ett flygplan som sakta steg eller sjönk över Bulltofta eller Sturup. Du brukar ju säga att ingenting annat i världen har den nyansen. Vi glömmer inte de lågklippta sädesfälten i början av augusti som dyrbart guld i sena solljuset.

Ingen bestämmer över oss vilka ord vi skall använda till varandra. Språket har blivit som en syndaflod när det svämmar över alla bräddar och tar sig in i det mest privata rummet och skrymslet. Vi skall inte använda det fula och låga bara för att vi hör det varje dag på gator och torg. Om du och jag sörjer för människan vill vi att hon skall bruka ordet med respekt och god vilja. Annars förvandlas det till läten och humbug.

Många barn på jorden kan inte skriva och läsa och tvingas byta skolbänken mot armén. Svarta, färgade och vita pojkar är soldater som sover med vapnen bredvid sig. Vem driver omkring i kloakerna och dövar hungern med ångorna av lim och eter? Du hittar dem i Bukarest, Mexico City, São Paulo och Moskva.

Gud kan inte häpna längre. Mördare och dråpare föds varma och blöta och dör med en kall vind över allt annat. Helgon och tyranner andas på varandra i vår tid och du har mött några av dem, trots att du är ung och ännu inte myndig.

Ett längre brev har du aldrig fått av mig. Jag längtar efter dig och räknar dagarna fram tills vi åter ses. I dag cyklade jag till grannbyn och solen sken och jag tog de smala grusvägarna som du älskar. Det var som om jag åter var liten och trampade morfars Crescent till handlaren för att köpa brunsocker och söt lakritsstång.

Du har träffat Preben Anker som bor nära Kivik. Han har det inte lätt. Jag tror inte att han haft en lugn stund de senaste sju åren. Brodern sitter ju i fängelse och föräldrarna är olyckliga och visar sig knappt ute. Jag måste skriva ner deras historia innan jag kommer hem till dig.

Om endast de försagda och tysta blir saliga och kommer till himlen, kan Preben räknas bort direkt. Hans armar växer varje natt av att sträcka sig efter en kvinna och en dag når de ända till havet och de vill ro långt bort med honom. Det svåraste ögonblicket i hans liv är när han upptäcker att han inte är älskad.

När du fäller fäktarmasken över ditt ansikte och lyfter värjan ser du motståndaren och en liten flik av världen genom små hål och så är det också för de flesta barnen i Sverige, men alltfler tvingas att möta verkligheten med nakna ögon.

Du behöver inte stå på tå för att nå mitt hjärta. Jesus gav sitt liv för mänskligheten och det var mera än en lunga, njure och hornhinna. Nästa år är det tid för konfirmationen om du själv vill.

Jag är beredd att offra mycket för dig. När jag var liten förstod jag inte att min mor och far tycktes vara beredda avstå från så mycket bara för att barnen skulle få. Den omsorgen och kärleken kan du inte läsa dig till i böcker utan den måste du känna i ditt eget hjärta och långsamt bli varse.

Du har sett Prebens fina motorcyklar och suttit på den flätade sadeln och läst namnet på tanken: Harley-Davidson. Vi såg fotografierna från hans tid som konstryttare i stålburen eller globen. Det har du inte glömt. En gång tyckte du att han var ledsen och det var riktigt, men du hörde aldrig när han talade om sin bror i fängelset. Tomas syntes inte till och han hade inte semester. Föräldrarna stannade i huset.

Hemsamariten Preben Anker kör tung motorcykel och jagas av hänsynslösa banditer. Varje morgon och kväll sköter han om sina föräldrar. Han är både stolt och klok, men också rädd och han vill att jag skriver ner hela historien utan att försköna och ljuga.

Nu skall jag berätta om kärleken, sorgen och smärtan och en del som knappt tål att synas.

Det här handlar om byn där familjen Anker bor. Vi har ju vänner där och vi har suttit i trädgårdarna på sommaren och lyssnat till hemska historier och en hel del har vi hållit dig undan. Inte ens vuxna som är härdade orkar ta till sig allt.

Du har plockat jordgubbar, krusbär och hallon från deras buskar. Stina Anker planterade dem i glädje och lust och nu tittar hon inte åt dem ens. Som hon höll efter bladlössen och rensade ogräs i rabatterna. Hon kände doften av basilika och rosmarin på femtio meters håll i svag vind. Isop, lavendel och kryddsalvia satte hon som kantväxt. Vi lärde oss att gräslöksblommorna var lila och kunde användas i sallader.

Stina och Nils Anker krymper och torkar ut av sorg och smärta efter det som hände med sonen Tomas. Jag lider av att se det, men vad kan jag göra för att hjälpa dem? Du har hört dem skratta och suttit i Stinas knä.

Du kan läsa ett litet stycke i taget och lägga undan och ta om igen och fråga mamma. Det är inte nödvändigt att du genast förstår allting. Vi tog med dig i sammanhang som delvis var över din fattningsförmåga när du var fem och åtta år, men alltid snappade du någonting och lade på minnet. Du vet vad jag sagt om fröna som kommer i jorden och gror, sockerbetorna, veteaxet och rapsen hos bonden.

Ingen i byn hade en trädgård som Stina Anker. Till och med sönerna stillnade inför den när de ställde ifrån sig motorcyklarna. Nu gör Preben så gott han kan, men blommorna, buskarna och örtagården blev väl galna och sörjde sig till döds när inte Stina tog hand om dem längre.

Preben och Tomas älskar sina föräldrar och nu gömmer de gamla sig i huset och orkar inte möta människorna i byn och trakterna omkring. Alla känner varandra till namnet och många har bott där i generationer tillbaka.

Snart slår ditt hjärta för flickor och unga kvinnor. Nästa sommar blir du fjorton och plötsligt är du stora karlen. Ännu växer inget skägg på dina kinder och rösten har inte börjat spricka och skena. Det är gott att du inte skjuter i höjden alltför snabbt.

Jag tycker om att höra din röst när du talar med Tova och Maria i telefonen, men jag tjuvlyssnar på heder och samvete aldrig. Ännu har du ingen flickvän. Du skriver inte dagbok som din syster gjorde.

Långsamt men säkert kommer du att lära känna världen och det mesta hos människorna. Det här är ett samtal mellan mig och dig som vi lånar till andra. Ibland tar mödrarna sina döttrar avsides och ställer en hemlighet på glänt. Det sker också i Amerika, Asien, Afrika och överallt i Europa.

Du har visat mig när du väger på vänstra benet och sträcker bak det andra medan du förlänger armen i värjan. Motståndaren har blicken riktad mot dig. Vem av er skall göra första stöten? Om du är feg och ängslig segrar du aldrig. En elektrisk kraft följer linan från taket och den gör ingen skillnad på fiende eller vän.

Jag har aldrig hållit i en värja eller florett, men det har funnits stunder i livet när jag burit mask framför ansiktet. Vi har lärt dig att inte ljuga och inte bära falskt vittnesbörd om din nästa, men de vuxna människorna har svårt att efterleva dessa ord.

Många gör en lägereld av hat och avund. Är du begåvad och vänlig och tror andra om gott, inser du snart var ondskan finns. Du lär dig något nytt varje dag och färdas över oceanerna och ända ut i rymden med det nya språket bara genom att trycka ner tangenterna på datorn. Jag hinner knappt med dig i den konsten och du är djärv och frimodig.

Du trivdes på lilla Adolf Fredrik och i Storkyrkoskolan i Gamla stan, men det blir nog bra även på högstadiet. Jag behöver bara blunda och se dig gå nerför puckeln på Hornsgatan och du vänder dig om och vinkar åt mig i fönstret. Där stod jag så gott som varje morgon. Jag försökte hålla andakt kring de stunderna och i övrigt låg världen blickstilla.

Det var en vacker skolväg i Stockholm. När du nådde Slussen såg du Riddarfjärden till vänster om dig och i öster svingade sig blicken i Gröna Lunds berg-och-dalbana. Beckholmen och södra Djurgården är kära utflyktsmål för stadens medborgare. Från och med hösten går du väl över Maria Magdalenas kyrkogård och vidare på S:t Paulsgatan mot Repslagargatan och Medborgarplatsen och sedan är du nästan framme.

Mamma och jag köpte ett sommarhus på Österlen i den lilla byn bland bönderna, när vi flyttade till Stockholm. Familjen Anker bodde nära Kivik några mil ifrån oss. Vi åkte dit ett par gånger för att köpa gamla arter av rosenbuskar och de står fortfarande i vår trädgård.

Du var liten då och minns säkert inte de besöken där. Stina Anker visade sin örtagård och den var berömd vida omkring. Lustigt nog råkade den yngste sonen Tomas komma just då med sin motorcykel på vägen och han hälsade och jag tittade på den fina och tunga maskinen. Det var en rödlackerad Harley-Davidson med flätad sadel och breda däck.

Du kramar och pussar mig även inför dina kamrater och det gör dig stark. Du gråter och skrattar och blir arg. Det är livet för stor och liten. En del människor blir rädda när de möter glädjen och sinnligheten. Värjan avhåller dig inte från känslor.

Tränar du måndag och torsdag som tidigare eller tar läxorna och läsningen inför proven så mycket tid att det bara blir ett tillfälle i veckan? Jag är övertygad om att du klarar både fäktningen och skolan galant. Franskan är väl svårare än engelskan och det gläder mig att du är duktig i matematik och svenska och att du har så vacker handstil. Det hade din farfar också och han lärde mig att vara lätt på handen, när jag skrev. Bokstäverna blir osköna om du är arg och håller hårt i pennan.

Som du ser skriver jag det här brevet för hand, trots att jag vet att det är behändigt att trycka ner tangenterna på datorn och alla raderna blir jämna och fina. Nu kräver postkassörskor och bankpersonal människans namnteckning och de jämför med legitimationen. Det är vackert och hoppfullt att själen besegrar världens mest avancerade maskiner och apparater. Du kan aldrig ljuga med ditt tumavtryck.

Ropar och hojtar fäktmästaren fortfarande på dig i träningslokalen? Första gången blev du nästan rädd och undrade om du kommit till en buse. Minns du det? Och varken du eller jag visste hur man skulle uttala hans efternamn: Rerrich. Det lät konstigt. Nu ser du när leendet kliar i Belas mungipa och han har ett stort hjärta och är snäll mot barn, men också sträng och rättvis.

Han har stora gester emellanåt, men med värjan i hand drar han in allt som är ovidkommande till ett nystan och gömmer änden. Glöm inte att Bela är över åttio år nu och en legend inom sin konst.

Han började fäktas som fjortonåring i Budapest. Doktorn tyckte att han var ett klent barn och föreslog att pojken skulle träna idrott. Pappan ville att det skulle bli fäktning eftersom det var Ungerns nationalsport.

Bela blev utslängd tre gånger från lokalen innan han fick börja lära sig. Du sköter väl dig och sticker inte upp för mycket? Han talade nämligen om för tränaren att denne var en bödel och inte en tränare. Likväl blev han fäktare och nådde titeln mästare medan han utbildade sig till advokat.

Han tog olympiskt silver i lag i Melbourne 1956 och det var det sista han gjorde för Ungern, ty sovjetiska trupper invaderade hans land och slog ner frihetsrevolten. Av 126 ungerska deltagare i spelen var det 112 som inte åkte hem igen och bland dem var Bela Rerrich.

Via USA kom han till Sverige och anställdes 1957 som tränare av Djurgården och det är han fortfarande. Han har aldrig skrivit något kontrakt med klubben. Det har räckt med ett handslag.

Han är rak i ryggen som en fura och han vill att du och de andra fäktarna skall hälsa artigt när ni träder in i träningslokalen. Bela vill att du och dina kamrater skall vara höviska och ridderliga mot äldre människor och kvinnor. Det tror jag inte att ni lär er i skolan i dessa dagar.

Preben Anker och hans bror har nog aldrig fäktats med riktig värja eller florett, men de var konstryttare på motorcyklar i Kivik och Sjöbo på marknaden. Du har hört en del av deras historia och jag skall göra så gott jag kan och berätta resten.

Vi pratas vid i telefonen varje dag, men det är mera högtidligt när människor skriver brev till varandra. Orden måste genom hjärtat och lungorna och lämna fingerblommorna vare sig vi skriver på maskinen eller datorn. Sedan ligger de stilla och till synes döda på papperet och läsaren väcker dem till liv igen.

Ja, orden uppstår från döden precis som Jesus om vi tror på dem.

Jag längtar efter dig. I morse drack jag kaffe i trädgården och hästarna betade i grannens hage. Den lilla vitfläckiga har fått sällskap av ett svart föl och ett sto som måste vara mamman. Nordsvensken är fortfarande vresig och girig och tar bröd och grönt gräs som jag håller fram åt de andra. Nu vägrar jag att ge den och schasar bort den så att de andra kommer till.

I dag skall jag lyssna medan Preben berättar om sin bror och han har fått tillstånd till det. Tomas sitter på Hall som ligger några mil från Stockholm. Han har minst två år kvar på sitt långa straff.

Hälsa mamma och vi ses snart igen. Jag cyklar grusvägarna och tänker på dig. Det är torrt på åkrarna och bonden vattnar kvällar och nätter. Kanske tar jag ett dopp vid Sandhammaren eller Haväng senare i dag om jag hinner. Tjugo grader är det i luften och jag har bar överkropp och kortbyxor utomhus. Jag sitter i solskenet nära hagen och skriver det här brevet. Bina har byggt bo i största olvonbusken och jag är vänd så att jag kan hålla ögonen på dem.

Ett par hundra meter från Preben Ankers stuga har en kvinna öppnat ett modehus och hon har anställt sömmerskor från trakten. Hon avlönar två kvinnor från bygden som syr kjolar, klänningar och dräkter till olika modehus. I går såg jag åtminstone fyrtio bilar på en stor äng invid huset och jag undrade vad som stod på och frågade när jag kom cyklande på vägen.

Hon heter Laura Wiik och kommer från Stockholm. Det sägs att hon säljer damkläder till hela Norden. Jag förstår inte att någon kan tro på en sådan näring här året om, men hon har kanske tänkt sig att hålla öppet endast under sommarmånaderna.

Jag har mycket att berätta för dig och du har väl knappt tid att läsa för alla läxor, men du hinner några sidor varje kväll innan du somnar och det här är också ett sätt för dig och mig att hålla kontakten. Dessutom får du möta olika sidor av mig som inte är så lätta att prata om.

Från pappa med pussar och kramar till värjfäktaren.

19

Varför lever människorna? Josefina Kvist dog övergiven och jag satt där vid sängen och vätte hennes läppar och försökte få i henne några skedar vatten, men hon ville varken äta eller dricka på slutet.

Plötsligt pressas sanningens ljus genom en smal springa i loftväggen. Det blir ingen trängsel kring graven när kistan sänks i jorden. Eller så bränns vi till stoft och aska i ugnen och fyller botten av en urna som ingen ser.

Jag såg den seniga och skrynkliga handen som vilade mot vitt lakan. Inte ens strykarkatten eller en utsvulten råtta vill ha lättmjölken, sade hon. Nästan ingenting smakar mig längre, men tjock grädde och lite socker till jordgubbarna får du köpa i Konsum, mörk choklad riven i vaniljglass och svart kaffe.

Bara det bästa och godaste innan jag sluter käften för gott, sade hon i somras från början av juni till slutet av augusti och sedan vägrade hon. Hon tog ut tänderna både uppe och nere och de låg i glaset medan hon smackade och drog in kinderna mot tungan och lät det kalla och söta långsamt sprida sig ut i fingrarna och ända ner i tårna. Då blundade hon och lade en ruta av mörk fransk choklad under tungan som synd och förbjuden njutning.

Två kuddar lyfte huvudet i sängen och jag höll koppen beredd på fatet. Hon behövde inte säga något. Små sug bara så att kaffet sipprade ner där chokladrutan låg. Håret var stort och mera vitt än grått och kammat och borstat varje morgon och kväll. Jag följde henne hela sommaren och jag hade en känsla av att det skulle bli hennes sista. I september tog jag ut semestern.

Patrullen av hjälpare höll tiderna och det blev ändå billigare än att hålla människan på lasarettet dygn efter dygn. I vart och vartannat hus låg, stapplade och rullade de fram. Alla hade redan övat sina kroppar i döden och pressat själen på den sista och avgörande frågan. Några mindes inte vad som hände sekunden före och de tittade på barn och närmast anhörig och undrade varför främlingar släpptes över tröskeln.

Distriktssköterskan kom och rådgjorde med läkare. Även prästen och två grannkvinnor knackade på dörren och ville bli insläppta. Josefina led inte av livshotande sjukdom och ingen värk plågade henne. Hon var inte uttorkad och inte undernärd.

Det är skönt att släppa taget, sade hon. Någon gång ska det ske och nu är min stund kommen. Jag förstår att du lidit av det där med bror din. Jag har sett han sen han låg på en kudde i solen i trägården. Du gick med korna när du var en tvärhand hög och Hjalmar behövde inte hjälpa till. Tror du att han mörda den andre? Nu är väl mor Stina förbi av sorg och smärta. Det gör ont när det är av eget kött och blod. Fråga mej. Mina har inte tid med kärringen. Du har varit snäll mot mej och lyssnat fastän jag tjatat och beklagat mej.

Inte alls, sade jag. Josefina är tåligast av alla. Jag lyssnar gärna. Det är hemskt att inte veta vad som hände den där natten. De var två och Tomas ensam. Kanske högg han med kniven och slog den andre besinningslöst för att han blev rädd och han var inte nykter och klar i huvet. Poliserna hittade ingen kniv efteråt. De finkammade hela havrefältet och vände upp och ner på Tomas rum på gården. Mor och far satt tätt intill varandra, stumma och så gott som orörliga av skräck och ångest. Varken Anders Strandberg eller Johan Nordin kunde ha gömt kniven. Den ene förblödde där han låg och den andre var medvetslös. Tomas säger än i dag att han aldrig bar kniv och att det var Anders som attackerade honom först.

Hur många år har han suttit nu?

Drygt sex, sade jag. Han har lite mer än två år kvar om han sköter sig och inte rymmer. Det är ständiga bråk med de andra fångarna och de hotar varandra och ingen litar på någon annan. Vissa är dömda på livstid och de väntar på nåd. Tomas skriver om jugoslaver, turkar och afrikaner som blir utvisade från Sverige så fort de avtjänat straffen. I de senaste breven nämner han många i byn med namn och undrar hur de mår och om de bor kvar eller är döda. Även Josefina är med bland raderna.

En del förtjänar att sitta där, sade hon. Jag kan inte döma över Tomas. Han hälsade när vi sågs och han hjälpte mig att plocka äpplen och plommon några år. Jag minns när han fick ena benet under traktorn. Det var på hösten och han var väl inte mer än sju och hade nyss börjat småskolan. Blev han inte opererad flera gånger på lasarettet i Lund? Han haltade men inte så mycket.

Far körde traktorn och vi höll på med potatisen. Jag var borta i ett ärende i Kivik när det hände. Tomas höll sig i närheten och han visste om att det var farligt att komma nära maskinerna. Lien, sågen, skördetröskan och märgelgraven skulle vi akta oss för. Gå aldrig bakom hästarna och lita inte på kossor som mjölkas och flyttas från och till båsen. Urinbrunnen var djup och äckligare än allt annat. Hellre dog man än föll däri.

Alla i bygden kommer att minnas min bror före olyckan med traktorn och natten när Anders Strandberg förblödde i havrefältet medan Johan Nordin låg halvt ihjälslagen tio meter ifrån, sade jag. Kanske en och annan nämner att bröderna Anker körde motorcykel i en bur.

Det har du rätt i, sade Josefina. Mänskan minns bäst av allt det grymma och onda i världen. Min egen Hjalmar var inte snäll alla gånger och han bedrog mig när vi var yngre.

Jag lyssnade och såg hennes ögon. Det var då hon nämnde det där med ansiktet. Att sanningen sitter där när ingen ser det. Hon berättade om guldstjärnorna som hon och de andra barnen fick i småskolan om de var duktiga. När det blev mörkt i byn och människorna var ledsna över en dålig skörd eller en älskad som dött i förtid, spände de små liven upp alla sina gyllene taggar på himlen så att den åter lystes upp en stund.

Josefina sade också att hon mindes att Tomas rökte redan när han var elva tolv år. Hon såg det med egna ögon. På något sätt kom det också fram att vår mor klippte honom medan han låg och sov och då var han fjorton och hade en lång tjock man som nådde ända ner till axlarna. Även detta visste Josefina och det skrämde mig litet, ty det trodde jag var en hemlighet inom familjen.

Det sade jag också rent ut där vi satt. Plötsligt fick jag en tanke i huvudet att hon menade allvar med att hennes tid snart var ute på jorden och därför passade hon på att berätta mycket av det som hon hade på hjärtat. Byn rann genom Josefinas kropp och pressade sig in i hennes ögon så att jag såg sanningen och den oförfalskade verkligheten.

Det var i den stunden hon yttrade meningen om hemligheterna hos människan. Ett straff värre än korsfästelse och livstids fängelse är att hon berövas sitt sista gömställe och därnäst att hon inte får behålla en hemlighet.

Hon undrade om jag hade hittat en kvinna som jag höll av och ville gifta mig med. Hennes ton gjorde mig ovanligt öppen och frispråkig, nästan modig, och jag sade att jag sökte en som var rar och trogen.

Hur gammal är du nu?

Jag är snart trettifem, sade jag. Det är långt ifrån för sent.

Ni är nog lite sena av er på manssidan i din familj. Din far Nils var nästan fyrti när han vigdes med Stina. Jag var tjuge när Hjalmar och jag blev ett par och första flickan kom knappt ett år senare. Det är lustigt. Namnet Preben Anker passar för en mycket äldre karl än du.

Jag blev inte alls besvärad av att hon pratade om min ålder, äktenskap och barn. Flera av de andra gummorna var nyfikna och rentav påträngande i en del avseenden, men Josefina hade en annan ton och stil när hon berörde känsliga ämnen. Dessutom tänkte jag ibland att brodern till en dråpare och kanske till och med mördare har redan slungats i märgelgraven och pissbrunnen vid lagården. Om han mot all förmodan lyckas ta sig upp, sitter stanken kvar hur mycket han än tvättar sig livet ut och märgeln lämnar aldrig hans kropp.

Du borde nog ha flyttat för gott långt bort, sade hon. Här blir du aldrig kvitt de andras dom över din familj. Varje gång människorna här ser dig är du också Tomas. Det vet Nils och Stina och därför orkar de inte möta någon på allmänningen.

Jag kan hälsa från Olga Næss, sade jag. Hon ringde i går från Stockholm. Hon sjunger och dansar och står i en skivaffär. Snart söker hon in till Kungliga Musikhögskolan. Jag hade inte trott att hon skulle besöka Tomas och stödja på alla sätt hon kan. Här baktalades hon och man spred onda rykten om henne.

Plötsligt en av de sista dagarna i augusti kring klockan sex på kvällen tittade Josefina på mig med en särskild blick och hon låg i sängen. Hon hade inga liggsår och jag visste ingen bland de andra gummorna och gubbarna som var så noggrann med att bli tvättad som hon. Jag stod knappt ut med stanken av ammoniak och smuts från deras kroppar.

Jag ska vara ren och fin, när jag går över gränsen, sade hon. Hjalmar var lite skitfärdig av sig i början men det tog jag ur honom. Han fick inte gå från lagården över tröskeln här utan att först ha spolat av sig med slangen och vi hade varmt vatten på flera ställen i närheten av djuren. Försökte han krypa ner i sängen till mig ville jag ha honom direkt från badkaret. Det finns så många svinaktiga karlar.

Ja, hon tittade på mig och sade att hon ville sitta i mitt knä. Det hade aldrig hänt tidigare och jag blev minst sagt överraskad och häpen. Ändå hade vi kommit varandra ganska nära genom hundratals samtal.

Hon vägde säkert inte mer än fyrtiofem kilo. Det sista året bar hon nästan utan undantag vita särkar med ett ganska grovt tygsnöre kring midjan. De var alltid rena och fina. Ett par timmar om dagen satt hon i en bekväm fåtölj i kammaren och hon gick av egen kraft utan rollator eller käpp inomhus.

Jag köpte mjölk, smör, bröd och kött av olika slag, men hon var liten i maten och på slutet sade hon rent ut att hon ljög för läkare och distriktssköterska om vad hon åt under dagen. Hon avkrävde mig löfte att hålla tyst och inte röja något bakom ryggen på henne.

Jag var mån om att hon skulle få i sig vätska när jag var hos henne trots att det inte var min uppgift att bevaka det. Ibland retades hon litet med mig och undrade om inte jag själv försummade att dricka vatten.

Nu ville hon sitta i mitt knä. Hon nådde mig knappt till axlarna. Jag gick med kannan och vattnade hennes blommor i största rummet när hon ropade på mig. Hon satt med kuddar bakom ryggen i sängen och läste Ystads Allehanda. Glasögonen knääde mot mitten av näsan. Jag svarade inte direkt.

Ta mig i famnen och lyft mig till bästa fåtöljen, sade hon. Jag måste få sitta i ditt knä. Det är tretti år sen jag hade ett manfolk under mig. Om jag räknar bort den tokige glasmästaren från Kivik. Låt mig se. Då var jag nästan sjutti och han hade väl något år till pensionen.

Jag hade aldrig haft en kvinna i den åldern i min famn. Hon

vägde inte mer än en säck mjöl eller socker. Vita särken och det grova snöret i blått kring midjan klädde henne fint. Tänderna satt i munnen. Mina armar var inte frimodiga och djärva. De klöv vattnet när jag simmade kapp längd efter längd, men nu skulle de bara genom luften och kupa och fläta händerna i värme.

Josefina brukade säga att mycket av kärleken satt just där och i blicken hos en människa. Hon doftade tvål och rent linne. Pendylen hängde på väggen och den hade Hjalmar dragit upp med blank nyckel varje fredagskväll. Så mycket hon hade att berätta om flydda tider och människor i byn och i trakterna omkring.

Hon hade lukat och gallrat betor, kört häst i skogen om vintrarna och dragit timmer, sågat ved och nackat hönor, tröskat, vävt, styckat gris, förlöst kalvar, saltat kött och fött och närt fyra barn. Kryddväxterna och blommorna tog hon på sin lott och likaså brödbaket i ugnen.

Jag hade inte sett henne utan kläder. Det var inte mitt göra att tvätta henne i badkaret och förresten klarade hon det själv om hon fick hjälp med att stiga i och ur vattnet. Hett skulle det vara så att hon knappt kunde sätta sig utan att bli skållad, men hon behärskade konsten att överlista gradtalet.

Hon berättade vällustigt om att hon brukade sitta minst en halv timme i karet och helst längre men sköterskan hade alltid bråttom till nästa gamling fastän hon inte låtsades om det. Det var inget att bråka om för Josefina.

Det var i den stunden när hon satt i mitt knä och jag höll en arm om hennes nacke som hon sade att hon skulle söka mig efter det att hon gått över gränsen. Det lät kusligt. Långsamt tycktes hon falla i sömn. I varje fall blundade hon och andades lugnt och jämnt. Jag blev litet ängslig, det måste jag medge, att hon skulle somna in för gott medan vi satt där.

Jag tänkte att hon bestämt sig för att inte leva så länge till och att hon på något sätt kände när tiden var inne, men jag slog ifrån mig tanken. Ingen kvinna hade somnat så i min famn. Jag blev varm kring bålen och i bröstkorgen. Mitt hjärta slog mot hennes skuldra.

Hon var äldre än min egen mor och nästan jämngammal med mormor Iris. Pendylen var förgylld och vackert formad med rosetter och vaniljfärgad urtavla. På det ovala krönet stack två vippor upp som på en uggla. Sekunderna darrade i svarta språng.

Utan att säga ett ord hände sedan det som ingen på jorden hade kunnat få mig att tro på dessförinnan. Människorna i byn kunde knappast överraska och förvåna mig längre. När de tog Tomas till Hall, lämnade han kvar en skugga som inte upplöstes av solljus och dager.

Josefina lade min hand mot ett bröst och öppnade knuten i snöret kring midjan. Sedan lyfte hon sig en aning och drog upp särken och hon var naken under. På tusendelen av en sekund försvann femtiotre år mellan oss eller litet mer än ett halvt sekel.

Smek mig, sade hon. Ingen karl har rört mig efter järnhandlaren i Kivik och han var inte öm och han saknade hjärta. Trodde väl att han gjorde en god gärning, men jag hade lusten.

Människor hungrar, sörjer och längtar sig fram till varandra, bara vi inte stänger om oss. Josefina hade lärt mig att lyssna. När många i byn släppte mig och far och mor i den djupaste märgelgraven, gick hon långsamt ut och sökte oss. Hon tog kappan och hatten och tvingade sig genom den kallaste och grymmaste vind som jag upplevt sedan jag föddes.

Ändå hade vi inte haft så mycket att göra med henne dessförinnan. Hon bodde knappt två hundra meter från oss. Jag måste erkänna att jag inte tyckte om Hjalmar Kvist. Han var vrång och konstig. Även barn tyckte att det var märkligt att Josefina var gift med honom. Hon vävde mattor och dukar till julbasarerna och hon hjälpte till i bygdegården och församlingenlingshemmet vid begravningar, bröllop och dop och det fanns inget ont att säga om henne.

Josefina behöver inte hota med kniv. Hon drar bara skämtsamt och kärvänligt med en nagel mot mitt skjortbröst och det blir en spricka i mig och långa berättelser om byn och familjen Anker rinner ur mig.

Vad hade prästen sagt om han sett oss i denna stund? Manfred Björk brukade nicka åt Josefina och kyrkvärdinnan när det var dags att servera kaffe och kakor och nu satt hans bästa hjälpreda i mitt knä och blundade och andades med små stötar av luft medan jag smekte hennes bröst.

Hon dömde inte dråparen eller mördaren och inte heller hans bror. Det skänkte mig tröst. Jag tänkte att vår stund där var av det slaget som hölls i lönndom och bevarades som en hemlighet. Hur hade mänsklighetens historia sett ut i skrift om alla skamliga, syndiga och besinningslösa möten mellan själarna och kropparna blottades?

Min lem blev varm och styv. Josefina var säkert snäll och trogen men hon närmade sig gränsen och ville lämna det jordiska livet för något annat. Precis så sade hon flera gånger till mig: Preben Anker, du ska veta att jag har sett och hört tillräckligt. Det får räcka.

Jag smekte hennes sköte den kvällen och hon rörde vid mig. Prästen och de andra i byn hade säkert blåst i basunen så att väggarna fallit i hennes stuga om de anat vad vi gjorde. Några av dem skulle nog ha velat stena och ställa oss vid en skampåle nära bygdegården eller församlingshemmet.

Vi skojade om att hon borde dricka två glas vatten efteråt. Hon älskade skorpor med honung ända sedan hon var riktigt liten och jag bredde tunna, fina lager på den gyllenbruna ytan. Hon drack te och smulade på den vita särken och vi skrattade gott och hon borstade av sig och sade att hon visste vem som dammsög och sopade hennes golv.

Sedan bar jag henne till sängen och stannade tills jag hörde att hon sov. Hon ville ha dova röster och musik på radion när hon vilade och försökte somna in. Någon talade mellan sångerna och ljuden från instrumenten.

Ett svagt sken från en bordslampa i ena hörnet av rummet lade en hand av ljus över hennes ena kind. Jag var betrodd med egen nyckel och låste dörren när jag gick. En liter riktig mjölk, smör, mörk kavring, spickekorv och honung från Lövestad lämnade jag kvar.

Jag vände mig om ett par gånger när jag kom ut på gården och satte mig i bilen. Långt bort ifrån hörde jag ljudet av en traktor. Här i byn tog ingen vuxen människa miste på den maskinen och en annan.

Däremot kunde många inte skilja mellan en människa som led och en som låtsades vara tillfreds med livet och omvärlden.

20

Gilbert berättar för mig om kvinnan som älskade lusten

Fröken Kristina var en gång i tiden en ung kvinna som dansade, skrattade och fröjdade sig med männen. Föräldrarna hade gott om pengar och hon var enda barnet och efterlängtad och älskad. Hon var duktig i skolan och fick fina betyg.

Hon höll av sin kropp och njöt av att se den i spegeln morgon och kväll när hon stigit ur badkaret på andra våningen i den vackra herrgården. Familjen var adlig och hade anor som förgrenade sig till det svenska kungahuset.

Hon spelade piano och målade tavlor. Två dagar i veckan körde hon själv bilen till Malmö för att ta pianolektioner hos en judinna som flytt från Ungern under andra världskriget med hjälp av en svensk diplomat som hon först långt senare fick namnet på. Det var Raoul Wallenberg.

När Kristina var arton år hade hon legat med åtminstone tre män och det skedde utan att föräldrarna kände till det. Därmed hade hon ett hemligt liv om man betänkte att föräldrarna trodde att hon var oskuld. Hon hade varit förälskad i alla tre männen, men det var inte allvarligare från hennes sida än att hon fortsatte att träffa dem var för sig även efter det att hon sagt åt dem att hon inte älskade dem och önskade vara fri.

Hon träffade Johan, Ruben och Gustaf i Malmö. I begynnelsen visste de inte om varandra, men så småningom berättade hon öppet för dem att hon hade mer än en älskare. Två av dem visade svartsjuka och den tredje var tillfreds om han bara finge träffa henne då och då.

Föräldrarna tvingade inte dottern att studera vidare på universitetet i Lund eller att skaffa sig en yrkesutbildning av något slag. De gav henne tid att läsa böcker och lyssna på klassisk musik och umgås med väninnor från trakten omkring herrgården.

Alla som lärde känna Kristina var överens om att hon var gladlynt och begåvad på många sätt. En del män tyckte att hon var vacker och andra sade att hon hade fina drag i ansiktet. Hon var spenslig och litet över medellängd. Om man hade hört och sett henne skratta, glömde man det aldrig.

Kristina var förtjust i att smeka och kyssa de tre männen och kanske flera ändå. Endast hon själv räknade dem, men de var i alla fall inte fler än att hon höll ordning på dagar och klockslag när hon skulle möta dem.

Hon njöt av att männen tittade på hennes nakna kropp. Så här sade hon om lusten: Har nu Gud gett mig brösten, läpparna, skötet och allt det andra bör jag väl inte blygas och känna skam inför kroppen. Jag njuter av att bli smekt och kysst och vill själv göra detsamma. Vem kan med rätta finna något klandervärt i detta.

Pianolärarinnan var ganska sträng men inte alls elak eller ovänlig mot sina elever. Hon visste bara att deras föräldrar betalade lektionerna och därför ville hon ge valuta för arvodet. Kristina spelade sina läxor och förkovrade sig hela tiden.

Det hände att hon stötte ihop med någon ung dam eller yngling, när hon väntade på sin tur att få komma in till Nora Wittman. Lärarinnan var änka efter en pälshandlare i Malmö och bodde på Slottsgatan mitt emot Kungsparken.

En måndag satt Kristina i den stora möblerade hallen och väntade. Då knackade någon tre, fyra och fem gånger på dörren och en herre steg in utan att Nora öppnade. Så gjorde alla eleverna, om lärarinnan var upptagen med en adept. Den enda skillnaden i denna stund var att han slog knogen litet hårdare i träet än vad andra hade blivit tillsagda att göra och dessutom slutade han inte efter den tredje gången.

Det fanns ingen ringklocka på utsidan, ty Nora tyckte sällsynt illa om oljudet från sådana klockor kring de yttre dörrarna till hus och lägenheter, men hon hade ingenting emot plingandet från spårvagnar eller kyrkklockor som slog.

Mannen hälsade och tog av sig hatten och rocken. Det var i slutet av april det året och Kristina hade promenerat en lång stund i den vackra parken som sträckte sig förbi biblioteksborgen i rött tegel och där rann små bäckar under smala broar. Änder och svanar simmade i dammarna och hon visste att träden, gräsmattorna och gångarna nådde nästan fram till stadens sandstrand. Där började Öresund på den svenska sidan och tvärs över vattnet låg Köpenhamn och Danmark.

Mannen satte sig i den enda fåtöljen och började bläddra i en veckotidning som han tog från stället under klädhyllan. Kristina tyckte bäst om korgstolen med mjuk kudde på sits och rygg. Hon höll i Året Runt och läste förstrött och tänkte på spelläxan, ett svårt parti ur en av Mozarts pianokonserter.

Han hade vågigt hår och det var ljust och kanske en aning grått vid tinningarna. Hon hade blick för karlars ansikten och särskilt om där fanns drag som antydde en viss karaktär. Överlägsna, inbilska och högdragna ödslade hon inte tid på, men till synes blyga och försagda lockade henne att dröja vid åsynen. Nog tänkte hon att hon var kapabel att skilja mellan en förnäm och en stroppig karl.

Han bar kostym, mörkblå slips, svarta välputsade skor och vit skjorta. Hon lade märke till manschettknapparna, nålen och näsduken i bröstfickan som gick i ton med slipsen. Avståndet mellan dem var knappt två meter och när hon koncentrerade sig förnam hon doften av herrparfym som inte var söt och inte för stark.

Klockan hade slagit fyra och det var hennes avtalade tid denna dag, men Nora blev emellanåt så gripen och trollbunden av vad hon hörde från pianot att hon glömde bort allt annat än klangerna och tonerna.

Kristina satt snett till höger om mannen och hon märkte att han hade henne i ögonvrån. De svarta skorna blänkte och rosetterna i banden hade inte knutits av slarviga händer. Han höll ett ben över det andra och därmed blottades den svarta strumpan som inte tog slut nedanför byxslagen. Det tackade hon tyst för, ty karlar och strumpor var ett kapitel för sig hade hon lärt sig.

Hon prövade att le åt honom utan att vika blicken och han dröjde och tvekade förmodligen men mötte den. Ingen av dem visste i den stunden att detta var början till en saga eller historia som i sin yttersta konsekvens krävde en berättare som fick lyssna och dröja vid den tillräckligt länge och djupt innerligt för att andra skulle förstå. Den kvinnan och mannen skulle aldrig bli tillnärmelsevis genomlysta om inte deras öden korsades som en gåva eller varning för eftervärlden.

Hon sträckte fram handen och sade: Kristina Bergman och min familj har sin stam i Macklean. Det var ett sådant efternamn som alla bildade människor framför allt i södra delen av Sverige reagerade direkt på, ty dels klingade det utländskt och dels fanns det en känd man som hette Rutger och han införde enskiftet i Skurups socken. Han hade tydligen fått sina idéer från Danmark där enskiftet redan var infört efter engelsk förebild.

Kristina hade studerat den mannens historia ingående och hon var släkt med honom i en gren som satt i sjätte eller sjunde klykan bredvid stammen. Hon ville inte alls vara märkvärdig när hon påtalade namnet på anfadern, men hon kände en själslig gemenskap med honom.

Rutger Macklean skrev ett utkast till en promemoria över

en ny svensk författning 1809 och den var spjälkad i elva punkter. Han hade studerat Voltaire, Rousseau, Robespierre och Adam Smith och han var närmast att betrakta som vänsterradikal politiskt sett.

Macklean tillhörde oppositionen mot Gustav III vid 1789 års riksdag. Hans bror höll en av kungamördarna från operamaskeraden 1792 dold på sin gård Brodda intill Svaneholms slott. Rutger föddes på Ströms herrgård i Hjärtums socken i Bohuslän den 27 juli 1742. Hans förfäder invandrade från Holland till Sverige på 1600-talet i samband med att Gustav II Adolf grundlade Göteborg.

I denna stads historia förekom en köpman, Hanns Mackeleir, som lämnade efter sig handskrivna dokument på holländska. Hans namn härleddes ur det holländsklågtyska ordet "makelaer", en vanlig yrkesbeteckning som betydde mäklare och skeppsköpman. Från den äldsta namnformen under den holländska barocken i Europa ändrade familjen stavningen två gånger. Första gången var när den adlades under den franska klassicismens och upplysningens tid, till Macklier. Andra gången när familjen nyadlades till friherrligt stånd under den anglosaxiska förromantiken, till Macklean.

Därmed var bokstävernas kringelgångar och krumbukter framme vid en av kusinerna till ett barnbarns barnbarn. Hon hette Kristina och hon höll nu fram handen och mannen grep den så att hon kände att han var stark i armarna och han sade: Sigfrid Lilja. Jag är pappa till Anna-Lisa och jag skulle hämta henne klockan fyra men de är visst lite försenade. Det gör ingenting. Jag är ledig i eftermiddag och min dotter och jag ska åka bil till Bokskogen och promenera där och ha det skönt. Jag har matsäck och dryck. Vi har gjort till en fin årlig vana att se bokarna när de just slagit ut.

Hon tyckte om att han sade alla de orden efter namnet och hon höll med om att boken var det praktfullaste trädet i riket den tiden på året, men även den bronsgula färgen på hösten var utsökt vacker. Hennes egen mamma och pappa hade visat henne sådana träd när hon var liten i närheten av S:t Olof och de hade också besökt Bokskogen någon mil utanför Malmö.

De släppte inte handslaget direkt och förmodligen dröjde de så länge som det behövdes för att båda skulle tänka på den uttänjda tiden efteråt. Han log mest med ögonen och de var bruna till det ljusa håret.

Jag har spelning klockan fyra, sade hon, men Nora blir lätt så tagen av något stycke eller en övning att hon glömmer bort både klockan och schemat. Jag förstod att ni har kommit hit för första gången.

Hur så? sade han. Det stämmer faktiskt.

Nora har sagt åt oss att knacka tre gånger på dörren med lös hand. Inte för att hon hör oss utan mer som en fast överenskommelse mellan henne och eleverna. Kanske hör hon i andanom de lätta slagen mot träet fastän hon avlyssnar tonerna från pianot.

Macklean, sade han. Är det inte efter den berömde mannen från Svaneholms slott och enskiftet?

Jo, sade hon. Jag är avlägsen släkting till honom och mina förfäder behöll hans efternamn genom århundradena. De hade väl på känn att hans insatser skulle stå sig och så länge inte anfadern gjorde sig skyldig till skandaler och råkade i vanrykte kunde det kanske vara bra om hans berömmelse skvätte över på de efterkommande.

Jag har sett stenen med hans namn vid sidan av vägen mot Ystad och infarten till Svaneholms slott, sade han.

Kristina hörde steg från andra sidan dörren och hon fick en ingivelse att upplysa mannen om att hon hade samma speltid varje måndag. Hon visste att Anna-Lisa började klockan ett och höll på tills de avlöste varandra. Tre elever tog Nora emot den dagen och den första kom nio. Konstigt nog ville inte lärarinnan vila längre stunder mellan lektionerna och det motiverade hon med att örat och hjärnan ställde in sig på musik och när de väl börjat samspela mådde de bäst av att inte byta uppgift.

I den stunden öppnades dörren och från det inre av den stora våningen kom Anna-Lisa och hon log stort och varmt när hon fick syn på fadern. De kramade varandra och dottern hälsade glatt på Kristina och sade hastigt att Nora var kraftigt förkyld och led av huvudvärk: I dag spelade jag mera med hjärtat än med fingrarna och det tänker jag fortsätta med. Jag fick mycket beröm i dag.

Kristina log och nickade åt Sigfrid Lilja och hon såg att han var reslig och stilig i sin svarta rock och slokhatt. Dottern och han krokade arm och Kristina hörde att han sade några meningar om vädret, Bokskogen och matsäcken i bilen.

Det var Kristina Bergmans och Sigfrid Liljas första möte men hon tänkte direkt efter det att han gått med dottern att de skulle råkas igen.

21

Käre pappa,

Jag längtar efter dig varje dag. Nu har jag gått drygt två veckor i min nya klass och jag har kvar fem av mina kamrater från Storkyrkoskolan. På kvällarna läser jag "Harry Potter" och det är den bästa bok jag någonsin läst. Den handlar om trollkarlar och deras familjer som bor i utkanten av en stad och ingen mer än de själva ser husen, gatorna och torgen där.

Den mäktigaste trollkarlen tog livet av Harrys föräldrar, men han misslyckades med pojken. Harry fick en blixt i pannan som ett sår efter trollkarlens skurkstreck och han togs om hand av sin moster och hennes man. Det är spännande och jag läser ett par kapitel varje kväll och har svårt för att släppa den innan jag somnar. Jag berättar mera när vi träffas i Stockholm.

Jag avundas dig som kan bada vid Sandhammaren och Haväng och jag ser på väderlekskartan att det är sol och vackert väder i Skåne. Springer du vid havet och cyklar på grusvägarna? Har du pratat med Gilbert Häger? Jag tycker om honom.

Tänk att jag har suttit på Tomas Ankers motorcykel. Du har lärt mig skillnaden mellan dråpare och mördare. Han kallas väl bådadera enligt domstolen och åklagaren. Preben och föräldrarna måste lida oerhört. Det är nog lättare för anhöriga till dråpare och mördare att bo i en stor stad som Stockholm än i en by där alla bevakar varandra och skvallrar.

Jag fäktas två gånger i veckan och ska försöka hålla den takten under höstterminen om jag orkar. Det blir många läxor och prov på högstadiet och lärarna ställer krav. Klassföreståndaren verkar bra. Hon kommer från Polen. Jag har lagt märke till att hon har lite problem med svenskan både när hon skriver och talar. Emellanåt stavar hon fel till ganska enkla ord.

Tänk om Tomas Anker är oskyldig. I så fall borde han inte sitta i fängelse. Det är lite konstigt att läsa vad du skriver. Plötsligt glömmer jag av mig och då är det som om du är Preben Anker och inte min pappa. Har du sett skinnskallarna? Jag ser flera stycken varje dag i Stockholm fast de tycks ha försvunnit från pontonen vid ingången till Gamla stans tunnelbanestation. Polisen har satt upp stängsel och långa galler som spretar åt sidorna.

Jag berättade inte för dig vad som hände ett par gånger på friluftsbadet i Tomelilla i somras. Jag och Edvin satt i bastun och på övre raden flinade och hojtade några killar från trakten. Sen blev jag rädd. Fyra polacker i min ålder kom plötsligt in och då blev de andra som tokiga.

Polackasvin, far åt helvete. Stick, skrek de. Annars får ni spö.

Vi hade sett dem tidigare. De var från Polen och bodde nog utanför Tomelilla, men de fick inte lov att gå in i bastun. Det var otäckt men jag vågade inte ingripa och säga emot.

Snart börjar förhören med nazisterna som mördade poliserna i Malexander. Tidningarna skriver mycket om fallet och jag läser nästan allt. De är skyldiga och måste straffas hårt, men jag tror inte att jag vill ha dödsstraff i Sverige. Fast ibland är jag nära att tänka så. Särskilt om det gäller grymma brott som mord och rena avrättningar.

En av mina skolkamrater rånades i tunnelbanan i förra veckan. Skurkarna hotade honom med kniv och stal hans klocka och mobiltelefon. Det var hemskt. Han stod ensam med dem. Två gamla tanter och en gubbe vågade inte ingripa, trots att han skrek efter en stund. Tjuvarna sprang uppför trapporna och försvann som oljade blixtar.

Vattenfestivalen är slut och det är faktiskt skönt. Jag har tröttnat på den och gick bara på en utomhuskonsert med Robyn. Hon var läcker. Jag har åkt skateboard och tagit det lugnt ett par veckor. Franskan är svår och vi har börjat med geometri. Den klarar jag utan problem ännu så länge, men det blir väl värre senare.

Mamma hälsar och hon mår bra. Syrran arbetar. Säg till Preben att jag vill åka på hans Harley-Davidson när jag kommer ner nästa sommar i början av juni. Nu är jag inte rädd för att sitta på bönpallen.

Jag har fått brev från rektorn på Vittra skolor och jag har kommit in på L'Estradska. Jag hade alla rätt på senaste glosförhöret i engelska och det gick bra på provet i matematik. Lärarna berömmer mig och jag får fina omdömen. Vi får välja mellan teknik, naturkunskap och data i de fria ämnena.

Var rädd om dig och akta dig för skinnskallarna. Om de får reda på att du skriver om Preben och hans bror, kan de göra vad som helst. De fruktar ingenting. Jag tycker inte om att du är i närheten av Anders Strandbergs och Johan Nordins vänner. De är livsfarliga och skyr ingenting ifall de vill hämnas.

Lås dörrarna i stugan och var på din vakt.

Många pussar och kramar från August.

22

Vi hade ett litet rum i ena änden av bostadslängan och köket i den andra. Jag steg över tröskeln en gång och såg ljuset falla över kvinnan som låg i en säng. Hon liknade min egen mor men jag var inte helt säker ty kroppen hade förändrats så mycket på bara några månader.

Far sade åt mig att jag skulle vara lugn och snäll och jag lekte mest på gården och följde honom och Malte på avstånd och tittade på vad de gjorde. Det var i månaden maj och vädret var milt och fint.

I takt med att far förmanade mig skärptes mina sinnen och jag lade märke till små skiftningar i hans röst och ansikte. Han blev retlig men han slog mig inte. Varje kväll gick han in till kvinnan i sängen och jag hörde deras röster och han ville att jag skulle lägga mig tidigt och sova.

Allt det som skedde då har jag tvingats långsamt återställa. Tystnaden i huset liknade inte den som hade rått dessförinnan. Far bar in maten till mor och han lagade den själv och därför smakade den inte som förr när mor stod vid spisen och skötte hushållet.

Fars röst blev tunnare så fort han kom över tröskeln till rummet längst bort i östra änden av bostadslängan. Jag stod tio meter ifrån och låtsades titta genom ett fönster. Förmodligen blev jag äldre och klokare de månaderna än vad jag hade blivit om allt varit som förr i familjen.

En dag åkte hon till sjukhuset i Simrishamn. Doktorn kom och satt bredvid henne i baksätet medan far körde bilen. Malte stannade hos mig. Jag frågade vad som hade hänt men han svarade konstigt och ville att jag skulle vara tyst och leka.

Malte hade inga egna barn. Det märktes tydligt. Han var ungkarl och senare i livet har jag sett samma beteende hos andra män som levt utan en kvinna vid sin sida. Aldrig lyfte han upp mig och han visste inte hur en vuxen människa borde tala med en liten.

Det hann bli mörkt innan far var tillbaka. Jag blev rädd när jag såg hans ansikte. Först tänkte jag att mor hade dött. Jag hade nämligen sett kultingar, hönor, kycklingar och till och med tjurkalvar och mjölkkor som inte orkade längre och lade sig på sidan och blev helt stilla.

Är mor död? sade jag. Far är hon död?

Då tog han om mig och lyfte upp mig i famnen och vi satt länge så och det verkade som en hel dag när jag lekte och hade roligt, ty alla klockor i huset stannade och Malte smög undan och hade inga ord och ingen tröst att ge åt den lilla människan.

Det har inte varit lätt att återställa historien som den var och jag vet att flera bitar fattas och en hel del ligger fortfarande i mörker. Ännu i dag frågar jag mor och far, men de säger inte så mycket. De har nog med smärtan och sorgen kring Tomas.

Mor blev havande när jag var fyra år. Ända fram i sjunde månaden vävde hon och skötte hemmet utan någon förändring, men sedan blev hon trött och fick feber. Jag mindes inte att jag någonsin såg henne ligga till sängs.

Doktorn kom från Kivik och undersökte henne och skrev ut medicin och förmanade och sade att hon skulle vila sig. Då började far ta över även sysslorna i hushållet trots att mor försökte och stretade emot.

Hon var envis och stark, men jag märkte att hon blev trött efter minsta ansträngning. Så förflöt tiden fram till det att hon kördes iväg till lasarettet i Simrishamn tidigt en morgon. Far återvände sent på kvällen och det var mörkt och jag kunde inte somna. Malte måste ha suttit vid köksbordet och läst tidningen.

När Malte hade gått hem till sig lyfte far upp mig och höll mig i famnen. Han gick fram och tillbaka på golven från rum till rum och ända bort till det yttersta i bostadslängan men där låste han dörren.

Det var enda gången jag fick ligga bredvid far i hans säng. Han höll en arm om mig och han sade inte många ord, men jag förstod att någonting hänt som gjorde honom ledsen. Plötsligt tystnade han och då lät det som om han grät bakom ögonen och munnen. Visst skakade han i kroppen och jag låg blickstilla och höll andan och väntade.

Långt senare i livet har jag sett många gummor och gubbar gråta när de varit förtvivlade och översiggivna. Ingen av dem har dock påmint om far såsom han var den sena kvällen och ända fram tills jag somnade bredvid honom i sängen.

Han väckte mig tidigt och sade att han måste ut till korna och grisarna. Malte skulle arbeta på åkrarna. Så tidigt behövde jag aldrig stiga upp när mor var hemma. På knappt ett dygn förändrades mycket i hemmet, men jag hade vant mig litet sedan mor blev svag och låg till sängs med den stora och tunga magen.

Jag älskade havregrynsgröt och han kokte två portioner till mig i kastrullen och blandade i litet råg. Till det tog jag en matsked ljus sirap eller äppelmos. Mörkt bröd med honung från odlaren i Lövestad och två glas mjölk ville jag ha på morgonen. Även han åt gröt men han var aldrig stor i maten trots att han arbetade hårt från bittida till sent. Vi åt under tystnad.

Jag tänkte på hans tysta gråt innan jag somnade på kvällen och på något sätt förstod jag att den stunden skulle jag behålla utan att någonsin tala om den och långt mindre få den förklarad.

Plötsligt tittade han på mig med en blick som var alldeles ny och sade: Preben, du ska veta att mor blev sjuk och att barnet dog efter två timmar. Prästen kom till lasarettet och nu talar vi inte mer om det. Mor är ledsen och svag och lova mig att inte fråga en massa när hon kommer hem. Hon behöver vila och lugn och ro.

Jag glömde aldrig de orden fastän jag inte förstod riktigt vad de betydde. Då var jag fyra år och sju månader. Mor var tillbaka efter en vecka och långsamt blev hon starkare och återgick till sysslorna i hemmet. Jag undrade försiktigt vad som hände på lasarettet med den lilla flickan, men jag märkte att hon inte ville prata om det och jag höll löftet till far.

Tiden gick och jag lekte på gården och där fanns mycket att göra. Jag tyckte om att titta på korna och grisarna och mor lät mig mata hönsen och tuppen som gol när som helst om dagarna. Far och Malte arbetade hårt. När det var dags att skörda säden och ta betorna ur jorden brydde de sig inte mycket om att hålla matraster och då vakade de över mörka moln på himlen och far satt som vid andakt och lyssnade till väderleksrapporterna på radion. Vid långvarig torka på sommaren bad han om regn och jag lärde mig allt som jag behövde veta om bondens känsla för nederbörd, vind och sol.

Senare berättade far att flickan nöddöptes till Ingrid och hon skulle ha blivit min lilla syster. Inte bara kycklingar, tjurkalvar och griskultingar dog som nyfödda och små. Även människor slutade att andas och levde i ena sekunden och dog i den andra.

Ett år senare i april månad ville mor och far att jag skulle åka till några släktingar i Småland. De tyckte att jag behövde komma bort ett tag och få jämnåriga lekkamrater. Moster Lovisa och Anton bodde nära Ljungby. Jag hade träffat dem flera gånger och jag trivdes gott med deras barn. De hade två pojkar som var fem och sju år och en dotter som var nio.

Jag tyckte om kvinnornas språk. Ibland drog jag några ord omkring mig som en filt och jag tänkte på mors händer när hon knådade degen till brödet och penslade bullarna med ägggulor och litet socker. Moster Lovisa var blind på ena ögat sedan unga år och hon hade tjockt, mörkt hår som hon formade till kringlor i nacken. Anton var snäll och rättvis och han ägde och drev en järnhandel i Ljungby.

Hugo, Lars och jag byggde kojor och spelade fotboll. Vi cyklade på skogsstigarna och tävlade i löpning och brottades, men vi blev sällan ovänner. När sjöarna och dammarna frös spelade vi ishockey och jag hade knappt stått på ett par skridskor dessförinnan men jag lärde mig så pass att jag inte föll efter varje skär.

Jag saknade mor och far men jag led ingen nöd och jag tyckte om naturen och de stora utrymmena i det röda huset. Hugo och jag delade rum och vi låg i en våningssäng, jag under och han över.

Jag undrade inte särskilt över hur det kom sig att jag inte bodde hemma just då. Mor behövde nog vila sig ordentligt efter Ingrids död. Jag hade förlorat en lillasyster och jag förstod att ingenting kunde ändra på det.

Mor ringde en gång i veckan och förhörde sig om hur jag hade det och jag hade inga skäl att beklaga mig. Veckorna och månaderna gick och i början av februari sade hon att det var tid för mig att åka hem igen. En överraskning väntade på mig. Vi bestämde att det skulle ske den tjugofemte.

Artur körde mig i bil hela vägen hem och även han var hemlighetsfull och blinkade åt mig ett par gånger och sade att jag säkert skulle bli förvånad. Han tutade när vi rullade in på gårdsplanet och far kom ut på förstukvisten och kom oss till mötes med ett vänligt ansikte. Innan jag hann ur bilen sträckte han ut armarna och gjorde sig redo för en kram.

Litet längre än tre månader hade jag varit borta och jag

hade inte sett mor och far under den tiden. Han höll armen om mina axlar hela vägen in till köket och Artur gick efter med mina väskor.

Nu ska du få se vad som hänt medan du varit borta, sade far.

Han ropade på mor och tio sekunder senare kom hon med ett bylte i famnen och nästan direkt hörde jag barnaskrik. Hon bar en liten pojke och han hade redan fått namn. Han hette Tomas och från den stunden var han min lillebror.

Jag var plötsligt storebror. Denna gång nöddöptes inte barnet. Mors hår var utsläppt som jag sällan såg det och jag tänkte att det var lika tjockt och vackert som moster Lovisas. Den närmaste tiden funderade jag en hel del på varför jag skickades bort men jag frågade inte mor eller far. Hon hade behövt vila sig efter Ingrids död och hon hade nästan sörjt sig fördärvad.

Därmed var vi fyra människor i familjen och jag var inte yngst längre. Det dröjde många år innan jag berättade för min bror att mor hade fött en flicka som dog efter några timmar i livet. Hon var mellan oss. Mor var litet mullig allt sedan jag föddes och det förklarade att jag inte lade märke till att hon bar ett litet barn i sin kropp några månader innan jag åkte till moster Lovisa och Anton i Ljungby. Jag visste inte mycket om havande kvinnor när jag var fem år.

Ibland är Ingrid lika levande för mig som jag själv. Det händer till och med att jag säger att jag har en syster. Det är konstigt. Nu sörjer mor och far den yngste sonen och de har förlorat glädjen och längtan efter nya och oprövade dagar.

Tomas är insärrad på Hall bland mordbrännare, våldsmän och psykopater och jag är hemsamariten som längtar efter en kvinna att älska. Vi har inte skänkt dem några barnbarn och vad har de att vara stolta över när de tänker på sina söner.

Jag vet inte, kanske ingenting.

23

Stränderna från Haväng till Backåkra, Kyl, Mälarhusen och Sandhammaren har följt mig sedan jag var barn. Bönder badar inte som stadsbor. De sitter på traktorer och tröskor och de går från lagården till åkern.

Söndagarna är ofta tysta och övergivna som efter ett krig fram till klockringningen. Om bönderna hade fått låna en enda gudamakt skulle de ha valt att råda över väder och vind. Människan som sår och skördar, gallrar och vattnar övar sig tidigt i livet att bli till mull och över alltsammans vakar ett öga som är lika gammalt som jorden själv.

Som ett ständigt våtvarmt omslag låg frågorna om arrende, stordrift och sammanslagning av maskinpark och nya odlingar. Majs, raps eller lin. En skördetröska kostade mer än miljonen och en traktor nästan hälften av det. Mjölkbilen kom på torr grusväg och dammet for upp i moln. Var det dags att göra sig av med alla djur utom en ledsen hund som plötsligt förstod att makten över allting gick omkring på två ben.

Havre gav bäst foder till hästar och sämre till grisar och vetet var för brödsäd och brännvin. Ensilaget låg på åkern som vita, orörliga gäster från en annan planet. Far lät vetet avlösas av korn och sockerbeta, men förr tröskades vallen till hö. Halm användes till foder och ströddes hos grisar och nötkreatur.

Mor och far åkte till havet en enda lördag eller söndag från slutet av maj till början av september. Hur fint vädret än var hade de alltid något att göra hemmavid. Grisarna, mjölkkorna och tjurkalvarna brydde sig aldrig om deras sömn och vila. Logväggarna torkade och sprack i sina faluröda trynen och det var inte roligt att stryka dem med färg. Redskap och maskiner blev trasiga och de rostade och klev ur tiden.

Bönderna i trakten övervägde ständigt om de skulle orka fram till pensionen. Sönerna var inte villiga att ta över. De drogs till städerna och sökte till universitet och högskolor. Ett fåtal fortsatte efter grundskolan till lantbruksgymnasiet i Bollerup eller längre bort i Alnarp eller Hvilans folkhögskola.

Bilköerna ringlade längs vägarna från torp, längor och stugor och människorna färdades ända från Malmö, Lund och Kristianstad. Handlarna runt omkring bytte ton och priser i takt med att stockholmarna kom i juni och juli. Inom en sträcka av hundra meter på Sandhammaren hörde man rikets alla dialekter.

Det var tätt mellan skyltarna som visade att det fanns rum att hyra. Korg- och krukmakare, konstnärer och bildhuggare öppnade sina ateljéer, men redan under påsken hölls en vecka som inte liknade något annat i Sverige. De dagarna fick sitt namn av själva helgen och hundratusentals besökare trängdes i ombyggda svinastior, hästspiltor, logar och drängkammare. Då höll jag mig undan.

John Haber deltog inte. Jag vet inte om han höll sig för god eller om han inte tyckte att musiken skulle blandas med måleri och annat som hörde konsten till. Kanske insåg han att moderna kompositioner som framfördes på synthesizer inte passade den sortens publik.

Jag hade ju lärt mig att de fina namnen som var kända utanför landsbygden aldrig var med i påskveckan. Ola Billgren, Gerhard Nordström, Gert Aspelin och några andra höll sig utanför, men jag är inte rätt man att bedöma kvalitet i den världen.

Tidiga morgnar och i skymningen på sommaren är havets

tid för mig. Då cyklar jag från stugan till stranden och promenerar långt. Jag ligger sällan i solen och jag tycker inte om att bada bland andra människor. Det har jag aldrig gjort och mor har berättat för mig att jag redan som liten helst gick undan när de andra pojkarna grävde och byggde i sanden.

Jag sitter på en av dynorna och läser en tidning eller bara tittar när jag är ledig några veckor i maj eller augusti. Ibland gör jag långa utfärder på cykeln men jag tar också båten över till Bornholm eller Ven. De senaste somrarna har jag arbetat när nästan alla andra haft semester och då räknar jag bort bönderna. Gamla och sjuka har en egen kalender och där finns inga röda dagar. I det avseendet liknar de jordens tjänare och slavar.

Tomas låg på stranden vid Kyl och Mälarhusen från tidiga morgonen och långt in på kvällen när vädret var fint. Han tyckte om att visa sig för flickorna och han lyfte tyngder och byggde sin kropp från det att han var tio år. Jag tänkte att det delvis hade att göra med olyckan och foten som gjorde att han haltade.

Han var på sin vakt när man talade om hur någon såg ut. Det syntes i hans ögon och hördes i rösten. Många gånger blev jag själv vittne till att han brusade upp och blev arg så fort en av kamraterna antydde att alla inte kunde springa snabbt eller spela fotboll.

Jag kör motorcykel, sade han. Snart blir jag konstryttare i buren och framträder på Kiviks marknad och i Sjöbo. Då kan ni hålla mor i kjolarna. Jävla patteglyttar.

Innan han var sju år deklarerade han bestämt att han inte ville bli bonde. När han var drygt tio lät han håret växa och i årskurs sex nådde det ner till axlarna. Mor och far sade till en början inte mycket om det. De tittade och undrade bara om det inte snart var tid att klippa sig.

Det kunde väl inte vara lätt att ha sikten fri, om hårmanen

fladdrade framför ögonen medan han gjorde konster på sin cykel, sade far. Då härmade Tomas mig som om han satt på den riktiga maskinen och snurrade i stålgloben. Han hade tjockt, fint hår som säkert många flickor avundades honom. Kanske hade han sett någon rocksångare eller artist som gjort intryck på honom.

Han slarvade emellanåt med läxorna men klarade sig tämligen gott ändå i skolan. Efter sexan började barnen från vår by i Kivik. Det hade han ingenting emot. Där lärde han känna andra pojkar och flickor och han hade flera kamrater både inom och utom klassen. När han övade med motorcykeln i mitt sällskap, brukade flera av dem följa med hem till oss för att titta.

Följande år kom Olga dit. Hon bodde i en av grannbyarna och hon hade fyra syskon. Den familjen var ensam om sitt efternamn i bygden och säkert i hela länet. Ingen annan som jag hörde talas om hette Næss. Farfadern hade invandrat från Norge i slutet av 1800-talet och på konstiga vägar och genom slumpen kommit till vår by av alla platser på jorden.

Så här långt efteråt kan jag säga att jag blev riktigt bekant med min bror genom henne. När vi övade och framträdde tillsammans med motorcyklarna i stålgloben talade vi sällan om annat än maskinerna och olika konster. Om något krånglade hjälptes vi åt och råkade vi i gräl gick det snabbt över. Vi var koncentrerade på våra uppgifter och gjorde vårt bästa inför den betalande publiken.

Det är sex år mellan Tomas och mig och det är mycket när man är ung. Jag flyttade hemifrån när jag var knappt nitton år och hyrde en lägenhet i Simrishamn Då träffades vi nästan enbart i samband med träning och show.

En natt medan Tomas sov i sin säng klippte mor hans hår på ena sidan av hjässan. Hon tog helt sonika en sax och kapade gott och väl tre decimeter. Det var natten till en lördag. När han vaknade satt hon i köket och väntade på honom.

Tomas rum låg på andra våningen i boningslängan. Jag arbetade den lördagen hos murarmästaren i S:t Olof och hade åkt iväg kring sju på morgonen. Tomas gav sin version av händelseförloppet och mor sin.

Far hade inte sin hand med i detta. Han var bland grisarna och korna från halv sex till tio alla dagar i veckan utom söndagen. Då unnade han sig att börja en timme senare. Hjälparen Malte Nilsson var anställd genom handslag utan kontrakt men med fast lön som bestämdes i början av december varje år inför följande säsong.

Det går aldrig att vrida tillbaka klockan eller att frysa vissa stunder och händelser i en människas liv. Ändå tror jag att någonting brast inom min bror den morgonen när han vaknade och strök med handen över den stubbade sidan av hjässan.

Det stod en liten spegel på hans rum och det var knappt att en vuxen människas huvud fick plats i rektangeln. Han hade fått fars gamla rakspegel. Vi lärde oss tidigt att det inte fanns pengar i överflöd i hemmet. Far och mor talade aldrig om lån, räntor och räkningar men så småningom drog jag mina egna slutsatser och det var inte svårt alls.

Senare berättade han att han satt alldeles tyst en lång stund vid den lilla spegeln. Han gick fram och tillbaka i rummet och sedan lyssnade han efter röster och steg i huset. Om han hade börjat skrika eller gråta skulle han kanske ha ändrat kursen framåt inom familjen och förhållandet till mor och far.

I stället gick han till synes lugnt nerför trappan och såg mor i köket och hon hade väntat på honom och redan beställt tid hos frisören i Kivik. Det gjorde hon på fredagen och det betydde att hon hade förberett handlingen noggrant.

Vare sig hon själv klippte en del av hans hår medan han sov eller överlät hela arbetet åt frisören så var tiden beställd till lördagen. Hon satt med kaffekoppen och några vetebullar som hon doppade. Det gjorde hon alltid, om det inte fanns gäster i huset. Åtminstone en gång i veckan bakade hon matbröd och kring klockan tolv på dagen var hon färdig med lunchen åt far och Malte. Vid sex åt vi middag utom på lördagen och söndagen. Då blev det fem i stället.

Hon styckade griskött och frös in. Ända sedan hon var barn hade hon matat höns och nu höll hon en tupp och nio värphöns vid ena gaveln av grislängan och de fick gott om plats och gick helt fria utan bur. Plötsligt visade hon sina hönsläppar när hon lockade på dem med foder och kokta potatisar. Hon vävde, städade hela huset och skötte trädgården och kryddväxterna. Ibland ryckte hon in bland korna när de skulle mjölkas med maskinen eller så hjälpte hon till med grisarna om Malte var borta.

Rosenhägern hade flammor på en yta som liknade vax och den mognade i oktober. Vi höll skörden i jordkällaren fram till början av februari. Hon höll reda på temperatur, ljus och mörker. Astrakanen liknade de nyföddas huvud. Höstgyllingen smakade beskt, men hon hade inte hjärta att gräva upp den efter alla år.

Ville jag veta något om myrten, krikon, lavendel, krusmynta och rudbeckia gick jag till mor. Då fick hon ögon som hon sällan hade när vi talade om människor. Hon älskade ginnalalönnens doftande gula blommor i maj och bladen som färgades giftigt röda på hösten. Vilka färger hos naverlönnen och berberishäcken i oktober och november.

Betorna och potatisen skulle ur jorden och Malte och far slet hårt de dagarna. Mor var stark i kroppen och seg och uthållig. Ibland tänkte jag att hon rentav hade mer krafter rent fysiskt sett än far. I varje fall var han vekare i sinnelaget, mera tyst och försiktig i umgänge med främlingar och bekanta.

Han var bonde i femte led och varje generation hade bott i byn i detta hus, men en hel del hade förändrats i de olika byggnaderna. Djurbeståndet var inte detsamma från far till son. Maskinerna stod för sig och utrymmen för verkstad, tröska och mjölktank tillkom efter det att jag föddes.

Ofta hörde jag att far och mor diskuterade mjölkkorna och tjurkalvarna. Det var tydligen en vetenskap i sig att väga utgifter mot inkomster, priset för slaktdjur, foder och mjölk. Kanske borde far ha gått samman med andra om tröskan. Han tog den nästan helt och hållet på lån.

Jag lärde mig tidigt att alla galtgrisarna kastrerades när de var knappt en vecka gamla. Tomas ömmade för kultingarna. När han såg att suggan legat ihjäl någon av de nyfödda grät han och ville slå på mamman.

Såningsmaskinen hade åtta rader och gödselspridaren var det äldsta hjälpmedlet på åkrarna och den var av märket John Deere. Far hade en pinnharv som förstörde ogräs och förde upp fuktig jord. Jag satte en sko framför den andra och de fick plats mellan betraderna i sidled. Det var ett gott mått, tyckte far. Tusenfotingen och knäpparelarven njöt av plantorna så länge de fick vara ifred.

Jag var rädd för galtarna ända upp i vuxen ålder och försökte gå rakt på spången mellan dem medan de visade betarna och satte dem i gallret. Det var ett himla liv varje gång de trodde att de skulle få mat. Kultingarna vilade under värmeljus de första veckorna och katterna smög bland båsen.

Tomas var inte rädd. Han gick in till galtarna och sträckte ut händerna som en frälsare och stampade med tofflorna i dyngan. Då var han nio och jag femton. Han nådde mig knappt till bröstkorgen då.

På den tiden bar han ofta små halmstrån i den tjocka kalufsen, även gräs och brådska eller glömska som gjorde att han inte drog borsten genom den på morgonen. En kam med spröda taggar förslog inte innan han gick till skolan och framförallt inte om han tvättat håret och det fortfarande var litet blött. Ärren efter operationen i fotleden liknade en hötjuga som lutade mot en vägg. Det var ett gott signalement på min bror: spåren efter ingreppet i foten och håret.

Hon klippte hans man på ena sidan av hjässan och sedan dukade hon fram frukost åt honom: nybakat bröd, honung, mjölk och ett löskokt ägg. Han grät inte och han skrek inte och hon hade väntat på hans första ord. Det kom inte. Utan att vara kunnig i det drog han upp en tystnad från sitt inre och höll den framför henne i rakspegeln som han fått av far.

Jag gjorde det för ditt eget bästa, sade hon. Du kan inte gå så länge i skolan. Lärarna tycker inte om det och jag vet att far lider av att se det fastän han inte säger något. Håret är längre än på en tös. Snart retar de andra dig och nog räcker det med att du har foten. Nicklasson var snäll och lät oss få en tid trots att det är lördag. Farmor blir åtti i morron och du vet att vi ska dit och hela släkten kommer.

Tomas bredde honung på brödet som han brukade göra och drack mjölken. Han åt tre skivor och just innan han skulle lämna bordet och gå till sitt rum sade han: Jag klipper mig i dag, mor, men det är sista gången du bestämmer över mig. Ur djupet drog han inte bara upp tystnaden utan också flera år som gjorde honom nästan vuxen.

Kanske var denna stund avgörande för sonen i relation till mor och far.

24

Johan Nordin blev svårt skadad. Han låg i koma några dagar och han drabbades av blödningar på hjärnan. Flera revben och ena nyckelbenet var knäckta och det fanns blånader på lår och rygg. Näsbenet var av och hakan spräckt. I ett dygn svävade han mellan liv och död, sade läkarna.

Tomas dömdes för detta. Jag läste protokollen och tänkte att min bror måste ha sparkat och slagit i ursinne. Dagarna efter tragedin lyfte jag undan tidningen hos mor och far. Jag mindes hur illa berörda de blev när de läste om den unge mannen i Ystad som slog ihjäl sina föräldrar i hemmet.

Det var som om människorna där enades om att försöka hålla vansinnesdådet inom stadsgränsen. Mannen och kvinnan var adjunkter vid läroverket i Ystad. Han hade slagit ihjäl dem med ett järnrör som han gömt under sängen.

En del orter i Sverige blir kända och bemärkta genom mord och andra otäcka händelser. Yngsjö, Esarp, Klippan och Sjöbo är sådana exempel. Sedan får de bära sina kainsmärken och ingen och inget kan tvätta bort dem igen. Så länge en enda människa lever kvar som minns dem kan de få näring och spridas.

Olga Næss blev kallad som vittne till rättegången i Simrishamn. Jag satt i salen och lyssnade. Mor och far fanns inte där. Tomas hade sin plats bredvid försvarsadvokaten och jag väntade emellanåt på att han skulle vända sig om och titta sig omkring, men det gjorde han inte.

Det var konstigt alltihop. Olga var den enda i församlingen som behöll sin vanliga röst och liknade sig själv. Min egen bror fick en stämma som jag inte kände igen från hemmet och de tusentals gånger vi tränade och uppträdde tillsammans. Han gjorde långa pauser innan han svarade och mellan meningarna och han talade som om han läste högt ur en bok och inte var säker på ordalydelsen och bokstäverna.

Han vidhöll och upprepade åtminstone tjugo gånger under de olika förhören med åklagaren att han inte burit kniv den ödesdigra kvällen och att Anders Strandberg plötsligt kom fram till honom på vägen. De måste ha gömt sig eller lurpassat på honom bakom ett kylhus som låg vid den smala grusvägen. Det var knappt sju hundra meter mellan den platsen och gården där Olga Næss bodde med sina föräldrar och fem syskon. Han tillstod att han inte var nykter, men långt ifrån oredlig.

Jag tål rätt mycket sprit innan jag blir full, sade han. Olga tyckte inte om när jag drack och vi skulle ut och dansa. Jag blev lömsk, när jag hörde att svinet Strandberg fortsatte att lägga sig ut för henne. Hon ville inte ha han, men han gav inte upp. Olga var min och det visste han och ändå jävlades han.

Domaren tillrättavisade min bror och krävde att han skulle använda det korrekta namnet på den döde. Ja, han blev riktigt hård i tonen och sade åt honom att respektera rätten och de anhöriga till offret.

Då gjorde Tomas en lång paus och jag trodde att han skulle börja skrika, men det gjorde han inte. Plötsligt kom jag att tänka på den morgonen när han upptäckte att mor hade klippt hans långa hår på ena sidan hjässan och han tvingades att gå till frisören i Kivik. Han stängde om sig.

Sedan fortsatte han att tala och jag hörde att han bara släppte ut litet luft ur lungorna och munnen, men inte mera än att orden hördes. Så långt ifrån hans röst när vi tränade med motorcyklarna och när han hade klarat ett svårt nummer med bravur i stålburen inför publik som betalat inträde. Då syntes glädjen och stoltheten i hans ansikte.

Ingen storebror vill att hans enda syskon på jorden skall vara en gåta för honom. Vart än jag kommer i byn och trakterna omkring släpar jag på hans skugga, men det besvärar mig inte längre. Även när jag inte hör det viskar man åt främlingar som råkar stå nära att där ser ni mördarens bror: Det var Tomas Anker som stack ihjäl en och slog en annan halvt fördärvad.

Jag vet nu att några i bygden vill hämnas och de har hotat mig i telefon och skrivit otäcka brev. En natt vaknade jag av en duns från köket och gälla, klirrande ljud. Jag sov på andra våningen i stugan. På golvet låg en stor sten och tusentals glasskärvor.

Snart blev jag varse att det var bara början. Vattnet smakade konstigt och jag tänkte att en mus eller fågelunge fallit ner i brunnen. I annat fall hade jag inte oroat mig och varit så uppmärksam. Jag hade inte dragit in kommunalt vatten. Det rann till även under varma och torra somrar och det smakade inte mossa. Människorna i byn brukade säga att de hade bättre vatten än simrishamnarna och kiviksborna.

En dag tog inte bromsarna i bilen när den rullade nerför backen till stora vägen mot Kivik. Endast slumpen eller försynen räddade mig från en allvarlig olycka. Jag lyckades passera huvudleden och fortsätta en bit på sträckan mot havet och hamnen innan jag gjorde en gir mot åkern till höger om mig. Det slutade med att bilen lade sig på sidan och jag satt fastspänd i bältet och tog mig ut från förarsätet av egen kraft.

Jag har arbetat med motorer sedan jag var tio år och jag upptäckte snabbt att en mänsklig hand manipulerat med bromsarna. Redan samma dag gjorde jag en anmälan till polismyndigheten i Simrishamn. Jag beskrev händelseförloppet och styrkte med kopia att jag låtit besiktiga bilen utan en enda anmärkning så sent som sju veckor dessförinnan.

Jag granskade polismannens ansikte medan jag delgav honom mina misstankar. När jag lade till att dricksvattnet i brunnen var förgiftat, mötte han inte min blick. Den stora stenen i mitt kök hade jag sparat som ett minne.

Johan Nordins vänner hade lovat att hämnas mot mig. Han bodde kvar i grannbyn och levde som en spillra. Föräldrarna tog hand om honom så gott de kunde och han klarade sig inte utan daglig hjälp. En hjärnskada gjorde att han hade svårt att tala och gå.

Jag sörjde över det som hänt honom och jag förstod att hans vänner och anhöriga inte kunde förlåta min bror. Vem som än höll i kniven först av de tre så måste Tomas ha misshandlat Johan. Det var uteslutet att hans kamrat hade gjort det.

Borde jag ha flytt från min barndoms by och lämnat kvar far och mor till de andras godtycke? Vem kunde svara på den frågan mer än jag själv. Jag var ängslig och orolig emellanåt och fruktade att någon skulle skada mig eller far och mor.

När jag begrundade saken stod möjligen John Haber och den gamle mejeristen Gilbert Häger på min sida. De gamla och sjuka hade nog med sig själva och tog en dag i sänder. Konstigt nog räknade jag Josefina Kvist bland mina vänner trots att hon egentligen var död och begraven och låg bredvid maken Hjalmar på kyrkogården.

En enda gång har jag sett Anders Strandbergs sten. Det är nästan omöjligt att gå omkring bland gravplatserna här utan att möta någon innanför grindarna. Kyrkan ligger vackert. Rapsfält och betesmark omger gräsmattorna och de grusbelagda stigarna. Vattenkannor och redskap finns vid förrådsutrymmet och toaletten.

Jag kommer inte ifrån tanken att jag skall ligga där en gång i tiden. Far och mor har redan valt ut sin gemensamma plats i den östra delen. Lilla Ingrid har sin grav där och hon fick sitt namn genom nöddopet och det står på stenen.

Ända fram till den ödesdigra händelsen då Tomas gjorde sig olycklig gick de dit varje söndag och pysslade med jorden och satte en blomma eller ansade en gammal. Nu blir det kanske en gång i månaden om ens det, men jag har tagit över.

Jag har ännu inte berättat för dem om skändningen i förra veckan. Gamle Hugo kom till mig och sade att stenen var fälld och kluven i två delar och någon hade sprutat färg och skrivit på fram- och bakidan: Död åt Ankers.

Då grät jag stilla av ilska och vanmakt. De drar sig inte för att håna och vanhelga de döda och deras anhöriga. Jag kan inte tänka annat än att de skyldiga finns bland Anders Strandbergs vänner och svansen efter Johan Nordin.

Jag har redan fått de orden och flera andra svinhugg på mina husväggar och fönsterrutor om natten. Tre äppleträd låg på gräsmattan en dag när jag kom hem och alla krusbärsbuskar, syrener och rabatter var skövlade.

Jag har långt mera att berätta om deras nidingsdåd och sådant som de betraktar som hämnd och vedergällning för en död och en lemlästad kamrat. Jag är försiktig och jag är på min vakt. Kanske borde jag skona dig August från att blottlägga de värsta sidorna hos människan, men förr eller senare kommer du nog att bli varse dem av egen erfarenhet.

25

I går kväll fick jag oväntat besök. Min nya granne stod på trappan och hälsade och presenterade sig efter sex veckor. Jag visste redan vad hon hette och jag råkade se när den stora flyttbilen backade in på tomten och gubbarna sprang från två på dagen till elva på kvällen och de var inte klara när mörkret föll den sjunde augusti.

Laura Wiik, sade hon. Jag har flyttat in i huset bredvid och jag behöver hjälp med att såga ner ett träd som skuggar halva framsidan av tomten. När höststormarna sätter in vill jag inte att det faller över taket. Dessutom är det fult och säkert döende av någon sjukdom.

Jag lyssnade och glömde nästan bort att ta i hand och hälsa. Hon bar violett sjal över en kofta i nästan samma färg och långbyxor till ridstövlar. Jag tänkte direkt att hon sydde kläder och sålde dem eller att hon lät sy dem. Även jag lider av bysjukan och håller reda på grannarna i vissa avseenden, särskilt främlingar och sommarboende från storstan.

Jag lade märke till färgen på hennes läppar och ögonen. Hon var lång för att vara kvinna och smärt och hon talade vackert och tydligt. Jag bjöd in henne så att hon åtminstone kom över tröskeln, men hon avböjde vänligt och sade att det fick bli en annan gång. Kunde jag möjligen ge råd om hur hon bäst blev av med det höga och sjuka trädet, så var hon tacksam och nöjd. Behövdes tillstånd från kommun och myndighet?

Jag tänkte och tvekade i tre sekunder, sedan lovade jag att hjälpa henne till helgen. Trädet var stort och det fick inte falla över huset eller vägen, men jag skulle tänka ut en plan och verkställa den på bästa sätt. Kanske tog jag hjälp av någon annan karl i byn. Jag måste mäta, räkna och kalkylera innan jag gjorde något.

Hon tackade så länge och undrade vem av oss som hörde av sig. Då sade jag att hon lugnt kunde vänta fram till helgen så skötte jag resten. När hon hade gått följde hon mig in till största rummet och jag hörde hennes röst medan radion var på och senare när jag kokte vatten till kaffet och bredde två smörgåsar med ost och Josefinas spickekorv som jag fortfarande hade kvar i frysen efter hennes död.

Varje gång jag skär en bit av korven tänker jag på henne och hör rösten inom mig. Då är det som om hon levde igen. Hon torkade och hängde det salta fläsket i ett snöre över en stång på vinden och ända in i slutet när hon nästan vägrade att äta och dricka och jag fick truga och locka hände det att doften och smaken kom över henne och då bad hon att jag skulle hämta skarpa kniven i översta kökslådan och gå upp för att skära en bit åt henne.

Hon hade musfällor både på vinden och i källaren året om. Under luckan i golvet förvarade hon potatis, äpplen, lök och tomater från skörden och fram mot vintern. Hon lade stanniol och tidningspapper över lådorna, om kölden blev för svår, och sextio år av hushållande och närhet till frukter och grönsaker hade lärt henne det mesta som hon behövde veta för att rätt hantera dem.

Jag tyckte att Josefina var vacker in i det sista. Hon sade att de flesta karlarna på jorden egentligen var rädda för kvinnor och saknade förstånd att närma sig och umgås med dem. Flera gånger bedyrade hon mig att hon hade velat gifta sig med just mig av alla om hon bara varit tjugo år yngre och frisk och stark. I så fall hade hon själv friat och inte gett sig förrän hon fått mig.

Det gjorde gott i mig att höra. Jag blev rörd och satt nära och lyssnade och tyckte att det var tråkigt att det fick stanna vid en tanke och några ord. Då tänkte jag också på Amanda i armaturaffären i Kivik och jag undrade om hon velat ha mig om jag inte vore bror till en som dömts för mord och satt på Hall.

Det är som om jag också avtjänar straffet. Murarna, låsen och vakterna stänger ute kärleken och förälskelsen eller i varje fall lägger de sig mellan mig och kvinnorna. Jag somnar och vaknar ensam i sängen varje kväll och morgon.

Jag kan gå och åka vart jag vill, men far och mor bor i mitt hjärta och jag kan inte fly från dem. Emellanåt tycker jag att de är ömkliga och att jag borde skilja deras liv från mitt. Vem klandrar mig om jag flyttar härifrån?

Det ligger inte för mig att köpa en kvinna och närma mig någon på låtsas och lek bara för att få föra in min lem i hennes sköte. Jag är varken pryd eller religiös och jag fördömer absolut inte några karlar och kvinnor som handlar och beter sig på det sättet. Det är bara så att människor är olika varandra, tack och lov.

Jag är heller inte rädd för att bli övergiven. Så gott som hela byn och trakten här omkring, bortsett från några av de gamla och sjuka som jag sköter om, far och mor, amerikanen och Gilbert Häger har dömt och ratat mig i sällskap med min bror. Mera övergiven kan en människa knappast bli.

Jag grubblar på kvällarna när jag sitter ensam i stugan. Åtminstone en gång varje dag ser jag till far och mor och de har säkert ingenting emot att jag kommer. De säger inte så mycket. Allt som vi förr kunde tala om i glädje och lust är borta för dem.

Nu kommer för mig en lördag när jag tog bilen för att hämta reservdelar hos en mekaniker och samlare i Hässleholm. Tomas stannade hemma och han gav mig löfte att inte röra motorn på min nya Harley-Davidson. Jag hade sparat till den sedan jag var tolv och fått ett litet lån i banken mot föräldrarnas borgen, när det var tid att köpa den begagnade cykeln som jag hittade på annons i Sydsvenska Dagbladet. Ingen bil eller båt hade tjusat och lockat mig mer än denna skönhet på två hjul med svart, flätad sadel och krom som blänkte men inte slog ut färg och plåt. Lågt satt jag och styret sänkte sina horn mot mig. När havren och rapsen hade mognat nådde de över min ögonhöjd och jag körde långsamt och njöt av motorn som inte tystade vinden från fälten.

Jag vet inte vad som for i honom. Kanske ville han visa mig hur duktig och tekniskt avancerad han var för sin ålder. I varje fall plockade han isär förgasaren med kolv, spjäll och nästan allt annat i den. Sedan blev han väl osäker och lyckades inte få ihop den igen på ett riktigt sätt.

Han var tretton år och jag nitton. När jag kom tillbaka ljög han och försökte slingra sig och han var oförskämd dessutom. Då rann sinnet på mig och jag skakade om honom och bad om en ursäkt men han vägrade. Han spottade mig rakt i ansiktet.

Jag brukade behärska mig och jag hade aldrig lagt hand på honom förut. Visst hade vi grälat och bråkat som alla andra bröder och syskon och slängt ur oss hårda ord, men det stannade därvid. Ibland gick far eller mor emellan och försökte lugna ner oss.

Jag kopplade grepp om hans huvud och pressade så hårt jag kunde. Han gnydde och jag släppte inte. Vreden bultade i mig och jag tänkte ingenting, bara tryckte med båda armarna och jag flätade händerna till stöd som i bön.

Förmodligen kom jag åt halsen också och efteråt hade jag ingen uppfattning om hur lång tid jag klämde åt. Spottloskan satt kvar i mitt ansikte och jag kände mycket tydligt doften av saliv kring min näsa och mun medan jag pressade ner honom mot marken. Han stillnade och slaknade i sitt motstånd och plötsligt förstod jag att han svimmat av.

Han låg på sidan och liknade en sovande människa. Det lät som om han var täppt i näsan när han andades ojämnt och tungt. Jag hade kanske hållit på i gott och väl två minuter och hållit honom i skruvstädet.

Var jag tretti sekunder ifrån att kväva och dräpa min egen bror? Jag blev rädd och ruskade om honom och ropade hans namn flera gånger. Vi befann oss några meter ifrån verkstaden och motorcykeln lutade röd och skinande blank på sitt kraftiga stöd. Marken var lös där. Jag lade alltid två plankbitar under när jag tvättade den eller mekade.

Ingen annan i byn hade en Harley-Davidson. Jag hade sparat och försakat en hel del innan jag fick ihop till hälften av priset. När grannarna behövde hjälp med skörden eller tröskningen ryckte jag in och fem veckor arbetade jag extra under betkampanjen på Köpingebros sockerbolag.

Tomas kom till sans igen och då låg jag på sidan och nöp honom i kinderna och masserade bröstkorgen i hjärttrakten. Kanske grät jag också men jag mindes att jag snyftade och darrade i hela kroppen av skräck och förtvivlan.

Han öppnade först ena ögat och stirrade på mig som om han undrade vem jag var. Då lutade jag mig över och tryckte min ena kind mot hans och det hade aldrig hänt förut i våra liv.

Vi ska sätta ihop förgasarn igen. Vi hjälps åt, sade jag. Det ordnar sig och jag förlåter dig.

Han låg tyst och öppnade det andra ögat. Det ansiktet har jag burit i mig sedan dess. Även jag hade kunnat vara dråpare. Han berättade inte för mor och far och han berörde aldrig med ett ord den händelsen efteråt.

Jag har inte berättat det för någon tidigare. Det är konstigt. Ibland slår det mig att jag är beredd och villig att byta plats med Tomas. Om det vore möjligt att sitta av hans tid i fängelset, så hade jag gjort det trots att jag varken mördat eller dräpt någon människa.

Jag minns när Tomas var med klassen på skolresa till Ven. De besökte Tycho Brahes ö och fyren på Kronborg. Den store vetenskapsmannen hade stått där och spanat mot stjärnhimlen från Uranienborg fyra hundra år före vår tid. Tomas hade glatt sig mycket över den resan och sett fram emot den hela terminen.

Fem klasser bodde en vecka i en sporthall. Tomas hade lånat min sovsäck, men det var i början av juni och han tyckte att det var för varmt att ligga under det tjocka tyget så han nöjde sig med en filt över kroppen.

Den sista natten busade några av eleverna och lärarna som var med såg väl mellan fingrarna ett par timmar. Tomas var inte bättre än de andra och han deltog också i pojkstrecken innan de blev tillsagda och lugnade sig.

När han vaknade på morgonen hörde han att flera av de andra fnissade och hukade över hans bädd. Lärarna syntes inte till. Tomas hade somnat sent på kvällen och nu var klockan nästan åtta. De hade lov att ligga till halv nio den sista dagen.

Det dröjde en stund innan han upptäckte vad som satt på hans ena fot. Han hade kommit ända bort till duschrummet och inte förstått varför flera av flickorna och pojkarna följde efter honom.

Då tittade han ner på foten, ty plötsligt kände han att något inte var som det borde vara med stortån. Alla omkring honom skrattade högt och gjorde krumbukter med sin kroppar. En styv pappbit av en bussbiljetts storlek satt fast med ett snöre i ett litet hål och den var knuten kring tån.

Han böjde sig ner och drog av pappbiten. Sedan sprang han ut från hallen utan att ha duschat och han var klädd i sin mörkblåa träningsoverall som mor hade köpt åt honom innan han åkte. Tycho Brahes stjärna var släckt över ön och världen krympte till storleken av en bussbiljett och på den stod namnet på en av hållplatserna i Tomas Ankers liv. Den hette Snefoten eller Missfostret.

Världsalltet hade sin urexplosion och några människor drabbades också av händelser som skakade och sände stötvågor genom dem och som aldrig riktigt skulle upphöra därefter. Denna stund var en sådan.

Han berättade ingenting för lärarna och han tvättade sig inte den morgonen och talade inte med någon resten av tiden på ön eller under resan hem i båten. Han rörde inte maten och flera av kamraterna lade märke till vad han gjorde och inte gjorde utan att kommentera det. Förmodligen var de rädda för honom och tordes inte utmana honom vidare, särskilt inte så länge lärarna var i närheten.

Nu kommer den händelsen för mig och jag blir illa till mods. Vrede och sorg fyller mig inför minnet. Vintergator seglar bort i den nattsvarta rymden och astronauter sätter sina fötter på månen, men min egen bror är inlåst på Hall.

Jag skulle till och med ha hjälpt honom att rymma den första tiden. Det känns konstigt och nästan overkligt för mig att tänka så och jag är inte van vid det. Varje dag möter jag någon gumma eller gubbe i mitt arbete som slår ut med armarna eller bara sitter lugnt och sansat och säger meningar som denna: Det vore bättre om jag hade drabbats av hjärnblödningen och åderförkalkningen. Jag lider mer än min käresta av att se eländet.

Jag saknar Josefina Kvist, men hon skrattar och pratar i mitt inre när som helst. Hon ger mig råd i svåra situationer, tröstar och förmanar. I morse satt jag vid köksbordet och tänkte på min nya granne och trädet som skuggar hennes hus och en stor del av trädgården på framsidan.

Då sade Josefina att kvinnan ibland behöver hjälp av mannens fysiska styrka, men för det mesta reder hon sig gott ensam när hon måste vara klok och stark i själen.

Jag hittade inga riktiga skäl att säga emot henne.

26

Kvart över tio på förmiddagen knackade jag på Laura Wiiks dörr. Det dröjde en god stund innan hon öppnade och hon sade att hon suttit på ovanvåningen och arbetat. Hon var klädd i morgonrock och en turban på huvudet. Tyget såg ut att vara av siden och ingenting av benen syntes. Jag tänkte att hon tvättat håret och torkade det med hjälp av den konstfullt knutna handduken.

Hon bjöd in mig. I anslutning till den rymliga hallen låg köket. Det liknade en salong. På knappt sex veckor hade hon låtit bygga om det gamla utrymmet och bytt hela inredningen mot rörliga skåp i olika höjd och storlek som hon kunde rulla och flytta nästan hur hon ville på golvet.

Två pelare ersatte nu en vägg som tidigare skilde av köket från ett angränsande rum och därigenom fick hon åtminstone trettiofem kvadratmeter fri yta att gå och stå på. På golven låg grova, breda plankor som var lutade och vackert bleka. Väggarna var ren puts och strukna i vaniljgul färg. Skåpsluckorna var blågråa och kylskåp och frys i samma färg. Inga gardiner fanns där men mycket ljus från två stora fönster.

Morgonrocken eller tunikan släpade mot golvet när hon gick. Tånaglarna var målade i brunrött och smala remmar vilade över vristen och resten var naken hud. Jag hade övat mig länge i att iaktta om de gamla och sjuka var hela och rena när jag kom till mina pass hos dem. Efter några år hade jag sett det mesta av smuts och elände, men jag hade mina enkla knep för att lindra och läka mina intryck.

Kvinnorna invände inte om jag hjälpte dem att duscha och bada i kar. Ville de vara ensamma de stunderna lämnade jag dem tills de ropade. Många var svaga i händerna och orkade inte vrida om reglagen till kranarna. Det var vanskligt att blanda varmt och kallt vatten och jag var alltid orolig att någon skulle skålla sig på en stråle.

Laura undrade om jag ville se huset och jag tackade och tog emot. Innan hon flyttade in kom lastbilar och arbetare till platsen och knackade ner putsen utvändigt och murade nya väggar. De reste en vinkelbyggnad på femton gånger fem meter i ett och ett halvt plan och lade dit taket. Huset var inte litet dessförinnan och Laura hade ingen människa med sig när hon kom.

Grannarna i byn följde allt på avstånd och då och då gjorde några av dem sig ärenden längs vägen och passerade i långsam takt och ställde sig att prata utanför staketet. Hammarslagen hördes in till alla. Rött tegel i kupor kördes dit i tre lass och läkterna doftade gott i den lätta sommarvinden. Det sades att hon övergav tanken att lägga dit halmtak.

Hon undrade om jag rökte och jag sade att jag hade slutat. Då tände hon en cigarett och blåste röken snett åt sidan över våra huvuden. Hon påminde om ett fotografi i en tidning från äldre tider där hon stod med turbanen och morgonrocken och höll kvinnligt i cigaretten. Jag lade sådant på minnet.

Emellanåt blundade hon på ett öga och det var som om hon väntade på att jag skulle säga något, men då frågade hon om jag ville ha kaffe. Hon hade bryggare av senaste snitt och hon fyllde koppar med vatten och räknade högt medan hon hällde i det genomskinliga kärlet.

Sedan satt vi en lång stund i köket och utan att hon själv förde saken på tal eller ens antydde den sade jag att jag gärna ville försöka såga och fälla det stora trädet som skuggade en stor del av tomten på framsidan av boningslängan.

Det gläder mig, sade hon. Bara inte någon tar illa vid sig av att ett gammalt träd offras för solens och ljusets skull i min trädgård. Jag har respekt för det som växer och frodas, men det var nog aldrig tänkt att det skulle luta sig över taket på huset och hota tegelpannorna vid storm och oväder.

Det är fint här i byn och trakten omkring, sade hon. Jag har längtat till Österlen och havet i tjuge år och äntligen hittade jag ett hus som passade och det kom rätt för mig i tiden. Jag kan sitta i stort sett var som helst i Sverige och rita mina modeller och låta sy upp dem till kollektioner. Härifrån är det nära till kontinenten. Danmark och Tyskland ligger knappt en timme ifrån med flyg och jag kan ta färja och tåg och snart är Öresundsbron klar. Det är fantastiskt. Kvinnorna som hjälper mig att sy är skickliga och tänk att jag hittade dem häromkring på rekommendationer utan att jag annonserade en enda gång i tidningarna.

Jag har sett bron växa över Öresund från Malmö och den är vacker att skåda, sade jag. Om du vill kan vi ta min bil en söndag och köra dit. Man ser den ordentligt från Lernacken i Limhamn och till och med från Ribersborg.

Det vill jag gärna, sade hon. Jag ska försöka bo här på våren, sommaren och en bit in på hösten varje år, kanske mer än så. Vi får se vad tiden lider. Jag har lägenhet i Stockholm och ett litet hus i Toscana också, men det hyr jag ut till goda vänner.

Hon höll mjukt med sin högra hand kring koppen. Vi åt skorpor och en vetelängd med pärlsocker. Jag drack två koppar kaffe och hon tre utan mjölk eller grädde. Plötsligt böjde hon huvudet bakåt och frigjorde knuten i turbanen och släppte ut håret medan hon drog båda händerna genom det. Det var rött såsom jag mindes färgen hos några av flickorna i småskolan och de blev retade, men jag tyckte alltid att det var vackert och påminde om nya rör av koppar i hus och stuga.

Håret glänste en aning i dagsljuset som kom snett från sidan genom ena köksfönstret. Jag hade varit blond som liten men blivit betydligt mörkare med åren. Tack och lov hade jag inte börjat tappa vid fästena i pannan, men en tjock kalufs som Tomas hade jag inte. Den var ovanlig.

Hon log långa stunder och talade lätt och ledigt utan att göra sig till. Det uppskattade jag direkt. Många stockholmare hade förvisso en benägenhet att se de infödda över axeln och dessutom visade de ofta tydligt att de inte förstod vad vi sade. Barn och unga spolingar härmade oss på stränderna och i affärerna, när de inte trodde att vi hörde det.

Min mormor var danska, sade hon. Från södra Jylland och jag följde mina föräldrar och syskon dit flera somrar när jag var liten och kom upp i tonåren. Jag älskade henne. Hon var galen på sätt och vis och hon lät inga karlar och herremän sätta sig på henne. Det har jag ärvt och lärt mig. Två gånger har jag varit gift och fyra ungar har jag fött och uppfostrat så gott jag kunnat. Nu gör jag vad jag vill på den fronten och det är himmelskt skönt och härligt.

Jag lyssnade och nickade emellanåt. Hon tittade på mina händer som jag höll en stund på bordsskivan och hon sade att de var vackra och solbrynta. Jag bar ingen klocka och jag hade kavlat skjortärmarna nästan ända upp till armbågarna. Det var en vana sedan många år tillbaka och så hade jag dem framför allt när jag arbetade. Jag tvättade mig ofta när jag hjälpte gamlingarna på olika sätt.

Jag är lovad hjälp av två karlar från Mellby att rikta trädet när jag sågat stammen. Vi måste få det att falla snett mot vägen annars slår grenarna mot fasaden i boningslängan. Jag har inget annat val än att ta bort staketet och jag tror att en del av kronan kommer att lägga sig en bit in på vägen. Därför måste vi sätta ut varningsskyltar. Tre motorsågar bör räcka för att snabbt ta hand om den delen som når vägen. Kanske slipper

vi. Möjligheten är lika stor att hela kronan faller på tomten.

Hon höll koppen nära de brunröda läpparna, medan jag talade. I mitt arbete mötte jag aldrig någon kvinna som tog emot mig med nytvättat och utslaget hår och en sådan morgonrock i siden. Jag tyckte att den såg ut att vara av siden. Jag skulle ha ljugit om jag sagt att det var behagligt att känna stanken av urin och avföring hos vissa av gummorna som var sjuka och skröpliga. Ändå var det skönt att se dem rena och fina när de väl var tvättade och klädda igen. När som helst kom bilderna av Josefina Kvist för mig. Hon klarade en hel del på egen hand men jag tror att hon ville bli ompysslad som ett litet barn efter alla år av slit och hårt arbete med gården, gubben och ungarna.

Jag drack ur min andra kopp och svalde sista biten av det goda vetebrödet med pärlsocker och tackade. Hon följde mig till dörren och vi bestämde att jag och de andra karlarna skulle fälla trädet följande dag.

Hon tog i hand och lovade oss lön för mödan och arbetet när vi var klara.

27

Karin Humbla födde sju barn på knappt fjorton år. Hon var dotter till den rikaste bonden i byn och grannskapet omkring. Själv var hon enda barnet och hon ärvde mycket mark, skog och reda pengar innan hon hade levat i trettio år, ty hennes föräldrar dog av sjukdom i förtid.

När hon var knappt tjugotre gifte hon sig med en stilig man från Skillinge. Han hette Oskar och han var son till en fiskare. Alla som kom i kontakt med paret i olika sammanhang brukade tänka och säga att de mött två människor som påminde dem om lycka och kärlek mellan man och kvinna.

Oskar var arbetsam och han förvaltade arvet efter svärföräldrarna väl. Skogen gav avkastning när det var tid att gallra och avverka. Det fanns slaktgrisar, hästar, mjölkkor och tjurar på gården och flera hundra tunnland jord. Där sådde han havre och vete, sockerbetor och raps. Han satte potatis och provade att odla lin och majs innan någon annan i bygden ens hade tänkt att det var möjligt. Han köpte skördetröska, traktorer och såningsmaskiner och hyrde ut till andra.

Han söp inte mer än andra karlar och han slösade inte med pengarna på dyra vanor, resor och kläder. Några gånger om året åt Karin och han på hotell Svea i Simrishamn. Det hände till och med att de åkte till biografen i Ystad för att se en film och en gång for de i bil ända till Malmö och satte sig i publiken på den fina och stora Stadsteatern. Han visste att Karin älskade operett, trots att hon endast lyssnat till sången och musiken på grammofonskivor.

Hustrun behövde aldrig oroa sig för att han glömde bort att det var hon som ärvt pengarna och han förvaltade dem med omsorg och stor försiktighet. Han tog endast små lån i banken och betalade räntor och amorteringar utan minsta anmärkning.

Barnen kom tätt. Med tiden anställde han tre män som hjälpte honom med djuren och grödorna och allt det andra på gården. Han förstod att Karin behövde kraft och tid för att ta hand om de små och hushållet. När en liten gosse eller flicka hade kommit till världen såg han till så att hustrun avlastades i hemmet. Då betalade han lön till en jungfru som städade och lagade maten några timmar om dagen i ett halvår eller längre.

Oskar var tre år äldre än Karin. Om släkt och vänner kommit osynliga innanför väggarna i den stora gården och följt paret med egna sinnen, skulle de ha blivit förvissade om att just den mannen och kvinnan visade flera tecken på att leva i ett harmoniskt och gott äktenskap. Nog höjde de rösten åt varandra ibland och de gnabbades om både det ena och det andra. Barnen kinkade och Karin blev trött på dem och sov alldeles för litet i långa perioder. Visst tog hon på sig ett större ansvar än maken med de små i hemmet, men han gjorde säkert ändå mera tillsammans med sönerna och döttrarna än många andra karlar i sina familjer.

Han blev ledsen när skörden slog slint och han krävde flit och skötsamhet av sina anställda, men han sparade sig inte själv i arbetet. Gösta Larsson och Hugo Berg fick anständiga och skäliga löner. Husbonden var händig och klok, men han klarade inte att reparera de svåra felen på maskinerna. Dessutom led han av astma och det hämmade honom betänkligt när det var tid att skörda och tröska.

När Karin var fyrtiotvå år och Oskar fyrtiofem inträffade något som blev en gåta för alla. Inom en vecka hade nyheten spritt sig från byn och fått fäste i Kivik och Simrishamn och på alla lägena längs kusten bort mot Skillinge, Kåseberga och Ystad. Rykten och spekulationer flyttades mellan människorna och antog till och med formen av predikan under högmässan i flera kyrkor. Präster höll förbön och tidningarna skrev om händelsen.

En torsdag det året i månaden maj försvann Oskar spårlöst från hemmet och gården. En av hjälparna såg honom sista gången gå till längan där grisarna höll till. Då var klockan omkring elva på förmiddagen. Himlen var nästan molnfri och solen värmde gott, men det hade regnat en stund på morgonen. Mjölkbilen kom nio och gubben som tömde och tankade stannade knappt tjugo minuter.

Då var Oskar klädd i sitt mörkgröna ställ med stövlar och han var barhuvad. Såväl hustrun som barnen och hjälparna vittnade om att de inte lade märke till något hos honom som var konstigt den morgonen och förmiddagen. Han hade som vanligt visslat litet medan han gick bland korna.

Några minuter över tio drack han kaffe med hustrun och hjälparna och åt smörgåsar med ost och korv. Den näst yngsta sonen hade drabbats av förkylning och stannat hemma från skolan. De andra åkte bussen vid utsatt tid och Oskar vinkade av dem som han brukade göra när han inte var ute på åkrarna.

Oskar hade burit in varm mjölk och smörgås till pojken som låg kvar i sängen. Han hette Karl-Axel och hade varit klen som liten. Karin och kanske också några av de äldre barnen tyckte nog att just den pojken var faderns ögonsten, men ingen av de sju kunde med rätta klaga på att han var elak och hård mot någon av dem.

Även Oskar var förkyld de dagarna men en sådan åkomma kunde aldrig få honom att avstå från arbete. En gång kröktes han plötsligt av ett ryggskott när han skulle hindra en tjur från att springa mot hagen, men han släppte inte taget om djuret utan släpades med minst fyrtio meter innan en av hjälparna hörde hans skrik och kom till undsättning. Han var envis i många avseenden.

Karin ringde efter en kotknackare från Lövestad och redan följande morgon var Oskar åter i arbete fastän omgivningen kunde se att han rörde sig avigt och långsamt och de förstod att det måste värka rejält i hans rygg. Han hade andra svagheter men dessa påverkade inte det allmänna omdömet som han lämnade efter sig den ödesdigra dagen i maj det året.

Först trodde Karin att han åkt i väg i ett ärende, men bilen och traktorerna stod kvar på gården. Alla cyklarna fanns där. Hon ringde till grannar, vänner och bekanta och senare till sjukhuset i Simrishamn. Halv tio på kvällen slog hon numret till polisen och då flockades de sju barnen omkring henne och de båda hjälparna hade stannat kvar och försökt komma med uppslag och rimliga förklaringar.

Det hade hänt tidigare att han plötsligt åkt i väg i bilen för att handla i Kivik eller Simrishamn utan att säga något till hustrun, men då var han tillbaka efter högst några timmar med något som han behövde den dagen. Han for inte åstad för att supa hos någon bonde i trakten omkring. Karin och han hade inte bråkat under kvällen före och inte heller den följande morgonen.

Revisorn och banken hittade inte några undangömda skulder eller reverser. Karin hade inga som helst skäl att tro att han höll sig med älskarinna någonstans och flydde med en kvinna i hastigt mod eller efter en lång tid av svåra överväganden lämnade hemmet med hustrun och de sju barnen.

Han kom inte tillbaka på fredagen och inte på lördagen. Poliserna hade ingen förklaring att ge och sjukhusen och lasaretten i Skåne fick inte in någon människa med det namnet. Ingen död person hittades i markerna eller sjöarna den månaden. Karin var lamslagen och barnen grät och några av dem orkade inte gå till skolan och stannade hemma resten av vårterminen med överlärarens och sjuksysterns tillstånd.

Hustrun hade fått för sig att maken inte kunde simma och hon såg honom aldrig sitta i en liten båt eller eka. Han hade inte sagt ett ord om att han skulle vara deprimerad eller allvarligt nedslagen och bekymrad över något och han visade inga synliga tecken på en sådan sinnesstämning. Hon tyckte att han hade ett tämligen jämnt humör och när han blev arg gick det snabbt över och han var inte långsint. De jämkade ganska smärtfritt om de var oense.

Gösta Larsson och Hugo Berg fortsatte att arbeta på gården och när det var tid att skörda sädesslagen undrade de försiktigt om inte Karin kunde tänka sig att de tog hjälp av ytterligare en karl åtminstone tills vetet och havren var bärgade. Inget regn föll under tre veckor och torkan gjorde att de behövde vattna på kvällarna. Det skulle inte bli lättare och mindre arbete när det var dags att ta upp sockerbetorna. Djuren krävde sitt.

Hon förvandlades till den grad att människorna omkring blev ledsna och skrämda. De äldsta barnen tog nästan över helt och hållet i skötseln av hem och hushåll och de passade varandra och tonade ner bråk sinsemellan. Varje dag ringde hon till polismyndigheten och hon vakade över notiser och allmänna meddelanden som gällde försvunna personer och dödsfall.

Oskar hade inte tagit med sig någon kostym, kavaj eller uddabyxa. Han måste ha åkt eller gått iväg iklädd sitt mörkgröna ställ med stövlar på fötterna och ingenting på huvudet. Två av piporna låg kvar i stället på bordet vid ena köksfönstret, men den böjda snuggan fanns inte där och inte någon annanstans i boningslängan. Ingen resväska saknades och den snälle bankkamrern i Kivik upplyste henne om att det inte gjorts några uttag på familjens konton de sju närmaste veckorna innan han försvann. Radion efterlyste honom flera gånger i andra hälften av månaden maj och sammanlagt fyra i juni. Karin skrev brev till bekanta och släktingar runtom i Sverige och Danmark.

Hon kontaktade journalister och fick in en efterlysning i Ystads Allehanda och Sydsvenska Dagbladet. Medkännande och snälla människor svarade, men alla var de främlingar för henne. Polis och lasarett gav inte mera.

De värsta ryktena nådde inte henne och barnen. Ändå anade de vad som sades och tänktes runtom i stugorna. Hade mannen dränkt sig i havet eller försvunnit spårlöst till ett avlägset land? Dolde han någonting som fick honom att fly? Visste kanske rentav hustrun Karin mera än vad hon ville påskina?

Josefina Kvist och mejeristen Gilbert Häger besökte henne och barnen flera gånger i veckan och de satt tysta och lyssnade eller talade med takt och känsla. Jag var tjugofyra år då och Tomas bodde i byn. Far och mor gick inte in för att trösta familjen Humbla, men de var inte ovänner på något sätt. Det var bara så att de inte hade umgåtts tidigare och därmed tyckte de väl att det skulle vara opassande att plötsligt knacka på dörren.

De äldsta av barnen Humbla brukade komma när jag körde med motorcykeln på grusvägarna och när jag tvättade eller donade med den. En av flickorna umgicks med Olga Næss. Ingen i byn undgick det som hade hänt. Alla utom de allra minsta visste att Oskar hade försvunnit från gården och att han var borta sedan dess.

28

Karin Humbla lärde sig att sorgen var mäktigare än haven och bergen. Den släckte blommorna om vår och sommar och den lindade ljuset av barnen som tidigare var den djupaste glädjekällan.

Karin hade blivit fyrtiotre år och det yngsta barnet var sju och det äldsta tjugo. Hugo Berg och Gösta Larsson fortsatte att arbeta på gården och i skördetider tog de hjälp av olika karlar från trakten.

På fjärde året efter det att Oskar försvann flyttade en man från Malmö till byn och han köpte det gamla huset som låg intill den nedlagda smedjan och verkstaden just där grusvägen krökte sig och sedan blev rak igen innan den nådde motortrafikleden med asfalt och riktig vägren på båda sidorna.

Han hette Pontus Larsson och han var tjugoåtta år. Han hade ingen kvinna och inga barn med sig när han kom till byn och han sade inte så mycket till människorna. Så gott som direkt efter det att han satt nycklarna i låset första gången började han röja, rusta och bygga om i bostaden och smedjan som stod en bit ifrån.

Grannarna följde hans flit och slit och de mest nyfikna förnekade sig inte. De låtsades komma i det ena ärendet efter det andra och han genomskådade dem utan att vara oartig eller avvisande på något sätt. Visst var han fåordig men det berodde helt enkelt på att han var sådan till karaktären.

Efter två månader stod smedjan klar och även de mest kräsna och snorkiga måste medge att han gjort ett styvt arbete och inte sparat sina krafter. De undrade om han tagit lån i banken eller betalat material och maskiner kontant, men det visste endast bankmannen och denne hade trots allt tystnadsplikt. Hur det än var så kom det fram att Pontus handlat nästan allt direkt ur plånboken och det förundrade de nyfikna.

Han klädde sig propert och han var uppenbarligen hel och ren när han vilade från arbetet. Bönderna tvekade att ta hans tjänster i anspråk till en början men så småningom kom de första kunderna med traktorer och andra maskiner och ville ha skador och fel åtgärdade.

De blev nöjda med både priser och resultat och därefter lämnade de in sina personbilar. Efter några månader sökte sig människor från Kivik, Simrishamn och byarna runt omkring till honom. Konkurrenterna lärde sig att Pontus Larsson var en skicklig yrkesman med gott anseende.

Han åkte inte till dansbanan på lördagskvällen och han gick inte i kyrkan på söndagen, men ibland for han i väg med bilen under helgen och stannade borta fram till nästa arbetsdag. Ingen av grannarna bjöd in honom på kaffe eller middag i begynnelsen, men jag anlitade honom när jag hittade något knivigt fel i motorerna på mina motorcyklar.

Vi hade lätt för att tala med varandra. Han lärde mig en hel del om mekanik och teknik som jag lade på minnet och hade nytta av senare. Någon gång kom han till vår gård när jag tränade i stålburen och övade in nya konster på cykeln. Då var även Tomas med och tittade. Det var fin stämning mellan oss de stunderna. Mor och far tog honom i hand och hälsade.

Olga Næss gick till honom ibland och pratade en stund i smedjan. Jag råkade komma vid ett tillfälle när jag hörde hennes sång på långt håll genom väggarna. Ingen som hört henne sjunga tog miste på den stämman.

Josefina Kvist och mejeristen Gilbert Häger tillhörde också

dem som gärna växlade ord med smeden och mekanikern. Senare fick Pontus höra mera om kosmopoliten som hade rest till Indien, Kina, Tibet och Nya Zeeland och som kom hem med fotografier, teckningar och tjocka häften som var fyllda med ord och iakttagelser.

Långsamt men säkert droppade Gilbert avlägsna kulturer i våra ögon och vi satt i den gamla byskolan och följde hans färdväg på kartan som han hängde upp i lina och krok. Han härmade fågelsång och jägares lockrop och han vaggade som en nyförlöst kvinna med barnet på ryggen och solen brände jorden och männen grävde förgäves efter vatten i dalen. Vi lärde oss att para ihop mynt och valuta med rätt land och han ringade in naturtillgångar och beskrev de olika folkens karaktärer med ett språk som inte stod i några böcker. De avundsamma grävde ner honom som en stolle och sedan uppstod han av egen kraft som diktare i talad form.

När jag sedan hörde berömda upptäcktsresande tala i radion från Stockholm tyckte jag att Gilbert var bättre och klokare än de. Om radiochefen i huvudstaden hade känt till honom hade vår by fått en egen röst i rikskanalen.

Gilbert samlade diabilder och skrev ner långa föredrag som han lämnade i omgångar till tidningarna i södra Sverige. Dessa tog in flera av dem och han föreläste på bibliotek och bygdegårdar. Han talade om kulturrevolutionen i Kina, aboriginer och Dalai lama. Bönder och skollärare satt sida vid sida och lyssnade. Han mottog en fin utmärkelse av Kulturen i Lund och den var han mäkta stolt över.

Gilbert uppmuntrade sin far och blev ett stöd för honom genom hela livet. När Rafael hade mist tjänsten som slöjdlärare och vaktmästare i byskolan, gjorde sonen allt som stod i hans makt för att lindra sorgen och smärtan. De vårdade minnet av Elise och Rafael såg henne i alla kvinnor som han mötte. Fadern levde tills han var nästan nittio år och han förblev änkling fram till sista andetaget och graven. Sonen vandrade vid hans sida längs havet och han ordnade utställningar och talade sig varm för faderns slöjdkonst, men de ville inte sälja bort människorna i byn som var täljda i ene och hade ett eget hem. Gilbert fick honom på fötter när han hade supit i perioder och han vaktade så att Rafael inte blev en av de förlorade på torget och i hamnen.

Pontus Larsson satt i publiken ett par gånger när Gilbert talade. De blev goda vänner och en söndag bjöd Gilbert hem honom och Karin Humbla samtidigt till en middag. Ingen av dessa två visste om att den andra skulle komma.

Det var första gången efter makens försvinnande som Karin accepterade att gå hem till någon för att äta och det hade säkert inte blivit av om inte de äldsta barnen övertalat henne. Efter den ödesdigra dagen då Oskar försvann från gården hade hon sökt honom på alla upptänkliga sätt och hon hade inte sparat någon möda eller möjlighet i det arbetet.

Gilbert öppnade dörren och tog Karin i famn och kysste på hand när hon kom. Då hade inte Pontus Larsson infunnit sig, ty värden hade varit listig och förslagen och avsiktligt bjudit byns nye smed och mekaniker en halv timme senare.

Gilbert var känd som en hedersman och Karin fruktade ingenting från hans sida. Sedan trettiofem år tillbaka hade han en trolovad från Ystad och hon satt i finsoffan när den andra kvinnan kom. Många hade säkert undrat varför det rara paret inte gift sig, men ingen hade frågat öppet och skulle någon ha gjort det hade han säkert haft en passande och uttömmande förklaring som de accepterat.

Ingrid Lans var distriktssköterska och hon hade följt Gilbert på två av hans längre resor, men hon var betydligt yngre än han och hade några år kvar till pensionen. Gilbert var sjuttiotvå och han var spenslig och frisk och ingen gissade att han var över sextio. Han cyklade och promenerade en mil om dagen och han var vinterbadare och stor kännare av naturen.

Förutom kunskaperna om de fjärran länderna hade han sedan lång tid tillbaka studerat bygden och dess människor på ett sätt som inte stod någon vetenskapsman efter. Det sades att han skrev ner sina iakttagelser och hade samlat material som fyllde ett par tusen sidor i stora ark.

Jag kunde intyga att det var sant, ty jag hade själv fått läsa långa avsnitt och jag blev förvånad och rörd när han visade mig mer än femtio sidor om min familj. Mor och far steg in i handlingarna innan de träffades och gifte sig och deras föräldrar hade också kommit med. Varje ord var skrivet för hand med en vacker stil som jag sällan eller aldrig såg hos en man.

Han gjorde utflykter i sina berättelser och plötsligt hittade jag en betraktelse över en bergsby i Tibet eller en stam på Nya Zeeland som levde av jakt och fiske och gick omkring nästan nakna dagen om. De var målade på kropparna och även männen bar smycken av snidat och polerat trä eller lätta metaller som de filat och format till vackra ringar och halsband eller kransar kring fotlederna. De rökte vattenpipor och tillbad avlidnas andar, men sinnena höll sig också nära träd, stenar och moln på himlen och lärde sig mycket därav.

Han beskrev sitt första besök i Malmö och Stockholm och han var inte generad över att visa mig några stycken om sin käresta Ingrid när hon satt i hans trädgård och stickade medan solen stod högt i juli och värmde henne så gott. Traktorerna brummade i bakgrunden, hundar gav plötsliga skall ifrån sig och någon ropade gällt från en av gårdarna men ingenting störde dem i denna stund. Kärlek och frid grävde gångar under hans gräsmattor och stack upp sina huvuden som mullvadar när ingen såg dem. Ingen mänsklig hand och vilja överlistade och rådde på dem. Gilbert var inte mannen som satte ut fällor och vaktade på inkräktare. Han avgjorde själv vem som var objuden och oönskad på hans mark och djuren i stort och smått hade så gott som alltid företräde framför varje form av mänsklig civilisation.

Karin och Ingrid hade inte träffat varandra tidigare, men de hittade direkt samtalsämnen och Gilbert blev glad och han visste att Ingrid hade tålamod och taktkänsla inför en människa som Karin. Hon hade själv gått igenom många svårigheter och hon var en sällsynt god lyssnare.

Gilbert hade inte sagt något om den andra gästen till Ingrid. När det knackade på dörren gick han och öppnade och kvinnorna hörde rösterna in i rummet där de satt. Han hade tänt brasa och ställt fram en flaska sherry på bordet.

Han tänkte bjuda på plommonspäckat revbensspjäll med brun gräddsås, kokt potatis och äppelmos och han hade tillagat och berett allt utan hjälp av Ingrid. Till detta skulle de dricka fläder, rött eller vitt vin och vatten. Han vek själv servetterna och gjorde marängsviss som efterrätt. Punsch, likör, whisky eller konjak kunde de välja mellan till kaffet.

Pontus behöll skorna på. Han hade klätt sig i gråblå byxor och mörk kavaj till vit skjorta med slips. I nästan en kvart hade han petat med spetsen av en sax under naglarna, ty där samlades alltid olja och smuts under en arbetsdag i smedjan och verkstaden.

Gilbert hade gjort till vana att beskriva människornas utseenden i sina häften och jag tyckte att det var en ganska god ingång, trots att jag visste att det yttre och inre hos en person kunde vara lika långt från varandra som vår syd- och nordpol.

Pontus var något över medellängd och snarare smärt än kraftig. Hårfästet hade krupit en bit upp vid pannan men det missprydde honom inte.

Ingrid reste sig först och tog i hand. Karin dröjde en halv minut och sökte värden med blicken innan hon gjorde likadant och presenterade sig. Det finns ögonblick i en människas liv som långt senare kommer åter och åter och ständigt öppnar sig på nytt utan att tömmas och blekna. Denna stund var av det slaget, men det anade ingen av dem då.

Gilbert hade inte haft någon baktanke eller annan avsikt med denna bjudning än att få ett tillfälle att låta Karin Humbla möta hans trolovade och en vän som flyttat till byn och vunnit respekt och aktning där. Han kände agronomer, fiskare, skollärare och snickare men nu råkade det bli en smed och mekaniker som hjälpte bygdens människor med maskiner och fordon av olika slag.

De satt länge vid bordet och åt. Gilbert hade dukat vackert och funderat en lång stund på placeringen. Så kom Karin att sitta bredvid Pontus och han var inte påträngande i ordet. Osynligt lade han ut en tråd mellan silverbesticken och gjorde fingerfärdigt små öglor som passade nästan exakt i ändarna på kniv, gaffel och sked och sedan lyfte han dem och lät dem hänga på linan så att hon kunde spegla sitt ansikte där medan de pratade. Emellanåt tittade han själv på sina ögon och de var frimodiga och glada.

Karin lyfte vinglaset och skålade lågmält med alla vid bordet. Hon prisade Gilbert för maten och särskilt såsen. Han hade stort hjärta och det rymde alla i byn och långt flera ändå. Även uslingar och fördömda fick plats där och han bestämde själv vem han släppte in och bevarade där.

Det var riktigt i en juridisk mening att kalla henne änka, men hon brydde sig inte om papper och saklighet i fråga om kärlek. Oskar var försvunnen sedan fyra år, sju månader och tolv dagar tillbaka. Han var inte dödförklarad och ingen försäkring gav henne pengar. Inte heller var han begravd och ingen präst hade läst över honom.

Pontus var måttlig med sprit och vin, men han tackade inte nej om han bjöds i lämpliga sammanhang. Någon kväll i veckan drack han några centiliter whisky och ibland tog han en kryddad snaps eller gammeldansk till maten, dock aldrig under arbetstid.

På skänkar, hyllor och i fönsterkarmarna stod och låg minnen från Gilberts resor i världen. Det var behagligt för gästerna att se detta och det gav inget intryck för någon av dem av prakt eller förhävelse. De förstod att han tyckte om dessa ting och höll dem kära som påminnelser om olika händelser och personer.

Det blev ett kärt möte mellan dessa människor. De åt och drack och samtalade i nästan sex timmar och Pontus Larsson och Karin Humbla lovade att höra av sig till varandra. Hon var upprymd på ett sätt som hon inte varit efter det att Oskar försvann. Även barnen märkte det när hon kom hem och de undrade och hon sade att hon ätit gott och träffat snälla människor hemma hos Gilbert Häger.

Pontus var varm av dryckerna och samvaron och han visslade och sjöng några visstumpar medan han gick hemåt den korta sträckan på vägen. Det var en mild afton i september det året. Korna idisslade i hagen och två bruna föl följde tätt efter mamman på Åkessons äng som var omgärdad av ett vitmålat trästaket med två längsgående ribbor mellan varje stolpe. En hund gav skall längre bort och himlen var simrishamnsblå liksom Gilberts ytterdörrar och fönsterbågar i boningslängan.

Ingrid stannade kvar hos Gilbert. Han tände en brasa trots att det inte var kallt i rummet. Hon hade sett en människa dö dagen före och hon talade om maken som låg vid sängkanten och släppte fram långa meningar utan början och slut, men han grät inte då och barnen fanns inte där och läkaren hann inte fram, men Ingrid tände två ljus och stod alldeles tyst mitt emot mannen.

Kvinnan hade varit dålig länge men inte livshotande. Ingrid hade besökt dem många gånger och mannen ringde till henne den lördagen och inte till lasarettet i Ystad eller efter en ambulans. Han sade att hustrun hade svårare andnöd än annars och han ville bara att Ingrid skulle titta till henne en stund och avgöra om det behövdes en läkare. Hon led av emfysem och hade rökt i femtifem av sina sjuttiotre år i livet. Någon gång tillstötte lunginflammation och hög feber. Det stod en syrgastub i rummet.

Ingrid hade varit där i knappt femton minuter och hann slå numret och be om en ambulans, när kvinnan vidgade ögonen som om hon plötsligt blev förvånad över något. Lungorna hävde sig ännu en gång och sjönk ihop utan ljud och klagan. Då ropade mannen hennes namn och Ingrid tyckte att det lät som om han stod långt borta och inte riktigt visste var hustrun befann sig.

Han tittade mot en vitmenad vägg med några tavlor och tog om namnet och sedan lade han sig på knä och började den långa meningen utan slut. Han fortsatte ända tills ambulansmännen kom och det var Ingrid som öppnade åt dem och visade in.

Gilbert lyssnade när Ingrid berättade. De satt i var sin fåtölj knappt två meter från den öppna spisen och han höll i hennes vänstra hand. De hade dukat av bordet. Han drack konjak och hon rött vin. Björkveden jämrade sig av hettan i elden.

Hon stannade hos honom den kvällen och natten. De delade en bred säng som han ärvt efter sin mor. Gilbert låg på rygg och hon satt grensle över honom medan den lilla milan långsamt slocknade. Han tänkte en stund på den döda kvinnan när Ingrid ropade hans namn men hon visste att han låg så nära att gränserna var upplösta. Hon böjde huvudet bakåt och han såg att huden glänste en aning över brösten och magen.

Han sov naken och hon likaså. Den långa boningslängan tystnade aldrig helt under natten. Hon låg på sidan med ena benet över hans höft och armen mot hans skuldra. De hade varit ett par så länge att han lärt sig i vilken ställning hon bäst sov.

Gilbert Häger var en ovanlig människa och vore det inte nästan skamligt att säga och skriva orden skulle jag ha lagt till att han dessutom eller just i det ovanliga var en lycklig man inte bara den natten utan flera år dessförinnan i en by som mycket levde av olycka och beräknad ondska med smala strimlor av glädje och lust.

29

Gilbert Häger sträckte ut sin vänstra handflata och ritade kartan över Tibet med en anilinpenna i mönstret som redan fanns där och sedan berättade han om buddhistmunkarna, Himalaya och de vidsträckta betesmarkerna där herdarna drev sina hjordar av getter, jakar och får.

I gryningen en dag år 1990 cyklade han från byn på Österlen till Lund där den fjortonde Dalai lama höll en föreläsning som arrangerades av Raoul Wallenberginstitutet för mänskliga rättigheter.

Gilbert hade besökt Tibet fyra gånger och endast han själv visste hur han lyckats ta sig in i landet och fått stanna där flera veckor åt gången, medan högt uppsatta diplomater och politiker misslyckades med att få inresetillstånd. Han hade lärt sig att läsa och tala det tibetanska språket.

Nu satt han vid fredspristagarens sida och lyssnade till en vis och försynt Dalai lama i en liten kammare intill universitetsaulan i lärdomsstaden Lund. Professorer och rektorn höll tyst och fyra representanter från Raoul Wallenberginstitutet sneglade på varandra och undrade säkert över vilka kanaler som lett denne för dem totalt okände man till närheten av en celebritet i världen och tillika en andlig ledare för ett folk.

Mejeristen Gilbert Häger nickade milt och stack emellanåt in en fråga och kommentar till Dalai lamas betraktelse över människan, freden och kriget. De hade brevväxlat i tjugo år alltsedan Gilbert andra gången skrev till honom.

Dalai lama befann sig då i landsflykt och mejeristen Gilbert stubbade tibetanens hår under ett av sina besök i den indiska byn och likaså den gången vännen följde honom från hedersbetygelserna och den akademiska eliten i Lund till det vackra huset på Österlen. Där stannade han en eftermiddag och sedan körde Gilbert honom tillbaka i Chryslern och de skojade och talade om allvarliga ting. Det mesta av konversationen skötte de på tibetanska.

Nästan alla karlarna i byn klippte sig hos Gilbert och ingen av dem hade genom åren haft någon anledning att klaga. Även Rafael klippte vänner och bekanta när han var nykter och stadig på handen. Sonen satt på en pall vid flera av de tillfällena och tittade. Så gick färdigheten i arv och det var inte konstigt och märkvärdigt alls att både Rafael och Gilbert Häger emellanåt titulerades just barberare.

Gilbert skrev ner sina minnen och tankar i häften som han förvarade i sin vitkalkade boningslänga. Han var fabrikschef på det stora mejeriet när han gick i pension, men ledningen tog hans tjänster i anspråk som konsult och rådgivare även efter denna dag.

Han ägde en gammal Chrysler som han gärna körde omkring i vackra vår- och sommardagar, men helst av allt promenerade och cyklade han. Sommaren 1958 trampade han hela vägen till Stockholm på sin Crescent. Det blev dagspass på drygt åtta mil och han sov på härbärgen och hos några vänner i olika städer och byar.

Två år senare gick han och fadern sextiofem mil till huvudstaden, ty Rafael hade bestämt sig för att möta prins Bertil och berätta om den tragiska bilolyckan i mars 1928. Han hade också viktiga frågor till prinsen. Det hjälpte inte att Gilbert försökte avstyra och förmå fadern att ändra sig.

Rafael fortsatte att vandra längs havet. Sorgen och smärtan sträckte sig ändlöst och Elise ansträngde sig för att lindra och trösta. De älskade varandra, men han sögs in i flaskan och han såg hustrun och sonen genom glaset.

Jag och Tomas ville till en början knappt höra talas om att Gilbert skulle klippa oss. Vi bad om den bäste frisören i Kivik eller Simrishamn, men vi såg med egna ögon att han klarade moderna och djärva frisyrer på flera av våra kamrater. Han tittade i tidningar som han köpte av mästaren i Ystad och sedan visade han sina konster på ynglingar och flickor från trakten. Ryktet spred sig och hans priser var ungefär hälften av yrkesfrisörernas.

Han var på resa i Nya Zeeland och kunde inte klippa Tomas den lördagen när Stina Anker kom med honom och hade stympat det långa håret på halva hjässan medan han sov. Efteråt undrade jag vad han hade sagt och gjort om han sett resultatet av hennes dåd. Hon visste att Gilbert inte var hemma och hade beställt tid hos frisören i Simrishamn.

Till och med de kräsnaste kvinnorna sökte sig till honom, men han hade ingen utrustning till att permanenta eller färga deras hår. Han tyckte om att arbeta med sax och kam och han berättade fantastiska historier om långväga resor medan lockarna och testarna föll från hjässorna. Ingen hade tråkigt de stunderna.

När Dalai lama kom till Stockholm 1996 var Gilbert på plats och han var en av de få som fick träffa gästen utan att vakter och säkerhetsmän stod en meter ifrån. Tibetanen bad dem vänligt men bestämt att gå undan och sade på engelska att Gilbert Häger var en personlig vän sedan många år tillbaka och värdarna undrade varför de inte kände till svenskens namn och hur det kom sig att denne inte fanns med på listan över biskopar, ministrar och uppsatta män och kvinnor som utlovats att närvara vid en middag som hölls till Dalai lamas ära.

Då satt Tomas på Hall och Gilbert passade på att besöka honom i fängelset. Jag vet att min bror uppskattade det mötet och att han blev rörd över omtanken. Han sökte också Olga

Næss och de träffades på ett kafé i Gamla stan.

Nu skriver Gilbert brev till Tomas och han får svar. När jag tvivlar på människorna brukar jag tänka på den märklige mannen från vår by. Han finns i endast ett exemplar på jorden och den tanken svindlar för mig och så ler jag och går vidare.

Män och kvinnor är klädda i kostymer och dräkter och plötsligt hittar någon maskor i tyget och drar i dem snabbt som maskinspolen eller långsamt en vecka eller ett år tills de står nakna inför menigheten och avslöjas.

Jag har mött både skrävlare och falska profeter, men Gilbert tycks vara sann i sin kärna. Han påminner i det avseendet om Josefina Kvist och Ingrid Lans. Var kommer egentligen den riktiga glädjen ifrån, den som skrämmer de cyniska och förbittrade till den grad att de försvarar sig med hugg och slag på liv och död?

Denna glädje flyttar sig längre än vargen och gnun i flock på jakt efter föda och färskt vatten. Gilbert Häger packade två resväskor och tog sig till Indien och därifrån till Burma och slutligen Tibet. Han åkte flygplan, tåg och båt och han vandrade långt i solsken och regn och köpte en gammal cykel.

Han är ensam i byn om att ha ätit orm som halstrats över öppen eld och kokt elefantkött. Jag glider långsamt in på den lilla grusvägen och där står han och gräver ner sättpotatis i trädgårdslandet. Varje vår sår han sallaten grunt och tunt och sedan skördar han den romerska varianten, bladcikoria, spenat, portlak, plocksallat, broccoli, savojkål, gurkor och tomater och han drar upp plantor till brysselkål inomhus och sätter ut dem när frosten är över. Han vill dock inte driva jordgubbar i plasttunnlar för att påskynda skörden med några veckor. Jag får goda råd av honom hur jag bör beskära och tillbinda mina vinbär och krusbär. Han har egna knep för att skydda sina buskar från gråmögel, mjöldagg och ögonfläcksjuka och han delar gärna med sig av rön och erfarenhet.

Han hälsar glatt och undrar om jag känner några dofter av raps och sädesslag när jag åker omkring på min stora motorcykel, men han är inte förarglig och påstridig. Jag säger att han får mig att tänka på den vanliga hojen utan motor också och att det inte är dumt alls att rulla nerför backarna och trampa i medvind.

Han provade min Harley-Davidson första gången sommaren 1995 och då körde han på gårdsvägarna, men dessförinnan hade han suttit bakpå vid flera tillfällen. Jag visste att han hade kraftiga handleder och armar och han var säkert stark i kroppen. Han skrattade och hojtade som ett barn medan han drog på gas och lade cykeln snyggt på sidan i kurvorna.

Han klipper sig själv och använder hårvatten och kammar sidbena. Han är fortfarande mera blond än gråhårig och Ingrid sätter sitt lillfinger i den djupa och markerade gropen på hans haka och skrattar och pussar.

Jag är nästan femton centimeter längre än han. Gubbarna lägger på sig så att de får stora, fula magar till magra ben och smala axlar men Gilbert vill inte låta kroppen förfalla så länge han har hälsan och förmågan att vandra och cykla långa sträckor.

Ibland skojar han om att hjärtat sitter till höger i bröstkorgen och det är sant. Dessutom drabbades han av cancer i sin ena njure när han var sextiotre år och läkaren opererade, men knölen hade upptäckts i ett tidigt stadium och han fick god prognos. Han brukar säga att han inte är rädd för döden: Den kommer när den kommer och jag tänker inte påskynda den med osunt och enfaldigt leverne. Jag äter gott och tager mig understundom ett glas eller två när andan och lusten faller på.

Ingrid Lans och han är ett stiligt par att skåda. Hon vill inte åka snålskjuts och drar sig inte för att sitta framtill på tandemcykeln när de gör utflykter till Stenshuvud, Backåkra och Ales stenar vid Kåseberga. De fyller två väskor med mat, frukt, dryck och bullar som de spänner på ramen och sedan ger de sig av på en dagsfärd. Det händer att de ligger i sovsäckar på Haväng eller krönet av Hammars backar några milda nätter i juli eller augusti.

Han håller om och kysser henne utan att blygas när andra är i närheten. Jag vill också ha en kvinna som älskar mig och jag undrar hur det känns att vara frisläppt som John Haber och oblyg som Gilbert. Ingen har någonsin sagt att jag är ful eller frånstötande och jag är renlig av mig och klär mig propert i passande sammanhang.

Sköten och bröst lever i mina drömmar. Jag var allvarligt förälskad i Anna från Kivik och Kristina från Skillinge. Några kvinnor lämnade mig och jag gjorde detsamma med andra. Lisbet bar fräknar på kinderna och kring näsan året om och hon försvann till Malmö när hon var tjugo.

Anna doftade gott som av blågran på halsen och vid skuldrorna och jag visste inte om det kom sig av tvål, parfym eller hennes egen hud. Vi låg i en sandskreva vid Kyl och skymningen sänkte sig över oss och en ensam fiskehydda som hukade av ålder och jag var drygt tjugotre år och hon nitton.

Greta var äldre än jag och hon smekte mig tills jag släppte säden i torrt gräs i en skogsglänta nära Brantevik. Jag kysste hennes sköte och det smakade en aning salt som havet.

Det var inte konstigt för mig att hålla räkning på dessa kvinnor, tvärtom viktigare än mycket annat, ty frågade jag vem som helst i min ålder så nog visste de hur många bilar, cyklar och traktorer som de ägt och förbrukat. De höll reda på debet och kredit, namnsdagar, semestrar och avstånd i mil och kilometer mellan städer och byar i Sverige.

Jag mindes små födelsemärken på Gretas nacke just där håret övergick i ren hud. Anna spelade med sin tunga i min mun och andades häftigt och då tog hon emot min lem och vi låg länge och bara njöt och stängde ute resten av världen som i en film eller bok jag redan kände till. Det hände innan Tomas gjorde sig olycklig och låstes in på Hall. Allting var annorlunda för mig på den tiden.

Jag har läst erotiska berättelser och sett pornografiska filmer, men jag längtar efter en levande kvinna att hålla i mina armar och smeka och kyssa. Jag är inte abnorm och jag har inga hemliga lustar. Det finns inte många som är lediga i byn eller den närmaste trakten runtom. När jag möter ungkarlar som stannat kvar på gårdarna eller köpt ett litet hus i närheten av föräldrarna och arbetat kvar hos dem, tänker jag att det är sorgligt.

De senaste åren har jag sett så många trasiga och olyckliga människor som lever i äktenskap av hat och ondska. Kvinnorna väser åt männen och förebrår dem för allt möjligt och karlarna kastar tillbaka de fulaste orden trots att jag står intill och lyssnar. Det händer till och med att de säger rent ut att de önskar livet av varandra och att de inte kommer att sörja det minsta. Jag lider och mår illa.

Gilbert Häger känner dem alla. Han har klippt männen och flera av kvinnorna. Nu orkar de äldsta inte komma hem till honom och slå sig ner i den riktiga barberarstolen som står i kammaren med stora väggspegeln och det fina plankgolvet och taket som han med egen hand dekorerat med oljefärger och motiv från resorna i Indien, Tibet och Nya Zeeland.

Jag har beställt tid hos honom på måndag klockan elva i nästa vecka. Det är klokare att jag sitter en timme hos byns främsta minne och lyssnar än att jag åker till Kivik, Simrishamn eller Ystad för att klippa mig.

Jag vill höra honom berätta vidare om Karin Humbla och Pontus Larsson och mycket annat som han känner till. Det är inte varje dag jag bereds en möjlighet att sitta hos en människa som uppfinner lycka och glädje i en mörk tid på jorden.

30

Anna-Lisa Lind fick anställning som kassörska på Rönneberga sparbank. Där fanns landets första kvinnliga bankkamrer och hon hette Elise Malmros. De var båda medlemmar av en syförening i Landskrona.

Där träffades kvinnor som idkade välgörenhet på olika sätt och höll basarer och fester till gagn för behövande i staden. Föreningen hade bildats av kvinnor som hade anknytning till den nystartade flickskolan.

Kvinnorörelsen hade långsamt börjat sprida sig i de större städerna och just i Landskrona levde några starka och kloka kvinnor som tidigt insåg vad fattigdom och arbetslöshet drog med sig i familjerna. Framför alla andra drabbades barnen.

Elise Malmros föddes i Fécamp i Frankrike den 19 november 1849 och hon kom till Landskrona redan som sjuåring. Pappan hade nämligen fått anställning som kamrer på Sockerbolaget. När Elise började arbeta engagerade hon sig i stadens sociala verksamhet. Hon ville hjälpa de fattiga och hon insåg att spritmissbruk och allmän nöd slog hårt mot de minsta och yngsta i samhället.

Elise Malmros blev den första kvinnan som valdes in i stadens fattigvårdsstyrelse. I syföreningen diskuterades de stora och viktiga frågorna och mycket kom att handla om utbildning och jämlikhet mellan könen. Föreningen tog initiativ till Aftonskolan för fattiga, unga kvinnor.

Till soaréer och fester hjälptes Elise Malmros och en väninna åt att organisera och hitta på inslag som drog in pengar till syföreningen. Den kvinnan var lärarinna på högre läroverket för flickor i Landskrona och hon hette Selma Lagerlöf.

Anna-Lisa Lind var den tredje drivande kraften i trojkan och hon och kamrern Elise var vana vid att hantera pengar eftersom båda var anställda på Rönneberga sparbank. Flera av kvinnorna i syföreningen var liksom Selma Lagerlöf lärarinnor på flickskolan.

Anna Oom recenserade Selmas roman "Gösta Berlings saga" i lokalpressen 1892 och Alberta Rönne var svartsjuk på alla kvinnor som tävlade om författarinnans gunst och vänskap, men Anna-Lisa var allt annat än inställsam. Uppenbarligen tyckte den lilla värmländskan om den blyga och försynta bryggardottern som med flit och begåvning lyckats bli kassörska i banken och förtrogen med kamrern Elise Malmros.

1895 flyttade Anna-Lisa från Landskrona till byn som låg nära Kivik. Hon hade blivit trolovad med en man som reste i järnvaror. Han hette Folke Sandin och han var sprungen ur en fiskarsläkt från Brantevik.

Så kom det sig att Anna-Lisa och den alltmer berömda författarinnan skrev brev till varandra långt efter det att Selma flyttade från Landskrona till Falun och slutligen bosatte sig på Mårbacka i Värmland.

Anna-Lisa och Folke fick fyra barn, tre döttrar och en son, och en av dem var Elise som fick namn efter väninnan och bankkamrern från Landskrona. Vid tre tillfällen besökte Selma sin väninna och de hade mycket att prata om, ty även Anna-Lisa skrev vers och hade vissa ambitioner att fullborda en riktig bok.

Anna-Lisa förhörde sig om syföreningen och flickläroverket i Landskrona och de två kvinnorna mindes härliga besök i Köpenhamn när de satt på café à Porta vid Kongens Nytorv och sedan promenerade till Tivoli. Selma berättade förtroligt om sina idéer till nya böcker.

Folke selade hästen och sedan delade de yngsta barnen och väninnorna på utrymmet i vagnen och ekipaget rullade i behaglig fart till stranden mellan Kivik och Stenshuvud. Där åt de smörgås och drack kaffe och flädersaft som Anna-Lisa själv hade gjort av fjolårets skörd. De skrattade och promenerade längs vattnet.

Tiden gick och Elise växte upp och gifte sig med en bondson från trakten som hette Rafael Häger. Han fick anställning som vaktmästare i byskolan. Sonen Gilbert föddes i äktenskapet och föräldrarna fick inte flera barn.

Rafael snidade och täljde i trä och en av lärarinnorna rekommenderade honom till skolnämnden och överläraren i Kivik. Därmed blev han också slöjdlärare. Han söp på helger och lov och några gånger blev han ertappad med att ha druckit i tjänsten på skolan. Det var början till en skam som familjen Häger kom att bära.

Gilbert ärvde breven som Selma Lagerlöf skrev till Anna-Lisa och han fann ingen anledning att lämna dem till Kungliga biblioteket i Stockholm för att de skulle ligga i ett källarvalv och samla damm år efter år. Nog hade han läst att flera hundra brev från Elise Malmros, Anna Oom och Alberta Rönne till Selma var hemliga och inte släpptes offentligt förrän 1990, men det brydde inte Gilbert sig om.

Han visade några av breven för mig. Selmas handstil var en aning sirlig och ganska prydlig, men Gilbert kunde inte med bästa vilja påstå att innehållet var av hög konstnärlig kvalitet. Författarinnan berättade om livet och arbetet i Falun och på Mårbacka och hon skrev om resor och olika möten med berömda personer i Stockholm och utomlands. Hon saknade de roliga resorna till Köpenhamn.

Fröken i byskolan läste inte "Nils Holgerssons underbara

resa genom Sverige" och jag hade inte den blekaste aning om att Selma Lagerlöf hade bott i Landskrona och att hon varit lärarinna där i tolv år.

Gilbert lärde mig mycket som jag inte kände till tidigare. När jag gick i tredje och fjärde klass kom han till skolan och började en lång resa från lanthandeln i byn till Indien, Tibet och Nya Zeeland. Vi var förstummade och inte ens den störste busen i klassen suckade och gjorde dumma miner.

Det var en triumf för Gilbert att återvända till skolan där han varit elev och fadern både vaktmästare och slöjdlärare. Arvid Berg hade skymfat och vanärat Rafael Häger innan skolnämnden och överläraren tvingade denne att lämna sina tjänster under nesliga former. Då började Rafaels vandring i sorgen och smärtan och den var utan slut.

Gilbert satt inte bakom katedern utan han vandrade fram och tillbaka på golvet och mellan bänkarna. Plötsligt stod han vid den stora världskartan och pekade och flyttade spetsen av pinnen från en stad till en annan, från öknar till floder, berg, hav och vidsträckta slätter. I nästa sekund stod han i Lunnarps mejeri och tog prover på mjölken och smöret. Det var en ren fröjd att höra honom. Gilbert Häger är en riktig folkbildare och en sådan människa och eldsjäl behövs i vår tid.

31

Pontus Larsson var femton år yngre än Karin Humbla. Efter middagen hos Gilbert Häger började han försiktigt och värdigt att uppvakta henne. Alla sju barnen bodde hemma, men de två äldsta hade lämnat skolan och de sällskapade med unga män från Kivik och Simrishamn.

Pontus var förälskad och han bjöd hem Karin och hon kom och de satt i var sin fåtölj och pratade och Pontus öppnade långsamt den ena dörren efter den andra i sitt liv. Hon tyckte om att lyssna och hon hade varit tyst så lång tid efter det att Oskar försvann att hon förlorat litet av förmågan att hålla ett samtal igång mellan två människor som inte kände varandra särskilt väl.

De fortsatte att umgås och barnen vande sig så småningom, men de äldsta hade svårare att försona sig med att mamman plötsligt fick ännu en person att ömma för. De jämförde Pontus Larsson med Oskar och de hade älskat sin pappa och de känslorna försvann inte.

Den äldste sonen hette Martin och han fick hjälp med att laga mopeden i Pontus Larssons verkstad. Mannen från Malmö rustade också familjens cyklar. Han bytte skärmar, såg över motorn och slipade rost på en gammal Volvo. Slutligen sprutlackerade han och torkade hela plåten i den nya ugnen. Karin och barnen hade gemensamt fått välja färgen och efter långa och heta diskussioner enades de om att bilen borde vara dimblå.

Pontus kom med blombuketter och presenter till Karin och

han klädde sig snyggt och propert och en söndag i månaden bjöd han hela familjen till restaurang eller ett gästgiveri någonstans. Han tog en snaps till maten och kanske en konjak till kaffet och desserten men mera blev det inte.

Karin hade inte legat och älskat med någon annan man än Oskar. Sju grossesser och förlossningar hade satt sina spår i kroppen men inte gjort den fulare och hon våndades inte på något sätt över att de kära små liven och åren hade sitt pris.

Pontus närmade sig varligt och en dag sade han högt för sig själv att han älskade denna kvinna på jorden och han upprepade orden så att hon hörde dem. Hon återgäldade inte direkt med den styrkan och klangen, men hon höll av honom och längtade när han inte fanns i närheten.

De kysste och smekte varandra och han gav henne tid innan de låg nakna och villiga och hon öppnade sig för honom och fullbordade lusten och han släppte sin säd så att hon åter blev havande.

Då var hon drygt fyrtiosex år och Pontus var barnlös och ungkarl. De bodde var för sig ungefär två hundra meter ifrån varandra och det förflöt knappt en kväll och helgdag utan att de möttes. De äldsta i barnaskaran passade de yngre när Karin gick över till honom och hon brydde sig inte det minsta om vad de andra i byn tänkte om den nye mannen i hennes liv.

Å andra sidan var hon fortfarande gift med Oskar, ty lagen var sådan att en människa som försvunnit förklarades inte död och äktenskapet upplöstes inte av myndigheterna. Ingen kunde vara helt säker på att inte barnfadern plötsligt stod i dörren en dag och började en lång berättelse om var han levt under tiden.

Gilbert Häger och Josefina Kvist fördömde henne inte. De gladdes åt att se vännen le och skratta igen och Gilbert hade ju på sätt och vis berett vägen för Pontus och Karin. De förstod att hon ville skänka honom ett kärleksbarn trots att hon redan fött sju välskapta söner och döttrar.

Det blev en flicka som fick namnet Sigrid. Fadern ville bjuda hela byn på gille och hålla kalas i flera dagar och lika många nätter. Han älskade den vackraste och finaste kvinnan som han någonsin mött och det berättade han för alla som ville lyssna, men också för de ogina och snåla, lömska och elaka.

Dottern fick hans efternamn och hon hette således Sigrid Larsson. Vissa nätter sov han över hos kvinnan och den lilla flickan bara för att få vara nära dem innan han började dagens arbete. Han var aktsam om sina kunder och uppdragsgivare och bidrog väsentligen till att den stora familjen klarade utgifterna och mer än livets nödtorft.

Jag rullade min första motorcykel till Pontus Larssons verkstad när jag inte klarade att åtgärda fel och skador i motorn. Han var vänlig och skicklig. Tre dagar senare hämtade jag maskinen och den spann härligt och jag jublade när jag drog på i de långa backarna längs havet.

Tomas umgicks med två av Karins söner och jag hade ett gott öga till den näst äldsta flickan men hon besvarade inte mina fumliga närmanden. Hannarna simmade tätt i mörka stim längst kusten och orienterade efter månen. Mogens Olsson lade ut sina hommor från båten och tog in dem i gryningen.

Då var jag gulålen, feg och hemmasjuk. Honorna gled frimodigt omkring litet längre ut från kusten och jag tordes inte simma ut till dem. Alla dessa människor som låg nästan nakna på stranden och vadade i det kylslagna vattnet hela sommaren. Jag tillhörde inte dem och jag aktade mig för deras garn och ålkistor.

Tomas hade slutat skolan och de riktiga hoten och farorna låg längre bort än Atlanten och Sargassohavet för honom. Han hade arbete på bensinmacken och han hjälpte till på gården och sprang bland kor, höns och grisar. Han lyfte kultingar till famnen och de hade värmen kvar från lamporna. Far och mor slet med djuren och åkrarna och de räknade pengarna, men hade ännu inga skäl att sikta de verkliga vännerna som mjölet.

Pontus Larsson låg på rygg i gräset och Karin bredvid. Mellan dem kröp lilla Sigrid och solen lyste på dem och de första knivarna i byn hade inte börjat sprätta i sömmarna och dela marken i lovlig och förbjuden och människorna i vän och fiende.

Vinden kom mina ögon att tåras när jag pressade motorn över hundratio längs Brösarps backar. Jag anade havet och jag hade vuxit mig lång och stark i kroppen. Själen var inte prövad och jag tänkte inte på den. Jag sparade till en bättre motorcykel och jag hade sett konstryttaren William Arne på Kiviks marknad och bestämt mig för att göra om hans bedrifter.

Tomas förnekade sig inte. Han stod mellan far och mig och såg mästarens nummer i stålburen och sade utan att tveka att han minsann skulle överglänsa den största stjärnan: Far, jag kommer att bli bättre och säkrare än brorsan. Sanna mina ord.

Då hade han ännu inte mött Anders Strandberg och Johan Nordin en natt efter dansen och fullbordat dödsryttarens final.

32

Kunderna kommer ända från Malmö, Lund och Kristianstad till Laura Wiiks ateljé här i byn. Just där infarten börjar vid tomtgränsen hänger en vacker skylt som upplyser besökarna om att de hittat rätt.

Sydsvenska Dagbladet skrev en stor artikel om henne och sömmerskorna. Det sägs att hon haft visningar i Köpenhamn, London och Paris. Jag vet nästan ingenting alls om mode och olika strömningar som råkar vara populära från den ena säsongen till den andra.

Ändå ansträngde jag mig innan jag besökte henne första gången. Jag valde skjorta och byxa längre tid än jag brukade och så gjorde jag också när jag åkte iväg till Amanda Brodd för att bjuda henne på biografen.

Jag är trött när jag kommer hem efter arbetet på kvällarna. En gång i veckan skriver jag brev till Tomas och då berättar jag litet om vad som hänt i byn. Han får veta att Gilbert Häger åkt till Indien ännu en gång och stannat borta i åtta veckor. Bönderna klagar på skörden och vädret som vanligt och jag har hjälpt min nya granne att fälla den stora lönnen som skuggade det mesta av trädgården på framsidan av tomten.

Tomas vet exakt vilket träd jag menar och han kan säkert se Gilbert för sitt inre och följa honom till stationen i Ystad för vidare färd med tåg mot Malmö och Köpenhamn. Han vill att jag behåller motorcyklarna, både de tunga och lätta som vi använde i showerna, och han undrar om mor och far har låtit kalka om boningslängan och det gamla stallet.

Jag svarar på frågorna, även om några av dem smärtar och

gör mig ledsen. Han ångrar inte att han slog ner en av medfångarna. Det gällde liv eller död för honom själv och man måste sätta sig i respekt innanför murarna. Annars är man illa ute och vem som helst utnyttjar minsta chans att komma i överläge.

Han vill inte tala med fängelseprästen och han försöker hålla sig på sin egen kant. De flesta sysslorna är värdelösa, men han har provat på att följa en kurs i fotografering, kopiering och framkallning. Jag kunde inte låta bli att skämta en aning och undrade vilka motiv han tog bilder av. De andra fångarna, vakterna eller rastgården och cellen?

Min bror har humor och jag vet att han inte tar illa upp, men det är som om orden blivit viktiga mellan oss. Förr i tiden kunde vi slänga ur oss vad som helst och grymta och klippa av meningar och förklaringar utan att tveka. Nu sitter jag länge och väger minsta stycke, innan jag fäster det för hand på papperet.

Det är konstigt. Innan Tomas åkte in, hade jag förmodligen aldrig skrivit ett brev till någon annan människa. Kanske skickade jag vykort till mor och far om jag var på skolresa eller semester utomlands. Det föll på Tomas lott att sända en hälsning hem om vi gjorde en uppvisning i Småland, Halland eller Östergötland.

Vi framträdde två somrar i rad i Stockholm. Det skedde i samband med en cirkus på det stora fältet nära Sjöhistoriska museet. Andra gången där gjorde jag en förarglig miss i finalen och han kunde inte rädda den och fullborda åttan i buren. Vi visste båda att symbolen för evigheten krävde precision och kanske också en känsla i kroppen som inte gick att förklara för utomstående.

Innan numret utfördes brukade jag kortfattat beskriva och förklara vad som skulle hända med motorcyklarnas banor i buren och punkten där ryttarna skulle mötas innan åttan fullbordades och upplöstes av mig och Tomas.

Jag hade i kraft av ålder störst erfarenhet av oss två, men jag måste tillstå att han hade blivit säkrare och skickligare än jag. Några gånger skrek han åt mig och påstod att jag var avundsjuk och inte stod ut med att han var den bäste av oss. Då blev jag arg och bedyrade att han var suverän.

Den gången gick det riktigt snett. Även de yngsta i publiken måste ha förstått att vi misslyckades totalt i finalen. I en sådan situation kan trapetskonstnärer på cirkus göra om sitt nummer och naturligtvis fanns det ingenting som hindrade oss från att göra detsamma.

Jag var direkt beredd på ett andra försök och det var ingen skam att misslyckas med ett sådant nummer, ty vi var ensamma om det i hela Norden på den tiden. Det var bara så att han skrek rakt ut och svor åt mig och alla runtom hörde varje ord.

Han hade hetsigt humör ibland, men han var sällan riktigt aggressiv och framför allt aldrig om han inte var hotad på något sätt eller trakasserad av ynglingar i hans egen ålder. Jag hade sett honom slå i dörrar och skrika och gorma åt mor och far men han bar aldrig hand på dem. Det var uppenbart för mig att han respekterade och ville dem väl.

Direkt efter det att han skrek och svor åt mig inför publiken bestämde jag mig för att inte försöka med det svåraste numret igen. Jag rullade fram till den svängda dörren i buren och fortsatte under bar himmel. Jag klev av och ställde ifrån mig motorcykeln och gick inte in i husvagnen som vi fått löfte om att låna två dagar och en natt.

Utan att ta av mig stället och byta om vandrade jag rakt ut i skymningen den aftonen i början av augusti. Jag kom inte tillbaka under natten. I timmar fortsatte jag och jag kände inte Stockholm, men jag såg stora träd, buskar och vatten och broar. Det liknade en vidsträckt park och där låg vackra hus av sten och trä.

Det var milt i luften och skinnstället värmde min kropp, när mörkret föll över gräsmattorna och en vidsträckt kanal som jag följde nästan en timme. Tomas och jag hade glatt oss åt att få återkomma till huvudstaden och han hade visat kontraktet för vänner och bekanta, men särskilt för Olga Næss och hon hade velat följa med.

Jag hittade inget kafé som var öppet så sent på dygnet, men jag gick avsides en bit i den stora parken och lutade mig mot en trädstam och jag somnade och sov förmodligen några timmar, ty det var nästan ljust och gryning när jag vaknade.

Då gick jag tillbaka och jag var tvingad att fråga efter vägen till Sjöhistoriska museet ett par gånger eftersom jag inte mindes var jag gått. När jag var framme vid fältet såg jag det stora cirkustältet och åtminstone åtta husvagnar som stod runtom. Jag hittade vår vagn och dörren var inte låst.

Tomas sov på sin brits och han hade hängt upp sina kläder snyggt och prydligt. Kaffekoppar och glas var diskade. Kortleken låg på bordet och tidningen var vikt. Han låg på rygg som han brukade göra hemma och täcket nådde över axlarna upp mot halsen. Det hördes inga ljud från näsa och mun.

Mor brukade säga att Tomas sov som ett litet barn och han berättade en gång för mig att han aldrig drömde på natten. Han var pigg på morgnarna och hade lättare än jag att stiga upp tidigt i gryningen när vi skulle åka långt med släpet.

Han återkom ofta till den tråkiga händelsen i augusti det året och han menade att just den fadäsen var orsaken till att vi inte fick framträda på Gröna Lund i Stockholm: Arrangörer glömmer aldrig misstagen och det finns danskar, norrmän och finländare som hela tiden försöker övertrumfa oss och det gäller helt enkelt att vara bäst av alla.

Liseberg i Göteborg, Tivoli i Köpenhamn och Gröna Lund betyder mest och nu har vi missat chansen att få sätta kronan på verket i Stockholm, sade han.

Han anklagade mig inte rakt ut, men jag kände att han tyckte att jag förlorat i säkerhet och precision eller kanske framför allt i det som kallades mod och djärvhet i konsterna. Jag hade varit hans läromästare och jag var storebror, men det var alltid det sista framträdandet som räknades mest för en konstryttare på motorcykel.

Tomas var äregirig och han traktade efter att bli berömd och omtalad i de rätta kretsarna. Han ville att åskådarna skulle lämna nöjesfältet och minnas vår show långt efteråt och tänka att de aldrig sett på maken till den i sina liv.

Dessutom ville han göra intryck på Olga Næss. Han drömde om att få åka ut i Europa och kanske till Amerika för att visa sina konster och då skulle hon finnas vid hans sida. De skulle bo på flotta hotell och äta gott och fint. Marknaderna i Kivik och Sjöbo och de andra bondhålorna var bara en språngbräda inför de stora uppdragen och pengarna.

Varje gång klockan klämtade för finalnumret i vår show tänkte jag på missödet i Stockholm och fastän vi lyckades bra i arton fall av tjugo och så gott som oslagbart i två av dem återkom känslan av fadäsen. Tomas var säkert befriad från ruelse och rädsla. I varje fall visade han inga tecken på nervositet.

August, du glider lätt på fötterna och håller värjan med fast hand utan att spänna musklerna när du måttar och förbereder dina stötar i en viktig match. Människan som står några meter ifrån dig på rampen är din motståndare som du vill besegra.

Människorna tävlar om de bästa betygen och de mest intressanta och högst betalda jobben på marknaden. Du är nästan fjorton år och snart får du de första vitsorden på papper från skolan. För några hjälper det inte hur mycket de än anstränger sig och studerar och kanske beror det mesta av vår begåvning och talang på genetiken, det vill säga arvet från våra föräldrar, och det råder ingen människa på jorden över.

Ibland ser jag mig själv i dig och då svindlar tanken. Även din farfar blir en gengångare i den stunden och det är både kusligt och fascinerande. Är det så att miljarder individer sorteras och bedöms utifrån grunder som de själva inte råder över mer än ytterst litet? Är de förnäma titlarna och storslagna yrkena en följd av en gigantisk rulett och hasard i fråga om vilka män och kvinnor som råkar bli föräldrar till den dottern eller sonen?

I så fall är arbetet i skolan endast ett bländverk och alla prov och betyg en utskrift av en genetisk kod som möjligen Gud allena kan lastas och ställas till doms inför.

Nu har jag väl planterat en långlivad tanke hos dig. Neurologerna och de andra vetenskapsmännen vet än så länge inte mycket om våra hjärnor och det som kallas själen törs de knappast närma sig eftersom de måste ha väl beprövade forskningsmetoder till hjälp och det krävs att de kan bevisa och upprepa sina resultat. Kanske är det så att själen är viktlös och omöjlig att lokalisera i våra kroppar.

Vi har mycket att diskutera framöver och det är spännande att leva i en tid där du skickar brev och meddelanden till mig genom fiberoptiska ledningar från Stockholm till den lilla byn här på Österlen och det tar knappt tio sekunder innan jag kan läsa dem.

Jag lever i dig och du i mig. Mamma bar två hjärtan som slog i ett tempel i nio månader och det kunde inte jag vara med om, men vi har våra egna möten och källflöden som blandas oupphörligt i fem, tjugo eller sjuttio år. Det är inte kamp eller strid mellan könen som för mänskligheten framåt.

Mannen klarar sig inte utan kvinnan. Jag har aldrig bekymrat mig om vem av de två som skapades eller först kom till i världen. Om Gud gjorde kvinnan av mannens revben måste han ha tänkt att mannen inte var tillräcklig och att något så stort och märkligt som kvinnan kunde skapas av en benflisa.

I morgon skall jag fortsätta att lyssna till historien om Karin Humbla och Pontus Larsson.

Tusen kramar från pappa.

33

Far ringde och skrek i telefonen sent en lördagskväll. Han och mor hade suttit i stora rummet och läst och lyssnat på radion. Plötsligt hördes ett dån från köket och ljudet av glas som splittrades.

Han sade att hjärtat slutade att slå och mor satt orörlig i fåtöljen och hon hade inte märkt att hon släppt tidningen så att den föll på golvet. Det hände den artonde juli. Far mindes inte att han gick ut i köket av egen kraft, men han såg skärvorna på plankgolvet och trasmattorna och det taggiga hålet i köksfönstret.

På golvet låg också ett blodigt grishuvud. Någon hade slängt det genom glaset och försvunnit från platsen. Far skrek mest inom sig och mor hade gråtit tillräckligt. Han kunde inte skona henne.

De stod där och tittade på förödelsen och sedan ringde far och släppte ut rädslan. Jag sade att de inte skulle röra något. Sedan slog jag numret till larmtjänsten och berättade vad som hade hänt och begärde att polisen skulle komma.

Det dröjde trettiofem minuter innan två poliskonstaplar stod på trappan och bad att få bli insläppta. Jag glömmer aldrig far och mor där de satt i soffan och stirrade rakt fram, tysta och oåtkomliga, men jag visste att den yngste sonen var inspärrad bakom deras stängsel och hela byn tryckte på och ville komma in.

Jag talade med konstaplarna och de antecknade och jag berättade om vattnet som var förgiftat i min brunn, stenen till lilla Ingrids grav som någon klöv och välte, bromsklossarna som plötsligt inte tog i min bil och stenen som kastades in genom ett av fönstren i mitt hus, hoten och glåporden på min fasad.

Allt detta hade jag redan anmält till polismyndigheten i Simrishamn. Jag åkte dit och talade med en kommissarie som skrev, hummade, nickade och tyckte att det var allvarligt och säkert värt att utreda. Dessutom sade jag att varje nidingsdåd hade sin grund i det som hände den natten när Anders Strandberg dog och Johan Nordin låg på vägen och blödde.

Ni vet nog att min bror Tomas dömdes för mord och grov misshandel, sade jag. Det är snart sju år sen men det tar aldrig slut. De ger sig inte förrän mor och far dör av skräck och vanmakt. Hela familjen är dömd på livstid.

De hade tagit av sig båtmössorna och stod barhuvade i sina mörka uniformer. Jag hade inte sett dem förut. Mor sade inte ett enda ord, men far svarade kortfattat på några frågor och sedan lät det som om han började gråta.

Denne rese till karl som hade varit nästan en och nitti i sin krafts dagar och burit hundrakilos mjölsäckar på ryggen och en gång själv lyft frampartiet på en traktor som kört fast i lervällingen på åkern satt nu böjd och blek och vek av med blicken så att den fick vara i fred med sin sorg och smärta. Han hade mist sin enda dotter och varit med om att nöddöpa och begrava henne och en syster torde ha dränkt sig innan hon blev tretti. Astman plågade honom svårt i perioder och slog till när som helst. Han hade inte varit skonad från olycka och sjukdom.

Han slogs med busar när han var ung och han lurpassade en gång ihop med en granne på en hästtjuv och de fick tag i kräket och far slog honom så hårt och länge att vännen fick ingripa och lugna Nils Anker. Det kunde ha slutat illa.

Jag hörde den historien av Josefina Kvist och jag frågade

Gilbert Häger om han kände till den och om han möjligen hade skrivit om händelsen i sin långa krönika om bygden. Då svarade han inte direkt men jag gav mig inte och sade att jag var vuxen och mogen att läsa både det ena och det andra. Även sådant som rörde min egen familj och inte precis var hedrande för oss ville jag ta del av.

Konstaplarna undrade om vi hade sett vad som stod på väggen i röd färg, men det hade vi inte. Jag gick ut och såg färgen och läste orden: Svinen måste dö.

Far och mor satt kvar där inne. Två timmar senare tog jag thinnerflaskan och hällde vätskan på trasan och försökte tvätta bort stämpeln. Det blev fula spår i fasaden och jag tänkte att jag måste kalka från dörren till ena gaveln redan följande dag.

Jag stannade hos dem den natten och sov några timmar i kammaren. Det var mycket vrede i mig, rädsla och sorg. Människor smög nära våra hus och målade på väggarna och kastade stora stenar och avhuggna grishuvuden utan att någon annan såg dem. Det hände flera gånger och inga vittnen hörde av sig till mig eller polisen.

Grannarna sade ingenting. Mor satt i fåtöljen när jag kom till stora rummet tidigt på söndagsmorgonen och far donade i köket. Hon sade att de redan druckit kaffe och ätit en smörgås. Mer ville de inte ha och det var mycket nog förstod jag.

Jag gick till Laura Wiiks hus vid tiotiden och hon öppnade och jag började berätta när hon bjöd in mig. Hon blåste luft mellan läpparna och vidgade ögonen. Hon hade kommit hem vid tvåtiden på natten och då var allt lugnt omkring.

Hon avbröt mig inte. Jag talade nog snabbare än vad jag brukade göra och kanske svor jag flera gånger och förbannade både det ena och det andra. Plötsligt öppnade jag grinden och släppte ut min bror och mor och far. Domen och fängelsestraffet och de vettskrämda gamlingarna rann ur mig och Laura lyssnade.

Hon lade armen om mig och ledde mig in i den stora salen där den öppna spisen och alla böckerna och tavlorna fanns längs väggarna, inga mattor på de lutade plankgolven och glest med möbler i masurbjörk och furu. Det var konstigt att se detta och att tycka om det medan jag sjöd av händelsen under gårdagskvällen.

Jag bytte blick och hjärtslag i närheten av denna kvinna och jag hade tänkt en hel del på henne den senaste tiden. Hemsamariten och brodern till en mördare satt vid köksbordet på kvällen och morgonen och framkallade bilden av modeskaparen Laura Wiik, två gånger frånskild och mor till fyra vuxna barn.

Hon var en av mina grannar i byn som jag egentligen ville lämna, om det inte hade varit för far och mor. Hämnarna och nidingsmännen drog sig tydligen inte för att plåga och skrämma två gamlingar som inte orkade göra motstånd.

Jag höll min högra hand på bordsskivan i Lauras vackra hus och plötsligt lade hon sin egen över och började krama min denna söndag, innan kyrkklockorna klang för gudstjänsten. Det kom utan ord och förberedelse. Naglarna var målade och fingrarna långa och smala. Jag fäste blicken där innan jag tordes titta henne i ansiktet.

Mänskor kan vara grymma och aningslösa, sade hon. Jag har sett och hört mycket innan jag kom hit och du ska veta att jag inte har några förskönande tankar om små byar och städer på den svenska landsbygden. Jag flyr inte från någonting, men jag får tillräckligt av storstad och hets och jäkt när jag besöker Stockholm, London eller Paris. I tre år bodde jag i New York och den tiden var lärorik och jag vill absolut inte ha den ogjord, men jag måste få vila och cykla på grusvägar och vandra längs havet. Vart eller vartannat år reser jag till de norska fjällen och stannar där i tre veckor. Då vill jag knappt se och höra en mänska i min närhet. Där njuter jag och andas gott och föder idéer till vårens garderob och nya kollektioner.

Jag tänkte att hon hörde min andning, ty min bröstkorg hävde sig och jag mötte hennes blick. Mor och far satt skrämda och ensamma i boningslängan och jag höll Lauras hand i min och jag blev varm och rusig i hela kroppen. Jag visste att mina kinder blossade i den stunden, men jag skämdes inte för det.

Kanske satt vi så en kvart eller längre. Hon bar två guldringar på höger hand och en mörk med silver på den vänstra. Klocklänken liknade ingen annan som jag sett i mitt liv. Svarta långbyxor och gråblå tröja utan blus därunder, tänkte jag, och håret var struket bakåt och en stor klämma i nacken såg jag innan vi satte oss.

Jag hade rakat mig och duschat innan jag gick dit. Det hade kommit nya och oanade klanger och ord i min själ den senaste tiden. Jag hade läst högt för fröken Kristina i herrgården och Josefina talade till mig när jag minst anade det fastän hon inte syntes till i den vanliga världen.

Nu berättade Laura Wiik om sitt liv. Hon hade fina tänder, men när hon skrattade brett syntes ett par vid ena sidan som satt en aning snett och det klädde henne. Jag klagade inte på mina egna och jag brukade få beröm hos tandläkaren för att jag skötte dem noggrant och hade så få lagningar för min ålder.

Du är en stilig karl, sade hon, och du är omtänksam och snäll.

Det hade mor också sagt till mig men nu kom orden från Laura Wiik och jag kände att rodnaden slog ut på mina kinder. Det draget hade jag sett hos far också. Han försökte dölja det och skämdes nog inför andra och undvek sådana situationer som utlöste färgen.

Jag hade inte varit förälskad sedan jag mötte Amanda Brodd och hon ville inte vara annat än vän med mig och det var stort nog i mitt liv. Sorgen och smärtan kring min bror hade tagit mycket kraft av mig.

Han anklagade mig öppet i flera brev och påstod att jag angav honom när han hade rymt och lämnat mitt hus efter tre dygn. Då gick han inte utanför dörrarna och han försvann i bilen som han stulit i Linköping utan att ha visat sig för mor och far.

Det gjorde ont i mig och det var inte sant att jag skulle ha angivit honom. Polisen tog honom i Köpenhamn och han hade kommit i bråk med någon där om pengar och löften i skumma affärer.

Jag forskade själv i saken och lade pussel med uppgifter som jag fick av ljusskygga figurer i Nyhavn. Han hade kontakter i Köpenhamn som han skaffade sig i fängelset. Det var kusligt att se hur hård och kallsinnig han blivit.

Jag kan inte fly från min bror och mina föräldrar, sade jag, men jag tycker om att sitta här hos dig och prata och lyssna. Jag har tänkt mycket på dig den senaste tiden.

Hon log och fortsatte att smeka och krama min hand på bordet. Det gjorde gott i mig och jag blev varm i kroppen. Plötsligt sade jag att jag aldrig varit förtjust i hundar men att jag tänkte skaffa en: Jag behöver någon som vaktar huset när jag inte är hemma. Inkräktarna drar sig inte för att göra inbrott och jag kan inte veta vad de gör nästa gång. Mor och far har blivit sjuka av rädsla och sorg och det finns inga mediciner som kan bota dem.

Vi kan hjälpas åt, sade hon. Jag har förstått att du har vänner i John Haber och Gilbert Häger och du gör nytta och behövs i ditt arbete.

Om jag varit riktigt modig hade jag lyft Lauras hand mot min mun och kysst den länge och kanske visat att jag ville göra mera i hennes närhet. En konstryttare på motorcykel i sin bästa form och en människa som drabbas av lust och åtrå påminner om varandra på många sätt.

Jag tackade henne för den fina stunden och återvände till far och mor. Det var tyst i huset när jag kom. Jag hade spikat en träskiva för det trasiga fönstret och sopat och dammsugit på köksgolvet. Grishuvudet låg i soptunnan.

Jag såg spåren efter blodfläckarna på brädorna och jag blötte en trasa och lade mig ännu en gång på knäna och gned länge utan att tänka det minsta på tiden.

34

Laura bjöd in mig till ateljén och där satt Marie Stolt och Siv Blad vid var sin Bernina. Det var en ren fröjd att se dem i arbete. De var flinka i fingrarna och höll en fot på brädan under bordet medan de matade tygbitarna under nålen som rörde sig så snabbt att det var omöjligt att se den med blotta ögat.

Mor ägde en vacker svart Singer med guldbokstäver på sidan och den stod på en tjock skiva av mörkpolerat trä. Hon satt inte ofta vid den, men det hände att hon lagade eller justerade en söm i fars byxor. Strumpor stoppade hon för hand och likaså sydde hon i knappar och rättade till ett rockfoder med nål och tråd. Jag mindes inte att hon hade så värst många klänningar, blusar och kjolar.

Jag satte mig på en stol och lyssnade till maskinernas gång och kvinnorna behövde inte titta hela tiden på tygremsorna som långsamt flyttades i takt med nålen. Laura kom in och hojtade att det var dags för kaffe och färska kanelbullar från Kiviks bästa bageri.

De hade uppenbarligen roligt tillsammans. Laura från Stockholm, New York, London och Paris hade här två väninnor från bygden som hjälpte henne att förverkliga olika idéer och skisser som hon kom med, men jag vidhöll i tysthet att jag inte begrep varför hon kom hit av alla platser på jorden. Det kunde inte ha räckt med några semesterveckor en sommar för att hon skulle ta det här steget. Eller så hade hon sett och erfarit så mycket att den här bygden var den yttersta utmaningen i hennes yrke.

Laura berömde och utnämnde dem till pärlor som hon så gott som hittade på stranden vid Sandhammaren: Vad hade jag gjort utan mina duktiga sömmerskor? Jag har aldrig gillat riktigt att sy och sitta vid maskinen. Jag ville att kläderna skulle vara färdiga på momangen direkt efter jag skissade dem på smörgåspapperet och så var det redan när jag var liten flicka. Jag har inte gått i skola för det här bortsett från en kurs på fyra veckor. All min utbildning har jag fått med öga och öra i hundratals butiker, ateljéer och fabriker runtom i världen.

Har ni gjort likadant? frågade jag Siv och Marie.

Jag har gått tillskärarlinjen i Köpenhamn och där träffades Siv och jag, sade Marie. Vi ville öppna eget i den stora staden i Danmark eller i Malmö, men båda längtade hem igen. Eller hur? Jag hade karlen här och han var inte lätt att flytta på med eget åkeri. Jag har känt Siv sen vi gick i småskolan.

Vid ena kortväggen hängde kappor i flera färger och jag avgjorde på håll att de var sydda i olika tyger. Tre provdockor stod i lika många hörn av rummet. Ljuset kom stort och rikligt från en hel vägg av glas. Grova och breda plankor av lutad fur låg på golvet och där fanns inga mattor.

Jag tyckte om att sitta där. Det var gott att se kvinnorna kring bordet och höra deras röster. De skrattade högt och hjärtligt och jag föll in, ty de smittade med sina tvära kast mellan beskrivningar av modeller och mannekänger som de mött i sina yrken. Kanske ville de skoja med mig som karl och nästan fullkomligt obevandrad i den världen.

Ingrid Lans ska få sin första kappa i kashmir. Gilbert Häger har beställt den som födelsedagspresent och hon har varit här och provat tre gånger. Noggrann som en frimärksgravör är hon och jag förstår. Det är inte var dag. Distriktssköterskan ska vara fin till fest och kalas. Hon ville först ha en i tweed eller diagonal, sade Laura, men vi behövde inte lång tid för att övertala henne. En tjusig kvinna och så rar. Kashmiren är av högsta kvalitet och inget annat tyg är så mjukt och skönt att ta i, det ska du veta Preben. Alla karlar skulle behöva lektioner i vad kvinnorna drömmer om till sina garderober. Herregud vad de är okunniga och inbilska! Det borde vara vansinne att öppna en ateljé bland kossorna och bönderna, men jag gillar utmaningar och mänskor har bil och åker gärna ut och tittar när de är lediga. Vi är som Skansen, eller hur flickor? sade hon och skrattade med hela kroppen.

Vi tar snart betalt när de kommer för att titta in, sade Siv, och de skrattade utan att göra sig till.

Laura ställde koppen på fatet och reste sig och gick bort mot ena kortändan där kapporna hängde. Nu ska du få se och höra, sade hon och måste ha menat mig.

Sedan lyfte hon ner en blyertsfärgad kappa med sneda fickor och kapuschong och gled i den och tog några steg och svängde mjukt på furuplankorna. Hon stoppade händerna i fickorna och bytte till nacken och drog upp huvan över hjässan. Vad tycks, mina damer och min herre?

Den här är beställd av färghandlarens hustru i Simrishamn. De har nog pengar till det. Gråblå och tidlös i färg och modell. Den är klockad nertill. Sydda knappar och foder av siden. Titta på ärmarna! De står som strutar när jag sträcker ut. Sammet i skarven mellan huva och axlar. Stolpfickor och längd nästan till fotknölarna. Det är stiligt och smakfullt. Korta kappor och rockar är det värsta jag vet näst efter skenheliga karlar som inte tål en självständig och stark kvinna.

Jag tittade och lyssnade och hon lovade att jag en dag skulle få se den oslagbara maskinen som klädde knapparna. Kanelbullarna var goda. Det hände ganska ofta att de gamla och sjuka ville att jag skulle sitta en stund hos dem och doppa och dricka kaffe och det brukade vara fina stunder fastän slagrörda spillde på sig och envisades med att inte ha haklapp.

Laura var tjusig att skåda och hon gjorde mig varm och jag

ville inte lämna henne. Det var som när jag mötte Amanda Brodd första gången och ännu starkare. Jag aktade mig för stora ord och jag visste att kvinnan kunde vara farlig och äventyrlig för mannen.

Siv och Marie var också fina och rara, men jag kände inte så för någon av dem. En av dem var ju gift och den andra hade visst sin karl i Lund av alla ställen. Jag hade plötsligt sång och glädje inom mig, trots att min bror satt där han satt och far och mor inte ville längre.

Laura tog på sig ytterligare tre kappor och lärde mig skillnaden mellan tygen som kallades tweed och diagonal. Jag såg att det fanns sammet på de flesta av kragarna och hörde henne säga siden och viskos i fodren. Siden skulle helst ha en tjock och matt yta. Annars tedde den sig vulgär och smaklös, sade hon. Det var svårt att få ut pengar på blusar och hon köpte skräptyg från en handlare i Malmö som hon använde till sina prover och första utkast.

Två höga speglar med förgyllda och sirliga ramar hängde med fyra meters mellanrum på ena långväggen. Då upptäckte jag att Laura bar svarta skor med rem som påminde om mockasiner. Hon hade frisk färg i ansiktet, brunröda naglar och läppstift i nästan samma färg. Håret var struket bakåt med fläta och stor nål i nacken. Bluskragen måste ha namn av att den stod. I övrigt var hon klädd i broderad väst, mörka långbyxor och kavaj i ton med dem.

Så hade jag fått nya ord och begrepp i min själ och det var kvinnornas förtjänst. Jag ville inte störa dem och jag skulle arbeta kvällspasset från fem fram till midnatt. Då räknade jag inte in mor och far. De stod alltid utanför den vanliga tiden och omsorgen i mitt liv.

Även min bror hade en egen almanacka och tideräkning och den löd så här: Före och efter natten när Anders Strandberg förblödde och den andre låg halvt ihjälslagen en bit ifrån.

35

Två dagar efter det att det blodiga grishuvudet kastades in i köket hos mor och far, drabbades mor av hjärnblödning. De satt i stora rummet och drack kaffe, eftersom ingen av dem orkade eller ville sitta på platsen där djurkadavret låg.

Så flyttade nidingsmännen sina offer med långa armar var de än befann sig utan att röra vid dem. En sådan bedrift stod inte att läsa om i vetenskapliga handböcker eller uppslagsverk, men den var lika påtaglig och sann som att våra boningslängor låg kvar på marken och att Sveriges riksdag och regering hade sina säten i Stockholm.

Plötsligt såg far att hennes huvud föll åt sidan och hon andades konstigt och rosslade och hon svarade inte när han ropade namnet. Denna stund famnade direkt minnet av när de miste lilla Ingrid.

Han hade inte armar och ord för trösten och skräcken, men han gjorde så gott han kunde och lyfte den tunna kvinnan till sängen. Blicken mötte inte hans och munnen låg sned i det bleka ansiktet. Hon rosslade och tungan rörde sig oroligt mellan läpparna som för att känna efter vad som hade hänt.

Han ringde till mig, men jag var i tjänst och det tog en lång stund innan han samlade sig och gick över till närmsta grannen. Han hittade nämligen inte nödnumret i telefonkatalogen ty han var nästan förlamad av rädsla och vanmakt och det var lika med den yttersta åtgärden att söka hjälp hos fienden snett över vägen.

De måste ha förbarmat sig över honom. Ambulansen kom

och hämtade mor och han följde med i bilen och satt där med träskorna på fötterna och pyjamasen under den slitna morgonrocken. Så var han klädd när jag steg in i sjuksalen tre timmar senare.

Mor låg i sängen med droppflaskan på stången och slangen till handleden. Hon stirrade i taket och svarade inte på tilltal. Far höll båda händerna på armstödet där han satt och det såg ut som om han var beredd att resa sig i nästa sekund och gå därifrån. Lång tid hade både han och hustrun varit på flykt med tunga bojor kring fötterna och tjudrade vid sina liv.

Jag lutade mig över och viskade och höjde rösten nära hennes vänstra öra. Sedan tog jag handen och höll den länge i min och smekte den och talade tröstande, men hon visade inga som helst tecken på att höra mig. Far satt där han satt.

Jag försökte minnas de sista orden som jag sade till henne innan hjärnan började blöda. Det måste ha varit en bön om att de skulle dricka vatten och ta sina mediciner på morgonen eller att de inte försummade att äta under dagen.

Plötsligt var det bara jag och far kvar i familjen som talade i närheten av varandra. Tomas satt på Hall och han skrev alltmer sällan brev till oss efter det att han rymde och blev fast igen. Nu låg mor fjättrad vid sängen och svarade inte.

Då mindes jag vad Gilbert Häger hade sagt. Till slut blir vi bara tiden i våra egna kroppar och drömmarna som långsamt slocknar.

Läkaren hade berättat för mig när jag kom att det var en stor blödning och att mor var allmänt svag och led av hjärtsvikt. Far hörde inte orden och även om han hade gjort det så vore han inte mottaglig för dem. Jag tittade på honom emellanåt. Han höll fortfarande om armstödet med krampaktiga händer och det tunna, gråa håret hängde fritt ner över öronen och nacken.

Jag hade inte fått iväg honom till Gilbert eller frisören i Kivik som han gick till i många år. Nu tänkte jag på Tomas och tiden när han inte klippte sig och den natten mor tog fram saxen och kapade den långa manen på ena sidan av hjässan.

Mor hade bara skakat på huvudet när jag förde fars ovilja på tal. Mindes hon den gången när hon med tvång stympade det tjocka och vackra håret på sin yngste son och tog honom till frisören på lördagen? Låg den missgärningen lindad kring den olycksaliga natten när Anders Strandberg förblödde vid kanten av sädesfältet?

Jag hörde att Josefina Kvist talade inom mig, men jag blev inte det minsta rädd därav. Så gjorde hon ofta när jag befann mig i nöd och bad om råd och hjälp. När jag berättade om denna märkliga vana för Gilbert sade han bara att han inte blev förvånad och att han själv hade liknande upplevelser av att den andlige ledaren Dalai lama språkade med honom på mild och litet långsamt sökande engelska fastän de just då måste vara flera hundra mil ifrån varandra, kanske mer än tusen.

Jag satt kvar i fyra timmar och frågade far om han ville följa med hem, men han svarade inte. Han höll hårt om armstöden och tycktes titta bortom mig. Jag talade med en sjuksköterska och hon lovade att se till så att han kunde ligga bredvid hustrun åtminstone en natt och det hade jag inte väntat mig. Hon tänkte rulla in ytterligare en säng och mor råkade vara ensam i salen.

Jag åkte hem och försökte vila och sova, men jag var vaken så gott som hela natten. Tankarna malde i mitt huvud och jag såg det blodiga grishuvudet på köksgolvet hos far och mor och jag förbannade de skyldiga.

Vem berättade för dem om den gamla kvinnan som nu låg halvt förlamad och stirrade i taket utan att tala, stum och förmodligen oberörd av världen runtom men fylld av otäcka minnen? Jag darrade och rös av vrede och förtvivlan.

Josefina var också tyst den natten och jag hade lärt mig att det inte var möjligt att mana fram henne på beställning och kräva hjälp och svar i stunden. Hon kom som av nåd, ljus i gestalten och vis, lyssnande och tålmodig. Var jag ensam om dessa möten i byn eller hemsökte hon andra som hon fattat tycke för i livet och höll av?

Mor klippte Tomas medan han sov och sedan försökte hon lägga skuggan och kanske skulden på far och säga att sonen inte fick det lätt i skolan bland kamraterna och ovännerna med det långa, tjocka håret som hängde ner på axlarna. Han hade det svårt ändå på många sätt.

Nu liknade far en gengångare eller ett spöke med de långa och gråa testarna som spretade över öronen och nådde långt ner på halsen. Han var tunn och alltför mager i kroppen och det var ofta så att jag nästan matade honom med tvång vissa dagar om han över huvud taget skulle få någon föda i sig.

Far kunde bara säga i stort vad vem som helst avgjorde med ögonen och sunda förnuftet. De två gamlingarna var trötta på livet och hade lämnat oss i den djupa och sanna meningen av vad en värdig tillvaro borde innebära. Kanske visste läkaren att yngste sonen satt på Hall och kallades mördaren mera än Tomas Anker i denna by och dess omnejd. Eller att domen över familjen skrevs i rött och svart på våra väggar så att vem som ville kunde läsa, förutom allt det andra.

Gilbert Häger hade säkert lyssnat om han varit hos mig. Jag tänkte på Laura Wiik och blandade litet ljus och lust i det mörka och hemska.

36

Mor låg vänd från oss i sjutton dagar och lika många nätter. Jag åkte dit varje kväll och tog far med mig fastän han inte riktigt svarade när jag frågade vad han ville och önskade. Två andra samariter hjälpte honom i huset när jag inte fanns där.

Han åt dåligt eller nästan ingenting alls vissa dagar. När jag kom till fröken Kristina på herrgården eller de gamla och sjuka, hade jag far och mor i tankarna. Det artonde dygnet somnade hon in för gott, men jag satt där inte just då eftersom jag var i tjänst och fick budet för sent.

Far grät inte så att det syntes utanpå. Jag tvangs att ordna allt som gällde begravningen på egen hand. Under den tiden hörde jag av Josefina allt mer. Hon pekade, förmanade och tröstade: Skriv till fängelsedirektören på Hall och be om permission för Tomas så att han kan komma till sin mor vid kistan. Om höga vederbörande eller myndigheterna nekar så tjänar det ingenting till att bråka och kämpa för just den saken. Det är lönlöst och utan värde. De har alltid rätten och makten på sin sida.

Gilbert erbjöd sig att hjälpa till och även Laura Wiik och det överraskade och gladde mig särskilt. Jag vet inte riktigt hur de gjorde men de fick mig att växa i själen och hitta höjd och djup som jag inte trodde fanns. Fält och ängar större än böndernas marker öppnades för mig och hade jag varit troende och nära Gud eller Jesus Kristus skulle jag nog ha sagt att himmelska makter äntligen kom till mig och skänkte tröst och lindring i sorgen och smärtan.

Karin Humbla, Pontus Larsson, Ingrid Lans, Gilbert, far och jag satt i den vitkalkade kyrkan som låg så vackert nära korna och hästarna på bete i hagen. Vaktmästaren kände jag igen och han var svart som lydnaden i klädsel och stram plikt utan erkänsla och deltagande. Det visste jag med säkerhet.

Josefina kom så nätt och försynt till mig och höll min hand när far inte orkade och Tomas inte fick lov att lämna anstalten. Klockorna ljöd och jag lyssnade till dem som i barndomen, men inte som den gången när stoftet efter Anders Strandberg skulle i jorden. Då fanns även lamm och får på ängen och det året målades väggarna utvändigt och de gnistrade i solen.

Jag ville inte ha den skenhelige prästen som hette Manfred Björk och jag slapp honom därför att han var tjänstledig sedan ett år tillbaka och kanske på väg bort från pastoratet och människorna i bygden.

Vikarien för Manfred var en kvinna och hon hette Linda Forsberg. Hon var ung, säkert inte äldre än trettio, men vänlig och öppen i ansiktet. Jag och far satt ensamma längst fram och de övriga på bänken bakom. Prästen var ensam mitt emot oss på ena sidan av den vita kistan som var smyckad med kransar och blombuketter. Det var riktigt vackert och de ansvariga på begravningsbyrån hade gjort ett gott arbete.

Far ägde bara en svart kostym och den var gammal. Därför köpte jag en ny åt honom på Eckerlunds i Tomelilla. Han hade inte kunnat bestämma sig för vilka psalmer som vi skulle sjunga och jag samrådde med den gamle kantorn och prästen. De fick avgöra till slut och jag hade ingen bestämd önskan för min del.

Vi sjöng så gott vi kunde och kantorn spelade på orgeln. Kistan var nog inte mindre än för en fullvuxen karl, men hon tog inte mycket plats i den så liten och förkrympt som hon var på slutet.

Jag hade sett henne på fotografier som togs innan hon träffade Nils när hon blev konfirmerad och var elev i hushållsskolan. De var stiliga ihop på bröllopet och far bar frack och fluga i halsen.

De sista åren böjde hon sig som om hon övade sig i att vara nära jorden och far gjorde likadant. Domen över yngste sonen låg som ett litet och giftigt djur i dem och flyttade sig från hjärtat till sätet för själen. Ibland trängde det ända ut i det yttersta av deras ögon och då orkade jag knappt möta dem om jag råkade vara i närheten.

Far hade nickat lamt när jag föreslog att vi borde kremera mors kropp. Hon hade inte skrivit en rad om hur hon ville ha sin sista vila, men vi hade lilla Ingrids sten och gravplatsen på kyrkogården. Där skulle även mor och far ligga. Tomas och jag tänkte inte så långt eller nära och talade aldrig om det.

Gilbert, Pontus, vaktmästaren och jag bar kistan från kyrkan till den svarta bilen som väntade på backen. Den var inte tung och jag mindes att sex man brukade bära annars, tre på vardera sidan för att det skulle bli jämvikt, men det behövdes inte den här gången. Jag tänkte också på Gilbert när jag gick där ty jag hade hört att han var med om att bära sin egen mors kista när han var fjorton år.

Klockorna dånade och kall vind svepte in över den öppna platsen. Det var i slutet av oktober det året. Många träd hade börjat fälla sina blad och andra stod med blodröda och brandgula fläckar. Gilbert gick framför mig. Så blev det en lång och en litet kortare karl på vardera sidan. Vaktmästaren var ett halvt huvud över Pontus Larsson som ändå inte var särskilt kortvuxen.

Ett helt liv hade mor och far bott och levt i den här byn och båda var födda där och likaså deras föräldrar och generationerna före också. Vi hade grenar i Danmark men de flesta i släkten Anker hade sina rötter här. Den gamla folkskolan, möllan, handelsboden och kyrkan hade förändrats i sina funktioner och höljen.

Unga och gamla dog och ersattes av nyfödda en lång tid, men de senaste årtiondena kom tillskotten i huvudsak genom sommargästerna från framför allt Stockholm. Handelsboden lades ner och likaså möllan som såldes till en arkitekt från Uppsala. Det fanns inte tillräckligt många barn för att hålla skolan vid liv och det fåtal som trots allt bodde här tvangs att ta bussen till Kivik varje morgon och sedan tillbaka igen på eftermiddagen.

Efter mer än ett halvt århundrade samlas de närmast sörjande och två av dem hade knappt träffat mor men de gjorde det för min skull. Det var jag tacksam för. Mannen som blev kvar höll sina seniga och blåknotiga händer i det svarta knät och han behövde inte räkna på fingrarna.

Sex människor och egentligen endast två, han och jag, fadern och sonen, följde henne fram till altaret och vidare ut i sorgebilen innan knappt fyrtifem kilo mor och hustru föstes in i elden och brann till stoft och aska för att läggas i en urna som skulle ner i jorden.

Lilla Ingrid dog i barnsängen och nöddöptes och yngste sonen kallades mördaren och tilläts inte komma. Det var efterklangen i kyrkklockorna och vi gick till de två bilarna för att åka vidare mot Gilbert Hägers vackra länga. Han hade själv erbjudit sig att öppna sitt hem för oss, trots att vi fick plats hos mig och far.

Far sade inte många ord. Han hade en egen orgel inom sig och den spelade mest nattetid när han inte kunde sova eller under de långa och trista dagarna när han klättrade upp till himlen och fann att den saknade mening. Det fanns ingen Gud där och inga änglar, men han hade en samarit på jorden som envisades med att han borde äta och dricka ända fram till det bittra slutet.

Jag var nog inte barmhärtig i de stunderna. Han kissade i byxan där han satt och låg och ibland undrade jag om han fullkomligt medvetet släppte alla spärrar för att visa att han blivit ett ensamt och sorgset djur som vankade av och an i sin inhägnad. Han stod rakt upp och ned på golvet i köket och tömde blåsan ungefär där grishuvudet en gång låg, men blodet stannade kvar.

Om ingen tvättade, rakade och badade honom på tre veckor så fick det vara, ty han märkte inte stanken från kroppen. Hårtestarna hängde nerför den grova skjortkragen och varken Gilbert eller frisören i Kivik tilläts sätta saxen i dem. Han var likgiltig för kläderna och rådjuren, hararna och kossorna som han alltid höll av.

Han hade slagit hö med blåa lien och stackat, bärgat och hjälpt till att mala. Nog hade han förlöst killingar, kalvar, lamm och hundvalpar och legat med mor på höskullen och släppt sin säd i henne och råmat så att det hördes långt omkring. Det var innan sorgen och skammen tog vid. Lilla Ingrid benådades med några timmar och sedan satte första sorgen rot i honom.

Vad är vackrare än gryningen och solnedgången på sommaren? brukade han säga. En svart hingst som sprang fritt i hagen och sparkade med bakbenen och skuttade och styvnade i den långa lemmen så att den slog i marken när den fick stoet i näsborrarna. Fölet och mamman och pappan stod sedan vända åt samma håll om regn föll från den ljusa himlen. Ingen mer än de själva visste varför. Vildkatten satt blickstilla sent på kvällen i juli och augusti nästan en timme och lurpassade på åkersorken och musen. Tjurarna hade sina egna ljud på andra sidan bäcken och dammen. Det lät som om någon klippte med slö och rostig sax när svalorna flög under taknocken i stora ladan, men ungarna kunde endast den höra som kallade sig människa och som en gång hittat ett bo och nästan gömt sig i höet för att se vad den svartvita familjen gjorde.

Far var nu bortom detta. Han matades två gånger om dagen och samariterna i min patrull skiftades om att ta hand om honom bäst det gick när jag inte fanns där. Nästa anhalt var ålderdomshemmet, lasarettet eller bårhuset och det hade nått dithän att jag också insåg att han inte ville längre.

Han bar på en stor och grym hemlighet som jag aldrig för en sekund hade kunnat föreställa mig. Mor hade skrivit ett brev för några år sedan och hon hade bett honom om att jag skulle få läsa det när stunden var inne.

37

Nästan alla bönder i bygden höll sig med hundar och jag var rädd för dem och de behövde inte vara stora och argsinta. Även sådana som jag ofta träffade hos kamrater och släktingar ingöt obehag i mig.

Jag kunde inte minnas att jag någonsin blivit biten och jag frågade far och mor och de sade nej och skakade på huvudet. Tomas gick fram till byrackor och stora bestar av blandras och satte sig på huk och klappade och pratade med dem utan att ha sett och långt mindre bekantat sig med dem förut.

Han skrattade och försökte bota mig hundratals gånger, men jag ryggade och höll mig på behörigt avstånd. När vi åkte omkring med vår show på marknaderna i Blekinge, Halland och Småland förflöt knappt en timme utan att jag blev påmind om skräcken.

Vi ställde bilen med stora släpet på anvisad plats och det var nästan alltid trångt bland marknadsstånden, tälten och människorna som sprang fram och tillbaka och skyndade för att hinna bli färdiga i tid. Då fanns ofta hundar i närheten. Några var lösa och de nosade och strök kring alla ben och ting som de råkade få syn på.

Jag försökte hålla mig undan de fyrbenta djuren men det var inte lätt. När som helst gläfste någon tax, collie, boxer eller pudel en meter ifrån och kom en schäfer utan ägare ställde jag mig blickstilla och höll andan. De måste ha känt lukten av min rädsla och Tomas berättade att hundar fick vittring på en särskild utsöndring från personer som skrämdes av dem.

Ibland retades han med mig men då märkte han att jag blev riktigt arg och slutade. Av alla situationer och sammanhang var nog marknadsdagarna de värsta, ty just då samlades många människor och det var trångt och utan ordning på både det ena och det andra. Berusade karlar vinglade omkring och några av dem letade efter sina hundar och de visste knappt vad de själva hette.

Ingen av de hundarna bet mig. Så länge jag gick i skolan försökte jag undvika att komma i närheten av de husen där det fanns lösspringare. Utan att jag riktigt ville erkänna det ens för mig själv, insåg jag att denna skräck satte gränser för mig när jag rörde mig i byn och kom till andra platser.

När jag var tjugofyra och hade rest med Tomas och våra motorcyklar i några år, inträffade något som skulle skänka eller snarare tvinga på mig förklaringen till min hundskräck. Han och jag stod på gårdsplanen och rengjorde de böjda stängerna till buren som vi åkte i. Vi använde inte vatten för att undvika att de rostade senare.

Vi torkade av damm och lös smuts med trasor och smorde längderna med fin olja och fett. Det var bästa metoden. Mor kom ut med kaffe och bullar till oss och det var en fin stund och jag tror att vi visslade och skojade friskt om minnen från våra framträdanden på marknader och nöjesfält.

Plötsligt kom en stor schäfer in på tomten och den närmade sig långsamt och till synes lugnt. Tomas fick också syn på den och han visste vad som gällde och började genast klappa och prata med den. Jag ville ha bort den och nästan skrek att de skulle gå undan tills ägaren kom.

Han satt på huk och sedan började han leka och nojsa med den och det måste ha berott på att han ännu en gång skulle visa mig att jag inte behövde vara rädd. Jag märkte först inte att jag höll ett av de böjda stålrören i högerhanden och jag släppte dem inte med blicken en sekund. Jag övervägde att hastigt gå därifrån och ta mig in i huset, men rädslan slog blint i mig och jag blev tung och stel i kroppen.

Tomas fortsatte att skoja och busa med hunden och jag stod väl fyra meter ifrån. Det gick mycket snabbt och efteråt visste ingen av oss riktigt vad som utlöste händelsen. Kanske blev schäfern skrämd av några rör som vi lutat mot varandra som ett tält när de föll eller så var det utsöndringen från mig. Jag hade ett rör i handen och möjligen höll jag det hotfullt.

I varje fall tog hunden några snabba språng och gjorde ett utfall mot mig utan att Tomas hann ingripa. Då slog jag med röret av all kraft och jag tänkte ingenting särskilt och ville minst av allt skada djuret men det hände ändå. Det tog illa och schäfern föll på sidan och jag såg genast blodet som rann från huvudet.

Jag stod så med röret i handen och Tomas skrek av all kraft och svor åt mig och lade sig över hunden. Far måste ha hört honom och han kom ut och såg oss. Schäfern låg orörlig och ingen ägare syntes till. Det var otäckt och jag rörde mig inte ur fläcken på en lång stund, men Tomas fortsatte att tala till hunden och strök den med handen på sidan.

Då kom en karl från vägen och jag ville inte titta mer och jag var inte velig av mig eller blödig annars. Det var bara det att jag höll röret i handen och jag hade inte hunnit reagera förnuftigt och överlagt innan allt var över och ohjälpligt.

Han skyndade dit och han började skrika och nästan tjuta direkt och undrade vad som hade hänt. Tomas tittade på mig och far likaså. Jag hade röret i handen och det fanns blod på det i ena änden och det kom inte från mig eller någon annan tvåbent varelse där.

Satans elände, skrek han. Slog du hunnen? Han är snällare än ett lamm. Svara din långe jävel. Slog du med röret?

Jag brukade svara för mig men alla orden var kraftlösa och vad skulle jag ha sagt om min skräck och det plötsliga utfallet och snabba händelseförloppet. Tomas lyfte ensam schäfern och den måtte ha varit tung eftersom det var en fullvuxen hanne. Ägaren gick bredvid och han visade vägen och far tog sig in i huset.

Ägaren var på tillfälligt besök hos en granne längre bort och hunden hade plötsligt försvunnit från trädgården. Han hittade den blödande och döende på vår mark och jag hade slagit med järnröret utan att jag egentligen velat det. Vad hjälpte det att jag försvarat mig och att den gjorde ett utfall som om den ville angripa och hugga.

Tomas följde med till veterinären i Simrishamn. Jag gick till far och mor trots att jag hade köpt det lilla huset en bit ifrån och flyttat hemifrån en gång för alla. De satt i köket och jag berättade långsamt vad som hade hänt och hur jag uppfattade förloppet.

Mor grät och far blev säkert arg. Han svor och förbannade det hela. Kanske släppte spärrarna hos honom, ty utan förvarning började han en lång berättelse och hade han tänkt i stunden att den skulle trösta och lindra så misstog han sig rejält.

Jag satt på ena sidan av köksbordet och mor på kortändan. Det var lördag eftermiddag och det var stilla på gården och djuren hade fått mat och korna var mjölkade. Alla maskiner var tysta och vi hade ingen hund, varken liten eller stor, renrasig eller byracka. Mina händer var smorda av fett och fin olja och litet smuts från stängerna till buren som Tomas och jag använde till våra konster och framträdanden med motorcyklarna.

Då rann berättelsen ur far och källan hade varit dold länge och den var unken och gammal och den skulle inte alls trösta och lindra utan fastmer skada och öppna ett sår som fanns längs min ena armbåge och en bit ner i huden. De hade alltid sagt att ärret kom av en olycka när jag var tre år och att jag hade fastnat i en taggtråd när jag busat och lekt utan lov vid gärdsgården i skogsdungen vid en av grannarnas ägor.

Nu berättade far att han hade en ovän och fiende i byn och de hade legat i fejd med varandra i perioder. Det hade lugnat sig emellanåt och rått vapenstillestånd, men minsta lilla incident eller gnista kom de gamla oförrätterna att blossa upp igen.

Han mindes knappt hur det började och möjligen hade deras egna fäder och familjer bakåt i tiden bråkat och varit osams om något. Far var dock klar över att han och Holger Backlund blivit arga på varandra för en bit mark som låg just i gränsen mellan ägorna och fälten. Dessutom gällde striden dikningen vid en skogsdunge och sedan hade till synes små och harmlösa händelser avlöst utbrotten och hoten mellan Holger och far. Även kvinnorna och barnen drogs in i härvan och visst hade jag både hört och lagt märke till många gånger vad som gällde mellan familjerna.

Far stannade i berättelsen och tittade på mor emellanåt som om han tvekade hur länge han skulle hålla på eller vad han borde säga, men han var arg och upprörd och det kom honom att öppna spjällen. Han hade direkt känt igen mannen som kom fram till schäfern på gårdsplanen och det var Holger Backlunds brorson som hälsade på ibland eller hjälpte släktingen med rör och vattenpumpar på gården.

Vi har hållit tyst i alla år, sade far, men nu är det hög tid att berätta sanningen för dig och du är vuxen och ska inte bli beskylld för något som du inte rår över.

Jag satt tyst och spänd och han fortsatte. Han berättade att jag hade förirrat mig in på grannens tomt en söndag och jag var drygt tre år. Det hände i mitten av juni och jordgubbarna var mogna och familjen Backlund satt i trädgården och drack kaffe med några bekanta.

Det blev aldrig klarlagt om jag åt av jordgubbarna och nog visste jag var våra trädgårdar började och slutade, men jag var barnet och jag råkade komma dit och det var farligt därför att jag måste ha gått över stora vägen. Sträckan mellan gårdarna var ungefär hundrafemtio meter. Solen sken och det var varmt i luften. Far och mor vilade middag.

Jag hade inget riktigt minne av händelsen efteråt, men jag skrek och kom hem blödande från ena armen. Far och mor blev rädda och undrade vad som hänt. Då sade jag att karlen skrikit åt hunden och bussat den på mig när jag stod i deras trädgård. Den hade hoppat på mig och bitit.

Far hade blivit som vansinnig och de hade åkt bilen med mig till lasarettet där jag blev sydd med flera stygn och fick en stelkrampsspruta. Efter alla dessa år slog far knogarna i köksbordet och förbannade att han inte berättade sanningen för läkaren och att han inte anmälde den satans grannen för polisen och gjorde rättssak av eländet.

Jag måste ha glömt eller förskjutit skadan efter några år. Eller så förvrängdes alltsammans medvetet av far och mor för att de skulle skona mig och lindra. Vi pratade aldrig vidare om den otäcka händelsen, men jag märkte och levde med min skräck för hundar efteråt. Ärret bleknade och en dag hette det att jag hade råkat i olycka när jag kom nära en taggtråd.

Treåringen blev femton och tjugo. Tomas var inte född när det hände och kanske frågade han någon gång när han såg märket vid armbågen och då sade jag att jag skadat mig på ett stängsel vid skogsdungen bort mot dammarna.

Holger Backlund hade så gott som erkänt att han hetsat hunden på mig och han tycktes vara stolt över det och hade ingen ånger eller ruelse. Far lovade att aldrig förlåta den grymheten och han svor att jävlas med grannen så länge han hade skäl till det.

Jag borde ha anmält honom för polisen och ställt honom inför rätta. Nu är gubben död och jag går aldrig i närheten av hans sten på kyrkogården när vi ska till Lillans grav. Varje gång tänker jag på åbäket och påminns om alla svinhugg och skamgrepp genom åren, sade han.

Efter knappt två timmar var Tomas tillbaka och jag förstod direkt när jag såg honom i dörröppningen till köket att det hade gått illa med hunden. Schäfern var död. Veterinären hade bedömt skadan i huvudet som så allvarlig att han tvingats att avliva djuret.

Jag gick hem. Det återstod ännu fyra år innan Tomas skulle göra sig olycklig för resten av livet. Det ena gällde en människa och det andra en hund, men det fanns likheter mellan dåden och ingen kunde lindra och trösta genom att peka på en skyldig.

Jag blev anmäld hos polisen och kallad till två förhör och jag dömdes att betala skadestånd till hundens ägare. Redan efter några dagar kände alla i byn till familjen Backlunds version av händelsen och bakgrunden till den.

Vi höll tyst och väntade på någonting som saknade namn och konturer. Kniven låg blank och skarp under ytan och den hade inte riktat eggen eller spetsen mot framtiden i vår familj.

38

Jag trodde aldrig att det skulle gå så långt att jag köpte hund, men så blev det. I alla år hade jag varit vettskrämd för vilken ras som helst och det hade inte hjälpt hur mycket än ägarna försäkrade mig att de var snälla och ofarliga. Det handlade inte om förnuft eller mod från min sida.

Det dröjde således tjugo år innan jag fick höra sanningen och skåda källan till min rädsla. I mitt inre levde minnet av grannens byracka som bet mig i armen så att jag blev sydd med flera stygn.

Jag läste annonser och åkte runt till uppfödare. Slutligen hittade jag en fin fågelhund i Skurup, en liten valp på tre månader, som jag lyfte upp i famnen och jag glömde bort den svartsjuka modern en meter ifrån mina ben.

Jag hade lärt mig att stiga ur sängen tidigt på morgonen även om det tog emot. Då tänkte jag mer än en gång på Tomas som hade lätt för att vakna i gryningen året om. Hundvalpen fick en egen rymlig korg som jag ställde i förhallen innanför ytterdörren. Jag bäddade fint åt den med filt.

Den gnydde när jag lämnade den på kvällen och det lät som om den grät på riktigt och kände sig sorgsen om den plötsligt blev ensam. De första månaderna försökte jag komma hem vid lunchtid och en gång till innan jag slutade arbetet för dagen. Vid halv sju på morgonen gick vi en runda på stigen bakom huset som ledde in mot kohagen och den lilla skogsdungen av tall och spensliga björkar här och var. Där nådde vi dammen som bonden hade låtit gräva för bevattningen av markerna när det var varmt och torrt.

De lördagar och söndagar som jag inte hade pass vandrade hunden och jag längs havet. Jag tog bilen och körde till Sandhammaren eller Backåkra. Jag höll den i koppel, ty det var en riktig fågelhund och plötsligt stannade den tvärt och lystrade och spände öronen. När den låg på tomten och såg en hare eller ett rådjur hände det att den satte av snabbare än mina sinnen hann registrera. Då var det gott för mig att den hade halsbandet och den långa linan som var fästad runt trädet.

Jag kom underfund med att min käre vän tystnade och slutade att gny eller gråta om jag lät ljuset vara tänt i förhallen när jag lämnade den för kvällen. Länge var jag frestad att ta den till mig i sängen eller att åtminstone låta den få ligga i sin korg i rummet där jag sov, men jag hade både hört och läst att sådana vanor var omöjliga att bryta.

Dessutom hade jag köpt den av ren självbevarelsedrift. En levande varelse kunde varsko mig och ge skall om någon obehörig försökte ta sig in i huset och jag hade blivit varnad så många gånger att jag förstod att upphovsmännen menade allvar.

Den slickade mina händer och öron, näsa och mun och jag lät det ske, ty jag älskade den. Jag höll fram det långa ärret vid armbågen och den nosade länge och kanske hade en doft stannat kvar där under alla dessa år för att jag en gång skulle låta sanningen sippra ut genom hudens porer.

Amanda Brodd ville vara min vän men inte mera och det var stort nog hade jag lärt mig av livet. Nu hade jag hunden som viftade på svansen och hoppade kring mina ben när jag kom hem. Jag ville ha en kvinna också att bli älskad av och små barn som tog min tid och kraft. Vem ville vara vän med min bror när han kom ut igen?

Jag saknade honom emellanåt och fortsatte att skriva brev, men jag fick inga tillbaka. När jag åkte hela vägen till Östertälje och anstalten visade han ingen riktig glädje och han fortsatte att anklaga mig för gamla oförrätter och händelser som låg tillbaka i barndomen. Han bytte inte ansikte när jag pratade om far och mor och hennes sista tid på jorden. Han var kall eller så förhärdad att jag inte nådde in det minsta till det som påminde om korta stunder av hopp och förtröstan.

Olga Næss hade tröttnat och vänt honom ryggen och jag förvånades över att hon trots allt höll ut så länge. Nu var hon elev på Musikaliska akademien i Stockholm och där fanns inte plats och omsorg för en mördare som fortsatte att misshandla människor och rymde och fångades igen.

Han åkte varv efter varv alldeles ensam i sin stålbur på marknadsfältet som saknade åskådare och ingen broder tog sats för att möta honom i finalens nummer. Åttan och evighetsmärket var ofullbordade.

Jag tänkte på Laura Wiik när jag såg den smala strimman av ljus från förhallen där hunden låg. Just att han var stolt och furstlig i uppsynen gjorde att jag gav honom det namnet.

Rex fick han heta och ingenting annat.

39

Käre August,

Tack för ditt fina brev. Jag är ledsen att det dröjt ett tag innan jag åter skriver till dig, men jag har inte kunnat samla mig för uppgiften. Det är en sak att sitta hos Preben Anker eller Gilbert Häger och lyssna medan de berättar om byn och människorna där och en annan att skriva brev till sin egen son.

Nu är Stina Anker borta och Nils vill inte vara bland de levande längre. Tänk att någon kastade ett blodigt grishuvud genom fönstret till deras kök. Vad rör sig i de skyldigas hjärtan och själar? Vi har talat mycket om de samvetslösa som är i stånd att göra vad som helst. En människas liv är inte mer värt för dem än en flugas eller myras.

Nazister spelar teater och får betalt för det i Sverige. De skriver kontrakt och den store dramatikern Lars Norén engagerar dem. Vi vet att någon av tre eller alla tillsammans har avrättat två poliser med skott i nacke och panna från en handleds avstånd på en väg i Malexander. Nu är fyra barn faderlösa och mördarna skyller på varandra. Hustrur och mödrar sörjer sig fördärvade.

En syndikalistisk fackföreningsledare sköts utanför sin dörr med flera skott. Det var nära att två poliser i Malmö sprängdes i luften av en bilbomb och nu jagas medlemmar ur Hells Angels.

Preben kör sin Harley-Davidson lugnt och sansat. Han har köpt en fågelhund som heter Rex och du skall veta att han har varit så rädd tidigare att han inte tordes gå nära ens den minsta knähund. Han behöver den som väktare i huset. Vad som helst kan hända här. De försökte ta livet av honom genom att förstöra bromsarna i hans bil. De bränner kors i hans trädgård och målar slagord på väggarna.

En människas liv borde vara heligt för alla och envar, men så är det långt ifrån. Krig och terror pågår varje dag någonstans på jorden och så har det varit oavbrutet i tusentals år. Ingen som läser tidningar och löpsedlar eller ser nyhetsprogrammen i televisionen kan undgå att möta död och våld sju dagar i veckan.

Jag har aldrig berättat för dig vad som hände när vi bodde i Ystad och du var knappt mer än året gammal. Jag undervisade i filosofi och det svenska språket på det gamla läroverket som bytt namn till gymnasium. Agnes och mamma hörde och läste om ett av stadens värsta brott genom tiderna.

Det var en familjetragedi som nästan saknade sin like i Sverige. Till och med journalisterna försökte hålla händelsen inom stadens gränser. De förstod att förstämningen och smärtan hos vänner och bekanta till familjen var tillräcklig och att det räckte åt alla medborgarna i Ystad.

Jag satt i lärarrummet och klockan var kring halv elva på förmiddagen och jag hade gjort mina lektioner för dagen och tänkte gå hem. Jag samtalade med en kvinna som varit nunna i ett spanskt kloster under många år.

Då kom meddelandet på centralradion att alla lärare på skolan skulle stanna kvar och invänta vidare besked från rektorn. Jag gick in på expeditionen och sade att jag hade klarat av mitt arbete för dagen och ville gå hem, men då fick jag höra att alla anställda skulle stanna kvar tills de hört vad rektorn hade att säga.

Jag såg direkt i kanslistens och kontoristens ansikten att det var allvar och de flackade med blickarna. Två av mina kolleger kom också in och vi ville veta varför vi inte tilläts lämna skolan. Vi stod kvar och frågade vidare. De svarade inte.

Då fortsatte vi till en av studierektorerna och hon var nära att börja gråta. Jag undrade om någon av eleverna dött på skolan. Hon tittade mot väggen och sade att det var värre än så. Har flera dött? Är det en olycka på fysiken eller kemin i laboratoriet?

Två lärare har dött, sade hon, och sedan grät hon öppet.

Jag rörde mig inte ur fläcken. Flera lärare kom in i rummet och vi stod där och samlade oss för tystnaden eller den förlösande frågan: Vilka är det? Vad hände? Dog de på skolan under förmiddagen?

Då sade hon: Astrid och Martin Andersson är döda. De låg hemma på golvet, när rektorn kom till huset och såg dem genom fönstret. Han gick inte in. Fråga inte mera nu. Ni får veta resten när vi samlas i aulan om en halv timme.

Det var ruskigt August. Jag hade pratat i mer än två timmar med Astrid veckan dessförinnan när vi var funktionärer vid orienteringsövningar för skolans elever vid Orebaden i Sjöbo. Vi promenerade på skogsstigarna och hon blev personlig och vi talade om familjerna och hon nämnde sonen Bengt och maken flera gånger.

Jag hade mina aningar om att hon inte var lycklig i sitt äktenskap, men mamma och jag umgicks inte med paret utanför tjänsten. Tio år, det vill säga tjugo terminer, är en lång tid att arbeta tillsammans. Fastän vi tillhörde olika lärarrum och undervisade i skilda ämnesblock sågs vi så gott som dagligen i korridorer, lärarrum och matsal. En gång om året hölls en fest för lärarna och vid åtskilliga andra tillfällen kring högtiderna samlades kollegiet.

Lärare från yrkesavdelningen som låg en bit ifrån skolans huvudbyggnad kom i samlad trupp och flera av dem skrattade och verkade uppspelta. Kanske tänkte de att rektorn skulle bjuda dem på en överraskning, en eftermiddag med utflykt till

Sandskogen och stranden eller Fyledalens vackra natur.

De var intet ont anande och så gott som alla de andra lärarna likaså, ty det hade väl gått ut ett påbud från skolans ledning att de invigda inte skulle berätta innan rektorn själv tog till orda i aulan.

Rektorn stod vid podiet nära mikrofonen där han hade stått så många gånger och delgivit kollegiet olika beslut och hälsat oss välkomna till varje ny hösttermin och tackat för ett gott arbete under den gångna våren. Han var tunnhårig och mörk och han talade bygdens dialekt, litet släpande på bred skånska. Jag hade inget att anmärka på honom och vi hade alltid kommit överens under de tio år som jag varit anställd på skolan.

Han hade varit lärare och studierektor i många år dessförinnan och till och med elev och student. Även hans hustru arbetade på skolan. Hon undervisade i fysik och matematik. Jag var ensam om filosofin i hela kollegiet och det var ett av Sveriges största gymnasier. Eleverna kom från ett vidsträckt upptagningsområde ända bort från Brösarps backar, Kivik, Simrishamn och Skillinge förutom de andra lägena och byarna på Österlen.

Du har träffat rektorn flera gånger senare, men nu skulle han meddela oss att två av våra arbetskamrater hade dött. Han sökte efter orden och sade säkert inte ett enda onödigt med tanke på det som vi skulle få veta de närmaste dagarna.

Sonen Bengt hade varit elev på skolan och han gick på teknisk linje. Den gruppen läste inte filosofi, men jag visste att paret Anderssons son tillhörde en av klasserna och jag såg honom ofta i korridorerna och kön till matsalen. Han hade långt hår och hans klädsel var udda i förhållande till de andra jämnåriga.

Tre eller möjligen fyra dagar innan den obotliga tragedin inträffade kom pojken Bengt med två andra elever in på lärarrummet och de sökte mig, men jag förstod inte vad de egentligen ville och jag hade inte undervisat någon av dem. Bengt såg underlig ut och tittade en stund mot taket medan de andra försökte utreda ett filosofiskt problem.

Det hände ibland att elever sökte mig efter lektionerna för att dryfta något inom logiken, sannolikhetsläran eller etiken. Många var intresserade och duktiga och du minns väl att vi flera år därefter när du var sju eller åtta skojade där hemma om flaggan som var hissad eller inte hissad om ingen råkade se den. Agnes skrattade hjärtligt de gångerna. Mamma vände på problemet och gjorde hisnande utflykter bland andra flaggor.

Tänk dig att han stod där och flackade med blicken mot taket och kamraterna talade men han var nästan helt tyst och det var konstigt därför att de andra påstod att Bengt ville ha min syn på problemet. Så mycket förstod jag av sammanhanget att det handlade om logik och olika premisser och slutsatser.

Klockan ringde in för lektion efter rasten och de återkom inte de följande dagarna. Det blev inte mera. Sonen slog ihjäl fadern med ett stålrör som han gömt under sin säng och det sades att han ströp eller misshandlade modern till döds. Sedan flydde han i föräldrarnas bil, en gammal SAAB, om jag inte minns fel.

Rektorn hade sett Astrids fötter och en del av underbenen när han tittade genom fönsterrutan. Han hade direkt anat oråd när ingen av de två lärarna hörde av sig på morgonen för att sjukanmäla sig.

Rektorn var granne med familjen Andersson i Ystad och han var tillika gudfar till sonen. Plötsligt hade han ett fadderbrev till en mördare som hans egna fyra döttrar lekt med ibland och sett tusentals dagar i trädgården och annanstans.

Du vet ju att även jag är gudfar. Lilla Siri är nu snart tre år. Tiden går. Tänk dig att mötas av den synen och fortsättningen. Poliserna spärrade av gatan och spände rödvita plastband mellan fyra stolpar. Alla talade om vad som hänt. Sonen återvände med bilen efter några timmar och angav sig själv vid huset.

Preben Anker är ett år äldre än Bengt Andersson som gick klassen under på teknisk linje. De kände varandra till namnen. Preben hade börjat framträda med motorcykeln i stålburen på olika marknader och nöjesfält och det gjorde intryck på ynglingarna som drogs till maskiner och bilar.

Sonen var enda barnet och han ärvde föräldrarna. Pengar, hus och bil tillföll honom. Han dömdes till psykiatrisk vård. Några år senare hörde jag att han dräpt ytterligare en människa.

Det hände inom sjukhuset. En av patienterna som slagit ihjäl sin hustru gick nu samma öde till mötes. Bengt stack en kniv i honom bakifrån och lär ha sagt att en äkta make inte bör ta livet av sin hustru, men själv hade han dräpt sin fader och moder.

Du har levat tillräckligt länge för att läsa det här. Vi besöker Ystad ett par gånger varje sommar och vi har vänner kvar där. Preben Anker känner till den här historien och vi har diskuterat den mer än en gång.

Nu sitter hans egen bror på Hall. Tomas Anker har fått längre straff efter det att han misshandlade en medfånge och rymde under en permission. Vad bör mänskligheten göra med dessa människor? Döma dem till döden och ta livet av dem? Spärra in dem i trettio fyrtio år eller resten av den tid som de har kvar?

Jag vet inte. Preben säger att brodern är förhärdad och kallsinnig numera och att straffet i fängelset bryter ner och gör honom bitter och likgiltig för omvärlden.

Jag blir glad när jag hör Preben tala om kvinnan som flyttat in i byn och öppnat en stor ateljé för mode och kläder. Hon har anställt Marie Stolt och Siv Blad som sömmerskor och kunderna kommer framför allt på helgerna, men även vardagar. Vi har fått en bemärkt person i grannbyn och hon tar mått på sorg och smärta, men också den sanna glädjen och lusten att leva.

I dag skall jag tala med Gilbert Häger och jag har fått löfte om att läsa breven från Selma Lagerlöf till hans mormor Anna-Lisa och hör och häpna fem stycken från Dalai lama till mejeristen och långfararen som aldrig upphör att överraska mig.

Han är så klok att jag nästan blir rädd och det är inte mer än rätt att jag gör vad jag kan i den här skriften för att så många som möjligt ska få läsa om honom.

Var rädd om dig. Fortsätt nu med nästa bok efter "Harry Potter". Slarva inte med läxorna och var lätt på handen och snabb i fötter och tanke när du fäktas med värjan.

Skriv snart.

Tusen och en pussar och kramar från pappsi.

40

Jag kände nästan inte av att jag gick på marken. Gubbarna och gummorna måste ha märkt det och även de som knappt visste vad de hette och var de befann sig i stunden. Så kusligt att far samtidigt hasade på sina morronskor dagarna i ända och matades som ett spädbarn och spottade ut och fräste och satte handen för munnen.

Laura Wiik fick inte igång sin bil en kväll och hon gick över till mig och bad om hjälp. Hon visste att jag hade hand med motorer av många slag. En mörkblå Renault stod på gårdsplanet. Motorhuven var öppen.

Jag bytte inte om till overall och oömma kläder innan jag gick dit. Hon bannade mig skämtsamt och undrade om jag tänkte färga byxorna med smörjolja och smuts. Sedan hämtade hon ett klädesplagg som jag aldrig sett förut.

Hon höll det framför mig och vecklade ut något som påminde om ett blåställ och sade åt mig att prova. Nog såg hon att jag var över en och nittio lång, men det visade sig att byxbenen och resten passade galant.

Jag böjde mig över motorn och började syna med blotta ögat. Sedan bad jag henne starta motorn så att jag kunde lyssna om den var helt tyst eller hackade. Jag hade mina knep och en del av dem hade jag lärt av min bror.

En halv timme höll jag på innan jag fick igång motorn. Då hade jag hämtat min egen bil och använt startkablar. Det var inte lätt för dagens mekaniker att följa med i utvecklingen och det elektriska systemet hade blivit så komplicerat och invecklat att de tvingades gå på kurser varje år och ibland räckte inte ens det för att de skulle hitta felen.

Tomas hade ett särskilt öra när han lyssnade på differential-växlar, kardanaxlar och varvtal. Han lagade bilar med åtta cy-lindrar lika lätt som en med fyra och han klarade boxermoto-rer och radmotorer och han älskade ljudet av en riktig tvåtak-tare. Flera dagar i sträck synade han minsta komponent i en gammal Cadillac, Mercedes eller T-Ford.

Jag hade inte samma tålamod som han i det avseendet och inte det sinnet för teknik, men jag ansågs nog kunnig i förhål-lande till många andra som inte var utbildade mekaniker. Mo-torcyklar tjusade mig mer än bilar och framför allt tyckte jag bättre om att köra dem.

Nu stod jag där och torkade händerna på trasan som Laura hämtat. Jag hade blivit varm och en aning svettig av att böja och sträcka mig. Hon tittade på mig och log och utan vidare erbjöd hon mig att bada i hennes stora kar och bastu därefter.

Köket och en rymlig bastu var bland det första som jag tänkte på när jag byggde ut och renoverade boningslängan, sade hon. Vissa kvällar sitter jag en timme i skållhet vatten och bara njuter och sträcker ut kroppen.

Jag hade inte en tanke åt det hållet. Det var säkert mer än tio år sedan jag satt i en bastu och det fanns inget badkar i min stuga. Karin Linde ville inte ha bidrag till att installera en stor och fin duschkabin så att hon slapp kliva över den höga kan-ten på badkaret och emaljen var hal och farlig i vattnet.

När jag tog över bar jag ut det gamla och flagnade åbäket och lade nytt golv och satte kakel på väggarna och köpte handfat och toalettstol. Kanske ångrade jag senare att jag val-de fristående dusch i stället för ett rymligt kar. Jag målade i vitt och det stod sig vackert mot den övriga inredningen.

Hon släppte mig inte med blicken medan hon log. Jag titta-de på mina händer men resten av mig hade redan gått in till henne och satt sig i karet och bastun. Det märkte hon nog. Så sträckte hon ut handen och grep min vänstra och hon bestämde takten och svängde armarna som om vi vore på väg hem från skolan en försommardag och solen låg på och korna betade och hästarna plötsligt satte av över ängen.

Jag sade inte emot och hon tvekade inte och skyndade mot ena kortänden av längan och sade åt mig att gå till köket och vänta på kaffe och bullar. Det var fredag kväll och jag hade klarat av mitt pass i patrullen och skulle se till far litet senare.

Vi satt på var sin sida av bordet knappt en halv timme och sedan tog hon åter min hand och ledde mig in till det tjusiga badrummet där karet stod och strax intill fanns bastun som redan doftade av hetta och uppvärmt trä genom dörren. Hon vred om kranarna och vattnet rann genom mynningen och hon tog tre fyra steg och släppte kläderna på andra sidan tröskeln.

Jag gjorde likadant och jag hade inte tid och mod att skämmas över min kropp, men jag var blek och senig och lång. Tatueringen på ena underarmen syntes genom behåringen. Hon hade inte sett den förut och jag dolde den inte. Livet drog sig samman till två nakna kroppar och hon var vacker och solbrynt och brösten var små och gulliga. Jag tordes inte titta neråt direkt.

Titta på mig, sade hon. Så här är jag utan kläder och det är säkert alla mannekängers och modellers fasa att stå så här inför mannens och medsystrarnas blickar. Alla vill behaga och duga och helst mer än så. I tretti år letade jag fel och brister från fotvalvet till krönet på hjässan och det tog så mycket kraft och karlarna vägde och måttade mig innan de ville smeka och älska. Jag har haft så många att jag slutat räkna och de flesta vill jag nog glömma men en och annan var värd att stanna hos eller dröja vid. Herregud som kvinnorna kämpar och strider och krossar varandra jorden över för att bli bekräftade av sina rivaler och männen. Jag vill inte vara med längre i den tävlingen och jag vet vad jag har och inte har. Fyra ungar har legat vid de här brösten och diat och sugit och det var underbart. Visst tänkte jag ibland att jag skulle snygga till dem och få dem fasta och stora, men jag avstod och gick vidare. Jag har rakat blygden och gymnastiserat och sprungit. Jag har klippt osynliga häckar i luften för att inte få gumhäng på överarmarna och stirrat på låren och rumpan och försökt trolla bort varje gram.

Jag stod naken och lyssnade och hon släppte orden, en klänning som hon drog över huvudet och den föll mjukt mot anklarna. Det gjorde att jag inte blygdes och inte försökte dölja lemmen eller något annat hos mig.

Hon kände med handen på vattnet i karet och sedan lade hon en tjock handduk över kranen och sade att det var ett knep så att mer än en kunde luta ryggen bakåt. Jag erbjöd mig att sitta åt det hållet men hon var värdinnan och pekade mot andra änden.

Hon hade hällt i skum och gav mig en egen tvål. Jag tänkte på tiden som gått sedan Tomas gjorde sig själv och andra olyckliga och de åren hade jag inte suttit så här med en naken kvinna och långt mindre legat med någon.

Det straffet syntes aldrig i domstolarnas protokoll och det fanns inga tröstande människor och gråterskor som tog hand om de anhöriga. Far och mor ville inte gå till diakonen eller den skenheliga prästen och de hade aldrig tänkt en sekund på att öppna sina själar för utomstående.

Nils Anker brukade jorden, sådde och skördade och gick bland djuren i hagen och lagården medan Stina skötte hemmet och de två sönerna och sorgen efter den nöddöpta flickan. Ingrid och Tomas var båda förlorade för dem.

Jag blundade en stund och försökte hålla undan det andra. Laura log och drog tvålen över de blöta armarna. Hon var inte blyg och vad hindrade henne från att sträcka sig efter min lem och smeka och gnugga den försiktigt så att den blev styv och stor? Ingenting.

Det behövdes inte mycket mera och hon märkte det och flyttade handen och började massera mina fötter som nådde ända ner till andra änden trots att jag böjde knäna men ingen ställning för kroppen var obekväm. Jag hade släppt min säd som en brunstig yngling om hon fortsatt tio femton sekunder till.

Vi låg kvar och jag rörde vid hennes bröst och lade handen mot skötet och det var varmt och lent. Jag hörde att hon andades. Hon blundade och krökte halsen och lutade huvudet bakåt. Jag drog sakta ett finger i springan tills hon åter öppnade ögonen och lugnt sade att det var dags att stiga ur karet och gå in till den heta bastun.

Hon lade två handdukar på översta britsen och sedan kastade hon några skopor vatten på den svarta kaminen med galler. Det fanns ett fönster där och glaset immade. Vi stod på golvet av trä och jag kysste hennes mun, kinder, hals och axlar. Jag lade mig på knä och drog nästippen mot naveln och den mörkröda dynan. Vi hade ingen annan brådska än den som vi själva gjorde oss.

Laura ropade högt mitt namn och jag kysste blygden och den blöta springan. Jag lyfte henne i mina armar och hon satte sig grensle över min bål och jag sökte med lemmen i ena handen och lät den titta en stund i öppningen med sitt enda öga.

Hon gungade långsamt och jag följde i rytmen och jag ville att det skulle vara länge därför att jag hade längtat och väntat genom åren. Jag hörde nog inte själv att jag kved och skrek och jag höll på att tappa greppet när jag kom. Kanske grät jag av lust och lycka en stund och hon lät det ske.

Det här är våra gåvor till varandra och just nu kostar de inget annat än våra kroppar och själar, sade hon.

Vi låg på var sin brits och jag höll hennes högra hand i min och svetten rann om oss. Jag hade kunnat somna bort i den stunden och låta den förbli orörd och bortom varje förklaring. Jag gav min säd och hon tog den och jag var barnlös, men hon hade levat i mer än femtio år och jag var knappt trettifem.

Jag ska be att Siv och Marie syr två vackra kostymer till dig, sade hon. Du provar och sedan väljer vi färgen och snitten tillsammans. Ett par tjusiga skor och fina skjortor och hatt och sen kommer mänskor i byn att vända sig om efter dig. Smaken för kläder är en fråga om utbildning och stil. Där går hemsamariten som blivit modell och mannekäng, men det är väl den tokiga stockholmskan som förbytt honom, kommer de att säga, och låt dem skvallra och avundas dig.

Jag reste mig och fortsatte att smeka och kyssa och lemmen blev styv igen. Hon vände sig på sidan och drog upp ena benet mot britsen över. Jag låg på knä och rörde mig knappt. Kupade jag ryggen kom jag åt brösten med min läppar. De var små och fina och jag kunde inte få nog och jag ville inte byta dem mot några andra på jorden.

Jag blev barnet och ynglingen som började om och lärde mig litet av kvinnan på nytt. Lyssna, vänta och se. Vad säger ögonen och tystnaden? Talar skötet till mig och när viskar händerna? Hon hade ljusröda fjun på magen och i ljumskarna och drog jag handen från knäna till vristerna kände jag att hon inte hade rakat dem. Det gladde mig i hennes andra liv efter alla domar och omdömen från karlarna, gör si och gör så och skäms för dina lår och rumpan och brösten.

Hon var vackrast av alla i mina ögon och några andra fanns inte i hela världen som bestämde vad jag skulle tänka och tycka. Amanda Brodd och de andra kvinnorna levde också hos mig, men nu var jag förälskad.

Jag ville vara nära Laura och äta middag, dricka kaffe och ett glas vin eller konjak. Om hon inte var rädd, skulle jag bjuda på en lugn och sansad utflykt på min Harley-Davidson en vacker och vindstilla dag. Hon skulle sitta på sockerbiten eller bönpallen och hålla om mig och luta ena kinden mot min rygg. Rapsen och sädesfälten bugade sig för oss.

Bortom ängarna och kullarna låg Haväng och den långa stranden. Där betade hästarna och familjen Pyks lamm och får. Soldaterna från svenska armén övade på den finaste kustremsan i hela riket. De sköt skarpt mot det kalla havet och skrämde måsarna och höll undan fiskarna som lagt ut sina nät.

Jag älskade landskapet och där var jag född och där hade jag levat. Far och mor hade inte mycket mera i sina ögon och nu var hon borta för evigt. Han hasade sina morgontofflor på golvet och väntade på det stora mörkret eller ingenting och han var inte människan som förtröstade och hoppades att få möta hustrun på andra sidan lidandet.

Laura släppte inte min hand när hon andades häftigt och kastade med huvudet som en unghäst. Jag tömde mig igen och denna gång var jag mildare i ljud och rörelser, men lusten hade många språk.

Du är snäll och fin, sade hon. Jag tycker mycket om dig.

Jag hade aldrig trott att det skulle vara möjligt mellan oss. Vi var inget par som människor förväntade sig. Inte ens för en natt eller några timmar på en konstig plats som denna där allting tycktes vara rimligt och utan överraskningar. Om någon hade frågat mig, hade jag sagt: Laura Wiik vill inte ha en man som jag och det kommer sig nog mindre av att jag råkade vara bror till en mördare än av den värld som hon levt i tidigare och kunde jämföra med.

Vi låg kvar en stund och sedan kylde vi av oss. Hon skrattade och sjöng. Vi stod nära varandra och delade på vattnet och strålarna. Långsamt och utan avsikt klädde vi oss och vi pratade litet innan jag gick över till far och hjälpte honom för natten.

*

Far tittade knappt på mig, log inte och grymtade. Jag kokte havregrynsgröten med hälften råg och lade på ljus sirap såsom han hade ätit den i alla år, men nu ville han inte längre och jag matade och han stängde munnen som ett trotsigt barn och jag försökte igen. Han ville varken ha vatten, svagdricka eller cider. Brännvin hade han inte smakat på år och dar.

Kvällens hjälp hade gått utan att tvätta honom. Det långa stripiga håret hängde i gråa testar nerför halsen och fastän jag inte hade planerat det tog jag plötsligt saxen. Nu var stunden inne att klippa honom under motstånd och upprepa natten när mor skalade håret på yngste sonen och sedan tvingade iväg honom till frisören i Kivik.

Jag gjorde det inte för att hämnas eller vara ond, men jag led när jag såg honom. Han var smutsig och så mager att benknotorna syntes på bröstkorg och rygg. Vi klippte naglarna på fingrar och tår utan att han ville det och matade och öppnade munnen nästan med våld och fick i honom några skvättar vatten eller äppeldricka.

Jag bar honom i famnen bort till fåtöljen och satte honom där. Sedan tog jag saxen och kammen och började långsamt och försiktigt klippa håret. Han gjorde inget motstånd. Kanske märkte han inte vad jag gjorde eller så bara lät han det ske ty ingenting var värre än det som redan varit.

Han blundade och lutade huvudet bakåt som om han sov eller slumrade en stund. Jag stod där och klippte min far och jag gjorde ingenting som trotsade anständighet och god moral. Han var förbi den invändningen sedan länge.

Han var orakad men det var inte mycket till skägg på kinder och haka. Jag mindes tiden när han måste ta hyveln två gånger på dygnet om han ville vara slät och fin. Då stod han vid lilla spegeln och tvålade in hela ansiktet med fina borsten som mor köpte i present till honom och som han inte ville slänga trots att den var gammal och gles i håren. Nu spretade stråna på hakan och kinderna som på en gammal gumma. En första och sista gång, tänkte jag.

En första och sista gång skall jag klippa och kamma och raka dig far så att vi slipper att skämmas. De andra samariterna ser dig varje dag och jag orkar inte hålla dig kvar i livet längre. Far måste iväg på hemmet. Det går inte längre, sade jag högt åt oss båda.

Far får eget rum och jag ska se till så att skänken och sängen och fotografierna och bordet av grov ek och stolarna som ni köpte dyrt och tog på avbetalning från Gärsnäs följer dig. Jag lovar och svär. Far äter inte och det blir ensamt hela dan och jag måste arbeta och samariterna kommer inte mer än två gånger om dygnet och det är gott så. Många har ingen alls som kommer och ser till. Hör far? Nu ska jag klippa bort de långa stråna och göra far fin och sen tar jag fram borsten och tvålen och hyveln och våtrakar.

Han svarade inte och fortsatte att blunda men jag hörde att han andades jämnt och fint. Det blev inte mycket hår kvar på hjässan. Jag tyckte att han liknade en liten klen gosse, en nyfödd som kommit för tidigt och var skrynklig i ansiktet. Han särade en aning på läpparna och tungspetsen sköt fram som på en ödla eller orm.

Jag fortsatte och rakade honom med varmt vatten i en skål på bordet. I den hade jag hämtat hallon, blåbär och jordgubbar när jag var liten och ur den hade jag också ätit Gilbert Hägers olika blandningar av filmjölk och yoghurt från Lunnarps mejeri.

Jag var van att raka mig själv med hyvel och lödder. Han satt nästan helt stilla med ansiktet och en kort stund tänkte jag att han märkte vad jag gjorde och njöt av det eller åtminstone äntligen fann sig i det.

Nu är far snart rakad, sade jag. Nyklippt och rakad och i morgon blir samariterna häpna och undrar vem som lyckats med det här konststycket. Då ska jag säga att det är jag, Preben Anker, som gjort min plikt och hedrat min fader.

Far, lyssna nu riktigt noggrant. Tomas sitter på Hall och det var en stor olycka för många att Anders Strandberg förblödde och att den andre blev invalid, men jag anklagar inte min bror längre. Vi kan inte ta tillbaka eller göra om någonting. Han är dömd och han rymde och han misshandlade en annan fånge. Det var illa. Jag väntar på honom tills han kommer ut och sviker inte. Han och jag har många fina minnen tillsammans och han var långt säkrare än jag på motorcykeln i buren. Jag lärde honom, men han blev bäst av oss. Hör far vad jag säger? Jag har träffat en kvinna som flyttat till byn. Hon heter Laura Wiik och hon gör kläder som kvinnor i Köpenhamn, Stockholm, Paris och New York köper i fina modehus.

Han svarade inte och han nickade inte som bekräftelse. Jag baddade hans ansikte med handduken och jag tog litet rakvatten från badrumshyllan som säkert stått där tio år eller längre. Sedan lyfte jag honom igen och bar honom till karet.

Där drog jag av den smutsiga nattdräkten som han inte ville ha tvättad och kasserad och filttofflorna och kalsongerna som hängde löst kring hans magra ben och rumpa. Även det var första gången, ty just det momentet ville jag alltid annars att någon av de andra samariterna skulle ta hand om. Det var svårast för en son eller dotter, lärde jag i de andra familjerna.

Han stod lealös och svajade men jag höll i den klena kroppen och han vägde högst sextio kilo till den längden. Jag hade sett till så att mor och far fick både badkar och fristående duschkabin. Nu spolade jag vatten i karet och kände med fingrarna så att det inte blev för varmt.

I ena stunden låg jag naken med Laura och hon doftade gott och vi njöt av lust och åtrå och i den andra lyfte jag min egen far över kanten och satte honom försiktigt ner mot botten. Jag visste att hans benknotor buktade mot skinnet där bak och det måste göra ont i honom att sitta.

Jag sade några ord emellanåt men han var tyst och han var inte sig lik i ansiktet. Lemmen hade krupit in i pungen och den följde det övriga hos honom, ett klänge som skrumpnat och tröttnat för länge sedan.

Lilla Ingrid hade sin sten och där låg även mor. Tomas satt där han satt och far stod på tur att lämna in.

Far, det är sant. Jag har träffat en kvinna här i byn som jag håller mycket av och hon är snäll och vacker. Hon är lite äldre än jag men det är helt utan betydelse i kärleken. Vi trivs bra ihop och hon har anställt två sömmerskor från trakten, Siv Blad och Marie Stolt, om far har hört de namnen förut.

I varje fall längtar jag efter Laura när vi inte träffas och jag har hört många historier när far stred om mors gunst bland rivalerna på dansställena och gillena här omkring. Då gick det hett till har jag förstått. Jag log och pratade men han svarade inte. Han höll dock ögonen öppna och stirrade mot väggen eller långt bortom mig och platsen i den stunden.

Var är de gamla när blicken och hjärnan slocknar?

Jag vet inte, sade jag högt för mig själv eller för oss båda. Vi vet så litet om människan och ändå har vi dragits med henne i tusentals år. Gummor och gubbar kröker sig slutligen som vithåriga spiraler och de är så tunna och väger så lätt att jag kan lägga dem i famnen och vyssja dem till sömns och berätta en sann saga om livet och äktenskapet och familjen som var en gång.

Jag tvättade far och torkade hans kropp och klädde honom rent och fint och lade honom på nytvättade lakan. Sedan satt jag hos honom medan mörkret föll över djur och stenar. Laura var kvar i mig och jag kände doften av parfym och såg henne naken när jag blundade.

Även mördarens bror kan få smaka lyckan och lusten om så bara för en kort stund, tänkte jag. Det gör gott inför nästa dag och möten med andra människor. Ja, de kommer att se på mig att jag går lätt och nästan lyfter från marken. Så bereder vi kärleken i oss själva och bjuder in andra.

God natt far. Nu går jag till mitt. Sov gott.

Även den frågan måste jag våga ställa mig som den förstfödde sonen till honom: Vad är meningen med ett sådant liv?

Jag svarade själv sedan mor hade dött: Ingen alls, ingen alls.

41

Jag träffade Laura fyra kvällar den veckan och på lördagen åkte vi bil mot havet och promenerade längs Havängs stränder ända bort mot Vitemölla. Hela tiden såg vi Stenshuvuds silhuett. Åt andra hållet hade fiskare lagt ut sina nät med brandgula flöten som markerade platsen.

Rekryterna övade skytte från stridsvagn norr om Juleboda-ån nära havet. Salvorna dånade och jag tänkte att människorna som klagade ända bort i Brösarp, Vitaby och Maglehem hade goda skäl. Det hände till och med att fönsterglasen sprack och hundar och katter blev vettskrämda.

Det var i mitten av maj och nästan varmt i luften. Den ensamma pilen på Havängs krön hade utstått hundra år av hårda vindar och stormar och nu vände den ryggen åt havet och böjde sig stolt mot inlandet. En del bråte hade flutit i land och jag tyckte illa om att se det på stranden: plastflaskor, burkar av metall, glas och påsar.

Laura kände inte historien om Simrishamn när Hansans köpmän kom dit för att handla saltad sill. Då var staden av vikt och värde. Lübeckarnas koggar var djupgående och rorsmännen försökte ta sig upp längs Tommarpsån men den var grund på sina ställen och därför valde tyskarna Simrishamn framför den aktade staden Tommarp.

Gilbert Häger hade undervisat mig om hamnarna och handeln här vid Hanöbukten. Han var en riktig vän som inte dömde människor på rykten och förtal. När man lärde känna honom och Ingrid förstod man att alla inte var onda och lömska här omkring.

Gilbert hade en kamrat i ungdomen som drömde om havet. Han lämnade byn och for till Stockholm och blev antagen som gast på af Chapman. Vilket namn! Så härligt med doft av Kattegatt, Skagerack, Nordsjön, Engelska kanalen, Atlanten och Medelhavet. Han var inte äldre än arton men orädd och djärv. Han sprang som en apa till riggens topp och sedan ner på andra sidan.

Han hette Acke Molin och han var sjunde barnet till skepparen Leonard Molin från Simrishamn. Efter några år sökte Acke anställning hos ett rederi på Åland och han placerades på den tremastade stålbarken Killoran som byggts i Skottland. Jag läste breven från Acke till Gilbert Häger och de var mer spännande än en detektivhistoria.

Killoran var en av de största tremastade barkar som någonsin hade byggts och riggen mätte hela femtio meter i höjd över däck. Fartyget gick med rågummi och guano från Sydamerika till Antwerpen och Acke klättrade som ingen annan gast eller jungman till riggens topp.

Gilbert grät när han berättade om sin gode väns öde utanför Portugals kust. I sista brevet skrev Acke om söta flickor i Amsterdam och Barcelona. De hade gått i realskolan tillsammans, men Gilbert var två år äldre och även han drogs till skepp och skutor och övervägde att mönstra på åtminstone en resa till England eller Holland.

En segelmakare och jungmannen Acke Molin spolades överbord i svår sjö utanför Portugals kust och havet tog dem. Gilbert visade fotografier på Acke och han berättade med inlevelse om föräldrarnas och syskonens sorg när budet kom till Simrishamn. Många änkor miste sina söner och karlar när båtarna förliste och alla kände namnen på de svartklädda.

Acke Molin blev arton år och det hände i januari 1940.

Skeppet gick mellan Spanien och Sverige och de länderna var neutrala i kriget. Ett halvt år senare sänktes Killoran av en tysk spaningsbåt i Nordatlanten.

Sjöfararnas skyddshelgon hjälpte inte Acke Molin. Den helige Nicolaus stod i Simrishamns kyrka och honom hade jag sett med egna ögon flera gånger. När vinden piskade kusten hördes den överallt: i träden, mänskornas kroppar och de små stugorna. Jag älskade havet och ville bli sjöman ända tills jag var tjugefem och tanken hade väl inte helt gått ur mig än.

Jag läste allt som jag kom över om båtar och fiskeskutor som funnits i hamnarna här. Skeppare och kaptener i Brantevik, Skillinge och Simrishamn ägde stora flottor ända fram till 1950.

Jag ville sitta i stormastens topp som Acke Molin och titta ner på däcket som liknade en lång tall med fågelholkar. I hård vind pendlade masterna mellan 20 och 30 grader och det gällde att hålla i sig. Jag klättrade ända till mastens topp på en gammal bark i Simrishamn och jag var rädd och darrade i knäna men upp skulle jag.

Tomas stod där nere och far förmanade mig och tyckte att jag var dumdristig men jag var myndig och tjänade egna pengar. Det var som om jag utförde ett av de svåraste numren på motorcykeln i stålburen. När jag hade voltat fem sex gånger och slagit mig gul och blå blev jag en aning ängslig och olyckorna stannade kvar i minnet. Om jag välte med min Harley i hög fart var det säkert långt farligare.

Votivskeppen i S:t Nicolai kyrka hängde från taket i långa krokar. Skeppsredaren Johan Daniel Björkegrens flotta av segelfartyg var en tid Sveriges största. Barkar, skonertskepp och jakter gick med frakter på Nordsjön och ända bort mot Haiti och Västindien.

Var hundrade meter ville jag stanna och kyssa Laura på munnen. Hon fnittrade som en skolflicka och solen blänkte i ögonen och hon sade inte emot. Vi brydde oss inte om att någon kunde komma och se oss.

Hon böjde sig ner och tog snäckor och småstenar och lade dem i handen och visade mig. I Vitemölla levde en man som letade och köpte bärnsten och slipade dem till smycken. Han sålde dem i en liten stuga vid hamnen.

Hon var klädd i svarta långbyxor, tröja med hög hals och anorak. Håret fladdrade i den lätta vinden och hon sade mer än en gång att ett bättre läkemedel för sorgsna och ledsna själar än havet fanns inte på jorden. Där kom nya modeller av kappor och dräkter vandrande mot henne och hon släppte in dem och lämnade över skisserna till sömmerskorna.

Vi satt en lång stund på en stor sten vid stranden nära Vitemölla. Då sade vi inte många ord, men hon frågade om min far och jag svarade. Jag berättade att jag hade klippt och rakat och badat honom.

Snart måste han in på ålderdomshemmet. Det gör ont i mig att se honom gå omkring som ett djur i bur, sade jag. Han vill inte leva längre och mor är borta och Tomas sitter på Hall. Tänk att han föddes i byn och hade sina föräldrar där. Vissa mänskor sitter fast och de har kanske aldrig varit fria. Äktenskapet och jorden och gamla vanor höll dem kvar tills allting annat var för sent.

Vi krokade arm på vägen tillbaka mot Haväng och bilen. Vi skrattade och hon lade huvudet mot min axel. En ensam kvinna och en karl som cyklade på den blöta och ganska hårda sanden närmast vattnet kom från andra hållet och passerade oss. Jag tänkte tyst för mig själv att de måste ha sett oss som ett förälskat par.

Vi skildes inte åt den dagen och senare låg vi länge i hennes säng och jag ville inte lämna och gå över till far när kvällen kom. Han satt i den slitna fåtöljen närmast radion men den var tyst och han hade ingenting för händerna, men jag förstod att någon i patrullen hade varit där och hjälpt honom med gröten.

369

Förmodligen hade de lyckats att tvätta en del av hans kropp hjälpligt. Han slet av blöjan om den kom på efter en lång stund av pock och tvång. Jag försökte aldrig. Det fick andra ta hand om. Stanken av urin lämnade inte sängen och rummen. Jag grovstädade en gång i veckan och tvättade en del av hans gångkläder på måndagen eller fredagen varje vecka. Trots att far knappt ville äta handlade jag på tisdagen hos köpmannen i Vitaby.

Kastrullen stod med vatten i botten och den var alltid svår att diska. Jag pratade med honom och han mumlade och grymtade och jag visste att han hade talförmågan kvar, ty plötsligt blev han arg och viftade med de klena armarna och det såg ut som om han ville slå mig. Jag kände igen beteendet från andra familjer som jag gick till i arbetet.

Rör mig inte din jävel, skrek han gällt och fult. Gå hem till dig själv.

Jag hade vant mig. Han drog händerna mot hjässan och försökte slita i de osynliga hårtestarna som hängde där dagen före men nu var de borta och jag hade klippt honom. Resten var en gråblåblek skalle med mun och ögon som jag inte kunde tyda mer än korta stunder och de gjorde nästan utan undantag ont i mig.

Han hade tagit av strumporna. Den ena låg i köket och den andra där han satt. Hans näsa rann och jag torkade med papper. På bordet låg flera brev spridda över nästan hela skivan. De var öppnade och jag tänkte direkt att han fick inga andra än inbetalningskort som gällde sophämtningen, elektriciteten och telefonen.

Jag gick till bank och post i hans ställe och vägrade han att skriva sitt namn dristade jag mig till att sätta dit bokstäverna i den rätta kolumnen. Nils Anker skrev jag och vem skulle klandra mig? Det gällde inga stora uttag från konton och jag hade i vittnens närvaro med underskrifter fått en fullmakt att hämta ut hans pension.

Här på landsbygden kom postbilen och tutade vid lådan om mottagaren skulle ha paket eller till och med utbetalningar av pensioner. Jag var ofta inte på pass de stunderna och därför tog jag hand om de ärendena när jag hade tid.

Jag hade ingen som helst avsikt att förskingra en enda krona av honom eller arvet efter mor. Myndigheterna hade skickat papper till mig och jag och Tomas hade rätt att dela på sammanlagt trettioåtta tusen, men jag hade ännu inte rört ett öre av dem.

Tomas satt i fängelse och jag visste inte om han hade laglig rätt att ta emot pengar i ett arv under sådana omständigheter. Jag frågade både Laura och Gilbert men de kunde inte svara säkert men förmodade att sonen inte var undantagen sin rättmätiga lott efter modern.

Vad glor du på? väste han och jag stod försjunken i tankar och var inte beredd.

Jag vände mig om och såg honom i fåtöljen. Ögonen var helt öppna och munnen förvriden i en grimas som jag inte kunde tyda i stunden. Det behövdes inte, ty jag hann inte ta ett steg innan han förlöste mig och mycket annat som jag inte för en sekund i livet hade föreställt mig.

Det var början till en lång skugga som sträckte sig nästan trettio år tillbaka i tiden och den hade osynliga väggar så höga att jag aldrig någonsin skulle ta mig över dem. Många gånger hade jag hört talas om onda drömmar, men där mellan breven på bordet och min far kom jag att möta en liten värld som jag aldrig sett eller hört ett ord av.

Innan kvällen var över hade jag gråtit och lagt mig på golvet i fosterställning och nästan burit hand på min fader och döda moder en första gång. Jag hade ingen hjälp att få och inte ens Laura eller den kloke mannen Gilbert Häger hade förmått trösta mig natten som följde.

Jag orkade inte vara hemsamarit dagen efter.

III

42

Två dagar senare klädde jag far och tog honom i bilen till Sol-vikshemmet några kilometer bort. Det var svårt och jag led och var nära att börja gråta när han viftade med armarna och pep och hotade. Jag trodde knappt att han var mäktig att häva ur sig sådana svordomar och fula ord.

Vi sade inte ett ord till varandra om mors brev men jag hade för andra gången i livet bytt tideräkning och jag var helt oför-beredd. Jag blev vred och sedan ledsen. I nästan trettio år hade mor och far låtit sönerna leva i en skenvärld.

Jag talade med personalen flera gånger och förberedde an-komsten hos föreståndarinnan. Läkare och kurator hade varit hos honom i bostaden och de intygade att far behövde vård och hjälp i många avseenden. Solvikshemmet hade gott anse-ende bland anhöriga och allmänhet.

Kläderna var rena och hela när jag hängde in dem i hans personliga garderob. Han fick ett fint rum med radio, televi-sionsapparat och stort fönster som vette mot en park. Jag ställde fotografiet från bröllopet på den lilla byrån. Mor och han log mot mig. De andra bilderna placerade jag på en vägg-fast hylla. Tomas satt på sin motorcykel och jag stod bredvid och höll ena handen på hans axel. En vacker sommardag 1987 lutade jag mig en aning bakåt på min första Harley-Davidson.

Två kvinnor ur personalen och föreståndarinnan hälsade honom välkommen, men far tog dem inte i hand och han be-värdigade dem inte med en blick trots att de log och sade att de skulle göra sitt bästa för att han skulle trivas hos dem och de andra på hemmet.

Jag var ensam om det yttersta ansvaret för honom. Han sade inte vad han tänkte och jag tydde honom i huvudsak efter kroppsspråk och enstaviga meningar eller plötsliga långa haranger som bara rann ur honom. Dessa var så gott som aldrig snälla och vänliga och han hade blivit som förbytt efter det att mor dog.

Jag stannade hos honom i flera timmar och hämtade kaffe och bullar till honom men han rörde ingetdera och det såg jag som en protest eftersom jag visste att han sällan försummade kaffestunden. Han kunde gå en hel dag utan riktig mat, men kaffet sörplade han i sig och den senaste tiden drack han det som en gumma på fat med sockerbit mellan läpparna.

Vi hade inga böcker med oss till hemmet i första omgången. Finporslin och glas ställde jag i skänken och jag lade bestick för sig. Han brukade lägga patiens och därför glömde jag inte kortleken. Kalsonger och strumpor fick var sin låda i byrån. Två kostymer hängde jag in i garderoben och den ena var efter begravningen, tre vita skjortor och fyra i olika färger.

Han grät inte och han satt inte och vaggade av och an, men han lade sig på sängen och tittade i taket eller blundade utan att byta ett enda ord med mig under närmare tre timmar. Jag gick därifrån och önskade god kväll till två kvinnor som donade i allrummet. Far hade alarmklocka vid sängen och i badrummet. Han var stum när jag lämnade honom.

Jag blev illa berörd och ringde till Laura när jag kom hem. Hon bjöd in mig på ett glas vin och te med smörgåsar och vi satt i det vackra rummet och hon tände en brasa. Vi låg nära varandra länge och sade inte många ord, men det var en god och lycklig stund för mig. Hon väntade besök av sin dotter med familj följande dag och förberedde en resa till Rom åtta dagar senare.

Där hade jag inte varit och inte heller i London, Paris, Berlin, Amsterdam eller New York. Hon förde inte fram samtalsämnen som gjorde att jag behövde känna mig bortkommen och obildad. Jag hade inte läst många böcker i mitt liv och aldrig besökt ett operahus eller en stadsteater någonstans.

Du har vackra händer, sade hon, och stora, varma ögon. Mycket hos en mänska avgörs där i ögonen.

Jag håller av hela dig, sade jag, och var nära att brista ut i en av mitt livs viktigaste meningar, den som löd att jag älskade henne, men jag hade ännu inte mod och kraft. Jag stod med cykeln och gasade i stålburen och kroppen och själen spände sig i ansatsen innan jag släppte kopplingen och fullbordade det svåraste numret.

I morgon skall jag säga de orden, tänkte jag.

Det blev mörkt innan jag kom hem. Jag tog flera steg bort mot fars gård innan jag besinnade mig och mindes att han inte fanns där längre. Inte sedan hundrafemtio år tillbaka hade boningslängan och ladugården varit tömda på djur och människor. Tre generationer i släkten Anker hade bott och arbetat, sörjt och skrattat, älskat och lidit där men kanske mest av allt dragit ut linjen av gammal vana och upprepning av mycket som kunde ha varit annorlunda, rikare, vackrare och snällare mot gammal och ung.

Far hade fått egen telefon på rummet och jag ringde tre gånger den kvällen men ingen svarade. Jag tänkte att han säkert inte drog sig för att plåga och göra mig orolig på det sättet, ty han visste att ingen annan i hela världen hade ärende till honom. Det var en kuslig sanning och jag tordes knappt ha den kvar i kroppen.

Tomas hade slutat att höra av sig och han visste ännu inte att far hade flyttat till Solvikshemmet. Min bror var instängd i fängelset och jag flyttade fars bur från boningslängan här till ett rum med dusch och garderob, men utan pentry och kök.

Jag älskar Laura Wiik sade jag högt för mig själv när jag låg i sängen. Nu är jag hemsamarit och älskare och före detta konstryttare på motorcykel, tänkte jag, men framför allt är jag mannen som längtar efter kvinnan femtio meter bort.

Jag låg vaken in på natten och tänkte intensivt på Laura och far. Den ene hotade min glädje och kärlek och den andra fyllde och gav näring åt den.

43

Jag ringde till Solvikshemmet och personalen berättade för mig att far knappt ville äta och långt mindre promenera i parken eller sitta på en bänk i solskenet. Han vägrade att gå ut till de andra på kvällarna och helgerna. Han deltog inte i aktiviteter eller besökte verkstaden och vävstugan. När en dragspelare och vissångare kom andra veckan efter inskrivningsdagen stannade han kvar på sitt rum.

Även där vägrade han att raka och låta klippa sig. Två kvinnor trugade och pockade varje kväll för att få in honom under duschen. Jag besökte honom flera gånger i veckan men han fortsatte att tjura och höll sig nästan helt tyst vad jag än sade eller gjorde. Det hjälpte inte att jag höll om honom och strök med handen på den skäggiga kinden och hakan.

Sedan rymde han en torsdag efter det att han gått omkring i korridoren på andra våningen där hans rum låg. Personalen blev så överraskad och förtjust att den glömde bort att bevaka honom och plötsligt var han borta. Så gott som hela styrkan sökte i parken och efter en timme ringde föreståndarinnan till polisstationen i Simrishamn.

Lotta Karlsson från Solvikshemmet ringde och jag kom dit efter tjugo minuter. De undrade om han möjligen brukade åka eller gå till en speciell plats eller miljö men jag kunde inte få fram något ur mitt minne. Mor och han hade knappt lämnat gården de senaste sju åren. Det sade jag inte.

Lotta och en kvinna till ur personalen följde mig i bilen och vi körde längs grusvägarna och jag stannade på en skogsstig där far brukade gå när han skulle hämta hem korna från betet. Just där hade jag också letat efter Tomas i gryningen när olyckan var ohjälplig.

Betet öppnade sig vackert i slutet på stigen. Den marken låg i gräns med stycket som Gilbert Häger arrenderade ut till en bonde i trakten. Jag älskade det avsnittet i landskapet och jag hade gått där tusen gånger och dröjt vid stängslet eller öppnat järnslån och lagt på den igen för boskapens skull innan jag vandrade på den mjuka ängen bort mot dammen där Gilbert och Ingrid badade på sommaren och även jag och Tomas hade dykt och simmat bland de små och stora kräftorna.

Jag ropade fars namn och det var länge sedan under bar himmel. Kullarna spände rygg bortom de ensliga gårdarna, bäckarna och träden som jag lätt räknade från öster till väster. Där i nordost låg familjen Strandbergs vitkalkade länga med grått tak av eternit och en, två och tre ekonomibyggnader. Varje moln som drev med vinden åt det hållet bar skuld och hat och sonen Anders påminde alla i bygden om vem som var skyldig.

Far, far, ropade jag så högt jag förmådde. Nils, Nils. Det är jag som kommer. Preben.

Han hade stora ytor att gömma sig på. Jag visste att han aldrig tyckt om att bada i hav och insjöar och förmodligen var han inte simkunnig. Inte ens den varmaste sommardagen solade mor och far på stranden.

Det fanns otaliga lador och stall i trakten. Vi fortsatte att leta några timmar och sedan körde jag kvinnorna till Solviks-hemmet och vidare hemåt. Polisen höll uppsikt från sina bilar och den vakthavande chefen hade lovat att sända en efterlysning i lokalradion framåt kvällen.

Ingen ringde innan jag for till arbetet och jag hade kvälls-passet i patrullen. Jag åkte mellan stugorna och det var en förhållandevis lugn afton. Jag bredde smörgåsar, bryggde kaffe och lagade te och matade alla som behövde hjälp. Med åren hade jag nästan blivit fullfjädrad när jag bytte lakan och bäddade sängarna åt de gamla och svaga.

Långa stunder hörde jag Josefinas röst. Hon kom från ingenstans och tog sig genom hud och kött och drog eld så att en låga lyste inom mig. Nu prövas du Preben ännu en gång och Nils Anker driver som ett skadat djur i markerna, sade hon. Han har rymt och han vill inte stanna på Solvikshemmet. Du måste ta dig i akt och förbereda dig på en olustig berättelse som kommer att kasta ett nytt ljus på ditt förflutna.

Jag blev inte det minsta rädd ty jag hade vid det laget hört henne så många gånger och vant mig vid den milda och försynta stämman. Jag blev lugn och nästan glad av de stunderna. Ljuslågan syntes i mina ögon, men ingen mer än jag själv och Josefina var medveten om vad som skedde i mitt inre.

Josefina hade valt att besöka mig och ingen annan på jorden. Hon kom som en osynlig ande och lämnade inga yttre spår efter sig. Jag tog emot henne och hon vägde ingenting och bannade hon och bråkade litet så hördes inte minsta ljud utanför min kropp.

Jag tänkte inte på de mötena som orimliga, konstiga eller övernaturliga. De bara infann sig och övergången mellan minnet av hennes röst och den verkliga stämman hade ingen bestämd gräns längre.

När gamlingarna trodde att jag gick tyst och bäddade åt dem för natten, pågick i själva verket livliga samtal inom mig. Josefina hade mycket att säga och bestyra innan hon åter lämnade mig på obestämd tid.

44

När jag kom hem sent den kvällen och satte nyckeln i låset kände jag direkt att dörren inte var reglad. Jag tvekade en stund innan jag gick in och tänkte att jag låste den sex timmar tidigare. Det var obehagligt och jag ropade inåt stugan men fick inget svar.

En golvlampa var tänd och i äldsta fåtöljen satt far. Han tittade på mig och yttrade de första orden på länge som jag hört från honom. Han sade med förvånansvärt klar röst: Jag rymde från skithuset och nu får du inte iväg mig igen så länge jag lever. Antingen bor jag här eller så i mitt eget näste och jag skär halsen av mig om du försöker tvinga iväg mig som ett slaktdjur en gång till. Vi har ett och annat att reda ut mellan oss innan jag är färdig med det här lidandet.

Det var lindrigt sagt att jag blev chockad och överrumplad bortom sans och vett. Han var klädd i flanellskjorta och mörkblåa byxor med hängslen. Jag hade inte sett honom röka pipa på minst tjugo år men nu satt han där och bolmade och blundade på ett öga när röken lade slöjor mellan oss.

Jag hade inte märkt att jag kramat en påse med frukt i ena handen och jag var trött efter arbetet. Plötsligt var jag utan ord och sökte en ingång som inte fanns. Han fortsatte att titta på mig medan han drog djupa bloss och blåste ut. Mor tjatade alltid på honom att han skulle sluta röka eftersom han led av astma och dåliga luftrör.

Inte för en sekund hade jag tänkt att han skulle återvända hem och långt mindre sitta i min stuga och avgöra var han tänkte bosätta sig framöver. Var kom hans röst och bestämda ton helt plötsligt ifrån? Hade han bara jävlats med mig den senaste tiden och lurat mig att tro att han var viljelös och likgiltig inför omgivningen.

Jag kände mig dum och bedragen. Min egen far drog sig inte för att plåga mig och ställa till besvär och vad ont hade jag gjort honom eller mor i det förflutna? Jag hade städat, diskat, handlat och passat dem så gott som jag förmådde och hann med. Ingen av dem hade skäl att klaga.

Jag åt ingenting den kvällen och jag frågade inte om han ville ha kaffe och smörgås, men jag bäddade åt honom på kammaren. Han satt länge och rökte vid bordet trots att han borde ha vetat att jag inte tyckte om den lukten i mitt hem och framför allt inte innan jag skulle sova.

Han klädde av sig och gick till badrummet och det lät som om han tvättade sig men jag hörde inga ljud av tandborste i hans mun. Så hade han inte gjort av egen vilja och kraft det senaste halvåret. Från ett dygn till ett annat förvandlades eller öppnades denna människa som var min far och jag förstod inte vad som hade skett.

Jag var trött och tung i kroppen och jag låg länge och lyssnade efter ljud från kammaren. Flera gånger sade jag till honom att inte röka i sängen men jag hade inte mod att ta pipan och tobaken från honom.

Jag kunde inte minnas att han fått med sig rökverken till Solvikshemmet och det slog mig att han förmodligen först varit hemma om innan han öppnade min dörr och steg in. Uppenbarligen hade han gömt undan en av mina nycklar och förvisso hade jag saknat en av dem och letat och övervägt att byta lås med tanke på den senaste tidens obehagliga händelser.

Han hade snarkat i många år och jag försökte vänta ut hans sömn innan jag själv slumrade in, men jag hörde inga sådana ljud från kammaren. Jag hade tidigt pass följande dag och behövde sova och vila.

På morgonen mindes jag inte att jag somnat men nu satt far med Ystads Allehanda vid köksbordet och drack kaffe och rökte sin pipa utan att ta hänsyn till mig.

45

Jag hade direkt känt igen mors handstil i ett av breven som låg på bordet och jag började läsa några rader när far grymtade och hasade fram till mig vid bordet, men jag drog snabbt ihop papperna och höll dem mellan tummen och pekfingret.

Rör dem inte, väste han först och sedan skrek han och jag förundrades över den plötsliga kraften i hans stämma: Lägg ner breven på bordet din satans drasut. Det här är mitt hus och försvinn. Tjyvajävel. Du är inte bättre än den andre. En mördare och en tjyv har vi fött och skämt bort. Det är synd och skam.

Jag anade oråd och brydde mig inte om att han skrek och domderade. Det var första gången som jag såg brev från mor till honom och varför var han så rädd att jag skulle läsa dem? Om han hade tittat lugnt på mig och bara sagt att han hade suttit med några gamla brev från mors och hans svärmningstid, så hade jag nog inte rört dem.

Vill du veta sanningen får du den mitt i ditt fula tryne, skrek han och spottade och fräste. Det ansiktet och de orden måste ha funnits inom honom i alla år och de hade bara väntat på den rätta stunden för att komma i dagern.

Lugna dig far, sade jag och försökte stilla honom, men han ville inte lyssna på det örat.

Nu jävlar ska du få veta. Mördaren var inte vår från början. Vi tog honom som en satans horunge efter en självmörderska som inte fick den hon ville ha.

Jag märkte inte att jag svajade på stället där jag stod och jag höll breven mellan tummen och pekfingret och jag klämde hårt om dem. Det var fyra kuvert och lika många hälsningar från mor till far.

Han bytte ton och blev mera gråtmild men ögonen kände jag inte igen och jag visste inte vem han riktade sina anklagelser mot. När han hade hållit på en lång stund var det som om han plötsligt slocknade och inte orkade längre. Han hasade bort till fåtöljen och satte sig tyst utan att titta på mig.

Jag bar breven hem och läste dem sakta och emellanåt hörde jag mors röst, men Josefina Kvist sade inte ett ord inom mig. Hon kom när hon själv ville och jag kunde aldrig tvinga eller mana fram henne när jag behövde råd och hjälp.

När lilla Ingrid hade dött i barnsängen och gått genom nöddopet blev mor som förbytt och far kunde inte trösta och lindra. Hon blev som besatt av att få ännu en unge men han tilläts knappt komma nära henne.

Två dar i veckan släpade hon sig bort till den gamle direktören på sockerbruket som bodde i den fina villan på höjden över havet. Där städade hon och tvättade och strök som en riktig piga och de hade en bortskämd dotter som fick ihop det med en fattig krake som kom i betkampanjen och han måste ha varit polack eller jugoslav.

De hade aldrig velat kännas vid att dottern var litet egen men hon var långt ifrån obegåvad och hon hade klarat både folkskolan och den praktiska realklassen i fyra år. Hon fick tjänst som biträde i manufakturaffären i Kivik och där trivdes hon och chefen berömde henne. Hon var trevlig mot kunderna och hon lärde sig mer än vad hon behövde om tygerna och de andra varorna.

Hon arbetade i affären tills magen hade vuxit så pass mycket att föräldrarna behöll henne hemma och de sade till chefen att det var bäst om flickan fortsatte att studera. Greta kom aldrig själv och berättade varför hon slutade, men fadern hämtade ett betyg på anställningen och tackade för att chefen varit snäll och vänlig mot dottern.

Greta glömde inte betplockaren som hon hade mött första gången när hon gick på vägen. De hade inte kunnat säga många ord till varandra på engelska och långt mindre svenska eller en form av österlenska som hon pratade. De träffades i smyg flera kvällar och några gånger smög de in på loftet som låg intill en stor gård och där satt de och pratade bakom höbalarna.

Greta frågade inte var han bodde under kampanjen eller hur han kommit till bygden och vilken nationalitet han var av. Hon visste ingenting om att kyssa och smeka en het och ivrig karl på tjugotre år, men han hade varit med förr och säkert utnyttjade han att hon var försagd och bortkommen och trodde honom om gott. Han var en fullkomlig främling för henne så när som på händerna som grep om henne och läpparna och lemmen som inte såg till följderna.

Greta var arton och ett halvt år när hon födde sonen och sexton dagar senare dränkte hon sig i Snogeholmssjön. Det var tyst utanför den stora villan på höjden över havet och ingen i bygden fick veta vad som hade hänt. Hon var enda barnet och fadern läste brevet som dottern skrev innan hon gick i vattnet men det var för sent att ingripa. Han bar kroppen i sina egna armar och det hände på kvällen i november månad.

Föräldrarna sörjde men de blev nog mest arga över att dottern svek dem och lämnade efter sig pojken, ty det hörde till saken att de båda var några år över sextio och han stod i begrepp att lämna sin befattning på Sockerbolaget. Han hade svagt hjärta och kvinnan led av depressioner.

Mor anade sig till att det var så ställt med direktörens hustru. Direktören berättade att Greta hade dött några veckor efter förlossningen och nu satt han och hustrun med den lille pojken och de visste att städerskan själv hade mist en liten flicka som knappt hade hunnit döpas innan hon lades i graven.

Nu ville mannen att mor skulle ta pojken som fosterbarn till att börja med för att se hur det gick. Annars kunde de låta adoptera bort honom. Det fanns så många barnlösa par som önskade en frisk och välskapt gosse.

Mor var trött och ledsen och hon berättade för far att hon skulle få ett par veckors betald semester av direktören på Sockerbolaget som en vänlig gest för att hon hade arbetat hos familjen och skött sig så fint i nio år men hon lade inte till resten ty hon hade givit ett löfte till direktören att inte säga något om Greta och den nyfödde gossen.

Far lyssnade inte på skvaller och han snokade inte efter smutsiga historier i bygden och den här gången fanns det inga andra än direktören och hans hustru och läkaren och poliskonstapeln som fick veta att flickan hade gått i sjön och tagit sitt liv därför att hon blivit förvirrad och tung till sinnet.

Mor berättade för far att direktören hade hyrt ett fint rum med balkong och havsutsikt på ett pensionat i Mölle och där hade hon aldrig tidigare varit. Inte heller kunde hon minnas att hon haft sammanhängande semester och framför allt inte betald ledighet. Hon arbetade ju inte på kontor eller i fabrik.

Far hade hjälp på gården och jag var fem år då. Han och mor ville att jag skulle bo en tid hos moster Lovisa i Ljungby så att far slapp att ensam ta hand om mig medan mor hade semester och vilade sig. Jag hade lärt mig att de sörjde lilla Ingrid som bara dog ifrån oss och knappt hann få ett namn.

Mor reste och fem dagar senare fick far första brevet och däri skrev mor om den nyfödde gossen som mist sin mamma och saknade pappa. Hon berättade att den lille var välskapt och grann och att hon själv sett och hållit i honom och direkt fattat tycke. De kunde ta honom som fosterbarn till att börja med och sedan kanske låta adoptera om det gick för sig.

Det var nog enligt direktörens vilja och plan att mor skulle skriva till far medan hon var på avstånd ifrån honom så att han fick tänka i lugn och ro. Hon betonade att båda ville ha flera barn, åtminstone ett till, men som det var nu orkade hon inte bära en ofödd i sin kropp och leva med ovissheten. Det var aldrig en slump att de små dog i förtid.

Hon stannade i Mölle i fjorton dagar och hon skrev ytterligare tre brev till far och han läste dem. När hon återvände till gården var han inte direkt ovillig att träffa den lille gossen fastän han hellre hade sett att hon fött ett barn på det naturliga sättet. Däremot sade han ingenting om att pojken inte var av hans säd och inte heller ville han höra och veta mera om pappan som försvann.

Så kom pojken till oss och jag reste hem från moster Lovisa och Anton i Ljungby knappt tre månader senare och då bar mor den lille i famnen och kokte vällingen på spisen och hängde blöjor på tork ute och inne. Jag hade ingen aning om hur länge en kvinna skulle bära ett foster innan det blev ett fullgånget barn som lämnade livmodern.

De sade att de hade velat överraska mig och att mor hade behövt vila efter Ingrids död. Jag hade plötsligt blivit storebror och fått någon att mäta mig med. Jag var säkert inte mer svartsjuk än andra bröder som fått syskon och jag tyckte om att se mor glad och att far fortsatte att arbeta med djuren och åkrarna. Han plöjde, sådde och skördade och hjälparna var duktiga.

Om vissa i byn misstänkte något eller skvallrade om märkliga sammanhang i familjerna så togs de historierna som otaliga andra. Man vårdade dem och försökte utröna vilka som var sanna eller falska, men allting gick inte att få rätsida på och somligt var alltför obehagligt och känsligt att närma sig och till och med farligt.

Dessutom var det inte ovanligt att familjer med pengar och anseende gärna gömde sina dårar och svagsinta söner och döttrar. Det fanns skam och vanära i de flesta släkterna om man skrapade på ytan och synade dem i skarpt ljus utan barm-härtighet.

Många år senare skulle jag få höra om den olyckliga Irma Åkerberg som fördes till S:t Lars i Lund och spärrades in, trots att hon inte var det minsta tokig eller vansinnig. Föräldrarna blev utom sig när de fick veta att hon var havande och de miss-tänkte att hon varit i lag med en yngling som i nåd hade fått hjälpa till på kyrkogården utanför fiskeläget.

Irma bar på en sanning som var större än alla människorna och gårdarna i bygden. Många visste att hon hade umgåtts med agronomens son. Han hette Julius Rodhe och han hade råkat ut för en svår olycka när han föll från köksgolvet ner i källaren medan modern plockade hallon i trädgården.

Julius led i skolan och försvarade sig så gott han kunde men plågoandarna gav honom ingen ro. Han gick dåligt och osta-digt och han kämpade med talet. Han bar en silverbricka i skallen som den kände neurokirurgen Herbert Olivecrona hade satt dit.

Irmas föräldrar tog hand om det nyfödda barnet och mo-dern låtsades att hon hade burit och fött det. Pojken fick nam-net Lars och han växte upp i tron att han var son till lantarbe-taren Hjalmar Åkerberg och Anna som brukade hjälpa till på gården som ägdes av agronomen Sven Rodhe.

Julius led och sökte sanningen i byn och han hade sina miss-tankar åt ett visst håll. Prästen Gustaf Uhrström höll sin kvin-na i hårda tyglar och hon fick inte gå till högmässa och guds-tjänst den veckan när hon blödde och hade sin månadsrening. Hon hette Karin och hon födde fyra barn.

Julius tyckte om prästfrun och han hade god hand med bar-nen och det hände att han hjälpte till att kratta löv, klippa gräs och rensa i rabatterna. Maken var lömsk och svartsjuk och han drog sig inte för att öppet skälla ut Julius inför barnen och hustrun.

Julius tog bussen till Irma på dårhuset i Lund. Hon hade förträngt minnena av vad som egentligen hände innan hon blev havande men hennes älskade Julius fortsatte att söka sanningen bland människorna i byn.

En dag stod det klart för honom att prästen hade tvingat sig på Irma och legat med henne. Hon avkrävdes ett löfte att hålla tyst ty annars skulle denne se till så att ingen trodde henne vad hon än sade.

Julius gav sig inte förrän han nådde fram till predikstolen. Han läste till och med Bibeln högt för den skyldige: I Jerusalems döttrar, gråten icke över mig, utan gråten över eder själva och över edra barn.

Han längtade efter Irma Åkerberg och pojken Lars växte men fick aldrig träffa den unga kvinnan som sades vara hans syster. Prästen berättade att tjänsten efter den gamle klockaren och kyrkogårdsvaktmästaren Viktor Andersson skulle tillsättas på ett riktigt sätt med stämpel och underskrifter. Julius Rodhe ombads att lämna in sina betyg från skolan och andra handlingar som han ville åberopa som meriter.

Han tvingade fram en bekännelse från prästen men denne hade inte mod och ryggrad att säga sanningen i kyrkan inför församlingen. Därför tog Julius själv hand om predikan den söndagen. Människan skållade sig på friheten ibland och hela byn vilade på Julius tunga. De farliga orden i stugorna och gårdarna hängde på flugpapper i farstu och kök.

Prästen hade hotat Irma med olika straff och helvetet om hon berättade vad som hade hänt mellan dem. Kanske trodde han att han slapp fri när flickans föräldrar lät spärra in henne på dårhuset i Lund.

Karin Uhrström hängde sig själv och de fyra barnen. Hon tog livet av dem i sorg och gränslös smärta efter makens svek. Ingen kom undan den händelsen. Prästen offrade Irma för att klara sin heder, men han bedrog sig.

På självaste juldagen tvingade Julius in prästen i det sista hörnet som återstod och där fick han sitta medan församlingen lyssnade till den grymma historien om Irma Åkerberg och mannen som förgrep sig mot henne.

Vera Nordin tvättade mässhaken och höll ordning på tyget som prästen bar vid altartjänst och predikan. Mässkruden hade vackra broderier som glänste i dagern. Mödrar räckte prästen sina barn och han tog dem och såg sina egna döttrar och sonen i deras ansikten. Han doppade händerna i dopfuntens ljumma vatten och välsignade de små och sa namnen, men nu kom Julius med hans egen son som han förnekat och ljugit bort.

Julius hade rakat sig noggrant och klätt sig för högtid. Skorna var svärtade och blanka och skjortan vit och nystruken. Frisören i Kivik brukade klippa honom men denna gång hade han gått till mejeristen Gilbert Häger som höll på att skriva en lång berättelse om bygden och dess människor utan slut.

Då var Gilbert nästan ung och det hade spritt sig att han klippte som en mästare trots att han saknade formell utbildning för det med skolor och diplom. Julius Rodhe satt i barberarstolen och medan saxen och kammen fördes genom hans hår fick Gilbert höra historien om Irma och alla de andra som var inblandade.

Gilbert Häger var således en av de första som tog emot sanningen om prästen och den unga kvinnan som låstes in på dårhuset. Morföräldrarna låtsades vara mamma och pappa till gossebarnet och den riktiga modern dömdes till att vara otillräknelig.

Hjalmar och Anna Åkerberg förlät aldrig Julius. Änglarna låg och tryckte i himlen om de inte flydde till Guds blick och skaparen själv syntes inte till.

Julius sade att man inte kunde böja sanningen som en pilekvist. Så löd i korthet historien om Irma Åkerberg och Julius

Rodhe och människorna omkring dem. Solen går upp och ner och sommar följs av höst och vinter men ingen kan ändra på att prästens hustru tog livet av sig själv och fyra barn.

Jag tänkte att människorna var mäktiga vad som helst av ondska och hat, men kärleken hade de svårare för. Min egen far hade burit på en lögn i trettio år och mor gick i graven med den.

Jag hade inte längre någon bror som kom av vårt kött och blod men han levde i mitt hjärta och jag saknade honom.

46

Far stannade i min stuga flera dagar och nätter och föreståndarinnan på Solvikshemmet ringde och undrade när han skulle komma tillbaka men jag visste inte vad jag skulle svara. Plötsligt talade han flera meningar i sträck och han gjorde havregrynsgröt på morgnarna och någon gång stekte han fläsk eller en bit kött och kokte två potatisar på kvällen.

Han gick över till gården och ingen mer än han själv visste vad han gjorde där. Jag skötte mitt arbete och förmanade honom att inte släppa glöd från pipan i närheten av papper eller mattor och inte glömma att stänga av spisen om han satte på den.

Han rakade sig inte och jag trodde inte att han tvättade sig innan han gick till sängs. I varje fall hörde jag inte att vatten rann från kranen eller duschen någon längre stund. Han luktade dock inte illa när jag kom i närheten.

Jag köpte två nya skjortor, kalsonger, strumpor och ett par byxor åt honom, men jag hämtade inte hans kläder från Solvikshemmet, ty jag tänkte att det skulle röra sig om en kort tid innan han återvände dit med eller utan sin egen vilja.

Jag rådgjorde med Gilbert om vad jag borde göra. Han var osäker och erbjöd sig att prata med far men de hade inte umgåtts tidigare och jag kunde inte föreställa mig att det plötsligt skulle uppstå vänskap och förtroende mellan dem i det här läget.

En kväll sade jag att Gilbert skulle komma på besök och då sade far några meningar som jag inte kommer att glömma: Du tar hit vem du vill men jag har inget att säga till ynkryggar. Jag har aldrig tålt den mannen. Han la sig ut för Stina när hon och jag var förlovade.

Det tror jag inte på, sade jag.

Tro vad du vill. Om Stina hade levt skulle du fått höra, sade han.

Jag frågade Gilbert om det var sant och då berättade han att fler än en karl i bygden var intresserade av Stina innan hon förlovade och gifte sig med Nils Anker men själv hade han slutat att uppvakta henne när han förstod att hon var förlorad till Nils.

Far vill inte prata med dig, sade jag.

I så fall får han som han vill och jag tvingar mig inte på en mänska. Hälsa honom i alla fall att jag inte har något otalt med honom, sade Gilbert.

Jag fortsatte att träffa Laura. Ett par kvällar i veckan gick jag över till henne och vi sågs på helgerna när jag var ledig från arbetet. Hon reste till Stockholm, Köpenhamn och London. Jag försökte koppla bort tankarna på far när jag inte var hemma men det var inte lätt.

Han ville inte prata vidare om Tomas och kvinnan som dränkte sig av olycklig kärlek i Snogeholmssjön. Gustaf och Lilly Andrén var döda och begravda sedan många år tillbaka och jag hittade inga papper som styrkte fars berättelse.

Jag drog mig för att gå till pastorsexpeditionen och be om hjälp. Greta Andrén borde stå som moder till pojken i födelseattesten och dophandlingarna. Det gick väl inte att fuska hur som helst med sådana uppgifter.

Far var nästan jämngammal med Gilbert Häger men han såg betydligt äldre ut. Jag tänkte att han hade bestämt sig för att dö och att det skulle ske långsamt. Han var bitter och elak och han måtte ha varit medveten om att han plågade mig och begränsade min frihet.

Det var kusligt att se och höra honom på nära håll. Mor dog av chocken efter nidingsdådet och far var nära att svälta sig till döds. Jag kallade på distriktsläkaren och två olika sjuksköterskor kom för att tala med honom men han ville vara hemma.

Ni får inte iväg mig till lasarettet, sade han. Jag stannar här tills det är dags för bårhuset.

Samariterna kom när jag var i tjänst och därmed slapp jag att tvätta och mata honom. Håret hängde ner på halsen och han ville inte höra talas om att raka bort det spretiga och glesa skägget.

Han gick mellan min stuga och den egna boningslängan men inte längre. Jag hörde honom inte säga ett enda ord om väder och vind och han undrade inte om Tomas skrev brev till oss och han följde inte med när jag besökte mors grav med en blomma. Jag handlade maten, städade och diskade.

Du tömmer pissepottor och torkar kärringar och sura gubbar i röven, sade han plötsligt en kväll. Vad ska det tjäna till? Det blev aldrig nånting av dig.

Jag satt med tidningen vid bordet i det största rummet och han rökte pipan fyra meter ifrån. Josefina hade just talat tyst i mitt inre och jag ryckte nästan till när jag hörde den gnälliga och elaka rösten.

Den ena blev en mördare och det var en bortbyting och den andre duger bara till att byta lakan när döingarna skiter ner sig i sängen, sade han utan att titta på mig.

Vad skulle jag säga? Jag bad honom hålla tyst och jag sade rent ut att han var elak och grym. Han böjde huvudet en aning bakåt och blåste röken mot taket och blundade på båda ögonen.

Jag reste mig och gick ut från rummet. Det var mörkt utanför men jag tog på rocken och skorna och lämnade stugan. Laura Wiik hade besök av dotter och barnbarn och då ville jag inte störa. Inga ljus var tända hos Gilbert.

Det var en aning kyligt i början av september. Jag hade lovat Josef att komma över till honom den kvällen om jag fick tid över. Vägen låg mörk. Jag gick mot gårdsinfarten som ledde fram till Lars Tillys boningslänga och den vidsträckta tomten där Josef hade sin låda av järn. Jag hade hört att skinnskallarna trakasserat honom den senaste tiden och hotat honom med stryk om han inte gav sig av.

Även Lars Tilly hade blivit påmind om att han upplät mark åt polacken och betalade honom lön. Han hade fått flera brev och de hade skrivit att han skulle akta sig noga så att inte polisen och skattemyndigheten fick kännedom om att han höll sig med svart arbetskraft som dessutom saknade giltiga papper.

Josefina sade till mig att jag skulle besöka Josef och varna honom. Det var nog bäst att han gav sig av i tid. Hon talade lugnt och sansat till mig och hon menade också att jag inte kunde köra iväg far till Solvikshemmet eller lasarettet.

Jag knackade på Josefs dörr och sade mitt namn så att han inte skulle bli rädd och vi hade råkats flera gånger den senaste tiden. Ingen öppnade och då gick jag längs ena långsidan och stod en stund och tittade mot fönstret. Gardinen var fördragen men det lyste inifrån och jag förstod att han var hemma.

Jag hade Rex med mig. Han var lugn och fin och snusade på marken. Om jag släppte honom hände det att han satte av mot ett kaninhål och han var envis och stark men han lystrade på kommando och löd mig för det mesta. Vi var bästa vänner och han hade vandrat länge i min kropp innan han obemärkt tog sig ut genom ärret på min armbåge.

Far låtsade inte om honom. Nu tittade Rex på mig. Jag såg att gardinen gled isär en aning och väntade. Då hörde jag att han öppnade dörren och sade mitt namn. Vi nickade åt varandra och tog i hand och jag ställde skorna på den lilla mattan som låg direkt innanför tröskeln. Josef ville inte ha in jord och grus på mattorna.

Någon talade tyska i radion. Han stängde av den och drog fram en stol åt mig. Han gick i strumplästen och golvet var inte kallt. Elden sprakade i kaminen som stod vid ena långväggen.

Jag hade berömt honom för att han hade gjort så fint och ombonat med enkla medel: mattorna, bordet, en fåtölj, tre pinnstolar, hylla, säng och kokplatta med en liten ugn. Då log han och sade jaja, Josef tycka om bo här.

Han tog fram kopp åt mig och hällde kaffe ur termosen. Askkoppen var ren och jag tänkte att han måste ha tömt och tvättat ur den just innan jag kom. Jag kände lukten av cigarettrök. Han satte sig mitt emot mig vid bordet och sedan började han söka bland de rätta orden på svenska och jag lyssnade och försökte fylla i och följa honom medan han berättade.

Lars Tilly hade kallat på mig en kväll och talat om hot och varningar. Om han inte självmant gjorde sig av med drängen från Polen skulle de se till så att det gick illa för utbölingen.

Jag åka i morgonen, sade Josef. Lämna huset och åka vännerna i Malmö.

Rex låg vid mina fötter och han tittade på kaminen och lyfte huvudet emellanåt när elden jämrade sig. Jag tyckte om att ha honom nära mig. På kort tid hade jag blivit hundmänniska och det var någonting annat än att bara vara människa.

Josef var upprörd och talade mer osammanhängande än annars när vi möttes. Det var inte lätt för honom efter fyra fem månader i Sverige. Lars Tilly berättade för mig att Josef åkte färjan från Ystad till Polen en gång i månaden och sedan tillbaka igen några dagar senare. Gränserna var ju öppna där sedan flera år tillbaka.

De vill skrämma livet ur oss, sade jag, men det ska de inte lyckas med.

Mor dog av chocken och det var mord. Jag sa precis så till

poliserna: De hade ihjäl mor och vi vet var de skyldiga finns. Varför går de lösa? I sju år har de förföljt min familj och nu ger de sig på andra också.

Josef nickade och tände en cigarett. Han var klädd i blå skjorta av tjockt tyg, väst och snickarbyxor. Skäggstubben blånade i skenet av kaminen. Han sträckte sig mot ena bordsänden och tog ett papper och räckte över det till mig. Jag läste det tyst och sedan högt: Grisar och svin slaktas till julen. Snart är det din tur polackajävel. Hälsningar från den vita rasen som håller rent häromkring. Du går aldrig säker och hälsa bocken Tilly att han ligger illa till så länge du stannar i svinastian.

En av dem kallar sig Hess numera, sade jag. Det är inte klokt. Vet du vem han var?

Alla vet i Polen. Gamla glömma inte.

En bland skinnskallarna hade gett sig själv ännu ett namn förutom dem som han fick vid dopet i kyrkan. Nu hette han Viktor Hess Johansson. Helst ville han stryka det sista och bara skriva och säga Viktor Hess.

Viktor var son till en rörmontör och han bodde kvar hemma. Han hade fyra syskon och mamman var arbetslös och nu läste hon på kommunala vuxengymnasiet. Det sades att han och några jämnåriga vänner hade misshandlat två kurder i Ystad, men vittnena tog tillbaka sina uppgifter hos polisen.

Josef knöt den ena näven och slog den i andra handflatan: Jag åka till Malmö i morrn. Mina vännerna bo där. Lars Tilly är snäll.

Jag drack kaffet och såg blänk i Josefs ögon. Han drog djupa halsbloss och blåste röken åt sidan. Elden i kaminen sprakade. Papperet låg mellan oss på bordet. Det var orden och bokstäverna mellan svensken och polacken, den infödde och främlingen.

Jag ska tala med Lars Tilly i morron, sade jag. Han är klok och han har varit med förr.

Jag åka Malmö, sade Josef och tryckte fimpen hårt i askfatet.

Rex ryckte till när jag drog ut stolen och reste mig. Jag tog Josef i hand och lade armen om honom medan vi gick mot dörren. Ytterlampan på maskinhallen var tänd. Rex drog i kopplet och lyfte på vänster bakben vid en stor sten. En bil kastade långa käglor på stora vägen och vi gick långsamt.

Far hade inte släckt i stugan, men han låg i sängen när vi kom. Rex fick kallt vatten i sin skål. Vi var trötta och sömniga. Jag stod några sekunder intill far och det lät som om han sov, men han snarkade inte som han brukade göra.

Jag tvättade mig och tog på pyjamasen. Josef och Hess och Lars Tilly rörde sig i mina tankar medan jag inväntade sömnen. Jag var inte ensam längre i min stuga. Jag hade både hund och fader under samma tak och en av dem hade jag inte bett om.

Mor låg i graven och Tomas satt bakom lås, galler och höga murar, men jag hade inte berättat hela sanningen om hans senaste brott. Jag väntade på att Josefina skulle ge mig råd och stöd innan jag talade med Laura och Gilbert om saken.

47

Tomas tränade med skivstänger och tyngder i fängelsets motionshall. Han var stark och muskulös innan han dömdes, men jag lade märke till att hans axlar och armar hade blivit grövre när jag besökte honom på Hall.

Det krävdes starka handleder när han manövrerade motorcykeln i stålburen och redan på den tiden lyfte han hundra kilo över huvudet med raka ben och ännu mera i bänkpress. Han var kortare än jag men fysiskt starkare.

Han berättade för mig att han inte var intresserad av att läsa böcker eller att lära sig hantera en dator. Ej heller anmälde han sig till kurs i fotografering och träslöjd, men fyra dagar i veckan tränade han en timme i den särskilda motionshallen som var större än de flesta andra på de svenska anstalterna och fängelserna.

De brukade vara högst tre fångar åt gången i lokalen som låg i ena änden av motionshallen. Den hade mått av en handbollsplan och där fanns ribbstolar, mjuka tjocka mattor och basketkorgar. Två vakter fanns i deras närhet under träningspassen.

Tomas berättade för mig att ett par av de andra fångarna bråkade med honom emellanåt och att han tyckte illa om dem. Han var hård och obarmhärtig i tonen när han talade om dem och försäkrade att han inte var rädd men väl på sin vakt eftersom det hände att de hårda orden slog om i riktiga slagsmål med knytnävar och olika tillhyggen.

Skärmytslingarna mellan Tomas och de två andra hade pågått länge. Kanske handlade det om makt eller lån av pengar, cigaretter eller handlingar som hade sina fästen utanför fängelset. Det hände att en intern självmant bad att få bli isolerad i ren rädsla för att bli misshandlad.

I ett obevakat ögonblick fattade Tomas med båda händerna om en skivstång och svingade den med full kraft i huvudet på den unge mannen som just vänt ryggen åt honom. Vakterna hann inte ingripa. Kanske var endast en av dem på plats just de sekunderna. Kamraten till offret låg ner och pressade vikter med armarna från bröstkorgen.

Fången dog där. Tomas stod med den grova och tunga järnstången i handen när vakterna tog grepp på honom och pressade kroppen mot golvet. Han gjorde inte det minsta motstånd. Så beskrevs händelsen för mig.

Jag sade inte sanningen till någon. Tomas erkände vad han hade gjort och han yttrade inför domstolen att han inte ångrade sig. Denna gång fanns det inga tvivel om vem som dräpte en människa.

Straffet förlängdes inte i fängelset och han skrev själv och berättade för mig, men jag skonade mor och far. Mor fick inte veta innan hon dog och far läste inga brev som lades i lådan invid boningslängan på gården. Jag skötte inbetalningar och räkningar och inga släktingar och vänner skrev till dem längre.

Han dömdes till sluten psykiatrisk vård och placerades på Säters sjukhus. När jag kom dit första gången mötte jag en människa som jag inte kände mer än till namnet och det yttre. Han tittade på mig som om jag vore en främling. Då tackade jag försynen att inte mor och far kom dit.

Den polske betplockaren tömde sin säd i Greta Andrén och hon blev havande och födde gossen innan hon skrev avskedsbrevet till föräldrarna och dränkte sig i Snogeholmssjön. De ville hålla tragedin inom den lilla familjen.

Mor och far sörjde lilla Ingrid som nöddöptes och dog innan hon fått blicken på världen. Gustaf Andrén var direktör på Sockerbolaget i Köpingebro och hustrun Lilly var klen i nerverna. De erbjöd pojken till Stina och Nils Anker som tog emot honom som fosterbarn och jag kom från moster Lovisa i Ljungby och trodde att mor hade fött min lillebror.

Så lyder numera den korta historien om Tomas Anker innan någon vecklar ut den och synar fogarna och innehållet. Kanske har han bragt två människor om livet och misshandlat en annan till men som ingen kan läka.

Jag vet inte om polacken bor i Sverige eller om han återvände till sitt land och stannade där. Han torde i så fall vara mellan femtiofem och femtionio år. Namnet är okänt för mig och Greta hördes aldrig säga det och hon skrev det inte i avskedsbrevet.

När jag kom till Gilbert och berättade om den olyckliga flickan som gick i sjön så tittade han lugnt på mig och sade: Den här byn har kvävt många mänskor och till och med tagit deras liv från dem och Greta var en bland många genom åren. Här packar man sorgerna och bekymren hårt som en höbal och stänger om dem på loftet. De är trygga och nästan säkra och lyckliga när de ser åkrarna och betena för djuren, stallen, ladorna och stugorna och gårdarna som ligger vackert. Här finns osynliga regler och lagar som mänskorna måste följa. Annars kan det gå dem illa. Tolerans och vidsyn står inte högt på dagordningen och stannar du kvar är du dömd att gå i gamla spår eller utmana vanorna och fördomarna.

Jag sade inte emot honom.

48

Oskar Humbla var försvunnen men Karin gav inte upp hoppet att han skulle återvända. Hon levde nu med en annan man och barnen försonade sig långsamt med att mamman umgicks med Pontus och tog emot honom i hemmet.

Det dröjde dock nästan ett år efter det att de träffades första gången innan han sov över hos Karin och den stora familjen. Ingen av dem talade högt om vad som skulle hända om maken och pappan plötsligt återvände. Rent juridiskt var de gifta och Karin älskade honom trots att hon låg med Pontus.

Hon var inte en lössläppt kvinna. Människorna i bygden tänkte alltid på Oskar när de såg Pontus Larsson och det hjälpte inte att han var betrodd, men de stötte inte bort honom såsom de gjort med så många andra.

Pontus och Karin kom till Gilbert och Ingrid Lans och sedan satt de vackra sommarkvällar i trädgården och delade några flaskor vin och pratade medan solen sjönk i väster över den lilla skogsdungen som gränsade till Moa Berlins stuga.

Bina hade byggt bo i en av olvonbuskarna, men Gilbert ville inte jaga iväg dem. Han hade sett grannar som slagit ner kuporna med spadblad så att endast några flikar återstod och hängde som tungor från en gren. Nästa dag hade svärmen av arbetare återskapat det lilla mästerverket och de visste inte vem människan var men luktade sig till henne och glömde ingenting.

En av de kvällarna gick Gilbert till Moa och bjöd in henne på grillspett och klyftpotatis som han brynt med en aning av honung och tusen droppar citron. Det var i början av augusti och vid det laget hade Moa suttit länge vid äppellundarna i Kivik i slutet av maj och början av juni. Det gjorde hon varje år. Likaså ville hon njuta av rapsen i blom och alla som hört henne tala om dess färg och de godaste äppelsorterna fröjdades med henne.

Jag körde henne i bilen många gånger och då brydde jag mig inte om vad som stod på mitt schema. Vi hade vår egen klocka på lördagar och söndagar i maj och juni. Hon hade alltid varit snäll och vänlig mot mig och Tomas när vi var små.

I begynnelsen stod en enkel stolpe där skolbussen stannade för att hämta barnen och sedan byggdes en hytt av trä med bänk. Under mina sista år när jag åkte till det gamla läroverket i Ystad fick vi en stilig halvkupa av plexiglas och där tog vi skydd när det regnade på morgnarna eller blåste kallt om hösten och vintern.

Ibland kom Moa fram till oss med nybakade bullar, småkakor och äpplen. Alla barnen i byn hade någon gång smakat hennes sockerkaka eller rulltårta. Hon hade fött och uppfostrat sex egna barn men hon hade långa armar och stort hjärta som inte i första hand skilde mellan mina ungar och dina.

Hennes äldsta barnbarn blev påkörd av en ägghandlare som kom med släp bakom en skåpbil på vägen mellan Brösarp och Ravlunda. Pojken hette Simon och han cyklade med två kamrater från Haväng och de hade legat i solen och badat i havet sedan tio på förmiddagen. Då var klockan halv sex den 24 juli 1978.

Moas och makens klocka stannade där för gott. Allting som hänt dem förut och varje sång, kyrkringning, högtid, kalas och skörd därefter rättade sig efter den stora och lilla visaren i sorgens och smärtans urverk.

Två av pojkarna kom i bredd och Simon var den ene. Alfred Gjutares son växlade mellan att ligga bakom och framför och de hojtade och skojade med varandra. Två var tolv år gamla och en tretton. Simon var yngst. Han föddes den 14 mars 1966.

De var brynta av solen och pigga och morska. Ungefär halva sommarlovet återstod och de hade plockat jordgubbar i Kivik, Grevlunda och Vitaby och tjänat egna pengar. De var starka i benen och bar inte mer än kortbyxor och tunna skjortor av bomull, inga strumpor i gymnastikskorna.

Simon hade solglasögon och de två andra pojkarna förstod att han ville vara karsk och lägga till några år i det fina vädret. Flickorna kunde få syn på honom var som helst längs vägen och de trampade på sina cyklar i näpna rader från sista slingan ner mot Haväng ända bort mot Vitemölla, Kivik och Karakås.

Alfred Gjutares son hette Johannes Karlsson. Han var fyra månader äldre än Simon. Tre pojkar på väg mot målbrottet och den första säden och flickornas famn och sträckan var så lång därefter att de inte hade lust och skäl att fundera över den och tänka det minsta på slutet. Solen lyste på dem från sidan.

I ena stunden var Johannes i täten och trampade hårt i backen för att se vem som kom först till krönet. Han var vit i håret och det var han även på vintern och kallades därför Kritan. Simon var en aning rödaktig, men det var känsligare och endast ovänner och utbölingar dristade sig till att dra eld på honom och slänga facklan i synen.

Lastbilar höll undan med bred marginal när de passerade pojkarna. Vägen var knappt sex meter bred på sina ställen och den skulle rymma mötande trafik. Tankbilar och bussar saktade in och någon chaufför signalerade med hornet i god tid så att inte cyklisterna blev skrämda och överrumplade.

Dödens klocka hade självlysande punkter och visare som lyste i mörkret på natten och den saktade sig aldrig. På dagen vandrade den genom människans kropp och i särskilda stunder slog den ut som en sällsynt blomma i bärarens ögon. Ett förfluget ord, ett ting av något slag eller långväga signaler som färdades hundratals mil mellan släktingar och vänner tills de åter vilade hos urmakaren som inte ville ha det yrket och allra minst på livstid.

Simon Berlin trampade och rullade närmast vägrenen i kanske tjugo minuter och han låg framför och bakom de andra två, men också bredvid en av dem hundratals meter när de inte hörde motorfordon bakifrån och inte såg breda och stora lastbilar från andra hållet. En buss passerade dem. Det mindes de överlevande efteråt, ty räkningen skulle göras upp och tidtagaren ville ha sitt till det grymmaste protokollet på jorden.

Simon skojade, visslade och sjöng. Den stora handduken var rullad och låg nu på pakethållaren. Farmors bullar och rulltårtan hade han ätit och bjudit av under dagen. Han höll bara påsen i handen och öppnade med liten springa och ögonblickligen kände de den ljuvliga doften i lätt eller stark vind, när de satt på stranden. De drack fläddersaft och lemonad och köpte glass vid vandrarhemmet som låg vackrare än alla andra rastplatser som de sett.

Ägghandlaren kom bakom dem och de hade just passerat krönet av en svagt lutande backe. Kanske var föraren bländad av solen och förmodligen styrde Simon för långt ut på vägen och väjde antagligen för bakhjulet på den främste cyklisten.

Protokollet följde alltid den döde i graven eller till himlen. Prästen nämnde det inte med ett ord, men det klämdes med fyra hål i en pärm hos polisen och tingsrätten. Änglarna hade egna måttband och de var förbehållna människorna som skonades och undkom som i mirakler. Vägen borde ha räckt i ytterligare sextio eller sjuttio år och så slutade den åtta kilometer från korsningen mellan Ravlunda och Havängsslingan.

Simon trodde möjligen att bilen var ensam och inte drog ett släp efter sig, men knappt en halv sekund i ögonvrån gav inte mycket frist att tänka och ångra sig. Han kastades framåt i en båge som långt efteråt väckte de överlevande pojkarna på nätterna och snodde ihop sig till ett rep som spände kring bröstkorgen så att de fick svårt att andas.

Föraren kom över på fel sida av vägen och stannade en bit in på ängen. Han lyfte båda armarna och skrek något som ingen uppfattade. Simon låg alldeles stilla med benen på asfalten och halva kroppen i låg klöver. Ansiktet vilade på sin ena halva och blod rann från näsa och mun.

Det var tre pojkar som cyklade mellan havet och hemmet. Den ene var Alfred Gjutares son och den andre Simon Berlin. Den tredje hade gett nästan vad som helst för att ha sluppit ifrån minnet av en kär kamrat.

Jag hörde den svaga dunsen och bromsljuden och jag såg bågen av ynglingen som skrattat och busat sekunderna dessförinnan. Jag var först av oss i den avgörande stunden. Änglarna hade ingen vakt över åt Simon den dagen. Vi fick vinden från sidan och likaså solen. Han låg med vänstra armen under sig som om han ville gömma den. Kring handleden bar han klockan och den visade tiden för tre familjer.

Johannes skrek och ägghandlaren grät så konstigt som bara vuxna karlar gjorde på en väg i sommaren när allting borde vara frid och fröjd. Jag böjde mig över Simon och ropade hans namn flera gånger, men han låg blickstilla och svarade inte.

Åtminstone tre gånger i min livstid har människorna i byn osynligt skrivit in klockslag, dag, månad och år. Oskar Humbla försvann spårlöst och lämnade efter sig hustru och sju barn. Min bror jagades av hundar och poliser och nära havrefältet förblödde en ung man och en annan tycktes sova tre meter ifrån.

Moa Berlin förebrådde mig aldrig för olyckan och Simons mor och far satt länge hos mig och Johannes. Vi grät och vi var tysta och vi hade speciella ansikten när vi möttes och vi tydde dem som ett alfabet för överlevande och sörjande.

Nu kom Gilbert och rullade Moa framför sig på gången i trädgården. Jag och Laura var också bjudna. Stolar och bord av riktig ek och han hade själv sågat, hyvlat och slipat bräder och plankor. Linolja och kalltjära hade ett eget sinne hos Gilbert.

Pontus och Karin hjälpte till att duka och jag snurrade grillspetten över elden medan Gilbert gick ifrån för att hämta äppelblommens och rapsens vackraste stämma i bygden. Signe Tillisch en vintersort och frukten var nog stor och rundat kägellik med kraftiga åsar, men köttet för löst och det vägde inte jämnt med aromen. Så många nya namn och där hängde plötsligt den lilla frukten Wealthy och visade sitt gulgröna skal med röda strimmor. Danska Ingrid Marie och Cox Orange och möjligen höstens Oranie höll hon högst av alla sorterna.

Moa öppnade munnen och släppte ut vacker poesi bara genom att säga namnen på de rara frukterna. Lyssna: Astrakan vit, Gyllenkroks röd och stor klar, Bouhg, Caramovsky, Hampus, Juneating, Gladstone, Kryddäpple sommar, Margaretaäpple rödt så att bokstaven d hördes tydligt, Primate, Rosenäpple virginsk och vit Gylling. Gode Gud, vilka toner och klanger i den svenska skörden av ljud och namn.

Moa gjorde ständigt fynd i jord och mark. När golvläggaren kom för att byta några plankor som angripits hårt av fukt genom århundraden i hennes stora sal i boningslängan på tjugofyra meter, hade han säkert kastat undan skräpet i en säck om hon inte råkat stå bredvid och fått ögon och luktsinne på litet av trossbottnen.

Det var ärthalm. Många ärtor hade följt med halmen och legat dolda under golvet i trossbottnen. De påminde i formen om forna tiders kokärtor, men det var litet större än dagens och mer grågula till färgen. Så hade man isolerat för att hålla undan kylan för hundratjugo år sedan i huset.

Bristen på ljus i trossbottnen och de stabila temperaturförhållandena hade bevarat groningskraften hos några av ärtorna och hon lade dem i jord och såg dem spira efter alla dessa år.

Hon hade jordkällare i backen och där förvarade hon äpplen och potatis. Hon lade senhöstens skörd i lådor och isolerade dem med papper och filtar. Hon bäddade in dem som barn för att skydda dem mot frost och köld. Frukten skulle ha fuktig luft eftersom den avdunstade vatten och helst borde fuktigheten vara nästan nittio procent men det kunde hon inte åstadkomma i jordkällaren.

Hon gallrade och synade äpplena för att förvissa sig om att de inte angripits av svamp, ty den spred sig lätt. En del av skörden tog hon till mos, kompott och marmelad. Hon doserade pektin, syra och socker med känsla och vana så att alla som åt av marmeladen var överens om att hon var oslagbar.

Moa hade tagit med sig äppelmos som gåva åt värden och vi åt den till grillspett och klyftpotatis. Vi sjöng och dansade till Gilberts dragspel och han hade ställt en grammofon i trädgården. Ingrid och han svängde efter gamla inspelningar med Fred Astaire, Billie Holiday och Nat King Cole.

Det var första gången som jag höll om Laura i dans och jag tvekade och hade aldrig riktigt hittat rytm och stil när jag fört kvinnorna på nöjesfälten och dansbanorna. Hon gav sig inte och skrattade och lovade att vara mjuk och följsam.

En timme senare kom John Haber och sångerskan Victoria. Därmed fick vi både Amerika och Hongkong i samma trädgård. Det var kvällens första överraskning. Vi fick höra att hon fått erbjudanden från Danmark, Holland, Frankrike, Italien och USA att sjunga på olika scener. Den svenska televisionen hade intervjuat henne och arrangörerna ville ha hennes namn på kontrakten.

Hon talade engelska och franska och några ord på svenska. John kom i sin stora jeep och lyfte ut sitt elektriska piano. Jag var inte säker på vad instrumentet kallades. Kanske var det en synthesizer eller liten orgel. I varje fall spelade han medan Victoria sjöng för oss och jag hade aldrig hört en så vacker röst i mitt liv.

Olga Næss var nog ett nummer mindre i mina öron som dock tillhörde amatörernas. Victoria sjöng visor från Hongkong och operaarior. John presenterade varje sång på svenska och engelska och hon föll in med små lustiga kommentarer som lockade oss till skratt.

Så näpen hon är, sa Laura och höll om mig där vi satt. Jag ska se till att flickorna syr en tjusig dräkt till henne som hon kan bära under sina framträdanden. Vilken röst. Så ljus och vacker och vilken höjd.

Vi applåderade länge och Gilbert kastade slängkyssar. Han skålade med oss och Ingrid drog sin näsa mot hans och ropade att hon ville höra mera efter maten och kaffet. Det skulle bli en lång kväll lovade hon och ingen sade emot.

Jag undrade om far kunde höra oss från min stuga. Det var inte omöjligt med tanke på avståndet till Gilberts trädgård. Vi åt på stora vita tallrikar. Jag serverade grillspettet och Karin Humbla hällde vin i våra glas. Pontus liknade en lycklig man i den stunden. Han var klädd i ljus kostym med väst och ljusblå skjorta utan slips.

Stora köttbitar av ren, älg och rådjur var trädda på långa pinnar och däremellan gul lök som brynts i stekpannan, katrinplommon och kantareller. Vi drack vatten från Gilberts djupa brunn och försökte överträffa varandra i att prisa potatisen i klyftor.

Plötsligt var Gilbert och Ingrid borta och jag tänkte att de skulle nog förbereda något i köket utan att vi såg det. Efter tjugo minuter undrade Pontus och Karin om värdparet gett sig av och tröttnat på oss. Som på en given signal började Victoria åter sjunga och jag kände igen sången och melodien och genom den breda grinden mot garageinfarten kom en svart bil med suffletten fälld. Chauffören höll armarna sträckta mot ratten och blicken rakt fram.

En man i hög hatt och bonjour tutade tre gånger och steg ur fordonet. Nästan exakt i det ögonblicket kom Ingrid Lans och Gilbert Häger genom terrassdörren. Sången steg mot den ljusa himlen och Victoria vände sig mot de två på trappan som bytt kläder till högtid och en ceremoni som tog oss osynligt i famnen.

Gilbert kysste Ingrid på munnen och de stod kvar på det viset i gott och väl en minut medan först John och sedan vi andra ropade deras namn och jublade. Borgmästaren från Kivik hade fått sina instruktioner och han tvekade inte och log och vinkade paret till sig med en hand som låtsades vara bestämd.

Efter alla dessa år skulle Gilbert och hans kvinna vigas under bar himmel utan präst och kyrka inför sammanlagt sju vittnen. Filmjölkens och yoghurtens mästare hade blandat denna smak åt oss och säkert fått Ingrids tillstånd.

Pontus var snabb och drog korken ur två champagneflaskor och det small och sprutade från mynningen, men ingen blev rädd. Gilberts ögon från Indien, Kina och Tibet samlade alla kontinenterna till denna milda afton och olvonbuskarna stod tysta och kanske neg en aning i svag vind. Magnolian var den högsta i hela byn, fläderbuskarna, pionerna och syrenerna höll andakt åt oss. De kalkade väggarna i boningslängan gjorde nästan ont i ögonen när solen låg på.

Ljuset klöv paret på trappan. Gilbert svängde Ingrids vänstra arm som ett lod och samtidigt signalerade John med hög stämma på bruten svenska att nästa sångstycke var komponerat direkt till brudparet. Därmed förstod jag att han var invigd i planerna för denna stund.

Johns säregna språk kände Gilbert säkert igen från sin farbror Anton som lämnade byn när han var tjugotre och tog stora båten från Göteborg till New York. Därifrån kom han till Clifton och han började arbeta på Athena Steal & Wire Corporation och tjänade 1 117 dollar om året just efter första världskriget. Han skrev brev hem till familjen och släkten och då var inte Gilbert född men tolv år senare återvände han med m/s Gripsholm på besök i Sverige och pojken hade hunnit bli sex och mindes gott och väl mannen som blandade amerikanska ord med skånska.

Help me, mister Häger, hojtade John och gjorde sig långt sämre i det svenska språket än han egentligen var. Tell us about de gamla kinesernas enkla musikinstrument. We need a lesson from a wise man.

Gilbert himlade med ögonen och sade: Kineserna använde praktfulla ovala bronsklockor från de stridande staternas period flera hundra år före Kristi födelse. Små kläppar slog mot bronset. Skalan i den rituella musiken var femtonig och det motsvarade ungefärligen tonerna från de svarta tangenterna på ett piano. I den senare världsliga musiken tog man till även den sjuskaliga skalan med de halva tonstegen e f och h c.

Borgmästaren från Kivik var stilig och bockade och bugade åt höger och vänster innan han kallade brudparet till sig. Sedan slog John an tonen och Victoria från Hongkong släckte alla dova basklanger från skinnskallarna och de avundsamma, de enfaldiga och inskränkta i mannaminne genom sina drillar som kittlade både fågel och fä.

Tager du Gilbert Ludvig Häger denna Ingrid Cecilia Lans till din äkta maka?

Jaaa, sade mejeristen, långfararen och uppfinnaren.

Sedan över till Ingrid och hon svarade likadant efter nästan femtio år av lust och fröjd och inte så litet nöd och gnabb dem emellan. Hon hade förlåtit Gilbert för kvinnan från Jamaica som han låg hos dagar och nätter hösten 1969. Han berättade sanningen när han kom till Sverige igen och kanske ångrade han att han var ärlig ty Ingrid blev ledsen och började gråta och höll sig undan flera veckor trots att han kom med blommor och andra presenter och bönade och bad om förlåtelse.

Två år senare bekände hon att hon legat med en överläkare som hade tjänst på Simrishamns lasarett. Han var gift och hade tre barn. Då fylldes Gilbert av den särskilda smärtan som endast tillkommer de älskande på jorden. Tillståndet var mera av sorg än svartsjuka.

Jaa, sade Ingrid. Jag har väl inget val.

Då skrattade alla, till och med borgmästaren från Kivik i hög hatt och bonjour. Han tog emot champagnen i glaset med långa foten och skålade och hurrade fyrfaldigt för det vigda paret. John gjorde en virvel på tangenterna och Victoria följde honom.

Ingrid och Gilbert hade hjälpts åt med desserten. Han svingade sig i en liten lektion som ingen av oss någonsin hört. Christopher Columbus tog kakaobönan till Europa från Sydamerika på 1500-talet. Häradsbetäckaren Casanova tyckte till exempel att choklad var uppiggande och drack därför en kopp varje dag. Det kom säkert damerna till godo på det ena och det andra sättet, mest det ena.

Cardinal Richelieu använde den som universalmedicin och kyrkans män ansåg den vara mättande och nyttig under fastan. Bönornas växtplats, jordmånen, rostningen, luftningen och blandningen är av yttersta vikt för kvaliteten och smaken, sade Gilbert. Kakaobönan torkas, rostas och mals till en stor massa som sedan luftas i stora tunnor för att den bittra smaken ska försvinna. Ju längre tid bönorna luftas, desto mildare och finare blir chokladen. Glöm aldrig det mina vänner. Jag tänker alltid på vin och filmjölk när jag smakar på en pralin eller chokladkaka. Jag är tokig i de finaste sorterna och jag köper dem på Ströget i Köpenhamn. Kakaon är rik på kalorier och innehåller bland annat kalcium, protein och riboflavin. Det stora suget

efter godbitarna kommer av fenyletylamin. Det är ett hormon-
liknande ämne i chokladen som påminner om heroin. Fenyl-
etylamin får oss att känna förälskelse och upprymdhet. I hela
mitt vuxna liv har jag byggt upp min åtrå och lust till denna
underbara och vackra kvinna genom att frossa i den bästa
chokladen med minst sjuttioprocentig kakaohalt. Jag är peri-
odare och behöver vård och avhållsamhet emellanåt. I Frank-
rike och Belgien har jag suttit i parkerna och vid stränderna
och lovat mig själv att bara ta en bit, kanske två pyttesmå och
det har blivit både nitton och tretti innan ångesten klubbat mig
resten av dagen. Då kommer nämligen huvudvärken som trot-
sar varje beskrivning. Jag ligger på sängen i hotellrummet med
gardiner för fönsterna och hör dånet i elementen, varje droppe
från kranen i badrummet och minsta viskning från korridoren
eller rummet intill. Där har jag legat och trånat och längtat
efter Ingrid långt borta medan jag varit oförmögen att stå på
benen. Min stora sorg i livet har varit att jag inte kunnat hålla
lusten efter chokladen och kvinnan i balans trots att de på ett
sätt förutsatte varandra. Tag lärdom av detta mina manliga
vänner. Antingen eller gäller, sade Gilbert och lovade att inte
röra minsta smula av pralinerna till kaffet och cognacen. För-
resten jag glömde att säga att praliner är färskvara som ska
förvaras vid femton grader och ätas inom tio till fjorton dar.
Om de har luftbubblor i kanterna måste de sorteras bort men
de här är felfria, sanna mina ord. Varsågoda vi har fyra hela
plåtar och tusen koppar kaffe. Cognac, likör och whisky så det
räcker till alla törstiga härifrån till Smygehuk.

Laura höll sin hand i min och jag kände doften av parfym
från henne. Hon bar kimono hade jag lärt av sömmerskorna.
De svarta skorna pryddes av små spännen framtill och en rem
vid hälen. Jag såg tre rödmålade tånaglar i den öppna fronten.

Jag ville ha denna kvinna till brud, men far vankade av och
an i båset och min bror satt inspärrad bland sinnessjuka och

galningar på Säter. Min frihet var beroende av dem och det hjälpte inte om jag skrek och grät, bönade och bad.

När kvällskylan kom oss att söka efter filtar och kuddar, dukade vi av och gick in i det rymliga huset. Jag hörde inte av Josefina medan vi satt där. Pontus masserade Karins ena fot eftersom den somnat. Borgmästaren tackade för maten och drycken och lämnade oss lika sirligt som han kom. Det ingick nog i ceremonin.

John Haber berättade att han tänkte flytta med Victoria till New York inom några månader och vi beklagade detta och därmed fick vi vara med om glädjen att bevittna en vigsel och beskedet att två av människorna i byn stod i begrepp att lämna oss.

Vi stannade till framåt tolv på natten. Jag följde Laura hem och jag hade sent pass följande dag. Far hade inte släckt i stugan. Om han levde ytterligare två, fem eller tio år var jag tjudrad i hagen med nosring och en dom som påminde om den som Tomas bar.

Vi klädde av oss och låg nära varandra utan att säga så mycket. Hon brukade lägga två tjocka filtar på brädgolvet invid brasan. Sedan lyssnade hon inåt mig och jag övade mig i att följa henne. Vad fann hon hos hemsamariten och mördarens bror? Ibland tänkte jag att det var vanskligt att fråga och bättre att ana och vänta på ett öppet svar.

Hon gungade först lätt och långsamt och hon satt grensle över mig så att jag såg ansiktet. Sedan böjde hon huvudet bakåt och svängde det i skenet av brasan. Om jag gav efter kom säden genast, men det bekymrade mig inte. Jag orkade ännu en gång och en tredje.

Om jag varit yngre skulle jag ha skänkt dig ett barn, sade hon. Jag blir fyrtiosex i år och har redan fyra som är vuxna. Jag är farmor och mormor och frånskild två gånger. Vi kan inte bara tänka på oss själva.

Jag hörde varje ord och säden drog sig tillbaka. En kort stund visste jag inte om det var flammorna från elden som dansade på bröstkorgen eller njutningen som kom henne att skaka. Ibland ropade hon mitt namn när hon var nära eller just vid krönet.

Den mörka chokladen gör tydligen gott för lusten och kättjan, sade hon. Jag såg att du tog flera praliner. Då skrattade hon, men jag låg några toner under medan jag tänkte på barn av min säd eller inga alls.

Hon vilade och gungade länge och jag höll emot framåt natten. Släkten och generationer rusade fram i stim mot ägget eller bara mörkret. Jag simmade som ålen längs kusten och visste inte säkert om jag följde månljuset eller en bräcklig lykta som kunde släckas vilken stund som helst.

Jag hade lärt mig att kärlek var ena kinden i ett ansikte som också bar förtvivlan och ensamhet.

49

Historien om Kristina Bergman som aldrig lämnade den stora herrgården levde i Gilberts själ och minne. Därifrån kom den till mig utan att jag bad om det. Jag hade som hemsamarit visserligen tystnadsplikt, men jag missbrukade inte förtroenden eller spred uppgifter om de gamla och sjuka.

Husmor och den lömske gårdskarlen var inte vänliga mot mig när jag kom på tisdagen varje vecka. Jag förstod inte varför. Kanske såg de varje besökare som en inkräktare. Min blotta närvaro gjorde dem misstänksamma och avoga.

Kristina låg i sängen och emellanåt gick hon bort mot ett av de stora fönstren med gardiner och ställde sig där. Jag förmodade att hon tittade ut, men säker var jag inte. Husmor eller någon annan hade lagt in sänglinne och kuddvar och jag bäddade rent med dem.

Jag gjorde mig ingen brådska och fröken Kristina tycktes inte skynda på mig utan stod kvar vid fönstret medan jag fullbordade bytet av lakan och örngott i sängen. Hon bar den vita särken med snöre i midjan och ljusa mockasiner på fötterna. Håret hängde fritt över axlarna och ansiktet hade inga spår av smink, men hon doftade parfym.

Hon ville att jag skulle läsa högt för henne så gott som varje gång och jag hade ju nästan börjat tycka om att ge ljud åt raderna och orden i boken, trots att jag inte gjort så sedan jag gick i småskolan och då skedde det under motstånd från min sida.

Hon höll händerna på ovansidan av täcket och det mesta av

tiden tittade hon mot taket men också några sekunder åt gången på mig. Då tappade jag en aning i koncentration och blev rädd att komma av mig.

Jag förstod inte riktigt alla orden som jag läste och förmodligen märkte hon det genast, ty med mjuk och obesvärad stämma gav hon då en ersättning som tedde sig mera bekant för mig. Jag var varken utbildad eller tränad till att läsa högt och ge akt på betoning och paus.

Utan att hon varskodde mig sade hon plötsligt en gång: Kärleken är det största och farligaste som finns hos mänskan. Akta dig för den och blir du drabbad måste du lova mig att vara på din vakt. Jag tål inte världen längre och därför ligger jag här. Det är bättre än allt annat. Om jag gått ut bland er hade jag bara varit till besvär. Sanna mina ord. Somliga är alltför goda för denna jord och många är alltför onda och elaka. Andra lider av obotlig hjärtesorg och jag är en av dem. Fortsätt nu att läsa så gott du kan och fråga ingenting. Jag svarar aldrig mera på frågor och stiger aldrig utanför dörrarna här. Det får andra sköta.

I mer än tjugo år, timmar, dagar och nätter hade hon levt innanför dessa murar eller väggar utan att gå ut till våren eller sommaren. Ingen människa eller händelse hade lockat henne att träda över den yttersta tröskeln.

Jag läste i en halv timme eller längre och hon tycktes lyssna intensivt som om hon hörde orden en första gång, men så var det inte, ty jag hade uttalat dem flera gånger tidigare. Så här läste jag denna dag: "Det är förfärligt för en människa att se sitt eget liv eller andras liv hotas av utplåning. Men mycket värre är det att veta att man själv troligen redan är död, och kanske aldrig någonsin har varit vid liv, medan ens medmänniskor uppför sig som om man fortfarande gick omkring bland dem."

Jag vet inte om jag förstod vad jag läste men det lät vackert och klokt. Efteråt slog det mig att jag kanske gått miste om någonting som kunde ha skänkt mitt liv en mening om jag läst mera och bildat mig i livet. Jag var före detta konstryttare på motorcykel och numera hemsamarit bland gamla, svaga och sjuka människor.

Så är det för mig, sade Kristina. Jag är troligen redan död och eftersom jag enligt andra är i livet är detta tillstånd värre än att hjärtat slutar att slå och att hjärnan inte längre får syre och blod. Ingen har krökt ett hårstrå på mitt huvud och ingen har slagit ihjäl mig men ändå är jag död. Det är ett strängare straff i livet än livstids fängelse.

Det var både obehagligt och frestande att dröja vid denna kvinna. Även efter det att jag mötte Laura Wiik tänkte jag på tisdagarnas möten och att Gilberts berättelse om Kristina Bergman och Sigfrid Lilja borde spridas bland många människor.

*

Sigfrid Lilja hämtade sin dotter även följande måndag och han infann sig redan klockan halv fyra på Slottsgatan och knackade försiktigt tre gånger på pianolärarinnans ytterdörr, men ingen öppnade. Han hade bytt kostym och knutit en ljusare slips till den himmelsblå skjortan.

Nu avsåg han inte att åka med Anna-Lisa till Bokskogen.

Kristina Bergman kom femton minuter i fyra. Då satt mannen i fåtöljen och hon hälsade och släppte ut en stilla förhoppning i ögonen som just infriades. Under de gångna dagarna från förra tillfället hade hon tänkt på Sigfrid.

Han tog av hatten och sträckte fram handen och hon grep den och hälsade. Jaha, nu ses vi igen, sade hon glatt och log. Det dröjer nog en stund innan Anna-Lisa är klar. Förra gången fick vi ju vänta men jag har ingen brådska.

Han tog ingen tidning från stället under klädhängaren. Han satte sig i fåtöljen och mötte Kristinas blick. Den var frisk och öppen och den hade väntat, vilket gjorde den speciell och fylld av värme.

Det var trevligt att möta dig här förra måndagen, sade han. Anna-Lisa säger att du är Nora Wittmans bästa elev. Ni har ju spelat flera gånger om året inför varandra och jag har själv lyssnat vid jultiden och avslutningen inför sommaren. Jag är inte musikalisk, men min hustru spelade både fiol och piano när hon var yngre. Jag är byggmästare och började som lärling och snickare. Aldrig trodde jag att jag skulle få ett barn som Anna-Lisa. Hon är min ögonsten. Jag har två söner också. Den ene är ingenjör och har gått på Chalmers i Göteborg och den andre är mäklare. Han säljer hus i Malmö och regionen omkring.

Hon hade mycket snabbt direkt efter deras första möte kommit fram till att han måste vara över fyrtio år och själv hade hon fyllt nitton. Anna-Lisa var ett år äldre. Fadern sade att dottern var ögonstenen bland tre barn.

Skorna var lika blanka som förra måndagen och slipsen var knuten med stil. Kristina hade blick för sådant. Det var första måndagen i maj månad och hon hade kört bilen från herrgården till Slottsgatan i Malmö och promenerat i Kungsparken. Almarna och lindarna hade slagit ut och tulpanerna stod i klungor i de fina rabatterna. Änder och svanar vaggade lätt i bäcken och kanalen. Hon tyckte om att gå på de små broarna över vattnet.

Du har vackert hår, sade han, och näpet ansikte med kära drag.

Så hade ingen man sagt till henne tidigare. Varken Johan, Ruben eller Gustaf hade gett henne en sådan komplimang. Hon svarade inte direkt men förberedde sig för en gengåva. Sedan sade hon: Ni är en stilig man och jag var glad att vi möttes förra gången. Kan vi inte ses och dricka en kopp kaffe i Bokskogen. Jag har körkort och har lånat en av fars bilar. Vi kan väl köra från var sitt håll och träffas där någonstans.

Han beskrev det lilla torpet och den smala grusvägen som ledde dit och han talade nästan forcerat men lät det ske ty han var redan förbi varje tveksamhet och hinder. De hörde Anna-Lisa spela på pianot och klockan närmade sig fyra.

Sedan var de tysta en stund. Det var visserligen två meter mellan dem men själarna hade slagit i varandra och öppnat sina hinnor. Hon var klädd i blus och kjol och hon hade låtit benen vara nakna och stoppat fötterna utan strumpor i skorna därför att i början av maj ville hon lära kroppen att värmen och solen hade tagit över.

Han tittade ogenerat på henne och hade de varit ensamma i lägenheten hade han rest sig upp och gått fram till henne och bett att få kyssa henne. I så fall hade det varit första gången han betett sig på det viset med en kvinna i Kristinas ålder och hon kunde ha varit hans dotter.

Han behövde inte säga eller göra det. Hon märkte allt utan minsta ord och åtbörd. Snart hördes Anna-Lisas steg på parkettgolvet på andra sidan dörren. De rättade inte till sina ögon och hade ingenting att skämmas för.

Kristina reste sig och nickade och log åt byggmästaren Sigfrid Lilja innan hon hälsade på hans dotter och bytte plats med henne intill Nora vid pianot. Kristina var varm och vig i fingrarna och de dansade och trippade redan på de vita och svarta tangenterna till dagens läxa. Hon visste på något sätt att det skulle bli en fin och givande lektion.

Ja, Nora berömde henne efteråt och önskade att stunden hade skett inför publik i en konsertsal. Kristina var övertygad om att lust och förälskelse fortplantade sig överallt i en människas kropp och själ. Anslag och pauser, frasering och tempo kom sig mycket av hjärta och längtan.

Hon tog ett långt språng från stolen till ljuset som silades ner mellan bokarnas kronor och i musikens och konstens mirakler kysste hon en mogen man medan hon koncentrerade sig inför en sträng lärarinna.

Nora var övertygad om att den unga kvinnan endast hade sinnen för denna stund, exakt där vid pianot och ingen annanstans.

50

Sigfrid och Kristina möttes vid torpet i Bokskogen såsom de hade avtalat. Han bar linnekostym och stråhatt och hon var klädd i kjol, blus och kappa för sommaren. De kom i var sin bil som de parkerade intill varandra.

Han hade packat matsäck och hon likaså. Bokarna hade slagit ut och hon hade redan hört den första göken. Trädkronorna var genomskinligt gröna och påminde om marmeladen som hennes mor brukade göra på en blandning av plommon och krusbär.

Sigfrid hade hört när de långsmala och glänsande rödbruna bladknopparna brustit i början av maj. Då var dottern Anna-Lisa vid hans sida och de stannade ända fram till kvällen. Han visste att bokträden började blomma först vid sextio års ålder med små ulliga och gulaktiga ståndarhängen. Honblommorna var vinröda och litet styvare i sina plymer.

Han tänkte på sig själv som detta träd i sina bästa år. De veckiga löven spändes ut av saven och man kunde se en tydlig skillnad på dem från morgon till kväll. De vågrätt ställda bladen stängde himlen och lade marken i en ständig skymning, men Sigfrid öppnade den igen. Invid de grova stammarna levde endast växter som älskade skuggan.

Denna dag ville han vandra i solen och ligga på en filt och äta och dricka. Han kände ännu ingen skuld och skam till sin familj, men han rörde sig farligt nära den unga kvinnan och förnam doften av parfym från hennes hals och handleder. Hon hade förberett sig noggrant för denna stund och tänkte inte avstå eller ångra sig.

De andades in doften av fukt, mull och grönska och de gick lätt på marken med korgen i ena handen och filten i den andra. Bokträet var tätt, tungt och hårt men lätt att klyva och av det blev glasspinnar, järnvägssyllar, golvplankor och skrivbord. Byggmästaren kände till kvalitet och priser och valde alltid bästa materialet till sina hus och lägenheter. Virket brann utan gnistor. Förr i tiden fick svinen hålla till i bokskogarna och söka sin föda bland ollonen. Tio bokar födde ett enda svin, men det krävdes tjugofem ekar för samma djur.

Sigfrid visslade och Kristina log. Hon tyckte att han var tjusig i stråhatten och den ljusa linnekostymen till blåa skjortan utan slips. Hon böjde sig ner och pekade på en blomma och sade: En vätteros. Den har inga blad, men se så vacker färg i rosa och lila.

De gick mellan klungor av lungört, vårärt, gulsippa och skogsbingel och hon kände alla till både namn och utseende, men det hade hon inte lärt sig i skolan. Hon visste var hålnunneörten hade sin plats i skogen.

De stannade i en liten sänka och bredde ut filtarna så att dessa gick omlott en halv meter. Sigfrid hade flädersaft, sockerkaka, rågbröd, termos och äpplen i sin korg. Hon tyckte om att han hade tänkt på riktiga bestick och porslinskoppar med fat. På morgonen hade hon bakat ljust bröd och kanelbullar och virat en handduk kring dem. Även hon hade bryggt en termos med kaffe.

Modern hade undrat om dottern skulle på utflykt och då hade Kristina svarat att hon skulle åka till Bokskogen och njuta av dagen. Hon blev inte förhörd på något sätt. Föräldrarna bekostade lektionerna hos Nora Wittman och väntade på att flickan skulle bestämma sig för högre studier på universitetet i Lund.

De ville inte tvinga henne till en examen och yrkesutbildning, ty de älskade sitt enda barn och försökte skydda mot allt som var ont och farligt bland människorna. Familjen ägde stora marker, skog, boskap och värdepapper. Kristina frågade aldrig om de var förmögna men hon förstod att det inte saknades pengar och resurser till ett bekymmerslöst liv i fråga om materiella ting.

Sigfrid tog fram en flaska vin och sade att det skulle dröja innan de satte sig i bilen igen. Ett glas vardera tordes de dricka och kanske litet till. Hon höll i glaset medan han hällde. Sedan skålade de för det vackra vädret och bokträden och mest av allt ville han framhålla att de hade mött varandra och bestämt det här.

Snigeln och den lille ekoxen brydde sig inte om skillnaden i ålder mellan mannen och kvinnan. När snigeln kände sig hotad drog den ihop sig och sköt ut små kulor på ryggen så att den liknade en igelkott. Om någon hade kommit mellan honom och Kristina i denna stund hade han betett sig likadant.

De smakade på rågbrödet innan de rörde kanelbullen och sockerkakan. Kaffet var ännu varmt och doftade gott. Kristina satt med knäna nära hakan och Sigfrid låg på sidan och sträckte ut sin långa kropp. Han hade tagit av sig linnekavajen och lagt den snyggt i ena hörnet av filten.

Plötsligt grep han om hennes vänstra hand och granskade fingrarna och sade att så smala och långa hade minsann inte Anna-Lisa. Då lade han första handlingen i den förbjudna korgen och sedan slöt han den och ville inte veta av den mera den dagen.

Han höll kvar hennes hand i sin egen och hon hade ingenting emot att han gjorde så. Hon hade väntat sig vad som helst och just den tanken lockade henne. Han böjde sig fram och pussade på kinden. Då blundade hon.

Byggmästaren kysste en ung kvinna som var jämnårig med hans dotter och de låg nära varandra på den ena filten en lång stund. Solljuset hade en öppning mellan bokkronorna. De ängslades inte för att någon skulle se dem. Han smekte hennes bröst och hon lät det ske.

Den mogne mannen var nästan vid den tiden när boken började blomma och han hade fördelat en visdom om kvinnan i sina händer och läppar. Han var en sådan man som tordes gråta av lycka och lust och han skakade som en yngling i kroppen, när hon rörde vid hans bröstkorg och bål.

Sigfrid kysste Kristinas vader och lår och han gjorde sig ingen brådska trots att han var ivrig. Hon doftade gott i den mjuka och lena huden nära ljumsken. Ekoxen och den lilla ljusa snigeln var i fred med två människor. Kvinnan hade just sett dem och de rörde sig sakta under hennes ögonlock medan mannen drog tungan över den blöta springan. Den förbjudna korgen var tillsluten och hade fått tillräckligt i begynnelsen.

Byggmästaren hade börjat som snickare och sedan arbetat sig fram till förmansposten och tio år senare var han verkmästare och då föddes fjärde barnet och hustrun stannade hemma hos dem i villan. Anna-Lisa var yngst och hon läste noter och spelade piano innan hon blev åtta år. Fadern var stolt över familjen och följde kurser på aftonskolan och förkovrade sig i yrket.

Så kom det sig att han tog språnget och blev byggmästare. Han lade in anbud till Malmö stad när Lugnet och Caroli skulle förvandlas med nya hus i hela kvarter. De ansvariga visste att Sigfrid Lilja höll sig med en duktig stab av snickare, murare och betongarbetare. Han höll tidsplanerna och stod vid sina löften.

Knappt tio år senare var han en förmögen man som ägde fastigheter i det inre av staden. Han kostade på barnen utbildning och hustrun saknade ingenting. Hon skötte kontoret och följde honom på resor och deltog i representationen. De bodde i ett patricierhus som låg nära Ribersborg och Limhamnsfälten. De hade sommarhus i Falsterbo och Toscana.

Denna historia rymdes i Sigfrids kropp, men nu började en ny tideräkning som en spång mellan honom och Kristina. I det tredje mötet kysste han hennes sköte och räknade man på det sättet och därtill lade åldersskillnaden mellan dem och sanningen att han var en gift man och fader till fyra barn, borde den förbjudna korgen vara rågad och svämma över men han hade stängt den och den handlingen var de överens om utan att tala om saken.

Ingen av dem visste då att detta var början till en historia om dottern som vägrade att lämna den stora herrgården. Gilbert flyttade bokarna till sin långa berättelse och han fick den direkt från källan när han klippte och friserade Kristina.

Han tänkte på sin egen fader som vandrade längs havet och på skogsstigarna sedan skolrådet och överläraren avskedat och skilt honom från tjänsten som vaktmästare och slöjdlärare i byskolan. Rafael fortsatte att göra avbön inför hustrun och hon stötte inte bort honom men vågade inte tro på några löften. När han var nykter uppvaktade han henne som en nyförälskad yngling och han var alltid mån om att hålla sig ren och proper.

Nu drog Gilbert kam och borste genom Kristinas långa hår och klippte försiktigt såsom hon ville ha det. Den ena människan gick halvvägs till månen som lyste åt stimmen av ål på färden till Sargassohavet och den andra stannade i sina minnen.

Snart skulle han hålla i kniven som han lånade av fadern och tälja kvinnan som inte fick mannen som hon älskade. Dottern Anna-Lisa avslöjade och förrådde dem för hustrun och sedan gick bud till föräldrarna på herrgården.

Fadern slutade att bekosta dotterns lektioner hos Nora Wittman i Malmö och modern grät och förbannade den lättsinnige mannen som förgrep sig på den unga kvinnan. En dag vägrade Kristina att lämna herrgården och inga hot och löften kunde förmå henne att överge de vackra salarna.

Hon sade en gång att hon sett tillräckligt av världen och ingen skulle få släcka den en gång till. Det var inte sant att hon kunde glömma och lämna första kärleken bakom sig. Sigfrid gjorde avbön hos barnen och hustrun och sökte aldrig Kristina igen.

51

Julius Rodhe fick inte tjänsten efter den gamle klockaren och kyrkogårdsarbetaren Viktor Andersson och när han talat om prästen Gustaf Uhrström under gudstjänsten förstod han att många dörrar var stängda för honom.

Hans älskade Irma Åkerberg var inlåst på S:t Lars sjukhus i Lund och hon betraktades som otillräknelig av läkarna och föräldrarna. Han skrev brev till henne och berättade om människorna och tillvaron på det lilla fiskeläget. Hon svarade inte i skrift.

När han besökte henne, satt hon mest tyst och tycktes se in i sin egen värld men han talade om pojken Lars Åkerberg som hon gav namnet Daniel Uhrström. Gossen var son till Irma och prästen Gustaf Uhrström trots att denne förnekade faderskapet.

Modern Anna Åkerberg hade gett sken av att hon födde gossen, men det var inte sant. Prästen våldförde sig på den unga Irma och hotade och tystade henne. Mejeristen i byn som låg en bit bort skrev ett långt kapitel om dessa människor.

Julius fortsatte att klippa sitt hår hos Gilbert Häger och han litade på honom och fann en förtrogen och vän i den mannen. Så gjorde många i bygden. De lämnade över hemligheter och känsliga ämnen och fruktade inte att de skulle spridas.

Även Julius såg Rafael Hägers snidade gubbar och gummor och han dröjde länge vid flera av dem och lyfte upp och smekte och kände på dem. När Gilbert undrade om han gav sitt tillstånd att bli en i samlingen, blev han förvånad och rörd.

Julius pratade långsamt och han hade en säregen gångart som ingen glömde. Det kom sig av fallet genom källarluckan när han var knappt tre år. Den världsberömde hjärnkirurgen Herbert Olivecrona på Serafimerlasarettet i Stockholm hade opererat in en silverplatta i Julius skalle.

Då var Gilbert inte många år över trettio och Julius betydligt yngre. Barberaren som saknade diplom och utbildning för det yrket hade fått anställning på Lunnarps mejeri i fabriken vid det löpande bandet, men han hade ambitioner och verkmästaren lade märke till honom. Hans namn blev känt hos ledningen och den verkställande direktören.

Gilbert hade synpunkter på tekniken och framställningen av filmjölk och andra mejerivaror. Han var vetgirig och studerade ämnet på ledig tid. De andra arbetarna i fabriken skötte sitt och knappast mera, men Gilbert lärde sig att mjölken innehöll gaser, enzymer, vitaminer och nästan nittio procent vatten. Mjölkens fett bestod av små kulor som människan inte förmådde se med blotta ögat.

En kubikcentimeter mjölk innehöll en till sex miljarder uppslammade fettkulor och dessa gav mjölken dess vita färg. Om vätskan stod någon tid utan att omröras eller skakas, flöt fettkulorna upp till ytan och bildade grädde.

Mjölkfettet bar viktiga näringsvärden och det hade dessutom nyttiga egenskaper. Människans hushållning av kalk och hudens livsfunktioner hade delvis sin näring i mjölkfettet. Gilbert studerade aminosyrorna och mineralämnena i mjölken. Han lärde sig att de viktigaste vitaminerna hade beteckningarna I, E, A och C.

Fadern hade blivit diversearbetare, men den mesta tiden på dygnet vandrade han längs havet och på stigarna i de små skogarna längs kusten. Han fick namnet Vandraren av bygdens människor och om någon inte visste det, blev vederbörande snabbt upplyst om att den mannen hade varit slöjdlärare och vaktmästare i byskolan.

Sonen Gilbert hade flyttat hemifrån redan när han var nitton år, men han besökte fadern var och varannan dag. En lördag eller söndag slog han följe med fadern och då tog han med sig matsäck och proviant som de delade på, men fadern åt inte mycket. Däremot drack han pressad apelsin.

De talade inte om tiden på skolan. Magister Berg hade mer än tio år kvar till pensionen och Gilbert hade varit nära många gånger att ta kontakt med honom sedan han lämnade sista klassen, men han avstod. Hans betyg räckte till realskolan och han hade inte lust och vilja att söka vidare efter examen därifrån.

Han började på Lunnarps mejeri som passare vid ett av de löpande banden med flaskor och kapsyler. Fadern och han vandrade i sol och vind, men också regn och snö. Emellanåt stannade de och betraktade havet och horisonten eller en fiskeskuta som långsamt flyttade sig under himlen.

Tystnaden och skammen lade sig över hemmet när fadern kom i perioden och drack brännvin och somnade i den stora flaskan med liggande master och sänkta segel. Då väntade sonen tålmodigt och en dag drog han i de tunna trådarna och hissade den vita duken. Fadern reste sig igen och började den långa vandringen.

Om de så gick till Kina eller Afrika, blev de inte kvitt varandra. I ett särskilt ljus och liten skreva av lyckan satt de mitt emot varandra på kammaren och täljde i virke av ene. Då sjöng modern och hustrun inom dem fastän hon var borta från jorden och bakade bröd och bullar som räckte en vecka och längre. Hon köpte nya skor åt mannen av italienskt snitt i svart och oxblodsfärgat läder och han tackade och kysste henne på mun och kinder.

Han tvättade sin kropp med omsorg och ville vara ren och dofta gott när han lade sig bredvid henne på kvällen. När drinkaren andades på kärlekens spegel, kunde han skriva sitt namn av skuld och skam med fingerblomman på ytan.

Gilbert uppvaktade Ingrid Lans men hon hade en annan man kär. Det berättade han en gång för fadern när de satt på ett av värnen vid Haväng. Hästar och får betade på ängen bakom dem. Militärmakten och svenska staten hade ännu inte satt klorna i den lilla fiskebyn Knäbäckshusen och människorna och stugorna var oskiljaktiga.

Där hade Rafael lekt och cyklat som barn och Elise och han hade vandrat längs stranden vackra vårdagar och på sommaren. Nu satt han och sonen och tittade ut över havet ända bort mot Stenshuvud.

Gilbert drack kaffe, men fadern föredrog apelsinsaften som han själv hade pressat på morgonen. Denna dag arbetade han inte. I två veckor hade han hjälpt till att röja och avverka träd i skogen vid Sandhammaren. Han var fortfarande stark i kroppen och inte rädd för att bära och ta i med muskelkraft.

En tid var han hantlangare vid ett bygge i Kivik och förmän och arbetslag hade ingen anledning att klaga på honom. Så klöv han sina vakna dygn i dagsverken, vandring och skam och skuld när flaskan tog vid. Inga pengar i världen, inga läkare och psykologer kunde ge honom svar på varför han drack så att han plågade sig själv och sonen.

Han kunde inte försona sig med att kräftan tog hustruns liv innan hon levat fyrtio år. Det var grymmare än allt annat för honom. Det var som om han ville späka kroppen och straffa den i långa marscher. Nu vilade han motvilligt en stund på ett av värnen som blivit kvar efter andra världskriget.

Gilbert började försiktigt tala om kvinnan som han höll av. Hon hette Ingrid Lans och hon var utbildad sjuksköterska och hade tjänst på lasarettet i Simrishamn. Hon var förlovad med en man som drev egen målerifirma.

Jag har mött en kvinna som jag vill gifta mig med, sade Gilbert, men hon vill inte ha mig. I varje fall inte just nu därför att hon har en annan. Jag blir förtvivlad och nästan vansinnig när jag tänker på dem tillsammans. Jag ger mig aldrig förrän hon och jag blir ett par.

Fadern lyfte muggen och drack av apelsinsaften i små klunkar och han visade öppet i ansiktet att han njöt av drycken. Luften var mild i början av april det året. Måsarna kretsade över en liten båt där fiskaren synade flötena till näten eller flyttade dem.

Jag tänker ofta på Julius Rodhe och Irma Åkerberg, sade sonen. Han kommer till mig när det är tid att klippa håret. En gång för länge sen berättade han sanningen om prästen som förgrep sig på den unga Irma och hustrun som tog livet av sina fyra barn och slutligen släckte hon sin egen olycka och sorg. Mycket annat blev litet och harmlöst i förhållande till den historien.

Fadern satt tyst. Han hade knäppt upp några knappar i vindtygsjackan och lossat på snörena i kängorna. Så gjorde vandraren när han vilade en kort stund och lät synen och hörseln ta över. Benen och hjärtat visste det mesta om skuld och skam och den ändlösa vägen till ro och frid.

Kärleken är farlig, sade fadern. Jag älskade Elise och ändå gjorde jag henne ont genom att supa. De onda och lömska mänskorna tar för sig och räknar med att de snälla och goda ska finna sig i det. Mitt liv var enklare innan jag träffade din mor. I många år trodde jag att hon bedrog mig med chefen och ägaren till skoaffären, men jag hade inga bevis. Jag var livrädd för att fråga henne och jag hade ingenting annat än känslan att gå efter. På omvägar och utan att jag sökte efter en säker källa fick jag veta att jag hade rätt. Din mor Elise låg med den andre mannen och bedrog mig i många år. Hon erkände till sist och sa att hon ångrade sig bittert och bad om förlåtelse. Jag har förlåtit henne efter döden, men jag super i perioder och jag kan inte skylla på Elises otrohet. Ända sen jag fick veta att min svåger dog i bilolyckan den 16 mars 1928 har jag som en mal cirklat kring det ljuset. Även när jag inbillat mig att jag kommit över det och gått vidare. Den avgörande frågan var inte vem av oss som körde bilen. Att han dog vid min sida medan jag låg medvetslös och att jag aldrig fått tala med hans barn och änka har plågat mig i alla år.

Plötsligt öppnade fadern en ingång i äktenskapet som sonen inte kände till. Oväntat och obarmhärtigt kom nytt ljus över hans föräldrar efter moderns död.

Pojken hade besökt Elise många gånger i skoaffären på eftermiddagarna efter skolans slut och på lördagar och lov. Ägaren var vänlig och snäll mot honom och bjöd på karameller och chokladkakor ibland. När Gilbert var mogen nog att tyda ansikten och skikten under ytan såg han att modern och chefen hade ett annat förhållande än det som borde gälla i arbetet. Han hade med egna ögon sett när de kysste varandra i lagret till affären och han hörde de ömma och smeksamma orden.

Fadern tittade ut över havet. Fiskaren stod i båten och tycktes dra i näten och flötena. Det var nästan vindstilla. Gilbert bet av smörgåsen och tuggade och svalde, men fadern ville inte ha något att äta. Han var tunn men inte utmärglad. Ibland tänkte sonen på en eremit när han såg fadern.

Nu har vi suttit länge nog, sade fadern. Jag tänker nå Skillinge i dag innan jag vänder och tar mig tillbaka samma väg. Havet doftar tång och det tycker jag om.

Gilbert lade termosen i ryggsäcken och fadern slöt porslinskorken om flaskan med apelsinsaft. De knäppte sina jackor och fadern drog åt och knöt snörena i kängorna. Sedan började de åter vandra.

Solen stod högt på himlen och färgade en del av havet. Måsarna skrek och tystnade över de två människorna. Fiskaren i båten hade satt sig ner och börjat ro längs med kusten. Dån som

435

avklingade och svaga salvor från soldaternas vapen på övnings-
fälten långt borta blandade hörseln med synen hos dem.

Fadern sade ingenting medan de vandrade och sonen störde
honom inte. Utan att det blev sagt följde Gilbert med på fa-
derns villkor denna dag. Det var inte lätt av avgöra vem som
bar vem på sina axlar eller om de levde var för sig.

Däremot hade han fått en ny ingång till föräldrarnas äkten-
skap och han kunde inte tro att fadern ljög om moderns för-
hållande till den andre mannen i skoaffären under många år.
Dessutom hade han själv anat och förstått.

Även den insikten skulle han skriva ner i sin långa berättelse
om människorna i byn.

*

Lars Tilly föreslog att Josef skulle flytta in i ett av de små hu-
sen. Skinnskallarna skulle inte få bestämma var han skulle bo.
Du har själv hjälpt till att resa väggarna och mura dem, sade
Lars. Nu vill jag erbjuda dig två rum och kök i en av stugorna.

Josef blev överraskad och glad. Han hade inte väntat sig det
förslaget. Det fanns sammanlagt två större hus och fyra mind-
re på Lars Tillys ägor förutom den stora boningslängan med
flyglar; dessutom sjuttio hektar mark som han inte odlade,
men tuktade och höll ordning på ändå.

Jag har sålt av ett rejält stycke till kommunen, sade Lars. De
mäktiga gubbarna planerar att anlägga en golfbana med arton
hål och klubbstuga, restaurang och omklädnadsrum för med-
lemmar och gäster. Läget är unikt och från krönen ser man
havet och bukten ända bort mot Stenshuvud. Det är nära till
Kivik och Simrishamn. Nu kan stockholmarna och tyskarna
spela golf och gå på marknad. Många mil kan de vandra längs
havet utan att stöta på andra hinder än små bäckar och åar.
Jag säljer dyrt.

Josef tackade och bugade flera gånger, men Lars lade armen om honom och sade att det var nog med en gång. Du är anställd hos mig och jag funderar på att du ska ta hand om skötseln av gräsmattorna på banorna. Här finns mycket att göra året om. Polisen är skyldig att skydda dig mot nidingsmän och inkräktare. Jag ställer som krav att du förestår det praktiska arbetet på anläggningen. Jag litar på dig och du är noggrann och skötsam.

Josef lärde sig åtminstone tjugo nya ord på kuppen och visade ett ansikte som ingen kunde ta miste på i den stunden.

52

Nils Anker vägrade att återvända till Solvikshemmet. Hemsamariterna gjorde så gott de kunde och lockade och pockade på honom så att han åtminstone en gång om dagen tvättade händerna och ansiktet och någon av de andra kroppsdelarna.

Jag skötte mitt arbete och träffade Laura i hennes hus, ty jag ville inte bjuda hem kvinnan och riskera att gubben började bråka och domdera. Vad som helst kom ur hans mun. Gamla oförrätter, lögner och förtal. Emellanåt pep han som en liten unge och viftade tjurigt med händerna i luften.

Jag led och hittade ingen utväg. En dag fick han för sig att han skulle åka till Gästgiveriet för att äta. Så klen och bångstyrig som han varit med maten den senaste tiden. Vägrat att öppna munnen och han hade spottat ut köttbitar och potatis i samariternas ansikten och nog hade de blivit ledsna och prövade till det yttersta. En av dem grät av förtvivlan när hon berättade för mig och sade att hon var nödsakad att rapportera till chefen.

Han pissade i byxan om han inte fick blöjan och fick han den slet han av den och kastade den där han satt eller stod på golvet. Det hände att han snabbt drog ner byxan och kalsongerna och sket direkt på stoppade stolen eller i fåtöljen, men då var måttet rågat och jag skrek att han skulle passa sig. Annars tänkte jag ta honom med tvång i bilen och surra honom i sätet och köra raka vägen till Solvikshemmet eller psykiatriska avdelningen på lasarettet i Simrishamn, Ystad eller Malmö.

Han hade ystat denna ost så länge. Samariterna drog sig för

att komma och jag skämdes. När jag förebrådde honom glodde han bara illmarigt och elakt som om det inte angick honom. En gång lyfte jag handen och måttade ett slag, men jag besinnade mig i sista sekunden. Kanske väntade han på att jag skulle förgå mig och visa att jag inte var bättre än bortbytingen och oäktingen som han fick på halsen utan att be om det.

Nu ville han äta oxbringa och kokt potatis på Gästgiveriet och där hade han säkert inte varit på tjugo år. Det var söndagsmorgon. Han satt vid köksbordet och doppade vetebröd i varmt kaffe med kokt mjölk. Håret hängde ner över axlarna och skäggstråna på kinder och haka kom honom att likna en människa som dragit sig undan världen och inte behövde visa sig för andra.

Jag satt två meter ifrån på motsvarande sidan av bordet. Han överrumplade mig och jag tänkte en stund innan jag svarade. Jag sade att vi skulle åka på villkoret att han badade först och sedan skulle jag få klippa och raka honom. Om han inte tog på propra och rena kläder, vägrade jag att följa honom dit.

Han tittade som om han hatade mig och satt tyst i flera minuter. Jävla utpressare, sade han. Unnar du inte mig att äta. Du är snål och elak som satan. Tomas var snällare än du. Om du brytt dig om din lillebror hade han inte hamnat i fängelse och gjort sig olycklig för livet. Du ville inte fortsätta med motorcyklarna och du svek honom den gången i Stockholm när ni kunde ha fått fina kontrakt med cirkus och nöjesfält i huvudstaden. Du slog ihjäl hunden med ett järnrör och du duger bara till att snyta och mata gamlingar, torka röven och tvätta skitiga golv.

Jag var stum. Plötsligt pratade han utan besvär i flera minuter och hävde ur sig anklagelser och lögner som fick hans bleka ansikte att blossa en aning på kinderna. Annars påminde hans huvud om en modell av vax.

Jag hade inga medel och ord att beveka och hantera honom. Han plågade mig och tycktes njuta av det och han dolde sig bakom att han var gammal och svag, en änkling som inte fann något att glädja sig över.

Josefina var tyst, trots att jag bad henne om hjälp och råd. Han ville inte träffa Gilbert Häger och han svor ve och förbannelse över de flesta i byn. Golvet gungade under mina fötter och jag hade ingen Gud att ty mig till.

Jag badar och du får klippa och raka mig, sade han, men jag glömmer aldrig att du hotar och pressar mig som en hjärtlös gangster.

Det var otäckt att se honom den timmen. Han stapplade till badkaret och han slog ifrån sig när jag ville stödja och hjälpa honom över kanten. Jag tappade i ljummet vatten och lade fram tvål och lödder till kropp och hår. Hela tiden satt han tyst och jag väntade i stora rummet och försökte läsa tidningen, men jag lyssnade efter ljud från badkaret.

Efter en halv timme steg han ur karet av egen kraft och det hade inte hänt den senaste månaden. Han torkade den skinntorra kroppen och tog på sig rena kalsonger och strumpor som jag lagt fram åt honom.

Han satt på köksstolen med handduk kring axlarna över den gamla badrocken medan jag klippte och rakade honom. Jag hade föreslagit att Gilbert skulle ha gjort honom riktigt fin med sax och kam men då fnös han och svor över den karlen.

Sedan satt han bredvid mig i bilen när jag körde till Gästgiveriet. Det var många år sedan jag besökte det underliga paret som drev matstället och de fyra rummen på ovanvåningen som nästan ingen ville hyra ens under högsäsongen på sommaren när alla hotell, vandrarhem och enkla härbärgen var beställda.

Turisterna trodde väl inte att de kommit rätt när de såg Frida och sonen Alvar Nilsson. Hon ägde och drev gästgiveriet och han hjälpte till i köket. I perioder fanns en äldre kvinna i tjänst och hon gjorde litet av varje.

Alvar var några år över fyrtio och han var ungkarl utan nåd och val. Alla som kände till stället skrev under på att sonen var kung av brun bondsås, oxbringa med kokt potatis, rotmos och lägg och slutligen bruna bönor till knaperstekt fläsk.

Det existerade inte en like till detta par på jorden. Om man höll sig till gästgiverier, värdshus och restauranger i bedömningen var de än mer sällsynta och unika. Huset där köket, skänkrummet och matsalen var inhysta hade sett likadant ut såväl ut- som invändigt de senaste trettio åren. Det byggdes i mitten av 1800-talet.

Under mer än etthundrafyrtio år hade fönsterbågarna strukits fyra gånger och de inre väggarna och taken samtidigt. Fasaden var av rött, handslaget tegel och det yttre taket av kupade tegelpannor i en mörkare ton.

Porslinet i toalettstol och handfat var fyrtiofem år gammalt och gästgiverskan Frida Nilsson skötte det som sitt andra barn, ty hon hade endast Alvar. När matgästerna såg hans missfärgade tänder och ovårdade hår, borde de ha avstått från att äta där och han hade nästan alltid fläckar av sås på servitörsjackan. Den var inte vit och fin med svarta beslag och blanka guldknappar som hos personalen på Grand i Stockholm och Lund eller Savoy och Kramer i Malmö eller kanske Svea i Simrishamn.

Nya gäster som inte anade denna uppenbarelse, blev säkert tveksamma eller än värre förskräckta när de fick syn på Alvar med brickan och maten, men i så fall kände de inte till hans bruna sås, oxbringan, rotmoset eller de bruna bönorna med knaperstekta fläsket. Till de rätterna höll han sig och de blev med åren hans specialitet.

Om modern Frida tog hand om porslinet på toaletten, det mesta i köket och samtliga golv som om de vore hennes kära barn, så var dessa maträtter hans älskade, ty han hade ingen annan i verkligheten. Ingen kvinna i byn eller annorstädes i riket Sverige hur nödställd hon än var i fråga om smek, älskog och penningar hade själ och kropp att bejaka och känna lust inför denna karl.

Han flinade med gulbruna betar och håret spretade åt köket till, skänkrummet och utgången. Medaljongerna av brunsås eller rödbeta på kavajslaget och den putande magen gjorde inte blickfånget mera angenämt precis.

Om man var uppmärksam, lade man märke till att det hängde en stor spegel på långväggen i matsalen och en vid vardera kortsidorna. Därigenom kunde Alvar gå med brickan och uppläggningsfaten på bakåtsträckt hand i rät vinkel mot högra axeln och beskåda sig själv i speglarna. Det var hans triumf tillsammans med varje beröm som han fick för sina specialiteter av gästerna vid borden.

Modern tvättade hans servitörsjacka varannan kväll. Till den bar han svarta byxor som var blanknötta på framsidan av låren och i baken. Den mörka slipsen var oklanderligt knuten. Hon slutade aldrig att förmana och banna honom för att han stänkte och spillde på sig. Du måste se proper och städad ut, när du går i matsalen och tar upp beställningar och serverar. Vi har ögonen på oss. En missnöjd och besviken gäst kommer aldrig tillbaka och vi lever från mun till mun, sade hon.

Mor vet att jag gör mitt bästa. Hur jag än försöker lyckas jag alltid spilla. Jag blir så ivrig och till mig när jag ska vispa såsen och lägga upp och smaka av, sade sonen.

Jaja, sade hon. Du är som du är. Jag kan inte bli av med dig och jag vill inte vara utan dig heller. Det är vårt öde och sämre finns.

De höll öppet från halv tolv på förmiddagen till nio på kvällen sex dagar i veckan. På söndagen slog hon upp dörren vid tolvslaget och låste kring fem. Så höll de på vecka efter vecka, år efter år. Ingen hade någonsin sett en karl i hennes sällskap och inte ens de mest förvetna hade klart för sig vem som var far till sonen.

Ibland nynnade Alvar på en visa eller schlager; emellanåt visslade han och höll ton och bricka med bravur som en trofé med högerhanden i stilig vinkel över högra axeln. Då var han mästaren på mors nytvättade golv, ty där hade hon legat med rumpan i vädret innan de öppnade. Den följde händernas rytm medan hon gned borsten som hon doppat i såpvattnet.

Ingen förbeställde bord. Gästerna bara kom och satte sig vid ett ledigt bord som Alvar visade och ledde dem till. Det var en helig procedur för honom, en rit som ingen ostraffat tilläts kränka och ignorera. Om det skedde, glömde han det aldrig och för all framtid eller ända tills han ansåg att domen var över måste de finna sig i ett sämre bemötande från hans sida vid borden, men inte i fråga om maten. Den kompromissade han inte med.

Rafael och Elise Häger hade ätit där, likaså Gilbert och Ingrid Lans, familjen Anker och de flesta andra i byn och trakten däromkring åtminstone en gång i sina liv. Gilbert tyckte om att bjuda Ingrid dit och han älskade rotmos med fläsklägg, oxbringa och bruna bönor.

Brunsåsen, den kokta potatisen, en aning mjäll och mjölig, likaså oxbringan och de bruna bönorna med stekta sidfläsket stod och låg i sina serveringsfat på vita ark som Gilbert skrev i den långa berättelsen. Moder Frida gungade sin väldiga rumpa i takt med skurtrasan på brädgolven, åhej och hoj som en aladåb i restaurangvagnen på spåren mellan Malmö och Stockholm.

Nu kom jag och far till Gästgiveriet och kyrkklockan slog tolv när vi närmade oss huset. Det stod två bilar på parkeringen och jag tyckte att jag såg Alvars överkropp genom ett av fönstren på långväggen.

Oskar II och Gustav V fanns i oljetryck på ena långväggen

som var målad i violett direkt på putsen, breda ekplankor på golven från 1860 och de måste ha vuxit som träd i flera hundra år och nu gick bönder, handelsmän, fiskare och turister på dem. Brädorna doftade alltid grönsåpa. Taket var smörgult. Borden och stolarna var av mörk ebenholts. Dukar och servetter av linne, bestick, porslin, fat, kantiner och andra kärl förvarades i två antika skänkar som var minst tre meter långa och två meter höga. Tre kristallkronor, tio lampetter spridda på väggarna, två oljemålningar av konstnärer som gått ur tiden och som knappast var kända av några andra än de närmast sörjande fullbordade tillsammans med de tre stora speglarna inredningen.

Far var klädd i kostym, ljusblå skjorta och slips. Han hade vägrat att ta på sig blöja och muttrat när jag undrat hur det skulle bli om han kissade i byxan när vi satt i gästgiveriet. Jag är väl ingen patteglytt, hade han sagt.

Alvar stod redan på golvet när vi steg in och hälsade och tog emot oss som om vi vore väntade och självklara där. Jackan var ännu vit och slipsen satt fint till skjortan. Möjligen hade han kammat eller borstat håret på morgonen. Han log, men visade inte tänderna.

Han gjorde en gest åt far och visade oss till ett av borden vid fönstret. Den vita duken låg vackert mot de mörka bordsbenen som skymtade nedtill. Servetterna var formade till svanar och även de tillhörde hans specialitet i yrket. Förresten var han unik så tillvida att han både serverade och lagade maten.

Han drog ut en stol åt far och jag satte mig mitt emot. Fönstret var stort. Jag försökte iaktta far i smyg men han var så illmarig att han säkert höll reda på min blick trots att han inte låtsades om det.

Jag tvekade innan jag vecklade ut servetten och upplöste den vita svanen med den långa, böjda halsen och vingar som sköt upp en bit över fågelns rygg. Far lät sin vara och jag und-

444

rade om han inte tänkte lägga den i knät, men då skakade han på huvudet utan att säga ett ord.

Alvar kom med den röda pärmen som innehöll menyn. Han gav en åt oss vardera och bad att få rekommendera söndagens huvudrätt: hjortfilé på murkelbädd. Om inte det passar kan jag presentera en bricka med smör, ost och sill, färsk potatis och rödlök. Vi har sju sorters snaps och brännvin att välja mellan.

Fars bleka ansikte fick en aning glans av dagern genom fönsterglaset. Det tunna och glesa håret var struket bakåt och jag hade klippt det kort i nacken och vid sidorna. Lösgommarna glappade när han talade och kinderna sjönk in om han gapade det minsta.

Jag tar hjortfilén på murkelbädd, sade jag, och ett glas rött vin och isvatten. Jag kör bilen och vågar inte ta mera. Då nickade servitören och vände blicken åt far som stirrade på menyn. Alvar hade inget minne av att han mött den gamle mannen tidigare, ty Gilbert hade berättat för mig att servitören visade sin närvaro och förbindlighet genom att säga namnen på gästerna medan han stod vid borden.

Tänk om jag hade kunnat sitta där med far denna söndag och njuta i sällskap med Laura Wiik. Jag skulle minnas honom när han skrek och kränkte mig. Nu drog han ut på beställningen och jag visste inte ens om han läste från papperet eller hade tankarna åt ett annat håll. Kanske var det bara tystnad och en förvirrad hjärna till förbittrad själ.

Då sade han: Jag vill ha sill, smör och ost. Smöret ska brynas försiktigt och hällas över potatisen. Mycket rödlök. En sexa gammeldansk till att börja med.

Jag förstod inte de tvära och konstiga kasten mellan tystnad och ilska och det som liknade normal samtalston. Hans närminne antydde inte att han skulle vara senil och eller lida av demens. När som helst brast han ut i långa och detaljrika haranger som var fästade i olika händelser långt tillbaka i tiden.

Efter någon minut kom Alvar med vattnet i karaff och sedan hällde han i ett glas åt far och ett åt mig. Därefter ställde han sig nästan i givakt och sade att han skulle presentera våra maträtter. Han började med hjortfilén på en bädd av murklor. Så gjorde han inte när jag var där senast. Det måtte han ha lärt sig i Malmö eller Ystad.

Först lät Frida murklorna rinna av och sen hackade hon dem grovt. Hon fräste svampen i smöret och strödde över mjölet och späde med steksky och tjock grädde. Ja, den ska vara tjock och ingenting annat. Mor kan det där. Stuvningen kommer att koka i minst femton minuter. Hon putsade hjortfilén och tog bort den längsgående senan som drar ihop köttet under stekningen. Man måste låta smöret bli ljusbrunt i en stekpanna och filén ska brynas runt om. Salta och peppra. Murkelstuvningen lägger jag på ett serveringsfat och sen skär jag filén i vackra skivor och lägger dem ovanpå murkelbädden. Det är allt och jag lovar att den är god.

Han bugade och gick med händerna på ryggen mot köket. En man och en kvinna steg in genom dörren och tog av sig ytterkläderna i förmaket och hängde dem på blanka krokar. Jag satt så att jag fick in dem i blicken, men far hade ryggen mot och vände sig inte om.

Han höll händerna på bordet och synade dem. Sedan sade han utan att titta på mig: Sillen är den vackraste fisken av alla i havet. Jajamen och hör sen. Din farfarsfar var fiskare från Ålborg på Jylland innan han flyttade till Falsterbo och vidare hit. Det visste du inte, men se jag har gamla papper från hans tid som kungen bland sillfiskarna. På medeltiden hölls sjuhelvetes marknader för köpmän som varade från augusti till november och sillen saltades eller torkades och såldes till kontinenten. Jag skulle ha varit fiskare i stället för bonde. Det har

jag ångrat hela mitt vuxna liv. Jag vek mig för gumman och
när vi miste Ingrid ville jag inte bråka och göra emot.

Alvar kom med ett silverfat i vardera handen och han höll
dem över axlarna i den rätta vinkeln. Han ställde ner ett av
dem och började servera far från det andra. Ännu en gång
hade far överrumplat mig med en lektion. Jag hade aldrig hört
den förut.

Hjortfilén låg vackert på bädden av murklor. Alvar var tyst
medan han lade maten på tallrikarna. Då såg jag fläcken vid
hans ena ficka i den vita jackan och den var som en gammal-
dags tvåöring i storlek. Byxorna var blanka strax ovan knäna.
Han hade uppenbarligen putsat de svarta skorna.

Smaklig spis, sade han och bugade sig. Han visade tänder-
na.

Far skar av sillen och tog första tuggan. Dag efter dag hade
vi trugat i honom maten och nu satt han vid dukat bord och
åt. Han hade bjudit dit sig själv. Utan att skåla eller titta på
mig lyfte han glaset och svalde hela snapsen i ett svep.

Vi satt där och jag försökte få honom att tala, men han sade
ingenting efter inlägget om min farfars far och sillen. Han åt
långsamt och tycktes njuta. Alvar serverade de andra gästerna
och far tecknade med ett finger i luften att han skulle komma.
Då ville han beställa ännu en snaps och det gjorde han.

Han svepte även den till maten. Alvar bar serveringsfat till
det andra bordet och jag lade märke till att han synade sig
själv i de stora speglarna på väggen medan han gick. Plötsligt
stod modern Frida i dörröppningen mellan köket och matsa-
len, men hon sade ingenting och försvann igen.

Jag blev besvärad när far ville ha en tredje sup. Han visste
att jag var rädd om honom och skulle köra honom hem. Först
tog jag det lugnt och menade att han inte skulle må bra av att
dricka mer, men då började han skrika åt mig och kalla in Al-
var som vittne.

Kom hit servitören! Hör nu här! Den här gossen är min son och han är snål och unnar mig inte att smaka på brännvinet. Jag har inte varit ute och ätit på tjugo år och han har inte lagt en krona på mig sen jag blev gammal och sjuk. Han är hemsamarit och duger inte till något annat. Han snyter kärringarna och torkar gubbarna i röven. Sicket yrke!

De andra gästerna tittade på oss och jag kände igen dem. Frida kom från köket till matsalen och gick bort till oss, när hon hörde att han skrek okvädingsord. Far reste sig och slog kniven i bordet. Han hotade mig.

Alvar försökte lugna honom, men det hade han ingenting för. Då stod Frida vid hans sida och lade armen om fars midja. Hon smekte hans kind och nästan viskade så att jag knappt hörde orden.

Han fortsatte att hojta och vifta med den fria armen, men ljuden och kroppens rörelser blev lamare och mojnade. Frida släppte honom inte. Hon strök med handen över hans hjässa och talade milt.

Han hade ätit all maten på tallriken och vi hade inte beställt dessert eller kaffe. De två snapsglasen stod tomma. Den vita svanen lyfte och krökte halsen och höll vingarna en aning över ryggen. Min låg i oreda.

Jag såg att han skakade i överkroppen och jag hörde att han snyftade. Alvar stod tyst och tittade och jag likaså: två söner, en moder och en fader och två frånvarande föräldrar i den stunden.

Om Gilbert hade varit där, skulle han ha skrivit den första meningen i berättelsen om två små familjer från bygden. En konstnär från trakten hade kunnat måla oss i oljefärger och hängt fyra människor innanför en enkel ram på ena långväggen. De frånvarande skulle ha kastat en lång skugga framför våra fötter.

Alvars far hade aldrig synts till i byn och Frida talade aldrig någonsin om honom. I varje fall inte så att någon annan hörde det. Modern hyrde ut fyra rum i en del av ovanvåningen och sonen och hon bodde i två rum och kök i resten av utrymmet.

Han gick inte på dansställen och det fanns ingen kvinna vid hans sida i det förflutna. Det sades att han hade en stor skivsamling med gamla stenkakor på vinden, men ingen utomstående hade sett dem. Hon körde bilen men inte han. Han cyklade eller tog bussen om inte hon var med.

Han var nästan fyrtio år och hon några över sextio. De hade litet umgänge, kanske bara kvinnan som hjälpte dem emellanåt när bröllopspar eller anhöriga vid begravningar och dop beställde mat efter akten i kyrkan.

Ingen kunde fästa skandaler vid modern eller sonen, men många talade om dem som ett egendomligt par. Det var inte sunt och tillrådligt att en son i hans ålder bodde i samma lägenhet som modern och inte sökte sig till jämnåriga eller höll sig med vänner och andra bekanta.

De elaka och lömska sökte tecken mellan Frida och Alvar som tydde på att modersbandet var gjort av sjukliga trådar. Hon tvättade hans vita servitörsjacka, skjortorna, strumporna och underkläderna, men han var händig och lagade många ting som var trasiga. En gång i veckan året om spolade han bilen med varmt vatten och torkade och putsade den.

Så sade modern till hjälperskan som kom ibland: Alvar lagar nästan alltid maten som vi äter och han reparerar och donar och håller bilen fin både in- och utvändigt och då är det inte mer än rätt att jag tvättar hans kläder. Han dammsuger lägenheten och diskar mestadels.

Nu vilade min far sitt huvud mot Fridas axel och han grät stilla som om han samtidigt sov. Alvar bar undan tallrikarna, glasen och besticken från bordet. De andra gästerna sneglade och viskade till varandra, men jag ville inte höra. Klockan på väggen slog ett och vi hade suttit nästan jämnt en timme.

449

Frida nickade åt mig och sedan gick vi på var sin sida om far till klädhängaren. Han svajade och gungade och vi släppte inte taget. Hon höll lika stadigt som jag. Alvar kom smidigt efter och lyfte ner våra rockar och fars keps och halsduk, medan Frida och jag ledde honom till bilen på gårdsplanet.

Hon makade hans kropp och jag hjälpte till så att han kom ner i ena sätet framtill. Då kom jag att tänka på att jag inte hade betalt notan, men jag hann inte mer än treva efter plånboken förrän hon sade att det inte var någon brådska med den saken. Jag kunde komma in en annan dag och göra upp räkningen.

Alvar tackade oss för besöket och modern strök handen mot fars kind. Sedan stod de kvar och tittade efter oss medan jag körde bort. Far lutade huvudet bakåt som om han sov, men han snarkade inte och sade inga ord på vägen hem.

Han gnydde litet när jag hade stannat bilen och slagit av motorn. Jag talade snällt och vänligt till honom och han följde mig lättare än vad jag fruktade. Han grät inte mera och han stod lugnt och fogligt när jag tog av honom rocken, kepsen och halsduken.

Han låg på sängen och sov ända fram till kvällen och han tittade på mig när jag talade till honom, men jag sade inte ett ord om besöket i gästgiveriet. Det var kanske borta ur hans minne, om han ville ha det så.

Jag längtade efter Laura. Rex var ivrig att komma ut och vi gick en lång sträcka på stigarna och över ängen. Det lyste i nästan alla fönster. Bilarna kastade breda och långa ljuskäglor på vägen. Det var släckt i Josefs lilla hem. Han hade nog redan börjat flytta till stugan som han hade blivit lovad av Lars Tilly.

Laura var i Köpenhamn för att träffa kunder och tänkbara uppdragsgivare. Jag hade inte följt med på någon resa i hennes arbete och hon hade inte bett mig om det. Den tanken gnagde emellanåt i mig och jag undrade hur jag hade gjort mig vid hennes sida bland skräddare, inköpare och chefer i butiker och varuhus, modeskapare och mannekänger.

Jag var tafatt och osäker när jag köpte mina kläder. Det vållade mig avsevärda bekymmer att välja färg och snitt på byxor, skjortor och kavajer. Min garderob var liten och jag hyste ingen längtan efter att förändra mig i det avseendet.

Laura köpte nya skor, tröjor och två kostymer åt mig utan att jag bad om det. Hon ville inte ha pengar, men jag insisterade och till sist tog hon emot två tusenlappar. Jag gick fram och tillbaka inför hennes blick och jag var generad och ville helst slippa.

Sedan tog hon av mig allt så att jag stod naken. Hon öppnade bara en ögla i ett skärp kring midjan och drog smidigt och snabbt av sig den långa skjortan i klarblå färg som nådde henne till knäna.

Vi låg länge och smekte varandra. Jag försökte hålla undan tankarna på allt annat omkring mig, men min bror och far var aldrig långt borta. Det var konstigt att mitt hjärta pumpade blod av lust och åtrå och samtidigt levde spillran av min familj där. En mördare och en elak gubbe som plågade mig dagligen vägde inte mindre än kvinnan som jag älskade och höll av mer än allt annat.

53

Julius Rodhe odlade rosor och sålde dem. Kunderna kom långa vägar från Lund, Malmö, Kristianstad och ryktet om hans rara sorter nådde ända till Göteborg och Stockholm. Sommargästerna besökte hans drivhus och såg unika exemplar som inte fanns någon annanstans.

Han läste och lärde sig genom att studera mästarna bland odlarna, men en hel del kom han fram till genom att försöka och misslyckas. Envis och vetgirig hade han alltid varit. Han trotsade så gott som alla profetior som lades över honom och hur mörka och illasinnade de än var fortsatte han att leva och arbeta.

Fingerborgsblomman var en värdefull medicinalväxt och den höll han som prydnadsväxt i sin egen trädgård. I folkmun kallades den ibland hjärtstilla, eftersom den hade förmågan att stimulera hjärtverksamheten. I den blomman fanns den aktiva substansen digitoxin som idag användes som hjärtmedicin.

Detta visste Julius och mycket annat, men än mera hade han lärt sig om människans ondska. Hans älskade Irma Åkerberg dog på Sankt Lars sjukhus i Lund. Hon blev trettisju år. Läkarna skrev i dödsattesten att det var blodförgiftning och dubbelsidig lunginflammation som tog henne. Dessutom var hon klen och vägrade att äta.

Överläkaren och avdelningssystern hade bestämt att han fick lov att besöka henne en dag varannan månad, ty om han kom oftare blev hon orolig och svår att hantera, menade de, och han hade ingenting att sätta emot. Irmas föräldrar var säkert inblandade i det beslutet. Han skrev brev till henne, men han visste inte om hon fick läsa dem.

Julius sade och tänkte att hon dog av hjärtesorg. Han hade aldrig älskat någon annan kvinna efter Irma. Visst bar han längtan och lust efter att smeka och komma nära, men han tillhörde den egendomliga rasen bland människorna som drabbades av kärleken en gång i livet och sedan aldrig mera.

Tidlösa var en annan läkedomsblomma som slog ut först på hösten när sommarens blad hade vissnat ner. Den kallades därför Nakna jungfrun. Den tillhörde en av de giftigaste växterna över huvud taget och det visste redan de gamla grekerna. De använde den till medicin. Bara några gram av ämnet colchinin i fröna var tillräckligt för att döda en vuxen människa.

Under medeltiden användes tidlösa mot podager och senare upptäcktes dess verkan mot gikt. Det lärde Julius av gode vännen Gilbert Häger som fortsatte att klippa honom genom alla åren. De bytte kunskaper i växtlära, historia och mycket annat.

Gilbert gav honom namnet Rosenkungen och det hade Julius ingenting emot, men han tyckte inte att han var förtjänt av det. Ingen kan äga blommor och grödor, sade han. Lika lite som mänskor och likväl beter vi oss som om det vore möjligt.

Romarna använde humlen som läkeört, sade Gilbert. Den ansågs bland annat kunna rena blod. Den hade även namn om sig att minska männens sexuallust och det bidrog säkert till att den blev så vanlig i klostren. Om kvinnor åt humle medan de ammade ökade mjölkproduktionen. Gilbert drog kammen genom Julius hår och klippte i luften innan han klöv en slinga som han höll mellan två fingrar på vänsterhanden.

Nu är jag en gift man, sade barberaren och mejeristen i en och samma person. Ingrid Lans och jag vigdes av borgmästaren från Kivik och vi hade sex vittnen. Det var kanske på tiden att vi slog till efter alla år tillsammans. Om det inte vore så farligt att säga det, skulle jag ha upprepat varje dag att jag är en lycklig man.

Julius såg sig själv i spegeln och han märkte plötsligt att han log. Då hade han just berättat historien om när den gamle kungen, Gustaf VI Adolf, kom från sitt sommarresidens Sofiero invid Helsingborg med sin trädgårdsmästare som körde den svarta Bentleyn och stannade tio meter från Julius stuga.

De kom inte oanmälda. En ur hovfolket hade ringt sju dagar dessförinnan och varskott att konungen av riket Sverige hade för avsikt att åka till trädgårdsmästaren Julius Rodhe för att beskåda framför allt rosorna.

Julius blev fullkomligt överrumplad. Han hade ingen aning och aldrig hade han ens i sina vildaste fantasier föreställt sig att detta skulle ske. Föräldrarna var döda och Irmas och prästens son hade flyttat till Dalarna. Han hade knappast någon att berätta det för, men å andra sidan var han inte människan som skrävlade och gick till torgs med sin egen person.

Julius och Gilbert talade om de flata, fyrdelade blommorna från förra århundradet och utvecklingen fram till de klotformade bourbon- och remontantrosorna. Ingen har räknat och ingen kan överblicka alla arterna på jorden, sade Julius. Det är underbart att ingen kan fixera antalet. Det är en sak om mänskorna är galna, men om blommorna blir det så är det riktigt allvarligt ställt med vår värld.

Rosornas föräldrar må vi aldrig glömma, sade Julius. De går igen i sina barn. Mutationerna och hybridformerna har alltid minst en egenskap utöver sina släktingar och föregångare. Buskrosen kan ge upphov till en klättervariant. En mörk gallicaros med en mängd kronblad i en flat blomma kan ha fått sin blomform och sitt bladantal från en historisk centifolieros.

Jag har odlat fram flera rosenarter under glas och konsten ligger i att rätt kombinera värmen med ventilationen, fortsatte Julius. Om luften är för fuktig frodas mjöldaggen och om den

är för torr suger spinnkvalster växtsaften ur varje blad tills det
år brunt och torrt och lömskt bäddas in i en kokong av tunn
väv som flugan i spindelns nät.

Julius bar sina blå hängselbyxor och den grova skjortan, när
kungen av Sverige anlände till hans handelsträdgård. Han var
välrakad och Gilbert hade klippt honom två dagar före, men i
övrigt förberedde han sig inte speciellt inför det celebra besö-
ket. Om det hade skett hos någon av storbönderna och gris-
uppfödarna i bygden hade säkert tjugo dagstidningar och
journalister från radion och televisionen invaderat platsen.

Så mycket kom för honom när han låg i sängen på kvällen
innan Gustav VI Adolf skulle komma. Han mindes ramsorna
som talfröken envist upprepade och försökte lägga i hans
mun. De andra barnen i skolan hade retat honom när han sökt
bland orden och han gick vingligt och ostadigt långt efter
olyckan när han föll i källarhålet.

Nu sade han högt för sig själv och utan att staka sig:

> När de kom till parkens ända
> Ville sessan inte vända.
> Hon ville gå i skogen ut
> och kungen sa ja till slut
> och tog en nyckel av stål
> och stack i grindens hål.

Han levde i ett sällsamt ljus sedan flera år tillbaka, trots att
Irma var borta. Ingen kunde längre skada honom, ty han hade
genomskådat människornas ondska och grymhet och de var
inte särskilt uppfinningsrika. De upprepade sig i mönster och
stela vanor.

Blommornas skönhet överraskade honom varje säsong. Ja-
panska lyktan liknade endast sig själv och rosenstaven stod
rak i ryggen och bar violett långtröja. I majnätterna eldade

han precis som modern gjorde en gång i tiden för att frukt-
blomningen inte skulle frysa. Han samlade små högar av stick-
or och mossa i alla fyra hörnen av trädgården och gjorde så att
de rök så mycket som möjligt. Det var inte värmen utan röken
som höll frosten borta. Den satte luften i rörelse, och den allra
minsta vind hindrade frosten så långt fram på året. Då tänkte
han på Irma och släppte kärleken och omsorgen till växterna.

Irmas far och mor var hjälpare på familjen Rodhes stora be-
tesfält. De låg som stora fåglar och rensade bland raderna och
de hackade och lukade två kilometer vardera. Svetten frätte
mot deras ryggar och flugor och knott svärmade kring dem. I
skymningen gick de framåtlutade mot hemmet.

I ljuset hände mycket hos Julius och allt fick plats: havet,
skogen och ängarna långt bortom byn. Irma satte sig mitt i.
Hon vilade där innan skrymtarna och lögnarna låste in henne
på dårhuset i Lund. När det blev kallt förvandlades hon till en
eld och han värmde händerna. Hon sjöng små visor för honom
och i den rösten fanns ingen präst som tvingade sig på henne
och släppte sin säd så att hon blev havande.

Sötman rann ur krusbären när de sprack av mognad, men
köttplommonen var nästan smaklösa. Fåglarna tog honom en
gång för hund medan han kröp i gräset. Krikonen var större
än tersenen. Mjöldaggen följde med båtarna från Amerika och
den överlistade masken. Han hörde när kedjan rasslade om
fötterna. Fadern lade pojken intill sockerbetan och veteaxet
och trodde att sonen skulle räknas till de svagsinta och för-
dömda människorna, men Julius reste sig och gick av egen
kraft om än litet ostadigt och stapplande.

Nu låg han i sängen kvällen innan kungen skulle besöka
hans trädgård för att titta på rosorna. Han var förtjust i dem
alla, men en av arterna hade han gett namnet efter sin älskade:
Irma Åkerberg.

På morgonen steg han tidigt ur sängen och bredde smörgåsar och drack kaffe. Han lyssnade på nyheterna i radion. Om man endast betraktade honom så, kunde han lätt framstå som en ensam människa. Några gånger hade han närmat sig andra kvinnor, men de hade inga hjärtan och ögon som passade för hans sort. Han var odlad i torr jord och han var en mutation av kärlek och obotlig sorg, en hängande stamros som blev ensidig framför buskage.

Vid sammanlagt fyra tillfällen efter Irmas död hade han legat hos skökor som han köpte i Köpenhamn och Hamburg. Då talade han med sin älskade efteråt och bad om förlåtelse. Hon svarade alltid och sade att han hade ingenting att förebrå sig.

De flesta av kunderna visste ingenting om hans förflutna och de invigda hade lärt sig att tala med honom som om han aldrig varit utanför gemenskapen. Han svarade artigt och kunnigt på deras frågor och gav råd utan att förmana och mästra. På samma sätt tänkte han uppföra sig när kungen och dennes trädgårdsmästare från Sofiero kom på besök för att beskåda de sällsynta rosorna.

Julius putsade kängorna och han medgav för sig själv att det var en eftergift för den noble gästen. Å andra sidan var det en harmlös gest i förhållande till vad många andra skulle ha gjort i en liknande situation.

Kungen och trädgårdsmästaren som hade presenterat sig med enbart efternamnet Andersson i telefonen rullade in på tomten åtta minuter före den avtalade tiden klockan ett på dagen. De kom i en svart Bentley. Den blänkte i solen. Julius hade vankat av och an bland buskarna och blommorna och han hade försökt att sitta på en stol under bar himmel och läsa tidningen, men han kunde inte koncentrera sig.

Han tyckte att silverplattan under skallbenet drog till sig ovanligt mycket av solvärmen. Han hade graverat de stora och viktiga händelserna i sitt liv med en liten och spetsig kniv på

457

den blanka, mjuka ytan. Hur konstigt och osannolikt det än lät för andra människor så skrev han från insidan av huvudet.

På samma sätt antecknade han livet och världen på baksidan av ögonen, ty där fick orden vara i fred för tjuvar och klåfingrade. Nu hade han redan skrivit första meningen om konungens och trädgårdsmästarens besök. Så här löd den: Gustav VI Adolf har kommit för att titta på mina rosor och om han dröjer länge vid Irma Åkerberg och beundrar henne särskilt och tar försiktigt i den unga kvinnan och fångar doften som han bör första gången i livet, så skänker jag tvenne hängande stamrosor till honom och säger att de måste stå bredvid varandra på Sofiero som ett älskande par, den ena gyllengul som i tysthet bär mitt namn och den karmosinröda Irma.

Julius tog emot dem och sträckte fram handen. Han bockade och presenterade sig. Kungen bar ljusa byxor och gråblå blazer till vit skjorta med slips. Han sade: God dag, god dag och det här är Julius Rodhe förstår jag. Dina rosor är omtalade och berömda. Jag är ivrig att se mästerverken. Min vän Evert Andersson här har nämnt några sorter flera gånger. Han har sett dem hos privatpersoner i Helsingborg, Viken och Råå. Jag har beskådat hängande stamrosor i Storbritannien och Frankrike och de var onekligen praktfulla, men det vore roligt att köpa från en svensk odlare.

Julius tyckte att konungens röst och stämma påminde om hans egen och den likheten hade han aldrig mött hos någon annan människa i omgivningen. Efter alla dessa år kom Gustav VI Adolf av Sverige och talade en aning släpande och liksom eftertänksamt. Det borde skilja fyrtio år mellan oss, tänkte Julius, men jag har alltid låtit betydligt äldre än min riktiga ålder.

Kungen höll ena armen bakom ryggen medan han gick och Evert Andersson följde honom och lyssnade. Julius ville inte störa dem. Det kom inga andra kunder just då och det var han tacksam för.

Himlen var ljus den dagen och tunna moln gled sakta. Gästerna tog god tid på sig och gick omkring i drivhusen och på stigarna mellan buskrosorna och de som växte på stam eller täckte marken. Julius hade även odlat dem i krukor och urnor och de stod i ett jämnt flöde av ljus och luft. Kungen stannade länge vid en ljuvligt doftande klätterros som hade sin plats bland klungor av lavendel.

Efter ungefär fyrtio minuter kom kungen och Evert Andersson fram till Julius och sade att de ville köpa en av stamrosorna som kallades Aina. Namnet kom sig av att odlaren hade börjat ett försök att få fram den just den dagen på året.

Julius talade med en accent av rikssvenska efter tiden i Stockholm hos logopeden på Serafimerlasarettet. Han mindes alla ramsorna med de böljande växlingarna mellan mjuka och hårda vokaler, långa och korta, som följdes av sj-ljud och supradentaler.

Kungen pekade sedan på den karmosinröda stamrosen och undrade om han kunde få veta mera om dess historia och ursprung. Julius log och tänkte att försynen var med honom. En kort stund tvekade han om han tordes ställa krav på denna kund som regerade över Sverige, men så sade han: Jag är ledsen att jag måste vara bestämd, men hon lämnar aldrig min trädgård utan att hennes make får följa med. Han står bredvid. Jag flyttade dem i förfjol. Då fanns de närmre den lilla dammen bland nävor och mattram och prästkragar, men de trivdes inte riktigt där. De drack för mycket vatten. Irma Åkerberg och hennes kavaljer föddes i en annan jord och jag höll dem nära iris, pion och trädgårdsnattviol.

Kungen plirade bakom de runda, lättbågade glasögonen. Sidbenan var rak i det gråa håret. Evert Andersson vägde på en fot och hade uppenbarligen tagit efter sin chef i det att han höll en hand på ryggen. Han stod tyst och mötte inte någons blick i den stunden.

Det var ett vackert namn Irma Åkerberg, men vad heter den andra rosen? undrade kungen.

Han har inget namn, svarade Julius. Jag har själv drivit fram båda och de kan inte skiljas åt utan att ta skada. Sanna mina ord. Den rosen får sitt namn genom att leva intill kvinnan och det räcker gott. Om ägaren är envis, kan han alltid tänka på odlaren och det är jag. Jag skapade Irma av sorg och kärlek och saknad. Hon togs ifrån mig och gömdes på ett sinnessjukhus. Ursäkta Ers majestät att jag säger så, men det är sanningen. Det kan aldrig skada om konungen av Sverige får höra vad som hände en av de unga kvinnorna i riket. Hon födde ett barn som togs ifrån henne.

Då tog Evert Andersson till orda och tittade skarpt på Julius, ty han tyckte nog att den andre trädgårdsmästaren gått för långt. Det passade inte att en man av folket lade över sina privata sorger och bekymmer på kungen. Han sade: Vi har tider att passa och Ers majestät har ju själv sagt att han vill köpa Aina och den där Irma, men det får räcka.

Kungen rättade till glasögonen och lade en hand på Evert Anderssons axel som om han önskade medla eller dämpa tonen hos honom. Han tittade på Julius och sedan bestämde han sig för att köpa alla tre sorterna.

Hur var det nu herr Rodhe menade? Makan ska följas av maken och han säljer dem aldrig var för sig. Det är sympatiskt och klokt, sade kungen. Vi får väl lägga papper eller filtar i kofferten och packa in rosorna i lite blöt jord så att de håller sig till Sofiero. Vi har högst två och en halv timmes bilfärd härifrån.

Julius satte spaden i jorden och makade så att jordkokor följde med, men han vätte dem inte förrän han packat dem i säckväv och tidningspapper. Då hade kungen gått en avslutande runda bland odlingarna.

Evert Andersson var inte vänlig längre. Han nickade bara

och tog inte i hand när affären var klar, men kungen tackade två gånger och lovade att återkomma en annan sommar. Julius ville inte sprida denna historia på torgen i Kivik, Simrishamn eller Skillinge. Dock önskade han att Gustaf VI Adolf skrev sitt namn på ett vitt ark som han skurit till kvällen före.

Någon gång i framtiden tänkte han skänka den underskriften till Daniel Uhrström. Modern Irma Åkerberg skulle växa i jorden på Sofiero och tusentals människor komma för att beskåda denna skönhet och förnimma hennes dofter.

Julius tog mod till sig och bad herrskapet vänta en halv minut. Han skyndade in på det lilla kontoret och hämtade det vita och rena arket. Därefter sade han att Irma Åkerberg var död men hennes son levde och han skulle få en present: Kan Ers majestät tänka sig att skriva sitt namn här?

Han sträckte fram reservoarpennan och arket, ty i samma stund skrattade kungen och nickade. Evert Andersson tittade rakt fram som om han redan startat bilen och börjat köra på vägen. Sedan frågade monarken hur denne Daniel stavade sitt efternamn och Julius bokstaverade långsamt med en klang av rikssvenska och han ansträngde sig riktigt som om han övade inför talfröken i Stockholm: Urban Harald Rudolf Sixten Tore Rudolf Östen Mårten.

Kungen skrev vackert och fullkomligt läsbart. Han angav dag, månad och årtal. Julius bockade och tackade och han lade arket i samma skrin som han förvarade en hårlock efter Irma.

54

John Haber och Victoria har flyttat från byn till New York. Vi var många som tog avsked. Några grät. Vi lämnade över presenter och sjöng och skålade för dem. Han sålde huset till en familj från Lidingö och tjänade mer än han hade väntat sig.

Far blev nyfiken och undrade vad som stod på utan att fråga eller säga ett ord. Han hade kissat i sängen under natten. Om inte samariterna och jag hade tvingat honom till badkaret, hade han grott igen av skit och smuts. Emellanåt stank han och det var vidrigt att komma nära.

På morgnarna när jag vaknar ligger jag en stund och lyssnar efter ljud från hans kammare. Han går till gården när det passar honom, men det mesta av tiden släpar han sig fram här. Jag minns inte när han senast skänkte mig ett vänligt ord. Han fräser åt mig och gormar och tiger. Det är otäckt.

Ibland önskar jag att han vore död. Det är inte värdigt för en människa att leva som han. Ingen i släkten hälsar på honom och ingen skriver eller ringer. Jag skämdes i början inför de andra samariterna, men nu är jag nästan likgiltig. Vad skall jag göra?

Jag bjuder inte hit Laura så länge han finns här. Hon doftar gott och bär vackra kläder. Fadern rymmer sonen inom sig och det omvända gäller också. Ingen levande född kommer undan genetiken. När propra och verserade barn besöker sina gamla föräldrar som ligger i sängarna, ser jag sönerna och döttrarna i dem.

I förra veckan låg far i sängen och vägrade att stiga upp. Jag hade sent pass den dagen. Klockan var halv elva. Han hade kissat på sig och slitit av blöjan. Den hade han slängt på golvet. Det luktade avföring om honom.

Han hade inte rört vattnet som jag ställt fram på kvällen. Hårtestarna hängde ner över kinderna, blöta av svett och fett. De glesa skäggstråna blänkte i solljuset som kom genom fönsterglaset. Han vägrade att dra ner rullgardinen när han skulle lägga sig.

Jag talade till honom, men han svarade inte. Han låg med öppna ögon och stirrade i taket. Det var knappt att jag ville andas in luften. Jag fick kväljningar och mådde illa. Munnen påminde om ett hånflin.

Jag böjde mig över honom och sade att jag tappat varmt vatten i karet och förberett rakning. Han var tyst. Då lyfte jag honom försiktigt och han var inte tyngre än en famn björkved. Han stank avföring och blundade plötsligt och ändrade munnen från hånflin till ett förnöjt barn.

När jag satte honom på toalettstolen och började klä av honom tittade han på mig. Jag såg att ögonen blev blanka och de tårades en aning som om han var nära gråten. Han hjälpte till att lirka av pyjamasbyxorna och kalsongerna. En fast korv hade fastnat i tyget. Jag släppte det till golvet och lyfte honom till karet.

Jag spolade honom i ljummet vatten och tappade ur det andra. Han stod med böjda ben och tycktes gunga litet. Tvålen skummade. Jag tvekade innan jag tvättade honom där bak och grep om pungen och lemmen som nästan gömde sig. Det var första gången som jag rörde vid en annan än min egen.

Han gnydde litet. Jag väntade en god stund så att smutsvattnet rann undan innan jag spolade på nytt och satte dit proppen med den långa, smala kedjan. Så satt jag när jag var liten. Jag mindes när mor låg på knä och skrubbade min rygg.

Ibland hade jag smörjolja på händerna och en bit upp på

armarna. Jag var tidig med att skruva och plocka isär min första cykel. Mor brukade sjunga medan hon tvättade mig. Såpan doftade starkt och friskt och jag nös av den. Vid ett tillfälle delade Tomas och jag på karet.

Jag hade inte tänkt på det tidigare. Ett enda minne av en sådan stund med brodern i livet. Far gick alltid undan om han klädde av sig. Även mor var pryd. Någon gång blottade hon brösten så att jag såg dem när jag var tio elva år. Efter min pubertet hände det aldrig.

Mor och far kysste eller pussade inte varandra i min närvaro. Det hände att han hastigt drog utsidan av handen mot hennes kind eller nakna överarm, men inte mera och det skedde som en plötslig ingivelse utan avsikten att jag eller Tomas skulle märka det.

Nu tvättade jag far och han tycktes njuta av det. I varje fall protesterade han inte. Jag lät honom sitta gott och väl en kvart i det varma vattnet. Sedan löddrade jag hans kinder och började raka dem med hyvel.

Då låg jag på knä bredvid karet och jag var noggrann och långsam i rörelserna. Jag petade litet på hakan och bad att han skulle luta huvudet bakåt. Det växte glest på halsen. Jag spolade av slagget i handfatet och strök ett par gånger med fingrarna på hans kinder och kände efter om han var mjuk och slät där.

Emellanåt tittade han på mig och jag log och förlät honom mycket. Striderna och oförrätterna hade krympt till en fader och en son. Det var obehagligt att tänka så. Syskon och två föräldrar kan ofta avleda de värsta slagen, men vi var ensamma.

Jag spolade av honom med slangen och sade att jag måste skynda mig till arbetet. Då nickade han överraskande och jag lyfte honom under armarna och torkade kroppen med stor handduk. Den unkna lukten var borta. Jag kammade det blöta håret och hämtade rena underkläder, strumpor, nytvättad skjorta och långbyxor.

Sedan kokte jag havregrynsgröt och blandade i tre skedar råg. Han tyckte om ljus sirap till det och jag bryggde kaffe och bredde en smörgås och lade korv på. Innan jag gick såg jag att han åt och drack. Det var ovanligt.

Jag berättade att samariterna skulle komma vid ett och att jag tänkte handla efter mitt pass. Däremot sade jag inte att jag hade avtalat med Laura att vi skulle träffas till kvällen. Hon var tillbaka efter en utlandsresa och jag längtade efter henne.

Innan jag stängde dörren, hörde jag att han ropade efter mig med en röst som jag inte hört på lång tid. Jag var så ovan att jag trodde att den kom inifrån mig själv, men han upprepade mitt namn: Preben, Preben! Hör du mig.

Jag stannade tvärt i tamburen och gick in till honom där han satt vid köksbordet och åt. Han hade lagt de magra, seniga händerna framför sig på träskivan och han tittade åt mitt håll när han sade: Det gjorde gott att få bada. Tack ska du ha, min son.

Jag tänkte på de orden resten av dagen när jag besökte de gamla och sjuka. Matkassarna, möblerna, mattorna och kropparna vägde litet mindre än annars i mina armar, trots att jag flyttat och burit samma ting och människor åtskilliga gånger tidigare.

Tack ska du ha min son.

55

Det är aldrig lätt att berätta för barnen om svek och lögner. De vuxna människorna har genom tiderna försökt överträffa varandra, men jag måste låta dig möta mörkret och föra dig nära det som påminner om sanningen ett steg i taget utan att förvanska och dölja. De avgörande insikterna kan ingen annan än du själv erövra.

Den inställda bekännelsen och tystnaden som är tänkta att skona vänner, anhöriga och kära anförvanter tillhör också människans möjligheter. Kanske är det endast Gud som kan veta om vi handlar rätt eller oriktigt i de stunderna. Ett långt liv rinner, hoppar och faller orden ur våra munnar, men plötsligt sitter den enda felande meningen fast i bröstkorgen.

En eftermiddag i mitten av juli kom Ingrid gående på vägen och hon gick långsamt. Det var varmt i luften och nästan vindstilla. Hon var klädd i ljus kjol och blus. Sällan såg jag henne utan handväska, men nu hade hon ingen.

Jag satt i trädgården och skalade potatis. Det var söndag och jag var ledig. Far höll sig inomhus trots väderleken. Han hade varit litet mer tillgänglig efter den där gången när han ropade mitt namn och tackade för att jag badat och rakat honom.

Jag hade ställt fram ett stort kar som stod mellan mina fötter på gräset. Där släppte jag skalen och sedan lade jag potatisen i en kastrull med kallt vatten till höger om mig. Så gjorde jag alltid när jag skalade under bar himmel på sommaren.

Ingrid såg åt mitt håll medan hon korsade vägen och gick

genom grindhålet. Jag satt så att jag hade solen i ansiktet. Hon hälsade och tog om min nakna arm. Mina händer var blöta och jag nickade och prisade vädret och den fina potatisen som jag köpt hos handlaren i Vitaby. Det var skönt att ta en runda på motorcykeln på förmiddagen. Han höll öppet sex timmar på söndagen och så var det kanske mest för turisterna under högsäsongen, när de skulle iväg till stränderna för att sola och bada.

De är härliga och goda i år, sade hon och nickade åt kastrullen.

Jag satt omgiven av stockrosor, bärbuskar, olvonen som blommat färdigt för året, humlor, flugor och fjorton rader med jordgubbar som jag hade mera omsorger för än mig själv. Kokardblomstren återkom år efter år. De trivdes bäst i värme och sandblandad jord. På vintern täckte jag över med plast och presenning just där i rabatten. Gulltöreln var som starkast i tonen på våren bland stenarna utmed vägen. Praktbinkan hade sin tid i juli och augusti och lärde mig färgskalan från violett till lila och det ljusa rödvinet. Bergnejlikan stod ytterst i framkanten bland de perenna rabatterna. Syrenerna hade domnat, men krusbären tog sig och skiftade i gult, brunt och grönt.

Ingrid brukade berömma mig för trädgården och jag sade att jag var amatör och hade lärt mig allt av mor, Gilbert och Julius Rodhe. Hon talade så kärleksfullt om blommor, buskar och träd att jag lade orden och klangerna på minnet. Däri påminde hon om Moa Berlin som jag förde till äppelblomningen och rapsen.

Kan jag sitta ner en stund?

Javisst, jag är glad att få sällskap, när jag skalar. Jag har lovat far att bjuda på biff med kokt potatis, rårörda lingon och ättiksgurka i dag. Han har sagt flera ord sen i går och kanske förstår han att jag inte tål vad som helst längre från honom. Jag talar inte illa om far; jag bara säger som det är.

Gilbert vill att jag berättar för dig, sade hon.

Jag släppte potatisen i skålen med vatten och tittade på Ingrid. Hon var vacker utanför de vanliga beskrivningarna av en kvinnas utseende. Människor som mötte henne när hon var i tjänst vittnade om att hon lyssnade och tog sig tid. Distriktssköterskornas arbete hade överlevt det mesta på landsbygden. Varubussen, provinsialläkaren, brukspatronen och lanthandeln återstod endast i de äldres minnen.

Du vet att Gilbert hade en tumör i ena njuren. Den hade inte spritt sig och gett dottersvulster. Han klarade sig gott med en njure och tackade för varje dag som han fick till skänks. Det var knappt sex år sen och han har ju varit pigg och stark. Vi skrattade och tittade på gamla fotografier en kväll och somnade i glädje. På morgonen var han gulaktig i ansiktet och ögonvitorna. En natt och han var förvandlad.

Kanske hade han varit trött några veckor dessförinnan, men han klagade aldrig och pratade sällan om krämpor och sjukdomar. Nu har han fått sin dom på lasarettet i Lund. Levern är lömsk och den är kroppens reningsverk. Han ligger hemma och jag tar hand om honom och får hjälp av en läkare från Simrishamn. Tänk att han strålar i ansiktet. Varje ord och mening som han säger borde skrivas ner på papper och sparas till eftervärlden. När träffades ni senast?

Jag höll skalkniven utan att märka det. Gilbert hade följt mig och Tomas sen vi var riktigt små och vi hade gått till honom med allt. Han lyssnade när poliserna jagade min bror och han blev aldrig irriterad och han betedde sig inte mästrande trots att han var så klok och visste så mycket om människan.

Det måste ha varit nio tio dar sen. Han stod i trädgården och grävde när jag kom förbi efter ett tidigt pass. Maja Björkvall hade dött den morronen och jag behövde någon att prata med. Jag besökte Maja i fyra år. Hon var lynnig och elak ibland, men också hjärtegod och hon mötte människorna i byn utan krumbukter. Jag berättade om far och hon sa att jag borde ha kört iväg honom till Solvikshemmet igen.

Är det riktigt illa? frågade jag trots att jag visste svaret. Jag hade sett så många tyna bort genom åren. Några skrek och jämrade sig av plågor och ångest inför döden och där gick jag med sopborsten och porslinet och maten som de inte rörde. Släktingar och barn kom och gick. Gilbert hade berättat för mig att han åldrades redan som barn av att vaka över faderns supande och han miste modern när han var knappt fjorton år. Jag nalkades döden så gott som varje dag i mitt arbete som samarit. När jag var tretti hade skillnaden mellan liv och död blivit som att vända en hand.

Det kan gå snabbt, sade hon. En vecka, högst en månad. Han vill att du och jag tar hand om samlingen med de snidade figurerna. Gud vet hur en karl från Stockholm och en kvinna och man från Köpenhamn fått reda på att den finns här. De kom och tittade och ville köpa. De sa att de är samlare och att den här överträffar allt annat som de sett tidigare. Jag förstår inte vilket värde den kan ha utanför byn och bygden. Förebilderna har levat här och de är inte kända någon annanstans. Det säger Gilbert också och han har väl bidragit med tjuge gubbar och gummor, men du och Tomas var inte gamla när han satte kniven i er. Det är kusligt att se så nära far och son varit varandra i fråga om handens arbete med kniven. Jag kan inte med bästa vilja skilja på vem av dem som gjort vad. När Gilbert pekar och beskriver och säger att Rafael Häger hade tunnare och mjukare linjer, tror jag en kort stund att jag kan se det men sen står jag där igen och vacklar mellan far och son.

Jag tog fram en stol till henne. Vi hade inte haft så många stunder ensamma med varandra, men nu stannade hon gott och väl en timme. Hon pratade och var tyst medan jag skalade potatisen åt mig och far.

Hela tiden tänkte jag på Gilbert och jag doppade och släppte minnena i vattnet och kastrullen. Det var grymt att han skulle falla ifrån men far stannade kvar. Gilbert hade mycket ogjort och han spred värme och glädje omkring sig medan Nils hade tjudrat sig i mitt hus och plågade oss båda.

Några sekunder såg jag i ögonvrån att han smög invid fönstret och tittade på oss. Han ville ha kontroll trots allt men låtsades att han var likgiltig. Här satt jag och förberedde maten åt honom och troligen skulle han tiga sig genom måltiden och lämna bordet utan att tacka. I bästa fall mumlade han och släppte en kort mening.

Jag hade redan påbörjat det sista mötet med Gilbert. Det fanns inga färdiga ord att ta till och han såg genom varje mask hos en människa. Ingrid var klok och stark i själen. Borgmästaren hade vigt dem och hon bar ringen med Gilberts namn på fingret. Jag frågade inte om hon skulle ta över boningslängan, marken och den vackra trädgården i byn efter honom.

Jag hälsade till Gilbert och sade att jag skulle komma över efter maten. Hon gick spänstigt och vände sig om en gång och vinkade innan hon försvann mellan grannens gård och den lilla granskogen på samma sida av vägen.

56

Käre August,

Gilbert är allvarligt sjuk. Jag satt en timme hos honom i går och han log och tog sig tid att lyssna trots att jag såg hur trött han var, men han ville inte att jag skulle gå. Ingrid tassade på golvet. Hon är så klok och omtänksam. Jag är tacksam att jag lärt känna dessa människor.

Nu vet jag med säkerhet att de lever på jorden. Ondska och grymhet hittar du nästan överallt, men ingen kan förgöra våra minnen av Ingrid och Gilbert. Han vandrade med sin fader längs havet och sträckte och tänjde sitt tålamod från kusten här till Sargassohavet.

Den gamle Rafael förvandlades till ett stranddjur som kände havet bättre än yrkesfiskarna. Sol, vind och dygnets glidande skala lämnade aldrig hans själ. Ålhannen simmade tusentals mil för att leka och söka sin hona och Rafael kom från döden och nådde slutligen det varma innanhavet hos modern. Han gick i sitt liv och led av skuld och sorg, men också i kärleken och lusten till Elise. Jag tror inte att han någonsin övergav framsätet på Forden som rammade trädet.

Svågern Alfred Dahl dog vid hans sida och själv dömdes han av människorna i byn och trakten däromkring. Ett svart hål i Rafaels hjärna rymde sanningen, men han kom aldrig åt den i sitt minne.

Jag är glad att du lärde känna Gilbert och hörde honom tala om allt mellan himmel och jord. Han reparerade växlarna på din fina cykel och han lärde dig mycket om vattnet, filmjölken, myran och människan. Tänk att han skrattade och busade som ett barn. Ingrid pumpade blodet till hans hjärta och de fick många år tillsammans.

Han har bestämt att du skall få en av de snidade figurerna i samlingen. Du står grensle med fötterna på ömse sidor om cykeln och lutar dig över styret. Det är ett makalöst konstverk som han täljde i fjol när du hade varit hos honom. Han behöll bilden i sitt minne sedan du hade trampat vidare till havet den varma sommardagen.

Nils Anker är elak och bitter. Han biter sig fast i Prebens liv. Vad skall sonen göra när den gamle fadern åter blir ett barn? Gubben kissar och bajsar i sängen och lever i sin andra trotsålder. Må jag aldrig belasta dig så i framtiden.

Du låg i mammas hav. Alla mödrar på jorden bär två hjärtan som slår i ett tempel. Mannen får aldrig erfara och lära känna blodet som rinner mellan fostret och den havande kvinnan. Han lägger örat mot den mjuka kullen av hud och lyssnar till den brusande och sparkande fröjden där inne. Så lyder jämvikten mellan man och kvinna. Han står inte över henne och är aldrig förmer. Den ena kan inte vara utan den andre. Allt liv har sin begynnelse i detta par på jorden.

Du träffade aldrig din farfar, men vi har tillsammans återkallat honom till livet genom mina minnen och berättelser. Det är vackert och stort så. Tomas Anker är dömd till ett långvarigt straff. Åtskilliga män och kvinnor sitter inlåsta som han, men många som är grymma och onda går fria.

Du fäktas mot världen. Även den helige mannen Dalai lama lyfter sin värja och försvarar sig mot fiender och lömska motståndare, men han vill inte döda eller skada. Hans vapen är hjärtat och ordet och de bär honom långt.

En människa kan dömas till döden för ordet. De vuxna plundrar dig och dina jämnåriga kamrater på drömmar och hopp. Ni syr våra brandsegel och vi tvingas att hoppa när städer och byar står i brand. Allvarligt skriver ni namnen på mördarna med osynligt bläck och ni håller dem mot ljuset och läser av dem.

När jag är törstig går jag till din brunn för att dricka fjällklart vatten. Den oskuldsfulla brunnen sinar aldrig. Jag går med kvinnan som är din moder och vi sätter oss vid dina fötter för att lyssna. Så vänder vi på ålderns och erfarenhetens företräden.

Gilbert har nu döden i sin kropp, men själen är stark och levande. Ingrid plockar jordgubbar och blandar dem i kall filmjölk som han själv skapat receptet till. Ögonen strålar när han tuggar och sväljer. Hon har ställt vita, röda och gula rosor i vackra vaser på det lilla bordet vid hans säng.

Han hälsar till dig och mamma och undrar om du törs cykla på gatorna i Stockholm. Du kommer att få se en överraskning när du kommer till byn nästa gång. Han har huggit in ditt namn i en sten och skrivit att du lärde dig bokstäverna genom att ljuda efter den första potatisodlingen i bygden.

Gilbert är tapper och märklig på många sätt. Den farliga svulsten har satt klorna i honom, men han talar om njutningen av att tälja med vass klinga i den mjuka enen. Ingrid håller hans hand och jag törs snart skriva och tänka att jag mött två lyckliga människor.

Var rädd om dig. Jag kommer hem när jag nått fram till det sista ordet i den här berättelsen, men det är också begynnelsen. Jag läser av oerhörda samtal i ditt ansikte. Nu har du nästan levat i fjorton år och din röst har börjat få sprickor där ljuset och världen tränger in.

I barndomen ligger världen stilla och vilar sig långa stunder, men när människan blir gammal kröker hon sig som en vithårig spiral och formar öglan kring sin egen hals. Nils Anker är där nu.

Jag lånar sonens ord och gestalt när jag skriver den långa berättelsen om gamla och unga i den lilla byn nära kusten. Du läser mitt namn i skrivarens hand.

Jag längtar efter dig.

Kram från pappa

57

Jag skrev brev till Tomas och ringde till honom en gång i veckan. Vi hade avtalat att han skulle svara mig någon gång, men det gjorde han inte. Han var fåordig och hård i tonen när han nämnde människor som vi båda kände.

Jag berättade att Gilbert Häger var allvarligt sjuk och då sade han ingenting under en lång stund och jag tänkte att han blev ledsen av att höra det, men i så fall röjde han det inte. Inte ett ord av medömkan och deltagande kom över hans läppar, trots att han besökt Gilbert så många gånger och alltid fått stöd och uppmuntran av honom.

Det gjorde ont i mig och det sade jag till honom, men han bara snäste mig och försäkrade att han var totalt likgiltig för alla döda och levande som kommit i hans väg genom åren. Jag sporde inte om det även gällde mig.

Vad hade han sagt om jag berättat att han var bortbyting och att hans riktiga moder dränkte sig av kärlekssorg i Snogeholmssjön? Hon var arton år och sju månader gammal då och hon hette Greta Andrén och var dotter och enda barnet till den gamle direktören på Sockerbolaget.

Hade han varit likgiltig även inför denna avgörande händelse i flera människors liv? Jag visste att jag skulle få bära den sorgen ensam i mitt hjärta, men den var egentligen förmer än vad jag rymde i kropp och själ.

Då tänkte jag på Gilbert som gav mig förtroenden om fadern som gjorde att han åldrades redan som barn. Vi var många på jorden som dömts till tystnad för att skona andra människor. Ingen tvingade oss, men vi förstod av oss själva vad som tjänade och skadade vår nästa.

Tomas var son till en polsk betplockare som erbjöd sig att arbeta under kampanjen. Ingen i hans omgivning visste vem han var och vad han bar på och tänkte om flickan Greta som han tömde sin säd i. Han försvann och lämnade kvar en bitter doft som libbstickan vid farstubron till ett gammalt hus. Bladen smakade så starkt att inte ens getterna ville äta av den.

Laura lyssnade när jag berättade om Tomas. Emellanåt hade jag svårt att tänka mig att hon arbetade med kläder och mode. Hon var mera av det inre och flärdfria livet. Fast det var gott att man ofta inte kunde se utanpå en människa vad hon sysslade med. Det var säkert inte många som föreställde sig att jag var hemsamarit när de bara tittade på mig och de fick nog inte heller någon ledning av mitt språk och uppförande.

När jag såg gamlingarna som låg i kiss och sin egen avföring, var Lauras dräkter, kjolar och klänningar långt borta. Vissa kvällar åkte jag direkt från en döende människa till hennes famn och goda doft. Jag glömde min fader i stunden och hon vilade på min arm och vi var tysta utan att invänta ord eller särskilda gester.

Hon undrade om jag aldrig hade tänkt på att lämna byn och flytta till en annan plats. Jag sade att jag älskade åkrarna, ängarna, havet och hästarna och korna i hagarna. Kusten var farligare än reven vid Falsterbo och Bohuslän. De låg dolda under ytan och strömmen i havet drev dem upp, men så var det med människorna också. Fyrbåkarna kom till för att varna skepparna och sjömännen, när de närmade sig land.

Människorna bar inga sådana varningsmärken. Hundar och katter var ofta skickligare än de förnuftiga varelserna att skilja de farliga och onda själarna från de fogliga och snälla. Greta levde arton år och tog sitt liv av hjärtesorg och föräldrarna drev henne in i döden fastän de påstod att de ville henne väl och allt gott på jorden.

Jag var inte släkt med min egen bror. Han kom inte av familjen Hägers kött och blod och ändå fanns han i mitt hjärta varje dag. Jag kunde inte fly från honom eller den gamle och elake gubben som sådde mig.

Långsamt och obönhörligt bläddrade jag bland paradisets tunna blad och jag lånade nålen av Laura. Jag hade närmat mig avgrunden och där satt denna kvinna och ritade och skar på silkespapper. Hon log och böjde huvudet bakåt och jag kysste hennes mun och hals.

Jag smekte brösten och blygden och drog tungan från tårna till hakan. Hon låg så att hon täckte hela byn. De små och förkrympta försökte klamra sig fast vid hennes vader och midja men de föll ner och orkade inte resa sig igen. Onda tungor hånade samariten som var bror till mördaren och de spred sitt etter från det ena offret till det andra.

Så gjorde de med Rafael Häger och drev honom längs kusten och han vandrade genom åren, men han återkom till kvinnan och sonen. Han blev en gengångare i livet som ständigt letade efter det avgörande minnet, men han fann det aldrig. Han bytte plats med den döde svågern i framsätet på bilen vid kollisionen med trädet och förmådde inte bevisa sin oskuld.

Sonen Gilbert var nästan trettio år av sorg och smärta, när han började första klassen i skolan. Där stod fadern och hissade flaggan på hel och halv stång. Pojken skruvade korken på brännvinsflaskan så hårt han kunde, men den törstige var starkare än byalaget som flyttade stenblock och jagade tjurarna som flydde från betet.

Du talar klokt, sade Laura, och jag svarade att jag bar två röster inom mig när jag behövde råd och stöd. Då kom Josefina Kvist till min hjälp och jag hörde hennes ord inom mig. Hon hade öppnat mitt hjärta och tagit säte där för resten av mitt liv.

Jag älskar dig, sade jag.

Då är vi två om kärleken, sade hon, men jag måste erkänna att jag aldrig drömt om en samarit bland männen. Vi behöver inte tala om frihet när vi möter tvång och instängda människor omkring oss. Vi lär oss var de lömska reven finns under ytan.

När jag blundade såg jag min fader sitta vid köksbordet och nog hörde han själv kedjan som rasslade vid hans fötter när han hasade sig till sängen. Han varnade mig för min egen framtid och ålderdom, om jag finge komma dit. Han sådde sin säd i kvinnan och hon skänkte honom en gåva som han plågade till sin yttersta dag.

Jag hade inget barn att förvalta, men jag mötte små och sköra liv. När August kom en sommardag och dröjde vid min motorcykel erbjöd jag honom att spola den ren och putsa och gnida tills den blänkte.

Jag hade givit honom ett löfte att han skulle få åka ännu en gång på bönpallen när jag körde försiktigt på vägarna. Vi pratade om Gilbert och Ingrid och jag hörde i vinddraget att hans röst hade fått sprickor så att den brast av ljusa toner emellanåt.

Han berättade att han fäktades och hur han höll värjan och klöv luften med stötar och försvar. Han hade med sig ett fotografi från Stockholm där han stod i sin vita dräkt och höll masken under ena armen och värjan i den andra medan han sneglade mot ett fönster i träningssalen som släppte in dagern.

Jag tänkte att en av sömmerskorna i Lauras ateljé kunde sy en ny och fin dräkt åt honom i födelsedagspresent. Han skulle bli fjorton den första augusti år 2000. Konstigt nog hade den livlige pojken stillnat i en av Gilberts snidade figurer.

Alla i byn var gjorda av mjukt trä från enen. Vi skulle överlämna oss till kommande generationer i byn. Alla namnen med födelseår, dag och månad stod i Rafael Hägers vaxduksböcker.

Han hade präntat snyggt och prydligt och skrivit små berättelser och levnadsminnen över var och en.

Han hade inte skruvat fast våra drömmar. Vem som helst kunde lyfta och flytta oss från en plats till en annan. Det var till och med möjligt att hissa flaggan från halv till hel stång på skolgården. Vaktmästaren och slöjdläraren Rafael Häger hade tydligen tänkt på det mesta när han vandrade längs havet.

Han gick länge på botten av en liggande brännvinsflaska. Sonen följde honom till slutet och bar honom som den sista droppen i öknen. Han begravdes intill sin älskade Elise och där skall också Gilbert ligga.

August skall knacka på Gilberts dörr och be att få visa sin nya cykel. Gilbert har lärt sig att läsa de oerhörda samtalen som pågår i barnens ansikten. Han har ingen son eller dotter, men såsom näckrosen lever han i olika världar samtidigt. I frid och tålamod lägger han örat mot världens buk och lyssnar till drömmar och rop.

Jag har tackat Gilbert, medan tid var. Ingrid finns vid hans sida och han sitter på en bänk av ek i sin trädgård och förnimmer doften av linolja, jordgubbar och jorden som ger näring åt det som växer och gror.

Han är gjord av mjuk ene och han kisar med ena ögat mot solen. På grusvägen trampar August på sin cykel och han skall till havet denna dag. Det ser ut till att bli vackert väder, säger Gilbert och han brukar kunna tyda himlen och vinden.

Vid havet klättrar August på en stege av skratt och jag står bredvid och håller i den och lovar att bära honom i mitt hjärta så länge jag finns. Det största undret är att han inte finns innan han föds. Han skall inte ärva krigarens skuld och mannens svek mot kvinnan och barnet. Havet sköljer över den torra sanden och vi sätter nya spår av fötter när vi går längs kusten.

I det skarpa solljuset tycker jag mig se den gamle mannen som kommer med klykan av ene i handen och jag säger att det är Rafael Häger. Hans steg biter i sanden och han har vandrat i mer än sextio år från jakten på fasan, rådjur, hare och kronhjort till mynningen på världens längsta dröm om att hitta sanningen.

Han hittar den inte där, men sonen har lärt honom att paradiset har tunna blad och att människan måste bläddra med nål i handen. Augusts värja krymper till just den nålen när han håller den mellan tummen och pekfingret och börjar läsa det första ordet.